华州史话

上 编

总　编　吴新亚
主　编　阎广勤　袁埔良

西北大学出版社

华
州
史
话

《华州史话》编著人员

总编： 吴新亚

主编： 阎广勤　袁埔良

编辑： 赵建文　史建安　潘宝善

审稿： 杨育坤　姚文琦　党朝晖

　　　　徐卫民　王正斌　段战平

　　　　蒋秀侠　卫爱社　吕育坤

　　　　田川虎　王晓光　刘公民

　　　　田文哲

序

　　陕西关中平原东部，有一个面积约1127平方公里、古老而神奇的行政区域——华县。在中华民族几千年发展的不同历史时期，它曾先后被称之郑、郑国、郑县、华山郡、东雍州、华州等。其中华州声名最为显扬，唐朝时就有"百郡之首，重于藩维"之誉。

　　这里，六山一水三分田，风光秀丽，物华天宝，民风淳朴，文脉绵长，是享誉陕西的一方丰裕宝地。《华州志·卷一》有云：入潼关，自华岳过，"及西，遵少华诸峰而览也，则神秀屏障之设，又未尝不爱其为胜绝之区"。又见《三续华州志·卷十二》述实："清淑之气，磅礴郁积，生其间者，多光明磊落之士。"就在这胜绝之区，华州的先民们繁衍生息，辛勤劳作，创造演绎了无与伦比的人类远古文明。这里发现出土的"老官台""元君庙""泉护村"等新石器文化遗迹，证明在远古时代华州人的祖先由母系氏族社会向父系氏族社会演变的过程，进而告别洪荒，走向文明。

　　进入文明时代，在华州这个舞台上，先民们与时代同行，奋斗不息，曾上演了一幕幕波澜壮阔的历史活剧，有些甚至影响到中华民族历史发展的走向和进程。春秋战国时，秦国与晋、魏诸侯国之间相互冲杀的刀光剑影；秦国著名改革家商鞅惨遭杀害的斑斑血痕；西汉末年，赤眉军在郑县营垒中将牧童刘盆子扶上帝王宝座的改朝换代；东晋十六国时，匈奴、鲜卑、羯、氐、羌等北方少数民族军队潮水般涨落进退的金戈铁马；大唐盛世中，"百郡之首"华州的似锦繁华；唐末，唐昭宗李晔在华州行宫中无可奈何的愁思忧叹；五代时，封建武装集团之间争夺华州的腥风血雨；宋朝时期，宋、金两朝反复争战的对垒厮杀；公元1556年，华州大地震的山川改易；明末，李自成农民起义军横扫华州的狂飙；清同治年间，华州回民燃起的陕、甘回民大起义的烽火；八国联军入侵北京后，光绪皇帝和慈禧太后在风雨飘摇中仓惶逃遁的辚辚车队；辛亥革命中，会党攻占华州，清王朝统治结束后的社会变革；在废科举、兴新学时代，咸林中学在教育救国的思潮中脱颖而出，发展成为"陕东最高学府"的风风雨雨；1921年后，早期共产党人在华县传播马克思主义革命火种，建立中国共产党组

织，学生运动、农民运动勃然兴起的燎原烈火；1928年，渭华起义爆发，穷苦大众向反动势力的抗争呐喊；抗日洪流中，华县民众义无反顾奔赴抗日前线，勇于牺牲的民族大义；1949年，华县和平解放，14万人民载歌载舞迎来历史巨变的激情狂欢，等等，使华州的历史文化显得尤为丰富多彩、灿烂辉煌、悠远绵长。

胜绝之区，钟灵毓秀，英才辈出。在几千年的历史演进和社会变迁中，华州涌现出了无数的社会精英和文化名人。他们站在时代的前列，在政治、军事、教育、文化等方面建功立业，促进了历史的发展、社会的进步和文化的繁荣。其中郑国开国国君郑桓公，唐代诗圣杜甫，"功盖天下、再造唐室"的郭子仪，中亚胡人将领李元谅，大宋宰相毕士安，北宋文学家李廌，明代文坛泰斗王维桢，清代名臣王士棻，呕心沥血、殚精竭虑创办咸林中学的现代教育家杨松轩，与贪官污吏势不两立的社会贤达顾熠山，共产主义的先锋战士吉国桢，渭华起义中指挥若定的刘志丹，浴血奋战的抗日英烈雍济时，等等，是在华州大地上涌现的无数英贤的杰出代表。虽然他们有些乡籍故里不在华州，但在华州却留下了永载史册的英名和业绩，其精神风范和活动踪迹早已融入华州历史文化之中。

数千年来，古老华州演绎的精彩历史画卷和涌现的重要历史人物，但时过境迁，大都湮灭在岁月的长河中，鲜为人知。为了使今人获知华县延续了几千年的历史概貌以及鲜活生动的历史情景，华县政协才有了组织编撰《华州史话》之举，以继承和弘扬历史文化、增强本地发展经济的软实力。编著过程中，我们以严肃、严谨、求实、求新的治史态度，翻阅了大量的史籍、方志、专著、论文，走遍了华县的山山水水，寻访故老、石碑、古建，披沙拣金般地一点一滴搜寻散失在各处的相关资料，并从远古时期至公元1949年10月中华人民共和国成立的时间跨度上，从华县今天的行政区域范围内（乡镇建制以2008年为准），把握历史脉络，去伪存真，考证鉴别，筛选出百余个历史命题，用史话的体式编著成篇，力图为今人和后人提供一部可读性强，可信度高，文笔清新的地方史书。《华州史话》百密有疏，尚有不足，惟希冀聊胜于无，以慰先祖，以飨读者。

目 录

1 / 序

【第一章】 先秦·1

2 / 从洪荒走向文明
6 / 彤国之谜
7 / 郑国与郑桓公
10 / 秦设郑县
11 / 从郑县到华县的行政区域变迁
14 / 秦晋武城之战
16 / 秦魏争战
18 / 商鞅之死
20 / 《山海经》中的少华山、乔峪、涧峪

【第二章】 秦汉·23

24 / 华县发现的秦权
26 / 彭越郑县遇吕后
27 / 武城县与沈阳县
29 / 漕渠与铁官
31 / 祁连将军田广明
33 / 赤眉军立刘盆子为帝

目录

【第三章】 魏晋南北朝 · 35

36 / 汉末到十六国时期的乱世劫难
38 / 魏晋南北朝时期的民族成分更新
40 / 慕容冲战郑西
41 / 脚踩两只船的苟曜
43 / 赤水蜀人
44 / 从华山郡、东雍州到华州

【第四章】 隋唐五代 · 45

46 / 隋唐时的"百郡之首"
49 / 唐代诗文中的华州风物
51 / 唐代华州的水利和物产
53 / 身佩四将印的王忠嗣
56 / 唐代名将郭子仪
60 / 郭子仪的军事生涯
78 / 郭暧与升平公主
81 / 杜甫在华州
85 / 周智光之乱
87 / 在华州做官的中亚胡人李元谅
90 / 李元谅的祖籍在哪里
93 / 黄巢军在华州的攻守战
95 / 唐昭宗被困华州
99 / 唐灭亡前的华州风云变幻
102 / 五代时期的华州

【第五章】 宋金元 · 105

- 106 / 宋、金华州辖五县
- 108 / 北宋名臣中的郑县人
- 110 / 大宋宰相毕士安
- 112 / 张元与吴昊
- 114 / 熙宁五年少华山崩
- 116 / 文学家李廌
- 118 / 九纹龙史进的原型——史斌
- 120 / 宋与金在华州的争夺
- 122 / 蒙古军队侵掠陕西时的华州
- 124 / 元朝大将郭宝玉祖孙
- 128 / 郑县的裁并
- 129 / 华州在元朝的最后十二年

【第六章】 明清·131

132 / 明清时华州的建制、区划
135 / 华州百姓怀念的两位清官良吏
137 / 公元1556年的大地震
140 / 一代陕西文坛泰斗——王维桢
142 / 张光孝与《华州志》
144 / 金石学家郭宗昌和他的"汢园"
147 / 崇祯年间的大饥荒
149 / 李自成农民军在华州
151 / 执法如山的王士棻
153 / 华州的名门望族
157 / 太平军、西捻军在华州的活动
159 / 华州回民揭竿而起
163 / 光绪三年大饥馑时的赈灾救济
165 / 慈禧、光绪过华州
167 / 华州的最后一名进士——郭毓璋
170 / 反抗路捐的"交农"运动
172 / 辛亥革命华州举义前后

附录·175

175 / 华县大事记
184 / 三筑华州城
187 / 主要参考文献
192 / 后记

【 华州史话 】

第一章

先 秦

华州史话

从洪荒走向文明

华县有文字记载的历史，最早是在西周时期，但在考古学家的帮助下，华县历史可以上溯到混沌蒙昧的洪荒时代。考古工作者在华县的西南部邻县蓝田，发现了距今约100万年的"蓝田人"头骨化石；在南部邻县洛南，发现了距今约50万年的"洛南人"牙齿化石；在北部邻县大荔，发现了距今约20万年的"大荔人"头骨化石。虽然华县境内至今并未发现古人类化石，但几个邻县都有古人类化石被发掘，而且华县境内也发现过与"蓝田人"时代相同的旧石器，因此，我们有理由判断，原始社会旧石器时代，今华县境内就有古人类在此活动。他们在此劳动、生息、繁衍，开创了这一块神奇土地上的历史。

距今约八九千年前，历史进入了新石器时代，华县境内较旧石器时代，有了繁盛、活跃的人类活动，这被20世纪50年代以来的考古发掘所证实。考古工作者在华县境内共发现了新石器时代遗址50多处，发掘出丰富的人类遗迹遗物，使我们可以从中探求到远古先民们的生产生活状况。这其中，又以老官台遗址和元君庙—泉护村遗址在考古学界最为知名。

老官台遗址位于华县石堤河（又称西沙河）东岸台地上的老官台村（在今杏林镇），1955年调查，1959年发掘，清理出灰坑，出土有陶器、石凿、骨铲及骨锥等。考古学家认为，这是一个距今七八千年前的新石器时代早期的文化遗存，因这一类文化遗存在老官台村首先被发现，所以中国考古界将渭水流域的同一文化遗存称为"老官台文化"。经考古学家研究，老官台文化时期，先民们已建村落，营造简单房屋，从事农耕、狩

泉护村遗址出土的尖底瓶

第一章 先秦

猎、家畜饲养及采集等生产活动，过着综合性经济生活。生产工具以磨制石器为主，有铲、斧、锛、凿、半月形石刀等，打制石器也有一定比例。陶器以钵形或罐形为主，多数器表满布规整的网状交错绳纹，彩陶仅见钵或钵形三足器，口沿外绘一道深红色宽带纹。

老官台文化大约持续了1000年左右，历史进入了仰韶文化时期。这一类文化遗存因首先发现于河南渑池县仰韶村而命名。华县境内的新石器时代文化遗址中，大多数属于仰韶文化遗存。其中，最为重要的是2001年6月被国务院公布为全国重点文物保护单位的元君庙—泉护村遗址。

元君庙（俗称元帝庙）与泉护村同位于华县柳枝镇。元君庙在桥河村南，泉护村在桥河村西南，两处遗址隔构峪河相望。1958年、1959年、1997年，考古工作者在这一带多次进行发掘，发现了许多重要的仰韶文化遗迹遗物。考古工作者对这些遗迹遗物的研究，为我们揭示了距今7000年至5000年时期先民们的生产生活情景。

那时的华县地区，南部秦岭山区森林茂密，山高土瘠，不适于耕作，因此无人类定居。北部渭河，没有约束的在平原地区流淌，一到洪水季节，今县境北部就是一片汪洋，洪水过后，又是一片沼泽，也不适于原始人类定居。而秦岭山麓以北，今赤水-柳枝县级公路以南地区，是高亢平坦、土质肥沃的黄土台地，从秦岭山地峪道流出的各条渭河支流，切割台地向北流去，而河水清澈，长流不断（不像现在这样成季节性河流）。那时的先民，都定居在这些黄土台地上。由于当时人类社会是母系氏族阶段，先民们都以氏族村落的形式定居和生活。氏族村落建在河流附近，高于河床的台地上，既有到河中汲水之便，又可避洪水侵袭之害。而且这里又适于农业、畜牧、狩猎和捕鱼等生产活动。元君庙—泉护村遗址上的先民们，就在地处构峪河两岸地势较高、土层深厚、植被茂盛的台地之上，建起了原始氏族村落。村落的遗址约有十几万平方米，大体分为居住区、公共墓地和窑场三部分。

泉护村遗址的居住区发现有供普通居民居住的口径在3~6米、深2~3米的居穴，也发现有供居民进行公共活动的"房子"。"房子"的面积达225平方米，结构为

元君庙——泉护村遗址

3

华州史话

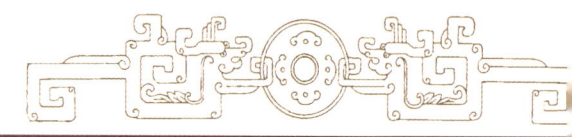

半地穴式,即先挖一浅竖穴,再在其上搭建屋顶。

村落附近设有公共墓地,元君庙遗址发现的保存基本完整的墓地就在居住区的南面。墓葬集中在一起,排列比较整齐,人头的方向一致,反映了先民们幻想着在另一个世界还要和生前一样地过着氏族生活。各个墓葬的随葬品种类和数量大体相同,一般没有显著差别,说明私有制还没有出现,但女性墓随葬品一般多于男性,反映了母系氏族社会中女性社会地位较高的状况。

泉护村遗址还发现在遗址周围有二三座一组的横穴式陶窑群,出土有许多陶器,反映了当时的制陶技术已经达到相当高的水平。出土的陶器以红陶为主,其种类有碗、钵、盆、瓶、釜、灶、瓮等。彩陶也很发达,一般是在红色陶器的原色底面上饰黑色,个别用黑红二色。构成彩陶图案的基本纹样有圆点、勾叶、弧三角、直线、曲线数种,但它们的不同组合却表现为千姿百态的图案。彩陶图案可以分为两大类:一是具象的鸟纹,一是抽象的花卉纹。鸟纹是泉护村彩陶最具代表性的图案,一个陶钵上的鸟形图案与太阳图案复合的"阳鸟"形象,极富装饰趣味。花卉纹则以二方连续、间或以三方连续等形式绕器装饰。著名考古学家苏秉琦认为这种花纹是玫瑰花图案,是仰韶文化的标志;"花"即"华",也是华夏的象征。

这一时期的农业生产,采用的是"刀耕火种"的原始耕作方法,主要由妇女担任。她们把种子撒在地里后,任凭禾苗自生自长,不懂得田间管理。人们的主要食粮是粟(小米),也有稻米。20世纪50年代,在泉护村文化遗存中就发现了粟和稻的外壳。1997年,在这里又浮选出炭化稻米,这是渭水流域新石器时代遗址中首次发现的稻米实物,也是目前我国发现的那个时代最偏西北的稻米实物。渔猎活动主要是由男子担任的一种辅助性生产,而采集活动是由妇女儿童担任的另一种辅助性生产,虽然都不及农业生产重要,但在农业生产水平较低的情况下,也是不可或缺的。泉护村遗址发掘的生产工具中,石器不发达,磨制石器除斧、锛、凿及长方形石刀外,还有大型扁石铲,而收割工具是陶片改制的陶刀。另外,还有相当数量的骨角器,主要是锥、针等。元君庙遗址发现有陶制纺轮,泉护村遗址还发现了布痕,每平方厘米经纬线各10根,证明当时已有比较进

泉护村遗址出土的
玫瑰花图案陶器

第一章 先秦

步的纺织手工业。纺织的原料主要是野麻纤维，人们从野麻上剥取纤维后用陶制纺轮捻成细线，再编织成麻布。有了麻布，人们就能够缝制比较像样的衣服了。

仰韶文化时期的生产力虽然比以前有了提高，但仍然是低下的，必须汇合氏族成员共同劳动，才

泉护村遗址出土的"阳鸟"陶器

能维持生活。劳动产品归氏族成员所共有，并且只能按平均分配的原则进行分配。当时的人们生活是很艰苦的，观察元君庙遗址发掘的150个成人骨架，发现下颌骨都较现代人粗壮，牙齿严重磨损，说明他们的食物极为粗糙。骨架中多出现压缩性骨刺，是因负重过多所致。

距今四五千年时，进入新石器时代晚期，华县境内发现有这一时期的多处龙山文化遗址。龙山文化的时间在仰韶文化之后，因首先发现于山东章丘龙山镇而命名。从考古发掘的遗迹遗物我们得知，龙山文化时期的先民们已从母系氏族进入了父系氏族，生产力有了进一步的发展。经济生活以锄耕农业为主，有了田间管理。畜牧业较为发达，瓜坡镇南沙遗址的龙山文化层就曾发现两具完整的马骨。陶器已开始轮制，以灰陶为主。这一时期，私有观念、贫富差距和社会等级都逐步产生，随之出现父权制和军事民主酋长制，原始社会开始走向解体，经专家研究，包括华县在内的陕西龙山文化上限应与传说中的黄帝、炎帝相对应，下限应与夏文化和西周文化有直接的渊源关系。

原始社会结束后，中国历史进入了夏、商、周时期，这已是有文字可考的文明时代了。但华县这一小小的区域，没有发现夏、商两朝可靠的有关文字记载。考古工作者在这里也没有发现夏文化遗存，仅发现了几处商代遗址，以瓜坡镇南沙村发现的南沙遗址最有特点。20世纪80年代的科学发掘，获得了许多商代前期的遗迹遗物。有房屋、灶坑、窖穴、墓葬、陶窑及石、骨、陶、蚌、铜质生产工具和生活用具，其中有卜骨、刻画符号及商代前朝的刻画陶文。刻画陶文属我国古文字中罕见的珍品。

进入西周以后，华县就有了文字记载的历史，华县古代史翻开了新的一页。

华州史话

彤国之谜

公元前11世纪，历史进入了西周时期。周武王克商后，把得来的广大土地和俘虏，分给了他的兄弟、亲戚及有汗马之劳的扈从们，让他们到各地去做诸侯，进行分区管理，辅翼王室。这就是所谓"受民受疆土"、封邦建国的分封制。据说，武王、周公、成王先后分封了71国。

今华县地区，当时也有一个诸侯国——彤国。但彤国是个小国，历史上也可能没什么特殊表现，因而它的具体情况，已湮没在历史的尘埃中，留传至今的史册，对它的记录很少。从《尚书·顾命》《通志·氏族略》《路史》等古代典籍中，我们得到的吉光片羽般的资料是：周武王之子周成王，封他的一个儿子（或说为其同宗子孙）于彤，建立彤国，称为彤伯。周成王临去世前，召彤伯等几名大臣和诸侯国国君到病榻前，命立太子钊。次日，成王去世，由钊继位，即周康王。这就是彤国、彤伯在历史典籍中的仅有记载。与此不同的另一种传说是：彤伯出自大禹时代的彤城氏，是大禹的家族后代。

彤国的地理位置，古今历史地理学家倒有较一致的认定，即在今陕西省华县境内西南。但具体方位却众说不一。有说在今赤水镇郭村，有说在今瓜坡镇故城村，还有说在今高塘塬区。2001年，陕西省考古研究所和秦始皇兵马俑博物馆组成的联合考古队在高塘塬区的东阳乡发现了西周贵族墓群，专家推测，这批西周墓可能属于西周封国——"彤国"的墓地。这次考古发掘及专家的推测，为彤国的地理位置研究，提供了一个方向。

彤国在历史上的存在，留给我们的只是一个模糊的影子。这个诸侯国的疆土有多大？有怎样的兴衰变化？以致最后是什么时候灭亡的？我们都不清楚。但其消亡后，其地被称为彤城、彤邑、彤地等，将"彤"字的历史内涵保留了很长一段时间。史载：战国时，秦孝公与魏惠王曾会于彤地；秦国商鞅变法，被保守派诬蔑陷害，商鞅被迫起兵反抗，失败后被杀于彤地。此后，"彤"作为地名，再也没有在历史中出现过。但是，彤伯及彤国人的后裔，以"彤"为姓，繁衍生息，保留了对祖先的记忆。3000年后的今天，彤姓虽然罕见，但在北京、太原、武汉、成都等地，仍有"彤"姓分布。

要解开彤国的种种谜团，尚待我们不懈地探索与研求。

郑国与郑桓公

西周时，今华县境内除上文提到的彤国外，还曾有一个诸侯国，它在历史上比彤国影响大得多，这就是晚于彤国出现的郑国。

彤国存续期间，今华县西南部属彤国，而其他部分属王畿之地，即由西周王室直接管理。在郑国建立前，此地就称"郑"或"南郑"。"郑"的本意，据东汉时的训诂书《释名》的解释，为"郑，町也。其地多平，町町然也。"《辞海》释"町町"为"平坦貌"。今华县北部一带正位于渭河之南的冲积平原上，地势平坦，坦荡无垠，这就是它在当时称为"郑"的原因。古代史书《竹书纪年》，记周穆王元年（前976）"筑祇宫于南郑"。东晋的著名文人郭璞注南郑为"今京兆郑县也。"而东晋时的京兆郑县即今华县。《辞源》更明确指出，南郑"故城在今陕西华县北"。当代历史学家武伯纶说："西周始终以丰镐为都，……中间穆王曾居郑（今华县），……但时间不长。"可见郑地于周穆王时曾一度为西周之都。到了周懿王元年（前899），在郑地出现了一件奇特之事，被记入史册，即《竹书纪年》所记"懿王元年，天再旦于郑"，就是郑地一天日出两次。20世纪80年代，有中外天文学家研究后指出，这是破晓时分发生日全食的现象。经电脑计算，显示这次日全食发生于公元前899年4月21日凌晨5时48分。所谓一天日出两次，其实是日出后不久，因月球遮住太阳而造成日全食，天色变暗，等日食过去，天好像再次日出。这次罕见的天文纪录，是当代天文学家和"夏商周断代工程"的重要研究课题。

周宣王二十二年（前806），郑地又发生一件大事，即周宣王封其弟"友"于郑，先秦时期著名的诸侯国郑国于此年创建。郑国开国国君名"友"，又称多友，或称多父，或称桓友，是周厉王少子，周宣王之弟（有说是母弟，有说是庶弟）。他死后的谥号为"桓公"，故历史上称其为"郑桓公"。郑桓公生年不详，不过他既是周

郑桓公像

华州史话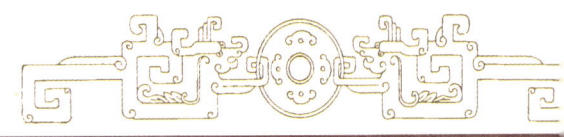

郑桓公墓

厉王少子,周厉王死于公元前828年,因此郑桓公的出生不会迟于公元前827年。郑桓公去世于公元前771年,因而他享年应超过56岁。郑桓公早年事迹,在古代史籍中不见记载。1980年11月,在陕西长安县出土了一件铜鼎,上有铭文,考古界称为"多友鼎"。经专家考证,铭文记载了郑桓公早年,曾率兵车迎击进犯周境的北方部族猃狁,并取得胜利,时间约为周宣王十六年(前812)至周宣王二十二年(前806)之间。

郑桓公受封建郑国后,居棫林,即都城在棫林,棫林后又改称咸林,位置在今县境东北,大体方位约在今毕家乡与下庙镇相交毗邻之处。后不知何故,又将都城迁至"拾"地,今毕家乡仍有拾村,可能即为此地,如果此判断不误,这可能是华县流传至今最古老的地名了。

郑桓公建郑国后,治国有方,深得郑国百姓爱戴。至周宣王死,周幽王即位后的周幽王八年(前774),郑桓公被任命为周朝的王室司徒。司徒是王室六卿之一,掌管国家的土地和人民。郑桓公在司徒任上,对周民和协安抚,赢得周民的欢心。据说《诗经》中的《缁衣》,即为歌颂郑桓公而作。但周幽王宠爱褒后,昏庸腐败,以至天下动荡不安。郑桓公看出西周王朝前途不保,便思退路,遂问计于太史伯。太史伯又称史伯,名颖,为周幽王太史,掌管起草文书,策命诸侯,编写史书,兼管祭祀等事。太史伯劝郑桓公将郑国迁到洛邑(今河南洛阳)以东,黄河、济河之南地区。郑桓公听从太史伯的建议,在请示了周幽王以后,于周幽王九年(前773),在商人的协助下,将家属、部族和财产寄存到洛邑以东的东虢国(在今河南荥阳东北)和郐国(在今河南密县东南)之间,这两国献出十邑供郑民居住,这一行动为以后迁国打下基础。郑桓公的东迁准备,借助了商人的力量,他与商人订有盟誓:我不强买你的,你也不要背叛我。在中国历史上,这一事件说明,当时已出现了不属于官府的商人,另一方面,从商人能与郑桓公"分庭抗礼"看,商人的地位已经不小。

周幽王十一年(前771),西北部族犬戎攻破西周,将周幽王杀死于骊山(今陕西临潼)之下,郑桓公也同时同地遇难。郑国人立郑桓公之子为国君,即郑武

第一章 先 秦

公。郑武公、晋文侯、秦襄公等护送周幽王之子周平王,从镐京(今西安西)迁到洛邑,建立了东周。郑武公也于周平王二年(前769)灭掉郐国,郑国也随之全部东迁,离开了曾立国37年的古郑,即今陕西华县一带。

郑国东迁后,今华县一带的百姓,一部分随之东迁,部分留了下来;还有一部分为避"犬戎之乱",越过秦岭,南逃到今陕西汉中市,因在原郑国之南,故称之为"南郑"。东迁以后的郑国故地,人称"古郑"或"旧郑",因在新郑国之西,又称为西郑。

东迁后的郑国,为春秋时的强国之一,以后逐渐衰落,于公元前375年被韩国所灭。郑国灭亡后,其遗族以国名为氏,这就是"郑"姓的来历,郑国的开国国君郑桓公也因此成为天下郑氏的共同始祖,而华县则成为天下郑氏的发源地。

郑桓公殉难后,就葬于郑国故地,墓址在今华县城西关螺钉厂院内。墓旁曾建有郑桓公祠,清末已圮。1957年5月,陕西省人民委员会(今陕西省人民政府前身)将郑桓公墓列为省级重点文物保护单位。此后,郑桓公墓得到很好的保护,常有海内外郑氏宗亲来此拜谒其始祖。

记述郑桓公早年事迹的多友鼎及铭文

华州史话

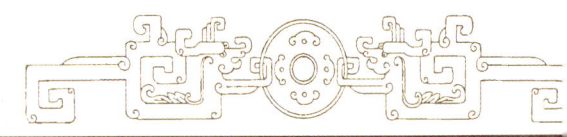

秦设郑县

周平王东迁后，历史进入东周时期。东周前半期称"春秋"，后半期称"战国"。平王东迁时，秦人的首领秦襄公护送有功，因此被封为诸侯。当时秦人居住在今陕西宝鸡与甘肃天水一带，秦襄公被封为诸侯后，得到了岐（今岐山）和丰（今西安），自此，秦国出现。但此时，秦国所封之地只是名义上得到，实际还被犬戎等所占，而今华县所在的关中东部，也有犬戎、彭戏氏等一些部族。

秦国不甘于此，不断进军关中，与犬戎等反复争夺。秦文公十六年（前750），秦国大败犬戎于岐；秦宁公三年（前713），秦又灭掉西戎国亳国（今西安市东南），从而控制了关中西部。秦国又继续向东发展。秦武公元年（前697），秦军攻彭戏氏，到达华山之下，今华县以西的关中地区基本归属秦国。秦武公十一年（前687），秦国在今华县地区设置郑县，表明秦国对关中地区的控制已十分牢固。经过四代国君，先后80多年的艰苦征战，一个强大的千里秦国，终于崛起关中，雄视关东。

秦国在今华县地区设置的郑县，是中国历史上最早设县的县份之一。西周时，政治上实行分封制，除周天子控制的部分土地外，其余土地大都分封给各诸侯，诸侯对其下属也同样分封。诸侯封其属下为卿大夫，卿大夫的封地名"采地"或"采邑"。春秋时，郡县制逐步实行。秦武公十年（前688），秦设邽县（今甘肃天水）、冀县（今甘肃甘谷）；同年，楚国设申县（今河南南阳），这是中国历史上设县之始。第二年，秦国又设了郑县和杜县（今西安市南）。这几个县是中国历史上设县最早的一批，郑县和杜县又是陕西最早设置的县份。县制的出现，相对分封制是一大进步。它不同于卿大夫封邑的，是县内有一套集中的政治组织和军事组织，特别是有征赋的制度，加强了国君的直接统治。

不过，这时期的县与秦汉以后的县还是有所不同的，它们都设在边地，具有军事设防的性质。郑县，就是秦国的边防重镇。春秋时，郑县与晋国接壤，战国时又与魏国接壤。在长达三百多年的时间里，秦与晋、魏多次在郑县一带发生战争。郑县作为秦国东部军事重镇的地位十分突出。

郑县的取名，是因这里为郑国故地。这个县名使用了两千多年，直至元朝时才被省并。

第一章 先 秦

从郑县到华县的行政区域变迁

　　郑县是华县的前身。华县今天的管辖范围、行政区域是从郑县延续下来的，有其历史演变的过程。

　　郑县于公元前687年设立后的一千多年时间里，区域变化较大。这是因为郑县属于中国几个最早置县的县份之一，当时设县制度尚不完善，县制规模尚不统一，区域面积也很不稳定。但到唐宋时期，其管辖范围，基本与今天华县的行政区域相近，而最迟于明朝时趋于稳定。其后县名虽由郑县经华州到华县，但行政区域从唐宋以来，迄今的又一个一千多年时间，基本变化不大。

　　公元前7世纪的秦武公十一年（前687），春秋时的秦国设立郑县，此后相当一段时间里，这里是秦国的东部边境地区，先后与晋国、魏国相邻，地广人稀，居民点分散，故当时的郑县管辖范围比现在的华县大很多。其西部管辖到今渭南市临渭区渭河之南地区；其东部，在公元前619年秦晋武城之战以前，没有到达今柳枝镇地区，而在战国时期，应管辖到今华阴市西部地区。

　　西汉时，郑县与新丰县（今西安市临潼区）分割今渭南市临渭区渭河之南地区，今临渭区渭河之北地区属下邽县管辖。东汉建武十五年（39），下邽县并入郑县，今临渭区的大部分地区都在郑县区域之内。108年后的东汉建和元年（147），下邽县恢复。两汉时郑县的东部是另外两个县，一个名武城县、一个名沈阳县。武城县位于今华县柳枝镇，沈阳县位于今华县毕家乡（详见本书《沈阳县与武城县》）。约东汉中期，二县撤销，应当有部分区域划归郑县。

　　三国时的魏与西晋时期，郑县仍管辖今临渭区渭河之南地区的东部（其西部仍属新丰县），在东面，管辖到今华阴市的西部地区。十六国时期的前秦甘露二年（360），割郑县、新丰两县部分地区置渭南县，辖今临渭区渭河之南地。但此后的北魏时，郑县还管辖着今临渭区的崇凝塬，崇凝塬当时称广乡原。记载北魏史事的《魏书》中的《地形志》记"郑县有广乡原"。同书还记郑县有赤城，而赤城就是今赤水镇。北魏太和十一年（487），郑县之东，另置一县，名敷西县，治所在今华阴市夫水镇。历史地理学家史念海认为"这个县名显示它在敷水的西岸"（见《陕西地方志通讯》1984年19期）。敷水河今称罗夫河。敷西县的建立，划去了郑县东部部分地区，《魏书·地形志》记敷西县有武平城可证。武平城又名武城，故址在

华州史话

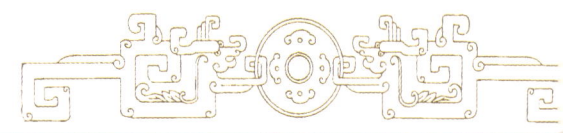

今华县柳枝镇。武城既属敷西县,那么今柳枝镇乃至毕家乡一带,就应从郑县划给敷西。不过数十年后的西魏时期,敷西县被废,其地应被其东西相邻的华阴、郑县分割。

以上各朝代的郑县北界、南界情况,笔者尚未发现确凿的文字记载。但据当代著名历史地理学家谭其骧主编的《中国历史地图集》,秦汉以后的郑县北界应是渭河,西汉时郑县南界应管辖到今华县南山渭河支流与南洛河支流的分水岭山脊两侧。

唐朝时,郑县西部,自十六国时期设渭南县后,郑县与渭南县之间的划界情况尚不清楚,但赤水河于唐时属郑县,而崇凝塬(广乡原)的归属不详。郑县东部,从《新唐书·地理志》看,小敷峪水(即罗纹河)属郑县,敷水(即罗夫河,又称大敷峪河)属华阴,故二县的分界应近乎于今。《新唐书·地理志》又记郑县有利俗渠,引乔峪水溉田。据清《续华州志》考证,利俗渠故址在今高塘塬上。《新唐书》还记郑县有丰原,丰原即今高塘塬。此为高塘塬区首次明确记为郑县之地。北宋时的《太平寰宇记》一书,记郑县的地名有今天华县的乔峪、涧峪、箭峪、赤水河、圣山等,以及位于今莲花寺镇的迷胡峪(该书记为"猕猴峪"),还记有位于今毕家乡的沈阳县故址与位于今柳枝镇的武城县故址。北宋时的另一地理书《元丰

华县的平川沃野

第一章 先 秦

九域志》记"华州郑县有赤水镇"。从这些地名可见北宋时郑县区域的大概范围。唐宋时,郑县的南界,据《中国历史地图集》,大体在渭河支流与南洛河支流的分水岭山脊两侧,但是否含金堆城不详。从以上引述的资料可以看到唐宋时郑县区域的大致轮廓,与今天华县的行政区域已非常接近。

在北宋时,郑县还曾管辖今渭南市临渭区渭河之南地区,不过只有5年时间。这就是在北宋熙宁六年(1073),渭南县建制撤销,降为镇,并入郑县。元丰元年(1078),郑县的渭南镇又恢复成渭南县。

金、元时期,郑县的区域大体延续北宋的规模。不过在元朝时,郑县"省县入州",即撤销郑县建制,其地由华州直接管理。明朝时,华州直接管理的原郑县区域,始有较全面的记载。据明《华州志·地理志》,其东境接华阴方山峪、华阴台头;西境箭峪之西为渭南县独孤坡,而赤水镇与渭南县交界;北境是渭河;南境逾渭河流域与南洛河流域的分水岭,辖有下阳川(疑为今华阴华阳乡)、金堆城等地。这个范围与今华县的行政区域已基本吻合。清朝、民国时华州(华县)的区域与明朝大体一致。

华县今天1127平方公里的行政区域面积,是在2600多年的历史演变中形成的,有深厚的历史积淀。在这同一地域中生活的世代居民,在长久的历史生活圈中,形成一个文化共同体,从而形成相同或相近的方言、习俗、礼仪和文化。所谓"华州人""华县人"是在同一行政区域内长久共同生活的相互认知。这个区域的形成,是牢固的。县名可以变化,而历史形成的同一行政区域内的心理、文化的内在凝聚力却不易割断。1959年,华县并入渭南县,但两年后就又恢复了华县建制,就是对此论断的诠释。

华州史话

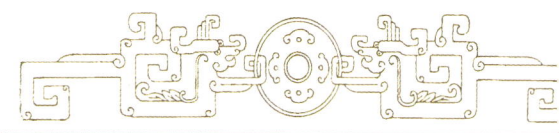

秦晋武城之战

秦国设置郑县以后，控制了关中东部部分地区。地处今山西省境内的晋国，在不断扩张后，其势力也逐渐达到关中东部。今华县一带成了秦晋二国的边境。秦晋争霸，关中东部是两国反复争夺的战场，今华县地区也发生了多次战争，比较著名的是公元前619年的秦晋武城之战。

晋襄公七年（前621）八月，襄公去世，太子夷皋年少，该由谁继位，在晋国引起一场轩然大波。诸大夫因晋国数有患难，欲立襄公长子为国君，以趋吉避祸，而执掌国政的赵盾欲立襄公之弟公子雍，还有些官员欲立公子雍的弟弟公子乐。赵盾权高位重，坚持立公子雍为国君，因公子雍之母为秦女，他当时住在秦国，赵盾遂派人到秦国去迎接。太子夷皋的母亲缪嬴闻讯后大怒，或号泣于朝，或哭闹于赵盾家中，采取各种手段，逼迫赵盾等必须立太子夷皋。赵盾等人都怕缪嬴，就改变迎接公子雍的计划，而立夷皋为国君，史称晋灵公。这已是第二年四月的事了。但秦国已派出军队护送公子雍回晋国继位，赵盾大为紧张，怕公子雍回国后引起内乱，立即亲自带兵，迎击秦军，阻挡公子雍回国。在晋地令狐（在今山西省临猗西），双方遭遇。秦军并不知道赵盾改变了主意，毫无准备，结果被晋军打败，史称"令狐之战"。

秦国遭此大辱，岂能甘休，当时的秦国国君是秦康公，日思雪耻。秦康公二年，也就是晋灵公二年（前619），秦军向晋国的边防要塞武城进攻。武城位于今华县柳枝镇，建于台地之上，俯视东西要道，居高临下，易守难攻。但秦军骁勇，经过激战，攻下武城，报了令狐战败之仇。

武城遗址今尚存，位于柳枝镇骞窑村东北、伏中村西南，当地人今称其为"武伯（方言为běi）城"或"武城营"。故老相传，该城为郑桓公之子郑武公未东迁前所建，是他南狩打猎时的别墅，常驻于城内，因郑武公为伯爵，故称"武伯城"。1958年9月，由北京大学考古专业组成的黄河水库考古工作队在此进行了考古调查，发现了这座古城。调查报告称，古城建筑在一高地上，高地东西长约400米，南北宽300米，东、北两面较附近地面高出1.5米左右。古城呈长方形，东西长约360米，南北宽约250米左右，城墙系版筑杵夯，墙壁上还保存着夹眼棍。调查报告"确定城墙的建筑年代当在西周后期之后，废弃年代应不晚于战国早期，城建筑及使用年代约

第一章 先 秦

当春秋时期。"此结论与武城在史籍中的记载吻合,也证明柳枝镇的这座古城遗址应就是春秋时的武城。

武城遗址(在今柳枝镇街南)

华州史话

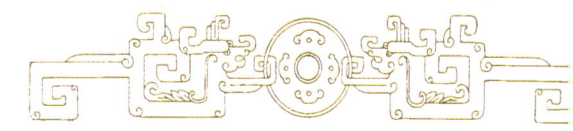

秦魏争战

战国之初,晋国的魏、赵、韩三家,逐渐瓜分了晋国,最后各自成为诸侯国。魏国与秦国接壤,两国之间在关中东部展开激烈争夺,郑县地处秦国东方边境,秦魏之战在这里不断发生。

当时的魏国强大,尤其是魏文侯(前445—前396年在位)时,任用李悝为相,吴起为将,实施变法,任用贤良,以法治国,整军备武,国势逐渐强盛起来。于是魏国开始向外扩张,而西方的秦国,是它的重要目标。这时的秦国因内部权力之争,频繁更换君主,亦未完成社会变革,军事实力弱于魏国,虽然有东进之意,但力不从心。当时的秦魏二国沿今山西、陕西之间的黄河对峙,河西(指黄河以西、洛河以东地区)大部分属秦;而渭河以南,魏占有今潼关及华阴东部。秦国以郑县(今华县)、武城(今华县柳枝镇)为渭河以南的边防重镇。今华阴西部可能也在秦国的控制之下,或为双方拉锯地区。

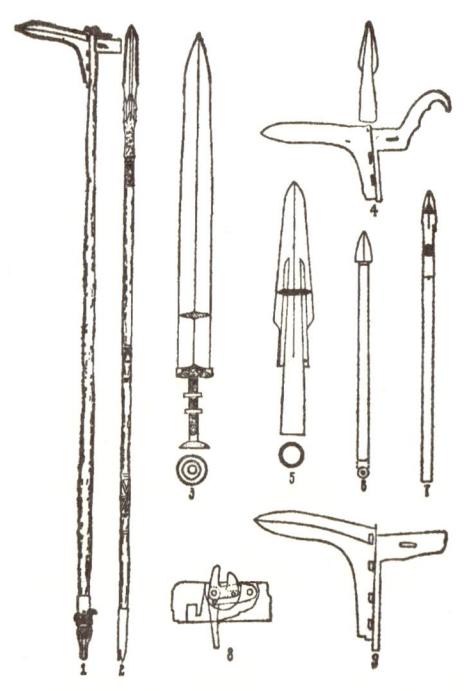

战国青铜武器

公元前419年至公元前417年,魏与秦在河西的少梁(今陕西韩城市南)展开激战,秦军败绩。公元前413年,魏国又在渭河以南向秦国大举进攻,直至郑县,大败秦军。次年,魏军又攻克了繁庞(今韩城市东南)。公元前409年至公元前408年,相继攻克秦国的临晋(今大荔东南)、元里(今澄城南)、邻阳(今合阳东南)、洛阴(今大荔西南)等城,尽占河西之地。秦军则节节败退,退至洛河防御。而渭河以南,秦则依旧固守郑县、武城,没有被魏军占领。

公元前390年,秦魏战火又起,双方在武城发生了激烈战斗,秦国击退了魏军的进攻。次年,即公元前389年,

第一章　先秦

秦国以郑县、武城为前进基地，调集大军，向魏国的阴晋（今华阴市东）大举进攻，试图打开通向中原的通道。魏国大将吴起率精兵，击败十倍于己的秦军，这就是历史上著名的以少胜多的战例——阴晋之战。秦军进攻阴晋失败后，退守武城。隔了两年，即公元前387年，魏军又向秦国进攻，攻打武城。但这次秦军将魏军击败于武城之下，并擒获一个叫"识"的将领。

郑县因处于与魏国相邻的边境地区，军事地位十分重要，秦国遂在今华县东设置关塞——"郑所之塞"。当时，秦国的公子连住在魏国。秦简公去世后，秦国为国君继位问题出现政治危机。公元前385年，公子连欲从魏国赶回秦国夺取政权，想从"郑所之塞"进入秦国，被守塞的右主然拒绝。公子连遂绕道今宁夏固原，从"焉氏塞"入境，后来即位为秦献公。这段事实反映了当时郑县地区作为边境要地的严峻形势。

华县出土的戈

秦献公即位后，进行政治改革，国势渐强，对魏国也从守转攻。而魏国为了抵御秦国越来越强的攻势，于公元前359年在秦魏交界处修筑了长城，即著名的魏长城。据当代考古学家的实地调查，魏长城从今华阴市玉泉院西约二百米处的朝元洞开始，顺长涧河（发源于华山峪）西岸向北，过渭河后，朝西北方向，穿越今大荔县的沙苑到洛河，顺洛河东岸向西北延伸。这条魏长城的走向说明，今华阴市华山、长涧河以西地区属秦国，以东属于魏国，而这条长城距今华县城约28公里，当时的郑县仍属对魏前线。

秦献公死后，秦孝公继位，他继承其父的事业，力图使秦国强盛起来。公元前359年，秦孝公任用商鞅，实行变法，国势蒸蒸日上，随即开始了向魏的强大攻势，从公元前354年起，秦军向河西地区进攻，公元前351年，秦军越过洛河，收复了部分河西之地。当时的魏国国君是魏惠王，他不愿秦国崛起，发动反攻。但魏的国力下降，并不能完全击垮秦国，魏惠王只好于公元前350年，与秦孝公在郑县的彤地（今华县西南）相会修好，暂时休兵。而秦国继续加强战备，于公元前343年，对武城城墙进行了整修加固。此后，秦国仍对魏国施加军事压力，并不停止攻势，与齐国等国联合打击魏国。魏国接连惨败，因而于公元前332年，将阴晋地区献给秦国，秦国将其改名为"宁秦"。公元前330年，魏又将河西地区全部献给秦国，从此，关中东部地区全部归秦国所有，秦国声威大振，继续向东扩张。而这个时候的郑县，已成为秦国的腹地，直至秦始皇统一中国，这里再无战事发生。

华州史话

商鞅之死

商鞅像

学过历史的人都知道商鞅变法,都知道商鞅其人,也知道商鞅因变法得罪旧贵族而死于非命。但很少有人知道商鞅是死于今华县地区。

商鞅本是卫国人,后到秦国,受到秦孝公的信任,被任命为左庶长,主持秦国的变法。秦孝公(前361—前338年在位)以前,秦国在战国七雄中还相当落后,旧贵族势力很大,国势贫弱,政局动荡。秦孝公继位后,力图改变现状,使秦国强盛起来。公元前356年,他任用商鞅,实行变法:奖励耕织,废除贵族世袭特权,推行连坐法。公元前350年,又实行第二次变法:普遍推行县制,废除井田制,按丁男征赋,统一度量衡等。商鞅变法促进了生产力的发展,国势逐渐强盛,对外战争也屡屡得胜。因而于公元前340年,商鞅受封于商(今陕西省商洛一带)十五个邑。

但商鞅变法从经济上、政治上剥夺了旧贵族的特权,损害了旧贵族的利益,遭到他们的反对。商鞅不为所动,当太子犯法时,商鞅对反对派的代表、太子的师傅公子虔等毫不留情地施以刑罚,引起他们的仇恨。公元前338年,秦孝公去世,太子即位,即秦惠王。公子虔等人诬告商鞅"欲反",秦惠王下令逮捕商鞅。商鞅闻讯出逃,至一关口,欲住旅店,店主不识商鞅,对没有证件的商鞅说:"商鞅之法,住店的人没有证件,店主是要连带有罪的。"商鞅慨叹而去。他又逃到魏国,被魏拒绝,只好回到自己的封地,纠集部属、邑兵,发兵抵抗。他从今商洛一带向北,越过秦岭,进攻地处关中平原的郑县,但寡不敌众,被秦军打败,杀死在今华县西南的彤地。而他死后,还被处以"车裂"的刑罚(即用五辆车或五匹马,分别拴住人的四肢及头颅,向五个方向撕裂)。

商鞅为变法献身,但他的变法措施继续得以实行。商鞅虽死,"秦法未败",

第一章 先 秦

他的变法,为秦统一六国,四海归一,建立中国历史上第一个中央集权制国家——秦王朝,打下了坚实的基础。

商鞅变法时废井田开阡陌

华州史话

《山海经》中的少华山、乔峪、涧峪

今华县地区的古代资料很缺乏,尤其是在经济、自然等方面。而产生于战国时期的《山海经》一书,却有当时少华山、乔峪、涧峪及其物产的珍贵记录。

《山海经》是一部古代奇书。学者一般认为作于战国时期,不是出于一时一人之手。内容涉及范围很广,包括地理、历史、民族、医药、巫术、动物、植物、矿产等方面。其中有关今华县境内的少华山的记载是这样的(按张艳云、秦云的《白话山海经》作白话文翻译,下同):

(太华山)再往西八十里,是座小华山,山上的树木大多是牡荆树和枸杞树,山中的野兽大多是㸲牛,山北阴面盛产磬石,山南阳面盛产琈玉。山中有许多赤鷩鸟,饲养它就可以辟火。山中还有叫做草荔的草,形状像乌韭,但生长在石头上面,也攀缘树木而生长,人吃了它

少华山北峰

能治愈心痛病。

　　文中的小华山即少华山。"小"与"少"在古文中通用，本为一字。小华山与太华山相距"八十里"，其里数不能过于拘泥，《山海经》中的里数只能取其大概而已。"柞牛"是一种体重达一千斤左右的山牛。"磬石"是一种可以制造乐器的石头，古人用它制成的打击乐器叫做"磬"。"㻬琈"，古时传说的一种玉，具体的形状质料不清楚。"赤鷩"，属于野鸡一类的禽鸟，腹部胸部都是红色，冠子是金黄色，头是黄的，尾巴是绿的，间杂着红色羽毛，色彩鲜明。萆荔，古时传说中的一种香草。

　　《山海经》对乔峪的记载是这样的：

　　（小华山）再往西八十里，是座符禺山，山南阳面盛产铜，山北阴面盛产铁。山上有一种树木，名称是文茎，结的果实像枣子，可以用来治疗耳聋。山中生长的草大多是条形，形状与葵菜相似，但开的是红色花朵而结的是黄色果实，果实的样子像婴儿的舌头，吃了它就可使人不迷惑。符禺水从这座山发源，然后向北流入渭水。山中的野兽大多是葱聋，形状像普通的羊，却长有红色的鬣毛。山中的禽鸟大多是鴖鸟，形状像翠鸟却是红色的嘴巴，饲养它可以辟火。

乔峪

华州史话

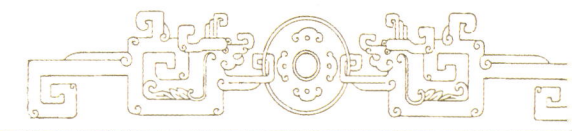

据清朝的《续华州志》与民国时的《重修华县县志稿》的考证，符禺山又称招峪，后又因东汉时的王乔隐居于此而称王乔谷，再又演变成乔谷、乔峪，在今大明镇南。符禺水又称招水，北魏时的《水经注》有记载，即现在的乔峪河，其下游称遇仙河。文中的"铜""铁"指天然矿石。"葵"即冬葵，也叫冬寒菜，是古代重要蔬菜之一。"葱聋"，古人说是野山羊的一种。

《山海经》对涧峪的记载是：

（符禺山）再往西六十里，是座石脆山，山上的树大多是棕树和楠木树，而草大多是条草，形状与韭菜相似，但是开的是白色花朵而结的是黑色果实，人吃了这种果实就可以治愈疥疮。山南面盛产琈琈玉，而山北面盛产铜。灌水从这座山发源，然后向北流入禺水。这条水里有硫黄和赤土，将这种水涂洒在牛马的身上就能使牛马健壮不生病。

涧峪

据清朝《续华州志》与民国《重修华县县志稿》的考证，石脆山就是涧峪。涧峪当地人俗称"阶"峪，内又分东西两条峪道，今分属高塘镇和东阳乡。灌水即涧峪河，北魏时郦道元的《水经注》称灌水为小赤水。禺水，据旧志称，即今箭峪河，又称大赤水。箭峪河与涧峪河北流至圣山武家堡汇合，称赤水河。以上白话文翻译中的"硫黄和赤土"，原文为"流赭"。"流"是"硫黄"，学者们意见一致，硫黄是一种天然矿物质，中医入药可杀虫。而"赭"，学者们一种意见认为是"赤土"，即红色的土，另一种意见认为是"赭黄"，即褐铁矿，可做黄色颜料。笔者取第一种说法，因为灌水（涧峪河）是赤水河的上游，赤水河的得名，应与流水将这种红土带入河中使河水变赤有关。

《山海经》是百科全书式的著名古籍，其中对今华县地区的少华山、乔峪、涧峪及其物产的记述，弥足珍贵。尽管其记述可能有与客观不符之处，但正确部分还是主要的，对于今天我们研究这一地区的地理、水文、动植物、矿产提供了少有的两千年前先人们的观察记录，它的利用价值尚待挖掘。

《华州史话》

第二章

秦 汉

华州史话

华县发现的秦权

标题中的"秦",即秦朝;"权",指秤锤。

公元前221年,秦始皇统一了齐、楚、燕、韩、赵、魏六国,结束了战国纷扰的局面,建立了我国历史上第一个统一的多民族封建中央集权制王朝——秦朝。

为了维护国家的统一,消除分裂因素,秦始皇除了采取一些政治措施外,还进行了规模宏大的统一文字、货币、度量衡和水陆道路的改革,进一步加强了全国各地的经济联系和文化交流。其中统一度量衡是影响深远的措施之一。

"度",是计量长短的标准,其单位有寸、尺、丈等。"量",是计量多少的器具,其单位有合、升、斗、斛等。"衡",是计量物体重量的器具,其单位有铢、两、斤、钧等。战国时代各国的度量衡标准不一,相当混乱,商鞅曾有过统一的措施,但那只限于秦国一隅。统一六国后,秦始皇下令在全国范围内统一度量衡制度,并颁发度量衡标准器具以为准则。这些官定的度量衡器具,有些作为出土文物,又出现于当代。

公元1991年8月26日,华县赤水镇桥家堡村民罗中再在村北地里劳动时,距地表0.4米处挖出一个半球型铜器。罗中再后将此物送交陕西省博物馆收藏。经考古学家鉴定,此物为秦朝时的铜权,即铜制秤锤,属于衡器。此铜权呈半球型,鼻纽。通高9.9厘米、纽高2.1厘米、底径12.7厘米。此权青铜铸壳,从底部留孔灌铸铅液而制成。铜权表面有錾刻的两段文字。右侧七行

华县发现的秦两诏铜钧权

第二章 秦 汉

的内容是：

"廿六年皇帝尽并兼天下诸侯，黔首大安，立号为皇帝，乃诏丞相状、绾，法度量，则不壹，歉疑者，皆明壹之。"

紧接着的一段文字形体较小，共八行，内容是：

"元年制诏丞相斯、去疾。法度量尽始皇帝为之，皆有刻辞焉。今袭号，而刻辞不称始皇帝。其于久远也，如后嗣为之者，不称成功盛德。刻此诏，故刻左，使毋疑。"

华县秦两诏铜钧权铭文

这两段文字是秦始皇与其子秦二世两位皇帝有关统一度量衡的诏书。前一段诏文为秦始皇二十六年（前221）颁布，后一段诏文为秦二世元年（前209）颁布。从而证明此铜权为秦政府统一制发的官定标准器具。

这个铜权鼻纽的旁边，还錾刻一"乐"字，在权身未刻诏文的一面，接近下沿处刻有"左乐"二字。考古学家认为"乐"与"左乐"的含义可能是当时负责监督铸器的工官、工师、匠人的名字或工号，也可能是铸造地、使用地地名，或者是发放、使用该权的官署名。铜权经实测为7620克。秦代衡制进位，二十四铢一两，八两为半斤，十六两为一斤，三十斤为一钧。考古学家按实测重量折算，此权应为一钧（30斤）权。根据以上特点，考古学家将此权命名为"秦左乐两诏铜钧权"。

华县发现的秦权，以实物形式证实了秦朝统一度量衡的这一重大举措，也使我们对当时华县地区经济生活以无限的遐想。

华州史话

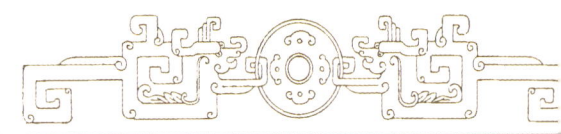

彭越郑县遇吕后

秦朝末年，残酷的经济剥削和政治压迫，导致了大规模的农民起义，推翻了秦王朝。继而项羽、刘邦楚汉相争，汉胜楚败，西汉王朝应运而生，刘邦成为西汉开国皇帝，后人称其为"汉高祖"。

汉高祖十一年（前196）初春的一天，春寒料峭。汉高祖刘邦的妻子吕后（吕雉）率一行人马从长安到洛阳，行至郑县。当时刘邦正在洛阳，前不久（即本年正月），吕后与丞相萧何设计在长安长乐宫擒杀了大将韩信，吕后此去洛阳即是向刘邦报告此事。在郑县，吕后遇到了一支从东向西行进的押送队伍。被押之人不是普通人，而是与韩信、英布并列为汉初三大名将之一的彭越。彭越是昌邑（今山东金乡西北）人，秦末聚众起兵反秦，楚汉战争时，将兵3万归附刘邦，攻略梁地（今河南东南部），在项羽后方进行游击战，屡断项羽粮道，为刘邦战胜项羽立下奇功，因而被封为梁王。汉高祖十年（前197）秋，边将陈豨谋反，刘邦亲往平叛，征召彭越兵马。彭越称病，派手下将领领兵前去。刘邦见彭越不亲自来，十分生气，派人去责备彭越，彭越害怕，想前去谢罪。他的部将扈辄说："您开始不亲往，现在被责备了才去，去了就会被擒杀，不如发兵反叛。"彭越不听，但继续装病。这时，一名担任彭越属官太仆的人，因得罪彭越，逃到刘邦那里，告彭越与扈辄谋反。于是刘邦派人潜往彭越驻地，出其不意将其逮捕，并押往洛阳囚禁。经官府审理，认为彭越"反形已具"，奏请按法施刑。但刘邦予以赦免，降为庶民，放逐到蜀郡青衣县（今四川名山县北）。押送他的队伍由洛阳出发，西行到郑县时，正好遇到东行的吕后。彭越认为这是个机会，就向吕后哭诉自己无罪，愿回故乡昌邑。吕后当面许诺答应，就带他一起到了洛阳。

刘邦、吕后对韩信等功臣名将多不放心，恐其功高震主，危及自己的统治。吕后前不久借故杀了韩信，现在彭越被擒，怎能平白放其一条生路？所以，吕后到洛阳一见刘邦就说："彭越是一名壮士，今天将他流放到蜀地，就是给我们留下后患，不如就此杀了他。"于是吕后找到彭越的一名随从，叫他告发彭越又要谋反。负责司法的廷尉王恬奏请诛杀彭越及其亲族。刘邦准奏，于当年三月，斩彭越，屠其三族（父族、母族、妻族），在洛阳城外集中处决。

第二章 秦 汉

武城县与沈阳县

秦朝统一中国后，大力推行郡县制，全国分为36郡（后增加到48郡），下设县。郡的长官称郡守，县的长官称县令。但京城咸阳所在的关中地区由内史管理，不称郡。内史是官名，又是政区名，治所在咸阳。郑县当时属内史管辖。西汉初，行政区划承继秦制，汉景帝二年（前155），分内史为左、右内史，与主爵中尉（后改为主爵都尉）分治关中地区，仍是郡一级，治所都在京城长安（今西安市）。郑县此时属右史内管辖。汉武帝太初元年（前104），改左、右内史与主爵都尉为左冯翊、京兆尹、右扶风，郑县归属京兆尹。京兆尹当时的辖境相当于今陕西秦岭以北，西安市以东的渭河以南地区。

有意思的是，西汉时，今华县境内除有郑县外，还有两个县，一个是武城县，一个是沈（音chén沉）阳县，而这两个县归属左冯翊。左冯翊辖境为今陕西渭河以北、泾河以东洛河中下游地区，而武城县与沈阳县却在渭河以南，算是一个例外。

西汉时郑县、武城县、沈阳县位置示意图

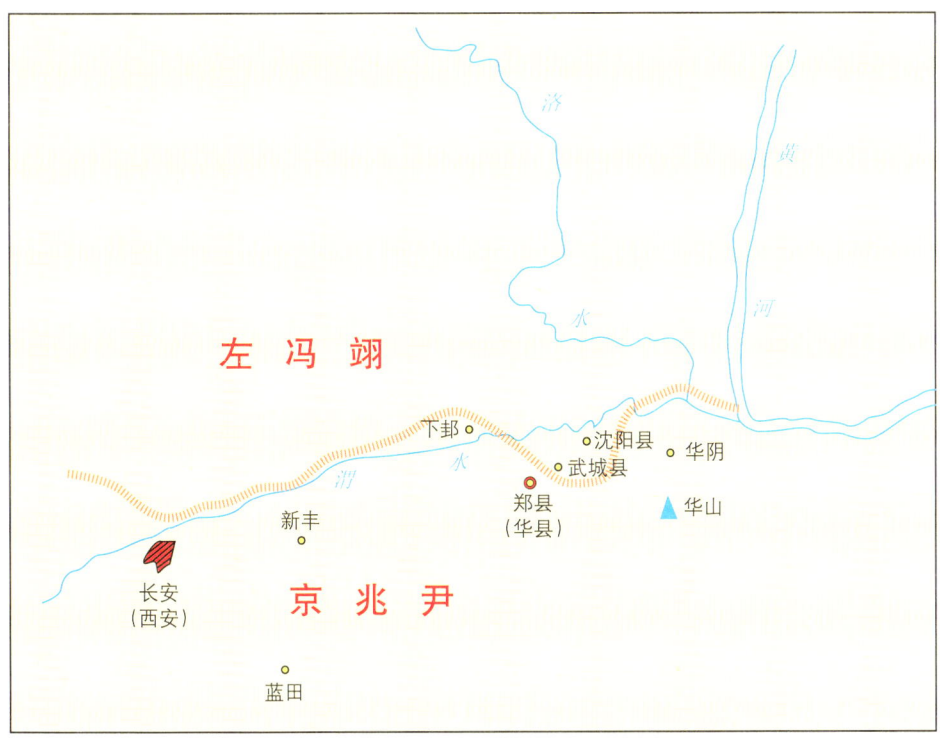

华州史话

武城县位于今华县东,县名应当与春秋时的武城有关(参见本书《秦晋武城之战》)。沈阳县位于今华县东北,县名应与沈水有关。北魏郦道元作《水经注》时,"沈水"已称"东石桥水"。清《关中胜迹图志》认为东石桥水即华州东部的构峪河。构峪河从柳枝镇构峪流出,现北向注入二华干渠,但历史上曾向北直接流入渭河。《水经注》记,东石桥水流经武城县东,又向北经沈阳城西注入渭河。从此记载来看,武城县城约在今柳枝镇西部,沈阳县城约在今毕家乡东部。明《华州志》卷二记,沈阳废县址在渭河之畔的蓬村(今毕家乡彭村)与周宁村(今下庙镇东周、西周村)之间的某处,与《水经注》的记载方位相符。而清《续华州志》认为,沈水即西溪,沈阳县在今侯坊、辛庄一带,武城县为今赤水郭村。但此说与《水经注》、明《华州志》《关中胜迹图志》等的记载相去甚远。

王莽篡权,西汉灭亡,建立新朝,武城改名为桓城,沈阳改名为制昌,但为时不久,新朝覆灭,二县名又改回。但在东汉时,这两县被撤销,只是被撤时间不详。有两条资料或可窥此二县在东汉的存废情况。一条是相传东汉光武帝刘秀(25—57年在位)征讨隗嚣时在武城驻跸,因而武城又称武平城、光武城。这段传说,正史无载,如果属实,当证武城县在东汉初尚存。另一条资料是《明一统志》记载,沈阳原在渭河北岸,东汉安帝(107—125年在位)移治于此。那么,沈阳县起码保留至东汉中期。

第二章 秦汉

漕渠与铁官

西汉前期，由于奖励农耕，兴修水利，推广先进技术等，社会经济有很大发展。郑县地处京畿之地，社会经济状况也应当不错，但详情我们不得而知。只是西汉有两件全国性的重大举措，对郑县应有相当影响，在史籍中略有记载：一件是漕渠开凿经过郑县，另一件是在郑县设立铁官。

先说漕渠。说起漕渠，先要介绍漕运。漕运就是利用水道调运粮食。西汉定都长安（今西安市），随着经济发展，长安人口剧增，官吏和军队也大量增加，而关中地区所产粮食，已不能满足需要，因此，就从潼关以东地区征收粮食调运到长安。由于陆路运输运量有限，不利远程运输，故采用木帆船逆黄河而上，进入渭河，再向西运到长安。但渭河泥沙较多，水量也变化无常，河道蜿蜒曲折。从长安到黄河，直线距离不过300多里，而那时渭河航行路线却达900多里，航行时间需6个月。为解决这个问题，汉武帝元光六年（前129），担任大司农一职的郑当时建

华县境内的渭河

华州史话

议：在渭河以南，平行开凿一条漕渠，从长安引渭河入渠，至黄河为止。漕渠道直，漕运路线可从900里降为300里，漕运时间可缩短为3个月。汉武帝接受这一建议，令水利工程专家徐伯勘察设计，用工数万，历时3年，漕渠开凿完成，其中有一段经过郑县。漕渠的建成，不但利于漕运，还能灌溉渠下万顷良田，对关中的经济发展起了很大作用。

汉代铁官印

漕渠经过郑县，对郑县的农业生产和经济生活，肯定带来很大影响。那么，漕渠位于今华县的什么地方呢？据有的专家研究，今华县、华阴一带的渭河应是古漕渠，而当时的渭河在今渭河之北。这可能只是一家之言，但无论怎样，当时的郑县北部的漕渠上，应当是一派千帆竞渡、百舸争流的壮观景象，而渠下，漕渠之水汩汩分流，灌溉滋润县境北部的无数沃野良田。

700多年后的隋朝，西汉开凿的漕渠早已湮废。隋文帝与汉武帝一样，再次开凿漕渠，并命名为"广通渠"。唐朝时，又两次疏浚，但唐朝末年之后，漕渠就永远从关中大地上消失了。

现在，再说说西汉在郑县设置的铁官。

中国铁器的使用与推广，始于春秋时期。至西汉时，铁质农具、兵器、生活用具陆续大量生产、广泛使用，冶铁业有了重大发展。汉武帝元狩四年（前119），采取了由国家统一经营冶铁业的政策，使冶铁业变为官营，冶铁业的范围更加扩大。据《汉书·地理志》记载，汉武帝以后各地设有铁官进行官营冶铁的有49处，其中就有郑县设铁官的记载。铁官主管生产铁器，置有吏、卒及服劳役的"铁官徒"。郑县设有铁官，必有相当规模的冶铁业，但由于没有相关记载及考古发现，具体情况尚不清楚。但我们可以从河南等地发现的西汉铁官所属的冶铁作坊遗址，对郑县冶铁业推测出一二。从已发掘的冶铁遗址看，这些铁官所属的作坊，或以冶铁为主，或以铸造为主，或冶铸兼备。作坊面积达数万平方米，拥有几座至十几座炼铁炉。当时郑县的冶铁业也应大致如此。冶铁业的空前发展，促进了西汉社会经济的提升，这其中，应有郑县冶铁业的贡献。

汉代冶铁图

第二章 秦汉

祁连将军田广明

从郑桓公以后，直至西汉前期的七百多年间，今华县地区没有出现载入史册的名人。但在汉武帝至汉宣帝时，却出了一个人物，名叫田广明，二十四史之一的史学名著《汉书》曾为他立传。

田广明是西汉时的郑县人，字子公，生年不详。初任皇帝的侍从官，后为天水郡司马。天水为边郡，治所在今甘肃通渭西北，边郡司马掌一郡兵事。后因功升为河南郡都尉。河南郡治所在今河南洛阳，辖今洛阳至郑州一带，都尉负责一郡军事。田广明严刑峻法，以杀戮为治，被称为"酷吏"。这类官吏为汉武帝所重用，约征和二年（前91）左右升田广明为淮阳郡太守。淮阳郡治所在今河南省淮阳市，辖今河南淮阳、鹿邑、扶沟、太康一带，太守为一郡的最高行政长官。田广明任淮阳太守一年多后，已卸任的城父（今安徽亳县东）县令公孙勇与门客胡倩等谋反。胡倩诈称自己是朝廷要员光禄大夫，带着数十人马，住在陈留郡（治所在今河南开封东南）的传舍。声言朝廷派他来监督各地镇压盗贼，并传陈留郡太守谒见，图谋捕捉陈留太守。陈留郡是淮阳郡的北部邻郡，田广明不知从何渠道得知这一阴谋，立即从淮阳郡派兵至陈留郡，捕杀了胡倩等不法之徒。而公孙勇到了淮阳郡下属的圉县（在今河南杞县西南），也被当地官员捕捉。田广明因连擒大奸，被征召入京，担任朝廷重臣大鸿胪，淮阳郡太守一职，由其兄田云中接任。

大鸿胪掌管边疆少数民族事务，为朝廷九卿之一。汉昭帝始元四年（前83），西南少数族姑缯部落、叶榆部落于今云南一带起兵反叛，并连克数城，大败官军。本年冬，汉昭帝派田广明等前去平叛，次年秋，田广明率军大获全胜，斩杀及俘虏3万余人，掳获牲畜5万余头。因此功，田广明于始元六年（前81）被封为关内侯。

元凤元年（前80）春，武都（今甘肃成县西）的氐人暴动，田广明等人负责镇

华州史话

压，却手中无兵，就率领监狱中的囚犯，免除他们的罪行，平息了氐人之乱。田广明后又任九卿之一的卫尉（掌宫门警卫），再改任左冯翊。左冯翊既是官名，又是政区名，辖境约为今陕西渭河以北、泾河以东、洛河中下游地区，治所在长安。田广明任左冯翊，即为左冯翊地区的最高行政长官，史称其"治有能名"。

元平元年（前74），御史大夫蔡义升为丞相，田广明接任御史大夫一职。西汉的御史大夫是皇帝之下，仅次于大司马大将军和丞相的第三号人物，次年又被封为昌水侯。

汉宣帝本始二年（前72），有人告发大司农田延年贪污三千万钱。控制朝政的大司马大将军霍光召唤田延年诘问，想为他找一种办法脱罪，但田延年拒不承认。霍光不高兴地说："如果真没有这回事，我只好让有关部门追查。"田广明知道事态严重，就对担任太仆一职的杜延年说："《春秋》之义，功可以掩过。田延年是有功之人，而今，就作为皇上赐给他三千万，如何？请将我的话转禀大将军霍光。"杜延年转禀后，霍光说："谢田广明大夫。请他明白告诉大司农田延年，前往监狱报到，一切秉公处理。"田广明派人转告田延年，而田延年不愿入狱受辱，自刎而死。

同一年，北方部族匈奴数侵汉边，并西伐乌孙（古族名，在今新疆），乌孙求救。秋季，汉朝决定反击，下令组成5路大军，深入匈奴境内，进行大规模扫荡。其中第一路大军由田广明指挥，并封他为祁连将军，率四万骑兵由西河（今内蒙、山西、陕西交界处）出发。次年春，田广明率军北至塞外一千多里的鸡秩山，汉朝使者冉弘自匈奴返回，路遇田广明说，鸡秩山西有匈奴大军。田广明不敢前进与匈奴主力决战，诫告冉弘，不准说有敌军踪迹，并欲引军返回，其部下认为不可，田广明不听，率军空还，只斩杀、俘获敌人19名。汉宣帝得知后，以知敌在前，逗留不进之罪，将田广明交付审判。田广明自知罪重自杀。

匈奴武士

第二章 秦 汉

赤眉军立刘盆子为帝

西汉末年，政治矛盾尖锐，社会动荡不安。王莽乘机篡权，建立新朝。为解救社会危机，王莽进行改制，但政治更加残暴，因而激起了波澜壮阔的农民大起义。其中最著名的义军为绿林军（发起于绿林山）、赤眉军（以赤涂眉为记号）。绿林军在接连取得胜利后，立刘玄为皇帝，国号为汉，年号为更始，史称"更始政权"，当年即为更始元年（23）。十月，绿林军攻入长安，王莽被杀，王莽的新朝被推翻。次年二月，刘玄进驻长安。但更始政权很快腐化，失去民心。这时，归依刘玄的以樊崇为首的赤眉军对刘玄不满，决计进军长安。更始二年（24）冬，赤眉军从今河南向关中进发，于次年正月，攻占弘农（今河南灵宝北）。赤眉军在此整顿，分万人为一营，每营设三老、从事各一人，共30营，准备总攻长安。更始三年（25）三月，赤眉军到达华阴。到华阴后，军中有从齐地（今山东）来的巫师击鼓舞蹈祭祀城阳王，以祈福求助。城阳王是汉高祖刘邦的孙子刘章，在西汉初平定吕后亲族的叛乱中有功，而被封为城阳王，封地在今山东莒县一带。巫师在祭祀时，疯言疯语道："城阳王非常生气地说，应当做皇帝，为什么当了盗贼？"有人就借鬼神之意，向樊崇建议："将军拥有百万之众，西向长安，而无称号，不是长久之计。最好立西汉皇帝的刘氏宗室，作为号召，以义兵讨伐刘玄。"樊崇及部将深以为然，而巫师的狂言益甚。六月，赤眉军从华阴进军到郑县。樊崇等人商议："现在已临近长安，鬼神好像有立刘氏之意，应当找到皇族后代，共同拥他为帝。"于是，他们在军中寻找城阳王刘章的后裔，居然找到70多人，而其中只有刘茂、刘盆子、刘孝三人与城阳王的血缘最为近属。刘茂、刘盆子是兄弟，他们是城阳王刘章的七世孙，在赤眉军经过他们家乡泰山郡（今山东泰安一带）时被掳掠至军中，属于一个小官吏刘侠卿，负责牧牛。樊崇等决定以抽签的方式从这三人中选一人为帝。他们准备了3个小木简，两个为空白，一个上面写"上将军"三字，并置入一个方形竹器中。然后在郑县城北设了一个坛场，祭祀城阳王，赤眉军的领导人及三老、从事都来参加。刘茂、刘盆子、刘孝3人居中而立，按年龄大小依次从竹器中探摸竹简。刘盆子年龄最小，也是最后一个抽签，但他却抽到了上书"上将军"的竹简。赤眉军将领立即下拜称臣。刘盆子当时才15岁，披发徒跣，身着破衣，见众将下拜，吓得想哭。刘茂让他把木简藏好，刘盆子却将小木简咬断扔到地上。

华州史话

放牛娃刘盆子就此当了皇帝,国号为汉,年号建世。由于赤眉军将领都不识字,只有徐宣读过几天书,乃共推徐宣为丞相,樊崇任御史大夫。刘盆子虽然当了皇帝,但不时想玩牧童的游戏,樊崇等人对他也不探视问候。在这个政权中,刘盆子不过是个名义,一切大权照常由赤眉军将领掌握。

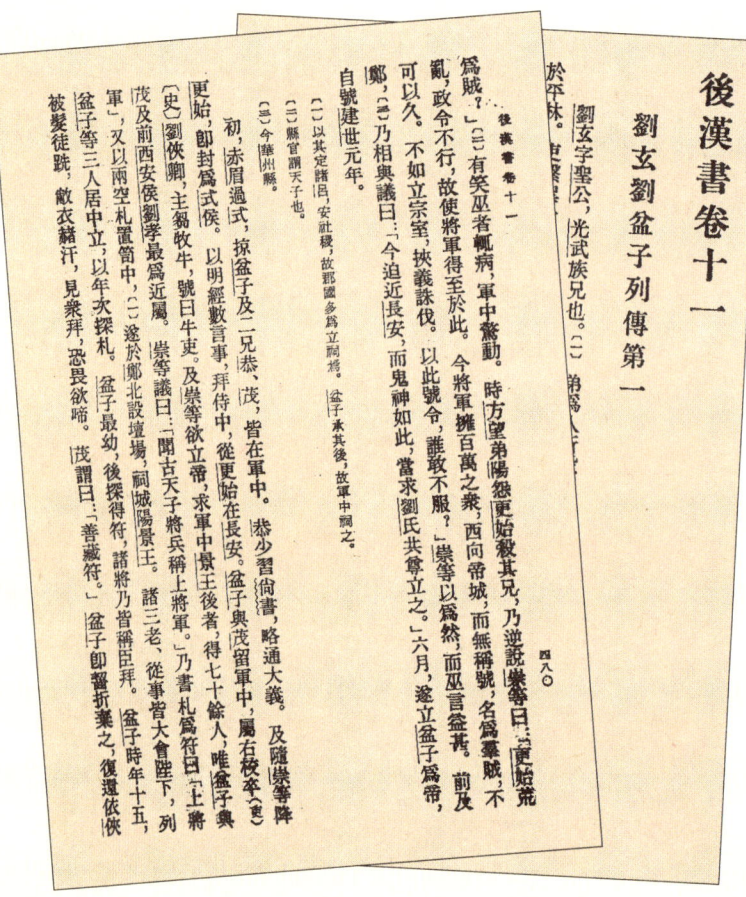

《后汉书》中对赤眉军立刘盆子为帝的记载

赤眉军及其政权在郑县停留了一段时间,八月,西进高陵,九月,攻入长安,更始帝刘玄投降,不久被杀,他的将领大都投降了赤眉军。

当时,以刘秀为首的武装集团势力大增,在赤眉军立刘盆子为帝的同一月,刘秀也在河北称帝(即汉光武帝),重建汉政权,后世称之为"东汉",年号建武。建武二年(26),赤眉军因在关中难以立足,离长安东归,被刘秀重兵包围消灭。刘盆子投降刘秀,得到宽待,得以善终。

华州史话

第三章

魏晋南北朝

华州史话

汉末到十六国时期的乱世劫难

从东汉末年起,除中间个别短暂时期外,中国进入了一个大分裂、大混乱、大动荡的历史阶段。战乱、饥馑、天灾、人祸给人民带来了巨大的劫难。有关郑县百姓在此期间的具体状况,史无明载。但因郑县地处关中,东汉末年起,又属雍州管辖,因此,本文从史籍中搜集一些有"关中""雍州"百姓生存状况的文字,以此可想郑县当时的情景。

东汉末年,董卓拥兵擅权,挟汉献帝从京城洛阳西迁长安。司徒王允联络名将吕布,于初平三年(192)诛杀董卓。但董卓部将李傕、郭汜等以复仇为名,攻入长安,杀王允,赶走吕布,纵兵劫掠屠杀。接着又相互猜疑,以致互相攻击残杀,史称"董卓之乱"。关中因此糜烂,化为战场、屠场,人民苦难无尽。《后汉书·董卓传》记当时"强者四散(体强者逃亡),羸者相食(逃不走的体弱者人吃人),两三年中,关中人迹一空。"地处洛阳与长安之间的郑县,是"董卓之乱"的重灾区之一,屡见刀光剑影,频现战火兵燹,人口也应因此大量流散死亡。

西晋末年,又发生"八王之乱",皇族之间为争夺政权而大规模混战,郑县及关中沦为战场。永兴元年(304),河间王司马颙曾顿军于郑县。其部将张方在从洛阳回师关中时,军中无食,就杀掠掳的人口加杂牛马肉作食物。"八王之乱"平息后,"永嘉之乱"又起。匈奴贵族刘渊起兵反晋,建国为"汉"。刘渊死后,其子刘聪继位。永嘉五年(311)六月,刘聪派兵攻破西晋都城洛阳,继而进掠关中。八月,刘聪的大军战潼关,经郑县、下邽,占领长安。而战乱中的关中,"百姓饥馑,白骨蔽野,百无一存"(《资治通鉴》卷87)。据《晋书·食货志》,因战乱灾荒,永嘉年间(307—312),"雍州(治所在长安)以东,人多饥乏,更相鬻卖(卖人为奴婢),奔进流移(逃亡流散),不可胜数。"为了生存,包括郑县在内的大批雍州及关中各地人民不得不流亡迁徙到梁州(今陕南汉中、川东北、重庆市一带)、益州(今四川大部分地区)、荆州(今湖南、湖北一带)、豫州(今河南南部一带)等地。当时关中人民流亡的数目,据历史学家王仲荦的研究,约占当地总人口的三分之一。这些迁徙到南方的关中流民,大部分在南方扎根繁衍,再未回到故土。

第三章 魏晋南北朝

十六国时期，郑县及关中人民仍然生活在水深火热之中，苦难仍未有尽头。前赵时，关中连年发生大瘟疫，百姓死亡的有十分之三四。前秦建元二十年（384），鲜卑贵族慕容冲与前秦争夺天下，在郑县西部进行了一场恶战。慕容冲取胜后又进逼长安，包围长安达一年之久。这期间，慕容冲纵容士兵烧杀抢掠，"关中士民流散，道路断绝，千里无烟"（《资治通鉴》卷106）。地处战场的郑县百姓遭到又一次劫难。

中国历史上的分裂时期，百姓经历着最黑暗、最恐怖的乱世，命如草芥，颠沛流离，苦难无涯。郑县人民在那个岁月中的劫难，绝不止上述几条，但当时人民的血泪，大都湮没在历史的风尘之中了。只有"宁做太平犬，不做乱世人"这句话，道出了劫后余生人们的悲愤与无奈。

华州史话

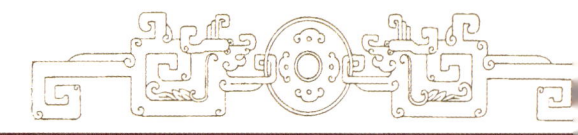

魏晋南北朝时期的民族成分更新

从西汉到东汉,包括郑县在内的关中居民主要是汉人。但东汉末年以后,天下大乱,关中屡遭战乱,人口或大量死亡,或大批南迁,其空间由西部、北部涌入的众多少数民族填充。这些少数民族主要是匈奴、鲜卑、氐、羌、羯,时称"五胡"。他们迁徙进来的数量很大,最多时,关中人口的一多半是这些民族。郑县地处交通要道,土地肥沃平坦,自然容纳了很多内迁的"五胡",但其中以鲜卑、氐族为最多。

鲜卑族,世居辽东辽西塞外,分为拓跋、宇文、独孤、慕容等部,魏晋时,逐步进入内地。十六国时,鲜卑族的领袖拓跋珪,在平城(今山西大同)建立了北魏王朝,并逐步南侵,进兵中原。北魏始光三年(426),鲜卑大军进入关中,占领长安,从此鲜卑族开始大规模移居关中,直至北周王朝止。据历史学者王大华的研究,这期间"鲜卑拓跋部先后5次成万进入关中,总数达数万户,约十多万人,占关中总人口的六分之一到十分之一左右。主要聚集在长安、咸阳、武功、眉、泾阳、蒲城、同州、华州等地"。鲜卑建立的北魏王朝最后统一了中国北方,但在统一过程中,鲜卑也逐步融合在汉族中,并在关中定居下来。今天华县柳枝、下庙一带的"元"姓、"拓"姓、"独"姓人家,据说他们可能是鲜卑族拓跋部、独孤部的后裔。

氐族,历史上一直居住在中国西部,是一个古老的民族。三国时,逐渐进入关中,西晋时,更是大批迁入,遍布扶风国(即扶风郡)、始平郡、京兆郡。此三郡约为今关中西部、中部和东南部。其中京兆郡包括郑县在内,因此,郑县也是氐族人的主要居住地区。十六国时,氐族曾在长安建立了前秦王朝,一度统一了黄河流域。

此外,匈奴、羌、羯等民族,也应有在此居住的。匈奴曾在关中建立过前赵和大夏政权,众多匈奴人留居关中,郑县不会没有他们的踪迹。前秦时,"鲜卑、羌、羯,布满畿甸"(《晋书·苻坚载记》)。前秦的京城在长安,郑县属于畿甸,羌、羯等民族也会有一定数量定居于此。公元384年,羌族人姚苌建立后秦王朝时,曾有大批华阴羌人归降姚苌。华阴有数目众多的羌人,邻近的郑县羌人也应很

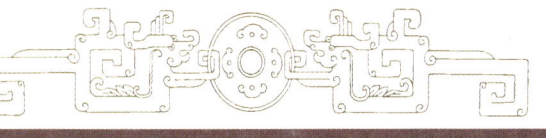

第三章 魏晋南北朝

魏晋时放牧的北方民族

多。

在魏晋南北朝300多年的历史中，这些民族在关中（包括郑县）迁徙、定居，与汉族杂居、通婚、融合，在经济生活和语言、风俗、习惯等方面，和汉族互相渗透、互相吸收，相互之间的差别越来越少。在与汉族的不断融合过程中，这些民族到隋唐时，就从历史记载中消失了，应该已经同化为汉族了。今天华县居民中，说不定许多人的血脉中，就有这些民族的遗传因子。

华州史话

慕容冲战郑西

淝水之战后,前秦皇帝苻坚败归京城长安,这个由氐族人建立的王朝危机四伏,开始分裂。前秦建元二十年(384)三月,鲜卑贵族慕容泓公开反叛,招集数千鲜卑人,屯兵华阴,在击败前秦将军强永后,其势更盛,苻坚又令其子苻叡率兵5万讨伐。同月,慕容泓的弟弟慕容冲响应其兄,起兵平阳(今山西临汾),率众2万,进攻蒲坂(今山西永济)。四月,苻叡率轻进兵,在华阴北部沼泽地区为慕容泓击败身亡。这时,慕容冲进攻蒲坂失败,但他率八千骑兵投奔到慕容泓军中。慕容泓军力很快就发展到十余万人,他开始向西发展,占领郑县,直指长安,并建元燕兴,表示继承前燕王朝,史称其政权为"西燕"。六月,慕容泓被其部下杀死,慕容冲被立为皇太弟。慕容冲以华阴、郑县为前进基地,矛头仍直指长安。前秦皇帝苻坚派苻晖率5万大军抵御。这年七月,双方在郑县之西发生大战,十几万人马相互厮杀,惨烈血战,前秦苻晖最终大败。慕容冲乘胜而进,占领长安城西的阿房城(今西安西),开始围攻长安。次年正月,慕容冲在阿房城自称西燕皇帝;五月,苻坚被迫逃走;六月,慕容冲攻进长安。在此一年的时间里,慕容冲从华阴、郑县,打到长安,到处烧杀抢掠,百姓大批死亡、流散,以致富庶的关中东部,出现了人烟断绝的惨状。西燕王朝后于中兴元年(386)退出长安进入今山西,中兴九年(394)为后燕所灭,立国不过十年。

惨烈厮杀

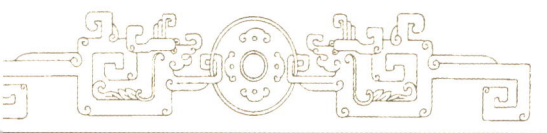

第三章 魏晋南北朝

脚踩两只船的苟曜

魏晋南北朝时，郑县唯一被史册记载的人物是一个叫苟曜的人。他生活的五胡十六国时期，王朝频繁更替，政治云谲波诡，生命如朝露草芥。许多人在这个乱世之中，面对纷纭起伏的政治局面，往往是朝秦暮楚，骑墙两端，脚踩两只船，郑县人苟曜就是如此。

十六国时的关中，战乱频繁。许多地方豪强，聚众建起壁垒，共同抵御侵扰，以求战乱中自保，苟曜就是郑县的一个地方豪强。这些豪强在组织当地百姓武装自保的同时，也不可避免地卷入各王朝之间的兴替战争。苟曜出现在历史舞台上时，关中地区各部族、各王朝的混战十分复杂。公元384年，氐族人建立的前秦王朝面临分裂危机。鲜卑人慕容泓、慕容冲兄弟据关中东部建西燕王朝，羌族人姚苌在渭北自称秦王。公元385年，慕容冲打进前秦的京城长安，前秦皇帝苻坚出逃，不久被姚苌俘获杀死。公元386年，西燕撤出长安进至今山西，姚苌占领长安登基称帝，史称后秦。苻坚的族孙苻登随后在南安（今甘肃陇西东南）继承前秦皇位。前秦残部与后秦此后混战多年，关中的各地豪强或拥前秦，或拥后秦，合纵连横，争斗不息。

后秦建初五年（390）七月，冯翊（今大荔）人郭质在郑县广乡起兵，归附前秦苻登，并向关中各地发出檄文，号召共同起兵讨伐后秦姚苌。关中各地壁垒都响应郭质，但聚众数千的苟曜却拥护后秦。前秦任郭质为冯翊郡太守，后秦任命苟曜为豫州（治所在洛阳）刺史。豫州当时还在东晋王朝手中，这种任命只是笼络人心而已。都在郑县境内的郭质和苟曜却武装对峙，终于在本年十二月，双方在郑县东部发生大战，结果郭质兵败逃往洛阳，投奔东晋去了。

苟曜战胜郭质后，实力大增，兵力发展到一万多人，控制着郑县一带。可能他认为前秦残余还有可能卷土重来，在依附后秦的同时，他又与前秦苻登暗通款曲，答应为其内应。建初六年（391）四月，正在长安南部与后秦作战的前秦苻登，突然向东进发，进占了马头原（今临潼的马额地区），企图与郑县的苟曜相应。五月，后秦姚苌引兵迎战，与苻登战于马头原，但被苻登击败。姚苌迅速收集兵力以图再战。他的大将姚硕德说："陛下作战十分慎重，不轻易开战，每次都要以计取胜。这次刚刚失利，就要立即再战，为什么呢？"姚苌说："苻登用兵迟缓，这次却轻兵直进，占据我方东边的马头原，必定是郑县苟曜这小子与他有谋，为他的内应。

华州史话

现在应乘苟曜与苻登还未会合，立即再战，迅速击败苻登，他们的阴谋就不会得逞。"姚苌遂挥师再战，击败苻登，苻登向西退去，而苟曜并没有、或没能出兵配合苻登。

郑县距长安180里，苟曜拥有一万多兵力，且心存两端，并不忠心，成了姚苌的心腹之患。但姚苌又不能立即消灭苟曜，因为苟曜并没有公开反叛，且有一定实力，再加上当时的主要对手是苻登，姚苌并不想两线作战。他也可以在长安召见苟曜而借机除掉此人，而不用大动干戈，但只要姚苌在长安，苟曜就不会来。即使姚苌假作外出以诱苟曜，苟曜也会有疑虑而不来。姚苌只好等待时机。同年十二月，前秦苻登攻打安定（今甘肃泾川县北），姚苌欲赴阴密（今甘肃灵台西南）指挥作战。临行前，他对留守长安的太子姚兴说："我走后，苟曜一定会来见你，你就把他捉住杀掉。"果然，苟曜认为姚苌离开长安事出有因，并不是引诱自己，而太子姚兴对自己无能为力，就离开郑县到长安拜见太子。太子姚兴派人诛杀了苟曜，后秦的心腹之患就此除掉。

南北朝时的北朝骑兵

第三章 魏晋南北朝

赤水蜀人

　　魏晋南北朝时，北方人民因避战乱曾大批向南方流亡，但也有今四川一带的蜀人向北迁徙。他们曾大量居住在今陕西关中和山西南部，居住在河东（今山西永济）的称"河东蜀"，居住在绛郡（今山西绛县）的称"绛蜀"，居住在关中郑县赤水的则称之为"赤水蜀"。北魏末年，这些蜀人很多参加了反抗北魏残酷统治的斗争，而被称为"蜀贼"。

　　鲜卑人建立的北魏王朝，统一了中国北方，一度非常强盛，尤其在魏孝文帝改革后，各族人民进一步融合，社会经济也有一定发展。但是到了北魏末年，政治日趋腐败，人民生活穷困不堪，农民起义不断发生，许多蜀人也参加进来。太平真君六年（445），河东的蜀人在薛永宗的率领下，响应盖吴起义，曾攻打闻喜县（今山西今县）。正光五年（524），关中蜀人张映龙、姜神达曾率众攻打雍州（今西安市）。孝昌二年（526），绛郡蜀人陈双炽起事，曾自号始建王。

　　北魏末年的各大起义中有一个是关陇大起义，关陇大起义的后期领袖是万俟丑奴。永安三年（530）二月，万俟丑奴在关中西部非常活跃，北魏就派尔朱天光前去镇压，由大将贺拔岳为其副手。尔朱天光从京城洛阳出发，西进关中，但郑县的赤水蜀人断绝了他们的前进道路。赤水蜀人与正光五年（524）攻打雍州的蜀人张映龙、姜神达是同党，赤水是他们的根据地。尔朱天光就派侍中杨侃先行对蜀人进行慰谕，劝他们让开道路，并租赁他们的马匹，以经济利益笼络蜀人。赤水蜀人对是否让路还迟疑不决。这时，尔朱天光率军到达潼关，因无蜀人让路的消息而不敢前进。贺拔岳说："蜀贼都是鼠窃狗盗之徒，你还如此疑虑，如遇大敌，将如何应战！"尔朱天光说："一切委任于你。"贺拔岳就向赤水蜀人大举进攻。赤水蜀人活动范围很大，并不限于郑县赤水。贺拔岳率北魏军在渭北大破赤水蜀人，缴获马匹就有两千多匹。尔朱天光这才通过关中东部，与万俟丑奴起义军决战。四月，起义军溃败，万俟丑奴被杀。

华州史话

从华山郡、东雍州到华州

中国的行政区划在秦汉时，基本上是郡、县两级制。从东汉末年开始，施行州、郡、县三级制。三国时，郑县（今华县）属魏国，由雍州（治所在长安，即今西安）京兆郡（治所在长安）管辖，郑县之上还有两级区划。西晋时依三国魏制。到了十六国时期，郑县前后属于前赵、后赵、前秦、后秦、夏等国，行政区划则无大的变化，基本上仍属雍州（曾改作司隶校尉）京兆郡管辖。

到了南北朝的北魏时，郑县本身的建置没有变化，但上属州、郡有较大改变，而且有州、郡的治所设在郑县。北魏太平真君元年（440），于关中东部置"华山郡"，治所就在郑县，辖郑县、华阴（今华阴市东部及潼关县地）、敷西（今华阴市西部）、夏阳（治所在今韩城市南）、郃阳（治所在今合阳县东南）5县。其实华山郡在此五六十年前曾设过一次。当时东晋向北发展，与后秦、后燕等国争夺今洛阳至华县一线，这一线的许多地方反复易手。东晋太元十二年（387），曾以郑县、华阴、夏阳、郃阳设华山郡。十年后，后秦自西向东进攻这一线的郡县，东晋任命的华山郡太守董迈投降。此后，这个华山郡的存废情况不详。北魏统一北方后，因东晋之旧，重设华山郡，隶属于泰州（治所在今山西省永济县西南）。40多年后的北魏太和十年（487），华山郡与澄城郡、白水郡从泰州中分出，另组建华州。这个华州不是后来以郑县为治所的华州，即：不是今华县前身的华州。当时的这个华州的治所在李润堡（今蒲城东北），后来又迁到今大荔县。这个华州的辖区基本上与今渭南市的辖区相当。北魏孝昌二年（526），华山郡与白水郡又分出设东雍州，治所设在郑县。这样，郑县一地就有东雍州、华山郡、郑县三级政权。28年后的西魏废帝三年（554），又将东雍州改称为华州（治所在郑县，即今华县），而原华州（治所在今大荔县）改称同州。东雍州改称的华州，辖华山郡、白水郡两个郡。华山郡辖县已不是太平真君元年（440）时所辖的5县，而是郑县、敷西二县。北周时，华州、华山郡、郑县区划同西魏。

今华县地区自从公元554年设置华州，直到1913年被改称华县，共1359年，而此后的"华县"，其实是华州的延续，从1913年迄今的90多年中，"华州"仍然作为华县的别称而在社会上流传。

第四章

隋唐五代

华州史话

隋唐时的"百郡之首"

隋朝建立后,结束了南北朝的分裂局面。隋文帝对州郡滥设很为不满,于开皇三年(583)令废诸郡,扫600余年州郡县三级之制,实行州县二级制。华山郡即于此年被撤,郑县直属华州,但20多年后的大业三年(607),隋朝又改州为郡,华州被废,郑县归属京兆郡(治所在长安)。义宁元年(617),又将郑县、华阴二县从京兆郡中划出,重设华山郡。这一时期的郡,虽名义同隋朝之前的郡,但无异于开皇年间的州,实行的还是二级制。

武德元年(618),隋朝灭亡,唐朝建立。唐高祖称帝当年,就将华山郡改为华州。有唐一代,华州大部分时间辖郑县(今华县)、华阴(今华阴市并含今潼关县地)、下邽(在今渭南市临渭区北部)三县。唐末,还曾将栎阳县(在今西安市临潼区东北)划归华州,但时间很短。

唐时全国所有的州,都由中央直接管理。但天下300多个州,直接管很难,因此,又将全国分为关内、河南、河北等十几个道。华州属于关内道。但这些道是监察区,不是州以上的行政区或行政机构,安史之乱后,就只是地域名称了。因此,我们讲华州的行政建置时,一般不讲华州上属关内道。

唐代华州行政区划示意图

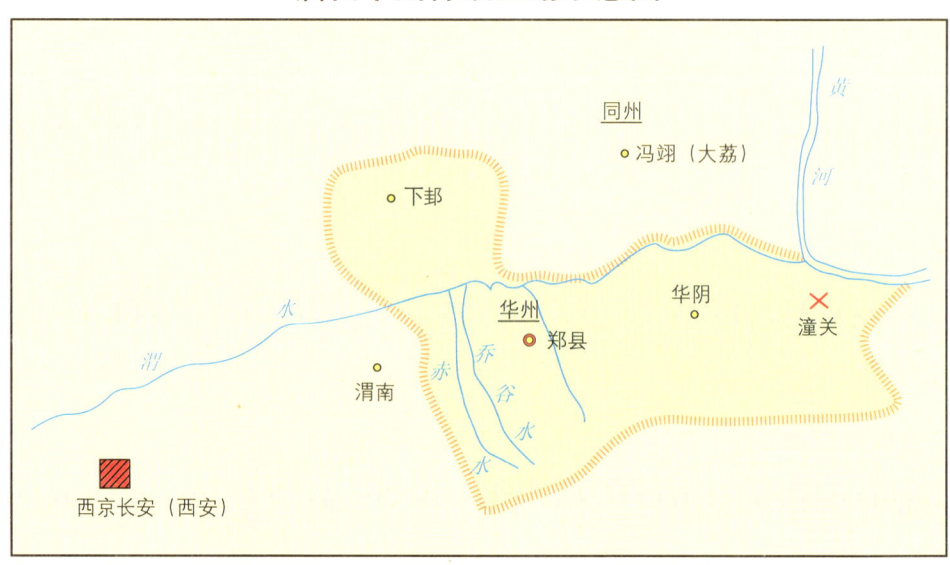

第 四 章　隋唐五代

唐代城门（仿制）

　　唐代的华州，还曾改名为太州、华阴郡，但都为时不长就又将名称改回华州。如：改为太州两次，分别是垂拱二年（686）至神龙元年（705）和上元元年（760）至宝应元年（762），第一次是19年，第二次不过两年。改名华阴郡为天宝元年（742）至乾元元年（758），只有16年。但"华阴郡"此后却被当做了华州的别名。如《宋史·地理志》记华州是"华州华阴郡……"。两宋三百年，从未设过郡，不过宋朝每个州都有一个郡名，就像过去每个人既有名又有字一样。华阴郡在宋朝，只是华州的另一称呼而已，并不是宋朝真设过郡。再比如，郭子仪是华州郑县人，他的后裔被称为"华阴郭氏"，这个"华阴"不是华阴县（市），而是华阴郡，即华州。

　　唐朝华州的治所，仍在郑县。当时的各州县按其地理形势、面积、人口、物产等条件划分等级。州分辅、雄、望、紧、上、中、下七等，县分京（京都同城县）、畿（京都城郊县）、望、紧、上、中、下七等。华州因在京城长安（今陕西西安）以东180里，为近畿重地，故定为上辅，郑县为望县。华州是京城长安的东方门户，是拱卫京城的股肱之郡，长安通向中原的重要关隘潼关又在华州境内，为确保这一战略要地，唐肃宗时，在华州始设镇国军节度使、潼关防御使，管辖华州、同州（治所在今陕西大荔县）的军、民、财政。唐代州的最高行政长官称刺史，从

华州史话

唐肃宗后，镇国军节度使、潼关防御使多兼任华州刺史。由于华州郑县地望为高，所以朝廷对其行政官员的人选予以特别重视。华州刺史多由重臣担任，如唐代宰相令狐楚、李固言、刘晏、高郢、李绛、董晋、崔涚等17人，在任相职之前或之后都任过华州刺史。因此，诗人李洞曾在一首送知己任华州刺史的诗中，称华州为"东门罢相郡"，意即被罢去宰相一职的人，都会去京城长安东门外的华州任刺史。唐人梁肃在《郑县尉厅壁记》一文中曾指出，朝廷吏部常常注意为郑县选授优秀官吏（原文是："铨士补吏，常属意于此，三科之选，其人尤精"）。曾任宰相的名臣陆贽、著名诗人李益都任过郑县尉。

华州郑县在唐代的地位较高，这在当时的一些诗文中屡有表现。著名文学家韩愈称华州为"百郡之首，重于藩维"，即：华州地位居天下各州郡之首，比各地藩镇更重要。国子监四门助教欧阳詹指出，"望县出于百，郑县为之最"，即：在"望"这一等级的县超过一百，而郑县位居第一。著名诗人刘禹锡有诗句赞华州为"百二山河雄上国"，意谓华州是关中的雄邦重镇。另一诗人王建的诗称华州是"通化门前第一州"，通化门是京城长安的东门。此句的字面意思是：经长安城的通化门向东，出了京兆府，第一个州就是华州。而其实际寓意是：出了京兆府长安城，华州就是天下第一州。

通过以上记述，不难看出华州在隋唐时期的政治军事地位之高，这也是华州历史上最灿烂辉煌的时期。

第四章 隋唐五代

唐代诗文中的华州风物

唐代的华州是京城长安的东方门户,是朝廷直属的雄邦重镇,大文豪韩愈就曾称华州为"百郡之首"。由于华州的政治军事地位如此重要,因而在文化昌明的唐代,华州(主要为郑县)的许多风物,在那时的诗文中多有生动具体的记载。

大诗人李白在《郑县刘少府兄宅月夜登台宴集序》中说:"城临近高山,俯瞰平隰,秦郊汉院,相错如绣,且有颢气足以娱人。"著名诗人王昌龄在《郑县宿陶大公馆中赠冯六元二》一诗中,写道:"京门望西岳,百里见郊树。飞雨祠上来,霭然关中暮。驱车郑城宿,秉烛论往素。山月出华阴,开此河渚雾。"另一诗人司马扎在《自渭南晚次华州》诗中描绘的华州景物是:"火云入村巷,余雨依驿树","峨峨华峰丘,城郭生夕雾"。诗圣杜甫在华州任司功参军时,描述的华州景物,有"更欲题诗满青竹""南望青松架短壑""昊天出华月,茂林延疏光"等句。诗人刘禹锡曾登华州城北楼,写出了"城楼四望出风尘,见尽关西渭北春"的诗句。郑县城墙上曾筑一小台,号凉风台;县城东北有万里沙,故诗人独孤及有诗云:"凉风台上三峰月,不夜城边万里沙。"从上述摘引的诗文中,可以知道唐时的华州郑县,作为周秦汉唐的近辅重镇,有雄伟的高山,浩荡的河流,无垠的平原。茂林修竹,村巷点点,城阙耸立,相互交错,大地锦绣,是颢气娱人,风光绮丽的灵秀之地。

而华州景物中最为醒目的,是直插云天的太华山和少华山。两座华山山势相连,横亘于华州的华阴、郑县之南。太华山,即西岳华山,因山势高峻而称"太","太"即"大";少华山山势较太华山为小,故称"少","少"即"小"。太华山与少华山分峙东西,并称"二华",为长安之东的重要屏障,故唐人李庾在《两都赋》中称"二华"为长安之"重城"。唐诗中描写太华山的诗很多,最有名的,有李白"西岳峥嵘何壮哉,黄河如丝天际来,……三峰却立如欲摧,翠崖丹谷高掌开";有崔颢的"岧峣太华俯咸京,天外三峰削不成"等。少华山在唐诗中也屡屡出现,王建云:"少华山云当驿起";张乔吟:"少华中峰寺,高秋众景归,地连秦塞起,河隔晋山微。"郑谷则具体描写了少华山的景物是:"石门萝径与天邻,雨桧风篁远近闻,饮涧鹿喧双派水,登山僧踏一梯云。孤烟薄暮关城没,远色初晴渭曲分。"以写"清明时节雨纷纷"著名的诗人杜牧,有《望

华州史话

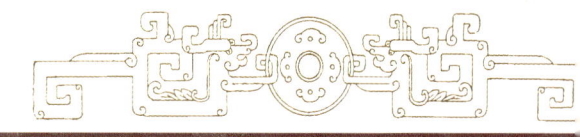

少华三首》,其中有"今对晴峰无十里""羞对灵山道爱山"等句。"大历十才子"之一的李端在游少华山时则有另一番情趣:"寻危兼采药,渡水又登山。独与高僧去,逍遥落日间。渐看闾里远,自觉性情闲。"

除少华山外,郑县名山还有郑南峰。郑南峰在今华县城南太平峪至五龙山一带,当时这里建有伏毒寺,故又称伏毒岩。诗人杜甫描绘郑南峰一带景色为"郑南伏毒寺,潇洒到江心。石影衔

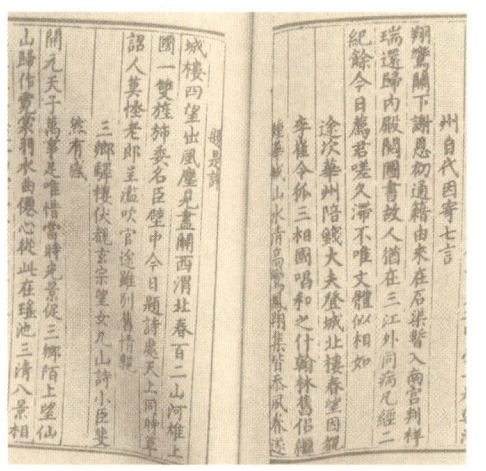

《刘宾客文集》中刘禹锡在华州作的诗

珠阁,泉声带玉琴。风杉曾曙倚,云峤忆春临。"诗人刘禹锡则称"曾作关中吏,频经伏毒岩。晴烟沙苑树,晓日渭川帆。"

郑县境内的河流,唐诗中被记述的,有渭河和小敷溪(又称小敷谷水)。渭河是黄河最大支流,东流经华州北部入黄河。李白在《赠华州王司士》一诗中,记"渭水不绝波澜高",唐昭宗李晔在华州曾登栖云楼,描写登楼所见:"渭水一条流,千山与万丘。"而上文已引的"远色初晴渭曲分"、"晓日渭川帆"等句,也可见华州境内的渭河风光。小敷溪,今称罗纹河。王建在《赠华州郑大夫》诗中称"小敷溪水入城流",可能当时将此河之水引入州城。《新唐书·地理志》记,开元四年(716),当时的著名水利家姜师度曾主持修建"罗文渠,引小敷谷水,支分溉田"。唐代诗人对华州的小敷溪似乎情有独钟,除上文所引王建的诗句外,还有许多吟咏,如王昌龄的《小敷谷龙潭祠作》中,描写小敷峪口的水石激荡的景象是:"崖谷喷激流,地中有雷集。百泉势相荡,巨石皆却立。"郑谷有"敷溪秋雪岸,树谷夕阳钟";司空图有"岂似小敷春水涨,年年鸾鹤待仙舟"等诗句。

华州城西,唐时有一处名胜,即西溪,在今杏林镇老官台村东一带。当时这里水势浩大,风光绮丽,为眺游佳景。诗圣杜甫在华州任司功参军时,多次到此游览。西溪畔有西溪亭,又称郑县亭子,杜甫曾作《题郑县亭子》一诗。唐末皇帝唐昭宗李晔,于乾宁三年(896)被军阀韩建挟持到华州两年,朝廷也因此迁到华州。唐昭宗曾携百官到西溪观"竞渡",即划船比赛,其中有一官员即兴写诗记胜道:"片水耸层桥,祥烟霭庆霄。昼花铺广宴,晴电闪飞桡。浪叠摇仙仗,风微定彩标。都人同盛观,不觉在行朝。"描绘了唐昭宗西溪观竞渡的场景。

上述诗文,让一千多年后的我们,透过历史的岁月风尘,窥见了当时华州风物的些许碎片,从而由此生发想象出盛唐华州雄邦重镇的风貌。

第四章 隋唐五代

唐代华州的水利和物产

在华县古代史研究中，经济方面是个难点。主要原因是资料阙如，历史记载太少。但唐代在水利和物产上的历史记载还略有几条，现综述如下：

唐王朝对水利事业还是非常重视的，历史上有记载的就有300多项，没有记载的应当还有更多。有记载的300多项中，有华州郑县的两项。唐玄宗开元四年（716），诏命姜师度在华州郑县主持修建两项水利工程。姜师度是当时著名的水利家，在全国许多地方都兴修过水利工程。他在华州郑县兴修的水利工程，一是利俗渠，一是罗文渠。利俗渠在郑县西南，引乔峪水，应在今高塘塬区，清《续华州志》曾记高塘朱张村有利俗渠遗迹。罗文渠在郑县东南，引小敷峪水，应在今莲花寺镇罗纹河上游。两条渠都是原来的旧渠，因年久失修壅塞破败。姜师度主持修复故渠，再修支渠灌溉农田，并建起堤坝防止水害。这两项水利建设过后的100余年，

唐代罗文渠所在的今罗纹河上游

华州史话

诗人王建在《赠华州郑大夫》一诗中，有"小敷溪水入城流"一句。按自然地形地貌，小敷峪水不会流到华州城，应是修渠引来，但不知是姜师度修的罗文渠，还是另一水利工程，史无明文记载。另外，西汉时修的东西通过郑县的漕渠（参见本书《漕渠与铁官》一文），在北魏时已无水。隋开皇四年（584）修复，定名广通渠，继续漕运。唐朝广通渠仍然发挥作用，并使包括郑县在内的渠下百姓继续得到灌溉之利。唐代时通时塞，曾数次修复，也是比较大的水利工程。

茯苓

华州的物产是十分丰富的，在唐代，因有几种物产或为贡品，或为太府（中央仓库）藏品而闻名天下。药材茯苓、茯神、细辛等为重要贡品。茯苓是一种菌类植物，寄生于山林中的赤松或马尾松的根部，状如块球，外黑褐色。茯苓可食用，也入药，性辛，味甘淡，功能是益脾、安神、利水渗湿，主治脾虚泄泻、心悸失眠、小便不利、水肿等症。杜甫在华州任司功参军时，曾在《路逢襄阳杨少府戏呈杨四员外绾》一诗中，讲他在离开长安到华州赴任时，一名叫杨绾的官员（杨后来任宰相），曾托杜甫到华州后，给自己寄茯苓之事，可见华州茯苓之名气。茯神是茯苓的一种。而细辛是一种多年生草本植物，有细长芳香的根状茎，花常紫色，钟形。中医以全草入药，性温，味辛。功能是温经散寒，祛风止痛，主治风寒头痛、咳喘齿痛、风湿痹痛等症。唐时华州的贡品还有两种动物，一是乌鹘，一是鹞子，这两种动物都是食肉飞禽。乌鹘，黑色的鹘，隼类飞禽，又称鸷鸟。杜甫在华州时写的《独立》一诗，曾有"室外一鸷鸟，河间双飞鸥"之句。鹞子，鹰类飞禽，比鹰小。杜甫在华州时写的《夏夜叹》一诗中，有"北城悲笳发，鹳鹳号且翔"的句子。乌鹘和鹞子被朝廷列为贡品，杜甫在华州时又有诗歌描写，可见这两种飞禽是华州特产。唐朝皇帝为行猎而饲养的猎鹰猎犬等，分雕、鹘、鹞、鹰、犬五坊，由专人饲养，派官吏管理。华州进贡的乌鹘、鹞子应是送到这里，供皇帝行猎之用。另外，朝廷太府中收藏有华州的狸皮和木烛（一种手工品）。

作为盛唐时的"百郡之首"（韩愈语），华州应当在唐朝时有发达富庶的经济，可惜相关记载都湮没在历史的尘埃中，使我们不得而知了。

第四章 隋唐五代

身佩四将印的王忠嗣

唐朝时，华州郑县出了两位赫赫有名的军事将领：一个是郭子仪，至今家喻户晓；另一个是王忠嗣，现在的人们比较陌生。其实王忠嗣在他那个时代，是一个响当当的人物。他虽然比同乡郭子仪小8岁，但发迹较早，37岁就任朔方节度使（郭子仪59岁时才任节度使），41岁兼任朔方、河东、河西、陇右四个镇的节度使。唐朝时，边疆地区的突厥（北方的一个古族）、吐蕃（今藏族的祖先）、回纥（今维吾尔族的祖先）等部族，与唐王朝有时友好相处，有时也发生战争。唐玄宗时，为了加强防御，在边疆地区设立了10个军镇，也称方镇。每个军镇设置一个节度使。节度使起初只管军事，后来兼管行政和财政，权力很大。当时唐王朝禁卫京师的部队不过6万人，而边疆的10个节度使共拥兵49万。王忠嗣一人兼任10个节度使中的4个，一身佩4将印，这在唐朝建立后是从未有过的。

王忠嗣本名训，华州郑县人。故老相传，今高塘镇圣山以北的忠靳行政村忠王村是他的故里。王忠嗣在唐中宗神龙元年（705）出生于将门之家，其父王海宾曾任丰安军使，以骁勇著称，后于吐蕃作战时牺牲。王忠嗣时年9岁，唐玄宗以其父死于国事，将他收养宫中，并赐名"忠嗣"。

王忠嗣长大后，雄毅寡言，谨严持重，而且谋略出众。唐玄宗与之论兵法，王忠嗣应答如流，玄宗大为称赞，认为他将来必为良将。其后王忠嗣即从军边疆。当时，吐蕃、突厥等经常袭扰唐境，王忠嗣在抵御外族入侵时，智勇双全，战功卓著，因而屡次升迁。开元二十九年（741），任朔方节度使（治所在今宁夏灵武，辖境相当今宁夏及其相邻的内蒙古部分地区），担当起防御突厥的重任。天宝元年至三年（742—744），王忠嗣乘突厥内乱，多次消灭其主力，迫使突厥余众于天宝四载（745）降唐。王忠嗣因此被封为清源县公，并兼任河东节度使（治所在今山西太原，辖境相当于山西中部）。天宝五载（746），为加强对吐蕃的防御，王忠嗣又兼任河西节度使（治所在今甘肃武威，辖境相当今甘肃河西走廊地区）和陇右节度使（治所在今青海省乐都，辖境相当今甘肃东南部及青海省青海湖以东地区）。他一个人，同时担任四个节度使，四镇之兵，合起来有26.7万人，占当时十镇节度使总兵数的55%，史称"佩四将印，控制万里，劲兵重镇，皆归掌握。"唐代中期的许多名将如李光弼、哥舒翰等都是他的部下。

华州史话

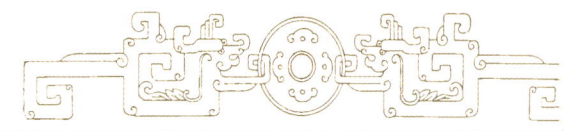

唐玄宗好战,许多边将也就生事邀功。王忠嗣少年时就勇敢自负,但自任将领后,却以持重安边为务。他认为:"国家升平之时,将帅当抚慰士卒,勤加训练而已,不可耗费国家之力以邀取功名。"王忠嗣藏大弓于袋中,以示不用,军中却日夜思战。王忠嗣为照顾士气,就派探子侦察敌情,发现敌人防备有隙,才出兵袭击,所以师出必胜,士卒乐为其用。

这时,担任范阳节度使(治所在今北京西南,辖境相当今北京市及毗连的河北省部分地区)兼平卢节度使(治所在今辽宁省朝阳,辖境相当今辽宁省与河北省毗连地区)的安禄山蓄意反叛,王忠嗣察其阴谋,于天宝六载(747)数次奏称安禄山必反。但唐玄宗正宠信安禄山,宰相李林甫又妒忌王忠嗣功名日盛,恐其入朝为相,因而他的警告被置之不理,还允许他辞去朔方、河东节度使之职。

唐玄宗欲攻吐蕃的石堡城(在今青海省西宁市西南),询问攻取之策,王忠嗣说:"石堡城形势险固,非死数万人不能攻克,不如等待有利时机再行攻打。"唐玄宗很是不满。将军董延光请求率兵攻取石堡城,唐玄宗令王忠嗣分兵协助。王忠嗣奉诏,但董延光却表示不悦。

王忠嗣的部将李光弼劝他说:"你将数万之众交给董延光,为了爱护士卒而不立重赏,士卒怎能拼命作战?如攻石堡城不下,董延光就会归罪于你。"王忠嗣回答:"攻克石堡城也不足以制敌,不攻也无害于国,我岂能以数万士卒之命保全我的官位?我受朝廷罪责,最重是到边远地区任一小官,那我也心甘情愿。"李光弼非常感动地说:"你能行古人之事,这是我所始料不及的。"

董延光攻石堡城不下,果然归罪于王忠嗣,宰相李林甫又使人诬告王忠嗣谋反。唐玄宗大怒,令三司

《金石萃编》中的王忠嗣碑碑文

第四章 隋唐五代

（刑部、御史台、大理寺）严办，王忠嗣几陷极刑。他的部将，已任陇右节度使的哥舒翰力陈王忠嗣之冤，并以官职相保，唐玄宗怒才稍解。天宝六载（747）十一月，王忠嗣被贬为汉阳（今湖北武汉市汉阳）太守，第二年移为汉东郡（今湖北随州）太守。天宝八载（749），王忠嗣得暴病去世，终年45岁。就在王忠嗣去世的这一年，唐玄宗令哥舒翰率兵6万多人攻石堡城，死亡大半才攻克，仅俘获敌军四百人，果不出王忠嗣所料。

王忠嗣死后，葬于故里。唐代宗宝应元年（762），王忠嗣被追赠为兵部尚书。唐代宗的宰相元载是王忠嗣的女婿，他为其岳父撰神道碑文。据清朝编纂的《金石萃编》一书记，王忠嗣的神道碑原立于华州西之赤水道南，明朝万历年间，不知何故，被相邻的渭南县县令崔邦亮移至渭南县城西道北。此碑现已佚。

华州史话

唐代名将郭子仪

在华县的古代历史中,曾出过许多有名的人物,但能在中国历史上占一席之地,彪炳史册,经久不衰的著名人物,当首推唐代名将郭子仪。他平定安史之乱,抵御吐蕃入侵,维护了国家的统一,是中国历史上的著名军事家。

郭子仪(宋人绘)

郭子仪于武则天当政时期的神功元年(696)出生于华州郑县,即今华县,其出生的村庄今称西马村。郭子仪曾在《让华州及奉天县请立生祠堂及碑表》一文中说:"华州是臣所生之地。"郭子仪家族是华州的世家大族,其先祖于西汉时已定居于此。历代祖先多任官吏,为仕宦之家,郭子仪的父亲郭敬之,曾任渭、吉、绥、寿四州刺史。郭子仪自幼练文习武,20岁左右时参加武举考试,以成绩优等补为左卫长上(一种低级武职),从此步入军伍,成为职业军人。以后累迁,至唐玄宗天宝十二载(753),做到天德军使(一种高级武职)兼九原(今内蒙古临河县东)太守。天宝十四

第四章 隋唐五代

载（755），安史之乱爆发，郭子仪受命于危难之际，担任了朔方节度使，率军平叛。朔方节度位于今宁夏、内蒙古交界一带，是唐王朝的重要军事力量。郭子仪受命后，率强悍的朔方军自西向东，直捣叛军占据的今山西、河北一带，屡战屡胜，沉重打击了叛军的后方及补给基地。但叛军前锋相继攻陷了唐朝的东都洛阳和西京长安，唐玄宗率太子等出逃。太子来到朔方节度的大本营灵武（在今宁夏），即位为唐肃宗（唐玄宗被尊为上皇）。郭子仪率军回师灵武，成为唐肃宗当时唯一依靠的军事力量。郭子仪被任命为兵部尚书、同中书门下平章事（宰相），仍兼朔方节度使。至德二载（757），郭子仪担任关内、河东副元帅，率15万大军相继收复了长安、洛阳二京。此战使郭子仪获得极高的声望，被史臣裴垍称为"功盖一代"。唐肃宗也当面对他说："国家再造，卿力也。"郭子仪还因此功兼任了中书令（宰相之职）。中书令一职，郭子仪担任了24年，因而当时人尊称他为"郭令公"。乾元二年（759），在与安史叛军的相州（今河南安阳）会战中，唐军大败，郭子仪被解除兵权。宝应元年（762），他又被起用，任命为兴平、定国副元帅，进封汾阳郡王，平定了绛州（今山西新绛）兵变。唐朝时的"郡王"是爵位的一种，是表示社会地位和物质待遇的荣誉称号，并不是分疆裂土的某一地之王。郭子仪封"郡王"而命名为"汾阳"，是因为当时为了对获

郭子仪的出生地——华县西马村

民国时的郭子仪牌楼

华州史话

得同一级爵位的人加以区别，而在各自的爵位前加一名称。这个名称往往以受爵者姓氏始祖得姓之地命名。郭氏得姓之地在阳曲（在今山西省太原市），而阳曲曾称"汾阳"，故郭子仪封郡王的名号就称"汾阳"。郭子仪被封为汾阳郡王，并不是在今山西汾阳县为王，更何况今汾阳县得此名迟至明朝，它在唐时并不称汾阳，而称西河。

唐代宗广德元年（763），安史之乱被平息，但吐蕃却从西大举入侵，占领了长安。郭子仪以关内副元帅的身份，组织关中各地的唐军，赶走吐蕃军队，再次收复了长安。永泰元年（765），吐蕃、回纥等部族30万人再犯关中西部，长安危急。郭子仪只有一万人马驻守泾阳，他"单骑见回纥"，说服回纥与唐军联合共击吐蕃，大获全胜。以后，郭子仪率朔方军驻防关中西部，防备吐蕃入侵长达十数年（郭子仪的详尽军事活动，见本书《郭子仪的军事生涯》一文）。大历十四年（779），唐德宗即位后，诏郭子仪回朝，赐号"尚父"，进封太尉，免去全部军职。建中二年（781），郭子仪病逝，享年85岁。

郭子仪为唐室中兴，国家安定而披肝沥胆，凡遇危难，都欣然受命，锐身赴任，亲解其纷。他功高位显，招来皇帝的疑忌和权臣的倾轧，却表现了顾全大局、大智若愚的态度。他掌兵处外，并不拥兵自重，朝廷诏命回京，一向是"朝闻命，夕就道"。把持朝政的宦官鱼朝恩，忌恨郭子仪，派人掘了郭子仪在华州的先人坟墓，朝野人士恐引起两派争斗，但郭子仪却说："此天遣，非人患。"委曲求全，避免了内部纷争。他忠诚国事，不徇私情。绛州兵变的首犯王元振原为郭子仪的部将，郭子仪到了绛州，王元振得意非常，认为自己为郭子仪重掌兵权立了大功。但郭子仪斥责他说："大敌当前，你倡乱作恶，如安史叛军乘乱而入，绛州则失。我岂能领你的私情而破坏国家法度。"遂将王元振及同党斩首。

郭子仪一身担国家安危20多年，平乱复安，抵御外寇，功盖一代，成为中国历史上的著名人物。二十四史中的《旧唐书》《新唐书》皆为他立传，当代权威工具书《辞海》《辞源》《中国大百科全书》《中国历史大辞典》等都有对他的介绍。历代各种历史专著、历史教科书，凡讲到唐史，讲到安史之乱，无不提及郭子仪。从郭子仪建功立业时起讫于今，对他的评价都很高。郭子仪的同时代人、著名诗人杜甫称"郭相（指郭子仪）谋深古来少"、"仆射（指郭子仪）如父兄"。郭子仪的同时代人、著名书法家颜真卿称赞郭子仪"文经武纬""宽身厚下""沉谋秘于鬼神，精义贯于天地"。唐末诗人司空图写道："华郛惟郑，郭氏旧乡，始终敬慎，千古汾阳。"到了现代，中华书局出版的《古代名将传》一书，称"郭子仪是我国历史上的一位著名的军事家。"毛泽东主席对郭子仪也很熟悉，认为"郭子仪这个人很有政治头脑。"

第四章 隋唐五代

郭子仪功高德广，得到历朝的尊崇。他去世后不久，就由唐德宗批准，配享武庙，绘图凌烟阁，这是对去世武将的很高褒奖。以后各代的皇帝朝廷对郭子仪也很推崇。南宋高宗赵构，就经常以郭子仪的忠君不二要求自己的臣下，曾称赞武将杨存中为"朕之郭子仪也。"郭子仪寿命长、官职高、子孙多、财产广，这是封建社会人们的最高理想，故在民间对郭子仪也是尊崇有加。许多地方都有或曾有过郭子仪的祠、庙（如陕西的华县、彬县），有塑像、壁画（如陕西韩城大禹庙），有年画（如天津杨柳青年画《卸甲封王》），有戏曲（如《打金枝》等）。有关郭子仪的传说及工艺品更是不胜枚举。

郭子仪八子八女，孙辈数十人，因而后裔繁衍，人数众多，许多省市及台湾地区都有郭子仪后裔，海外华人华侨中的郭子仪后裔也很多。他们缅怀祖德，慎终追远，经常回到华县寻根祭祖，向这位为中国历史作出卓越贡献的著名军事家，表达自己的尊敬怀念之情。

明代郭子仪故里碑（左为原碑，右为仿制）

华州史话

郭子仪的军事生涯

唐代名将郭子仪戎马一生,万里征战,在紧张激烈的军事生涯中,安邦定国,力挽狂澜,指挥若定,屡建奇功。

华州公园中的郭子仪像

郭子仪20岁左右时步入军界,开始了他60多年的军事生涯。但在59岁以前,并没有显赫的功名业绩。现有史料中,对他早期的军事活动记载很少。只知他在20岁左右以武举考试优等,而被授为中央禁军中的低级武官——左卫长上,后来历任河南府(治所在今河南省洛阳市)的城皋府别将、同州(治所在今陕西大荔县)的兴德府果毅都尉、汝州(治所在今河南省临汝县)的鲁阳府折冲都尉、桂州都督府(治所在今广西壮族自治区桂林市)长史、北庭都护府(治所在今新疆吉木萨尔北)副都护、安西都护府(治所在今新疆库车)副都护等武职。唐玄宗天宝年间(742—756)在朔方节度使治下供职。朔方节度是唐朝北方边境的军事防区,主要防止北方游牧民族的进犯,管辖范围约为今宁夏及内蒙古的阴山南北、黄河河套及其附近地区。其长官称朔方节度使。除军事外,节度使还管辖

第四章 隋唐五代

区的民政、财政,权力很大。朔方节度使治所在灵武(今宁夏灵武西南)。郭子仪先在朔方节度使治下任同朔方节度副使,又改任定远城使。定远城在今宁夏平罗县东南,是一军事重镇,其长官称使。后又任单于都护府副都护兼振远军使。单于都护府治所在今内蒙古和林格尔西北,管理当地的边防、行政和各族事务。振远军在单于都护府境内,也是一个军事要塞。唐玄宗天宝八载(749),他又任左武卫大将军兼安北都护府副都护、横塞军使。安北都护府治所当时在横塞军,横塞军在今内蒙古乌拉特中后旗西的阴山北麓。天宝十二载(753),横塞军及安北都护府移至今内蒙古乌拉特前旗乌拉河东岸,改横塞军为天德军,郭子仪为安北副都护、天德军使。郭子仪后又任九原郡(治所在今内蒙古临河市东)太守、西受降城(今内蒙古杭锦后旗乌加河北岸)使、朔方节度右兵马使,直到天宝十四载(755)。

天宝十四载(755)时,郭子仪已经59岁,这以前他的具体军事活动,因资料不足,而不得其详。但从上述履历来看,郭子仪不是靠父、祖的封荫而得官,也不是靠某种关系而飞黄腾达。他是凭武举考试优等而被授予最低等的武官,再以忠勤和才干,一步一步,一个台阶一个台阶地升迁。他常年驻防边塞,将自己最宝贵的青壮年,都贡献给戍边卫国的崇高事业。但历史没有给他充分展示才能的机遇,只是一名默默无闻的普通武将。

但是,在郭子仪59岁时,安史之乱的爆发,却将他推上了历史舞台的中心。他受命于危难之际,担负起平乱御侮,拯救国家的重任。历史给了他充分发挥自己杰出军事才能的机会,也集中展示了他一心为国、忠贞不贰的品质,从而使他置身于中国历史名将的行列。

一、进军代北

安史之乱,是分裂国家、破坏统一、给社会经济造成极大破坏的军阀叛乱;是大唐王朝由盛变衰的转折点。唐玄宗(又称唐明皇)即位后,曾励精图治,起用贤相,整顿弊政,使社会经济得到很大发展,大唐王朝出现鼎盛局面。但盛极而衰,唐玄宗后期溺于声色,任用奸相,使政治日趋腐败,社会矛盾日益尖锐。同时,由于府兵制破坏,京师和中原地区武备空虚,西北和北方各镇节度使掌握重兵,中央集权削弱,终于酿成了一场大规模的武装叛乱。

唐玄宗天宝十四载(755)十一月初九,平卢、范阳、河东三镇节度使安禄山与其部将史思明等人从范阳(今北京西南)起兵反叛,历史上著名的安史之乱从此爆发了。

15万叛军长驱南下,鼓噪震地,烟尘千里,直向大唐王朝的东都洛阳和西京长

华州史话

安进发。正在长安东郊骊山华清宫欣赏《霓裳羽衣曲》的唐玄宗，好不容易才明白了局势的严重性，匆匆从华清宫赶回长安，慌忙着手军事布置。

十一月二十一日，朔方右兵马使郭子仪被提升为朔方节度使，并命他立即率本军东讨安禄山。这时，叛军已打到黄河岸边，控制了黄河以北今河北省、山东省大部，今辽宁省西部和山西省北部也在安禄山的势力范围之内。玄宗令郭子仪从朔方东讨叛军，其目的是攻击叛军的后方和侧背，配合唐军的正面防御。

郭子仪接到诏令后，立即厉兵秣马，集兵于单于都护府（今内蒙古和林格尔一带），准备挥师收复叛军占领下的代北（今山西省恒山以北）地区。正在这时，代北地区的叛军将领高秀岩却抢先进犯单于都护府境内的振武军，郭子仪的朔方军正整装待发，士气高昂，见叛军来犯，犹如堤坝决口，奋勇出击，一举击败高秀岩，并乘胜进军，攻取了叛军据点静边军（治所在今山西右玉），斩杀叛将周万顷。

十二月十二日，叛军薛忠义部反攻静边军，郭子仪令部将左兵马使李光弼、右兵马使高浚、左武锋使仆固怀恩、右武锋使浑释之迎击，大获全胜，杀敌七千。郭子仪马不停蹄，挥军急进，包围了云中（今山西省大同市），并派兵收复了马邑（今山西省朔州市东）。整个代北地区除云中等个别据点外，已在郭子仪的控制之下，因防备叛军南下攻取太原而关闭的东陉关（今山西代县境）也得以开关，通向安禄山后方——今河北省的通道也已打开。

但在此时，叛军主力已经渡过黄河，占领了唐朝东都洛阳，并已威胁到西京长安的东大门潼关。天宝十五载（756）正月，唐玄宗命郭子仪罢围云中，返回朔方补充兵力，准备收复洛阳。当时，河北沦陷区的各郡在唐朝地方官吏颜真卿、颜杲卿的领导下，起义反抗安禄山的统治，急需官军支援。唐玄宗又令郭子仪选一名良将，分兵先进河北，攻击叛军后方，支援起义军民，郭子仪推荐了李光弼。李光弼被任为河东节度使，率领郭子仪分给他的一万兵士进军河北。郭子仪率军返回了朔方。

郭子仪指挥的代北之战，是安史之乱发生后，唐朝官军的首次胜仗，避免了长安所在的关中受到北方叛军的威胁，郭子仪因此加官为御史大夫。

二、河北之战

天宝十五载（756）三月初五，郭子仪自朔方补充兵力，于此日又回军来到代州（今山西代县）。可能是朝廷改变了战略意图，郭子仪的朔方军没有去收复洛阳，而回师来到五台山下，准备进军叛军后方——河北（指黄河以北地区）。

当时，叛军占据了黄河下游南北的大部分地区，安禄山在洛阳自称为大燕皇

第四章 隋唐五代

帝，唐朝大将哥舒翰与叛军在潼关对峙。河北各郡起义已遭到叛将史思明等的残酷镇压，处境十分艰难。李光弼进入河北后，在常山（郡名，治所在今河北省正定县）与史思明相持不下，遣使告急于郭子仪。

郭子仪立即率军越过太行山，出井陉（今河北省井陉县西北），进入河北大平原。四月初九，郭、李于常山会师，两军共有汉族及少数民族步骑兵十余万人。

四月十一日，郭、李二军与叛军史思明、蔡希德战于九门（常山郡属县，在今河北省藁城西北）城南，郭子仪部将浑瑊（浑释之之子）一箭射死了叛将李立节，叛军大败。史思明收集残兵退至赵郡（治所在今河北赵县），蔡希德逃到钜鹿（郡名，治所在今河北邢台市）。史思明又从赵郡引军北上到博陵（郡名，治所在河北定州市）。

河北百姓痛恨叛军残暴，纷纷起兵响应官军，各为营寨，屯结抗敌，多至两万，少则一万，有力地配合了郭、李军的军事行动。

四月十七日，郭、李攻取赵郡，生擒四千人，斩杀了安禄山任命的伪太守。李光弼又进围博陵，但围攻十日而不克，引兵与郭子仪一起返回常山。史思明率数万叛军尾追郭、李军，郭子仪挑选五百名骁勇的骑兵为后卫，轮番挑动敌军作战，大部队照常行军，但叛军却得不到休息。三天后，郭、李军进至行唐（河北省今县），叛军已疲惫不堪而退兵。郭子仪乘机回师追击，在行唐县和新乐县之间的沙河边大败史思明。这时已是天宝十五载（756）五月。

叛将蔡希德在九门被击败后逃到钜鹿，再跑到洛阳向安禄山告急。安禄山派两万步骑北上，又令在范阳的叛将牛廷玠率万余人南下，两路救援史思明。安禄山明白，河北之战对他是命运攸关的，河北有失，他将处在潼关哥舒翰与河北郭、李的夹击之中，那将是没有后方的作战，结果是显而易见的。

这时，郭子仪、李光弼已屯兵在恒阳（今河北曲阳），各路叛军在史思明率领下竭力围攻。郭子仪对得到增援的而志高气盛的叛军并不怯阵，他认为："敌人依仗有援兵，定会轻视我们。轻敌就会松懈，胜利一定是我们的。"闻此激励，将士们殊死搏斗，斩首两千，俘敌五百，大挫故军锐气。此后，郭子仪深沟高垒，以逸待劳，捕捉战机。敌来则守，敌去则追，白天向敌人显示军威，夜晚则袭击敌营，使叛军得不到休息。几天以后，郭子仪、李光弼商议道："叛贼疲惫，士气低落，可以出战了。"五月二十九日（另一说为六月八日），郭、李大军全线出击，在嘉山（在今河北曲阳县东）与叛军展开一场血战，大败敌军，斩首四万，俘虏千余人。史思明在战斗中坠马，光头赤脚步行逃跑。到傍晚才拄着折断的长枪找到自己残兵屯驻的军营。史思明率残部又逃到博陵，李光弼引军将其包围。

嘉山大捷，战果辉煌，声威大振，河北十余郡纷纷杀掉安禄山委派的官吏，准

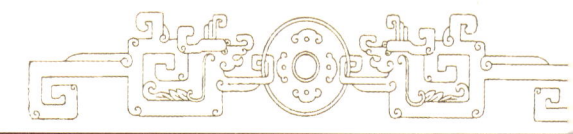

备迎接官军。而洛阳的安禄山与他的大本营范阳之间的联系被切断。叛军主力皆在黄河以南，其家属多在范阳，因此士气动摇。这使安禄山大为恐惧，甚至想放弃洛阳，返回范阳，以固根本。郭子仪、李光弼上奏玄宗："请允许我们引军北上，直取范阳，夺其巢穴，以叛贼家属为人质，招降贼党，叛军内部一定会分崩离析。防守潼关的大军应当固守，等待时机，不可轻易出关作战。"这是一个高明的战略计划，但没有得到采纳。

奸相杨国忠疑忌潼关守将哥舒翰，向玄宗进谗，说哥舒翰只守不攻，将贻误战机。昏聩的玄宗听信杨国忠的谗言，一再逼哥舒翰出关作战，结果哥舒翰兵败潼关之外，导致长安失陷，整个战局为之一变，郭子仪、李光弼在河北之战中取胜后的大好形势，也随之付诸东流。

三、收复两京

天宝十五载（756）六月初八，唐军潼关守将哥舒翰因宰相杨国忠和唐玄宗的一再逼迫，不得已出关作战，结果遭到惨败。第二天，潼关失陷，西京长安失去了屏障。六月十三日，唐玄宗、杨贵妃、杨国忠及太子等人逃出长安。安禄山叛军很快占领了这座当时闻名中外的大唐都城。

郭子仪和李光弼这时正在河北围攻博陵，听说潼关失守，退军解围，从井陉进入今山西省，准备解救长安之危。

玄宗一行离长安西行到马嵬驿（今陕西兴平），护军兵谏杀了杨国忠，逼玄宗缢杀了杨贵妃。马嵬之变后，玄宗和太子分路而行。玄宗至成都，太子至灵武。灵武为朔方节度使郭子仪的基地，在郭子仪的属官、朔方留后杜鸿渐等人的劝进下，太子于七月十三日即位，为唐肃宗，改年号为至德，尊玄宗为上皇。肃宗朝廷仓促建立，兵微将寡，下诏令郭子仪率朔方军返回灵武。郭子仪、李光弼将兵五万于七月底到达灵武城，肃宗朝廷军威始盛。

至德元载（756）八月初一，肃宗任郭子仪为兵部尚书，仍兼朔方节度使；李光弼为户部尚书，仍兼河东节度使；并令李光弼率五千兵卒返回太原，留郭子仪率朔方军主力在灵武。

此时，安禄山叛军虽已占领长安，但长安附近的百姓却拒绝安禄山的统治，纷纷起兵反抗。叛军在关中的势力所及，南不过武关（今陕西丹凤东南），北不过云阳县（治所在今陕西泾阳县西北），西不过武功县（治所在今陕西武功县武功镇），只有东路可通安禄山伪朝廷所在的洛阳。肃宗为收复两京，积极调兵遣将。但这时肃宗朝廷所在的灵武却受到军事威胁：跟随安禄山叛乱的突厥族酋长阿史那

第四章 隋唐五代

从礼在进占长安后,又叛离安禄山,至今陕北与内蒙古毗连地区,想乘乱在北边占领一块地方。九月,阿史那从礼诱说当地的少数民族部落,聚兵数万,屯聚于经略军(在今内蒙古鄂托克旗东北)之北,图谋进攻灵武。肃宗急令郭子仪至天德军发兵征讨阿史那从礼,以解收复两京的后顾之忧。九月十七日,在郭子仪率部出发后,肃宗也离开灵武,南下赴彭原(郡名,治所在今甘肃宁县),就近指挥收复两京之战。十月,宰相房琯与叛军在长安附近的陈陶斜大战,官军大败,死伤四万多人。唐军的这次重大损失,使肃宗除朔方军外,已无精锐之师。而当时著名的高级将领高仙芝、封常清因失陷东都洛阳已被玄宗处死,哥舒翰兵败潼关后被俘,因而郭子仪和他的朔方军就成了肃宗平息叛乱主要依仗的高级将领和军事力量了。

十一月,郭子仪联合与唐朝关系和好的北方部族回纥,在榆林(今内蒙古准格尔旗东北黄河南)之北的黄河南岸,大破阿史那从礼的叛军,斩首三万,俘虏一万,消除了北方隐患。然后,郭子仪率军南下,经陕北高原,驻扎到洛交(今陕西富县),这里靠近肃宗驻地彭原。

至德二载(757)正月,安禄山之子安庆绪在洛阳杀其父后,即大燕皇帝之位。他所控制的范围约为今河北省、山东省、河南省、山西省的大部分或部分地区,以

重修的郭子仪牌楼

华州史话

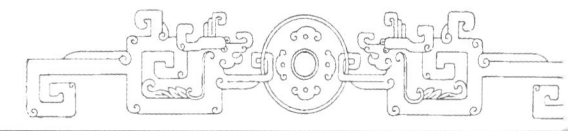

及陕西的关中武功以东一带。只有李光弼在太原,张巡在睢阳(今河南商丘),鲁炅在南阳(在今河南)等,死守孤城。当时有人向肃宗建议:不要先收两京,而应派兵从今陕北、内蒙古一带迂回到叛军老巢范阳,然后南北夹击。叛军失其巢穴,头尾难顾,必能一劳永逸地消灭叛军。这一建议与郭子仪、李光弼于潼关之战前的上奏是一致的。但肃宗虑其初登皇位,如能很快收复两京,可巩固自己的地位,而没有采纳这一正确的战略决策,仍然急功近利,只图收复长安、洛阳。

郭子仪按照肃宗收复两京的设想,制定了斩断中间,再取两头的战略,即先取河东郡(即蒲州、治所在今山西永济市蒲州镇)和潼关,割断长安与洛阳之间的联系,再图收复两京。他于正月二十八日先派人秘密潜入河东郡城,与城中原来的唐朝官吏接头,让他们在官军攻城时做内应。然后,郭子仪引兵从洛交沿北洛河南下,进入关中后,攻取了冯翊郡(即同州,治所在今陕西大荔县),同时东向跨过黄河,直趋河东郡。二月十一日,河东城内原唐朝官吏韩旻等人得知郭子仪大军将至,聚众于夜半在城内放火,击杀城中叛军一千多人。叛军守将崔乾祐仓皇翻过城墙逃出,率领驻扎在城外的叛军攻城。适逢郭子仪大军赶到,崔乾祐引军逃跑。郭军追击,斩首四千,俘虏五千。崔乾祐率残军逃至安邑(今山西运城东北),安邑人开门迎进,谁知才进一半,城门突然关闭,进城的叛军被消灭,崔乾祐还未入城,侥幸逃脱。河东郡被郭子仪完全平定。

二月二十二日,郭子仪又派二儿子郭旰与将领李韶光、王祚从河东郡南下攻击潼关,占领了这一军事重镇。在收复潼关西面的永丰仓时,郭旰牺牲。驻在洛阳的安庆绪得知潼关丢失后大惊,恐潼关一失,长安不保,立即派大军攻取潼关。接战后,郭子仪部队失利,死亡一万多人,李韶光、王祚战死。郭子仪手下骁将仆固怀恩抱着马头渡过渭河,回到河东。三月二十三日,叛军两万骑兵进攻河东,郭子仪率军奋力反击,斩首八千,俘虏五千,击退叛军。

肃宗这时已驻扎在凤翔,就近指挥收复两京的战斗。四月,授郭子仪为司空、天下兵马副元帅,令他率军自河东赴凤翔,准备收复长安。四月十三日,郭子仪率军行至途中,于三原县(治所在今陕西三原县东北30里)北,遭到叛将李归仁所率五千铁骑的截击。郭子仪沉着应战,一面指挥大军正面抵御,一面令将领仆固怀恩、王仲升、浑释之、李若幽等人率兵埋伏于白渠留运桥(在今三原县东南故白渠上)附近。当李归仁被郭子仪大军击退,败至留运桥时,伏兵突起,李归仁叛军几乎全军覆没,李归仁本人游水得逃。

郭子仪的朔方军进抵长安附近后,与另一唐将关内节度使王思礼的部队会合于西渭桥(又名咸阳桥,在今陕西咸阳西南渭河上),再进屯滆河(今长安西)之西。叛将安守忠、李归仁率军列阵于长安近郊的清渠(今长安南)。两军相拒7日,

第 四 章 隋唐五代

　　至五月六日，叛军伪退，郭子仪全军追击。叛军骑兵9000摆成一字长蛇阵，官军进攻时，长蛇阵首尾两头，忽然变为两翼包抄过来，前后夹击，官军大败，军资器械丢弃殆尽。郭子仪退保武功，驻在凤翔的肃宗朝廷大惊，立即进入戒备状态。郭子仪赴凤翔请罪，要求贬官，肃宗改他为尚书左仆射。

　　当时，除郭子仪的朔方军外，参加平叛的还有驻扎在西北边防的陇右、河西、安西、北庭等节度使的部队。与唐朝关系密切的西域各族也派兵协助唐军作战，骁勇善战的北方部族回纥也由其可汗之子叶护率4000兵士赶赴凤翔。肃宗令其长子广平王李俶（后为唐代宗）为元帅，以郭子仪为副元帅，统一指挥各路兵马，再次谋攻长安。闰八月二十三日，肃宗为即将出征的各将饯行，他对郭子仪说："收复长安能否成功，全在此行。"郭子仪说："此行不能取得胜利，臣必以死回报。"宴毕，郭子仪即先行进驻扶风。九月十二日，元帅广平王率朔方等军及回纥、西域共15万兵马，号称20万，自凤翔至扶风与郭子仪会合。九月二十五日，大军正式出征，开始了收复长安的战斗。

　　九月二十七日，官军进至长安近郊，布阵于城南的香积寺以北至城西的沣河以东地区，营垒横亘30多里。郭子仪辅佐广平王自任中军，河西节度副使李嗣业为前军，关内节度使王思礼为后军。叛军十万迎战，布阵于官军之北，其李归仁部首先出战。官军击败李归仁，并进逼敌阵。叛军反击得手，官军退却，军中惊乱，叛军争夺官军辎重。前军将领李嗣业大叫道："今日不以身拼命，全军不存！"脱掉上衣，手执长刀，立于阵前，大呼奋击，当其刀者，人马俱碎。李嗣业杀死数十名叛军士卒，官军阵脚才得巩固。李嗣业令部下各执长刀，密集排列成人墙进击，所向披靡。这时，侦探探得叛军一支精骑，埋伏在阵东，欲袭官军之后。郭子仪令朔方左兵马使仆固怀恩率回纥兵消灭了这股伏敌，叛军气势大降。李嗣业、仆固怀恩率部出击于叛军阵后，与大军前后夹击，自午时至酉时，激战四个时辰，叛军大败。10万叛军，被官军杀死6万，生擒2万，死尸填没沟壑，其余逃进长安城内。仆固怀恩要求乘胜追击，元帅广平王不许。黎明时，侦探来报，残余叛军已弃城逃跑。九月二十八日，官军进入长安，被叛军占领一年多的大唐都城被收复了。元帅广平王留在长安，郭子仪率大军向东追击，相继收复了华阴郡（即华州，治所在今陕西华县）、弘农郡（即虢州，治所在今河南灵宝）。长安残余叛军在张通儒率领下，退至陕郡（即陕州，治所在今河南陕县）。安庆绪发洛阳兵，由严庄统领前来增援，两部叛军犹有15万人，屯陕郡拒守。郭子仪率大军追至，布阵于曲沃（在今河南灵宝东北）。

　　十月十五日，广平王来到曲沃，郭子仪率部向陕郡进军。这一带北靠黄河，南依崤山。郭子仪恐叛军于南山埋伏，先派回纥兵于南山搜索前进，以防伏兵。官

华州史话

军进至新店（在曲沃与陕郡之间），与叛军相遇。叛军立阵于南山之麓，郭子仪率部进攻未能取胜而退却，叛军居高临下追逐官军。这时郭子仪先头派在南山搜索前进的回纥兵赶到，从背后袭击叛军，于尘埃中连连射箭。因长安之败而成惊弓之鸟的叛军回头一看，大呼："回纥到了！"不战自溃。郭子仪率大军与回纥兵前后夹击，叛军尸横遍野。严庄、张通儒放弃陕郡东逃，郭子仪派仆固怀恩等分道追击。

严庄逃回洛阳，安庆绪大惊，于十月十六日夜，从洛阳逃往黄河以北的邺郡（即相州，治所在今河南安阳）。郭子仪于十八日收复了洛阳，并派部将张用济、浑释之乘胜收复了河阳（今河南孟县）、河内（今河南沁阳）等地。郭子仪这次收复西京长安，东都洛阳，建立了盖世功勋，使他在君臣百姓的心目中获得了极高的声望。十一月，他由洛阳至长安入朝，肃宗派仪仗队至灞上（今西安东）迎接，并在接见郭子仪时说："我的家国，由卿再造。"肃宗以加官司徒，封代国公，对郭子仪收复两京的功劳予以褒奖，次年八月，又任他为中书令。中书令是宰相之职，武将担任此职，是很大的宠幸。

四、相州会战

收复两京，对唐王朝来说，是不小的胜利，但叛军仍有相当实力。安庆绪逃至相州（即邺郡）后，控制着黄河以北的南部七郡，甲兵资粮丰富。史思明一度降唐，旋又复叛，控制着黄河以北的北部13郡，兵势强于安庆绪。史思明名义上为安庆绪属下，实不服安庆绪，时刻觊觎其位。

乾元元年（758）九月，围剿安庆绪叛军的相州会战开始了。肃宗令朔方节度使郭子仪、淮西节度使鲁炅、兴平节度使李奂、滑濮节度使许叔冀、镇西北庭节度使李嗣业、郑蔡节度使季广琛、河南节度使崔光远等七节度使将步骑征讨盘踞在相州的安庆绪，又令河东节度使李光弼和关内泽潞节度使王思礼率兵协助，参加相州会战的唐军最多时达60万。肃宗以郭子仪、李光弼皆为元勋，难相统属为由，而不置统帅，却以宦官鱼朝恩为监军。几十万大军没有统一指挥，鱼朝恩又以统帅自居，处处插手掣肘，官军败象已露。

十月五日，郭子仪率领朔方军从杏园（今河南卫辉市东南）渡过黄河，开始向安庆绪叛军发动进攻。朔方军首先东向直指获嘉（今河南获嘉县），大破叛军，斩首4千。获嘉的叛军守将安太清率残部逃至卫州（今河南卫辉市），郭子仪进兵包围了州城。唐将鲁炅、季广琛、崔光远、李嗣业这时率军会郭子仪于卫州城下。

安庆绪为救援卫州，亲自率十万大军赶来。郭子仪派3千善于射箭的士兵埋伏于营垒墙内，命令说："我军退却，敌军必来追赶，你们就登上营墙，鼓噪射箭。"

第四章 隋唐五代

然后郭子仪伪装败退,叛军果然追来,至营垒之下,伏兵突起,鼓噪齐射,箭如雨下,叛军仓皇退却。郭子仪率军反身追击,大获全胜,斩首4万,并擒捉了安庆绪之弟安庆和,进而攻克了卫州。安庆绪逃回相州,郭子仪乘胜追击。这时,许叔冀、王思礼及李光弼的部队也相继赶到。安庆绪收拾5万残兵在相州城西的愁思岗与官军再战,又是大败,损失了3万多人。安庆绪只得入城固守,并向史思明求救。史思明引13万人马南下,但心存观望,试图坐收渔翁之利,先派大将李归仁率一万步骑屯于滏阳(今河北磁县),遥为声援,并不积极进攻。

十一月,河南节度使崔光远攻下相州以东的魏州(治所在今河北大名县北)。史思明恐官军乘胜扩大战果,于自己不利,立即兵分三路向魏州进攻。十二月二十九日,史思明攻陷魏州,官军被杀3万人。

乾元二年(759)正月初一,史思明于魏州自称大圣燕王,已有与安庆绪分庭抗礼之势。李光弼欲引兵进攻魏州,鱼朝恩却认为不可。相州城被官军围困了几个月,城中粮尽,饿死者甚众。郭子仪派人筑堰开渠,引安阳河水灌城,城中遍地积水,叛军处境极为困难,人们以为相州城指日可下。但官军九节度使不相统属,军无主帅,号令不一,谋议不协,各行其是,因而久攻不下。官军上下解体,士气低落,镇西北庭节度使李嗣业也在攻城时中箭身亡。

二月,史思明率军来到相州城附近,令各将散于城外50里处为营,每营选500骑兵,每日到城下抄掠。官军出击,则散归其营。史思明的这种游击战,使官军防不胜防,每日都有人马牛车遭到损失,连出外砍柴都很困难。当时向官军运送粮饷的舟车很多,史思明又派兵伪装成官军去督运,责令延期,还无故杀人,运粮民夫慌惧不安。运粮舟车聚在一起时,史思明兵卒又偷偷纵火焚烧。这些化了装的叛军往复聚散,自相辨识,而官军却不能察觉。于是运粮舟车渐少,诸军粮食开始缺乏,人心不稳,都想溃散。史思明见时机成熟,乃率大军进抵城下,与官军限定日期决战。

三月初五,是双方约定的决战时间。官军60万人布阵于相州城外的安阳河北,史思明自领精兵五万前来对阵。官军以为这是一支游军而未介意,不想史思明以寡攻众,直前奋击。官军李光弼、王思礼、许叔冀、鲁炅率所部与之迎战,双方损失相当。郭子仪所部为后军,还未来得及布阵,突然大风狂起,吹沙拔木,天地阴晦,咫尺之间,不能辨物。正在激战的双方都为这突如其来的狂风所惊,停止厮杀,叛军朝北溃逃,官军向南退去,双方将甲仗辎重丢弃遍路。各路官军士气本已低落,这一退,就一发不可收拾,各自纷纷逃回本军在相州之战前的原驻地。郭子仪率朔方军从河阳(今河南孟县)渡过黄河,然后拆断了河阳桥,退回东京洛阳。朔方军这次溃退,万匹战马,只存3千,甲仗10万丢弃殆尽,军粮六七万石,皆遗弃于相州战场。

华州史话

东京官民听说官军败退，惊骇不已，恐叛军再次攻入，纷纷从城中逃出，连东京的最高行政长官东都留守崔圆也狂奔到襄州（今湖北襄樊市）、邓州（在今河南）一带。败军如惊弓之鸟，百姓像脱网之鱼，官吏不能镇定百姓，反而参与逃难，再加上真相不明，谣言四起，风声鹤唳，草木皆兵，军队与官民相互影响，自相惊扰，使这种混乱局面有增无减。因而郭子仪的朔方军又自东京向西撤到缺门（在今河南新安县西），这时人心稍定，郭子仪的部将张用济建议：应当固守河阳，防止叛军渡河南下。郭子仪立即派部将韩游瓌领500骑兵速返河阳，再令张用济率5千步兵后继。他们返回河阳不久，叛军一部也赶来争夺这个军事要地，但因迟来一步，不能得手而退去。郭子仪立即在河阳加强守备，并四处抽丁补充兵力，建立起东都洛阳的防线。肃宗任命他为东畿、山南东道河南诸道元帅，权知东都留守，直接指挥洛阳及其相邻地区的防务。鱼朝恩一向嫉妒郭子仪的功绩，借相州之败，向肃宗进谗言，终于使肃宗于这年六月，解除了郭子仪的兵权，将他召回京师长安。

史思明在三月初五的相州决战中，遇大风后向北溃退到沙河（河北省今县）后，听说官军向南逃去，就收拾士卒，进屯相州城南，然后设计杀死了安庆绪，收编了安庆绪的军队，于四月自称大燕皇帝，成为叛乱首领。

相州会战中官军的大溃败，实是不应有的战略大失败。几十万唐军在长达半年的时间里，消灭不了已成强弩之末、兵尽粮绝的安庆绪残军，也对抗不了十几万史思明之师，实为唐肃宗不设统帅的决策所误。九路唐军、数十万人马，集中于一城之下进行大会战，竟然没有主帅，没有统一号令，没有周密的部署，这在战争史上是少见的。在各行其是、旷日持久的混乱中，耗费粮物，贻误战机，消磨士气，哪有不败之理？宦官鱼朝恩的监军，实为成事不足，败事有余。鱼朝恩不但不懂军事，而且心胸狭窄，忌恨功臣，争权夺利，唯恐诸将有功。在这种监军之下，唐军将士有何斗志？肃宗不设主帅理由是郭子仪与李光弼各为元勋，难相统属，实是令人难以信服。这个理由即使成立，也不是不能解决的。肃宗不设主帅的根本原因是怕郭子仪、李光弼再建奇勋，功高震主。早在收复两京之前，肃宗就发出过"今郭子仪、李光弼已为宰相，若克复两京，平定四海，则无可赏"的感叹。由此可见肃宗的心理，是既要用功臣为自己打天下，又怕功臣威权过高，动摇自己的皇位。疑人不用，用人不疑。既疑人又要用人，就出现九路大军，几十万人马而无统帅的奇闻。肃宗既作出这种拙劣的决策，只能出现相州溃败的局面，从而使战乱又延续了4年。肃宗咽下了自己酿成的苦果，而受难更深的，却是饱受战乱之苦的黎民百姓和忠勇的士兵。

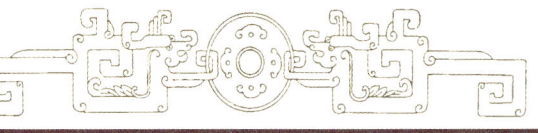

第四章 隋唐五代

五、二复长安

乾元二年（759）七月，郭子仪被解除兵权，他立即返回长安，就此留居京师。这年九月，史思明大举过黄河，南下进攻，占领了东都洛阳，这以后，官军和叛军形成了对峙局面。上元二年（761）三月，史思明之子史朝义杀父后即帝位。宝应元年（762）驻在绛州（今山西新绛）的官军发生兵乱，朝廷恐乱军与叛军联合，而新进诸将又不能镇服乱军，就封郭子仪为汾阳郡王，任为兴平定国副元帅，派至绛州镇压兵乱。郭子仪平息兵乱后，肃宗已死，代宗即位。在宦官程元振进谗后，代宗又解除了郭子仪的兵权，他再次留在长安无所作为。广德元年（763）正月，史朝义叛军在官军的沉重打击下土崩瓦解，史朝义途穷而死，长达8年的安史之乱得以平息。但此后，藩镇割据的局面逐步形成。地处西陲的吐蕃（今藏族的祖先）部族，乘安史之乱时唐朝西部边防部队调入内地之机，侵占了今新疆、甘肃、青海一带的唐朝领土，并进一步向关中进逼。

广德元年（763）九月，吐蕃军队由秦州（治所在今甘肃天水）东进，越大震关（在今陕西陇县与甘肃清水之间）北上，攻打泾州（治所在今甘肃泾川）。唐泾州刺史高晖投降，并为向导，引吐蕃军向东进犯。边将告急，但宦官程元振却不向代宗报告，直至吐蕃军过了邠州（治所在今陕西彬县），代宗才得知形势危急。十月二日，吐蕃军攻到长安西部不远的奉天（今陕西乾县）、武功，京师震动。代宗急令其子雍王李适为关内元帅，又起用长期闲居的郭子仪为关内副元帅，出镇咸阳抵御。

郭子仪闲废日久，亲随军队都离散了，但他接到任命后，立即率手下仅有的几十名骑兵出发，元帅李适只是挂名并未出征。十月三日，郭子仪赶到咸阳时，吐蕃军20多万，已弥漫数十里，由今陕西周至县东的司竹园渡过渭河，避开咸阳，迂回沿南山向东进攻。郭子仪立即派人入奏，要求增派援军。但由于程元振阻拦，郭子仪的使者未能见到代宗。十月七日，吐蕃军逼近长安近郊，代宗仓促逃出长安，向东直奔陕州（今河南陕县）。长安官吏群龙无首，纷纷逃窜，长安内外的唐军也都溃散。郭子仪听说吐蕃军已到长安附近，立即由咸阳返回，但代宗已经逃出。代宗一行渡浐水（在长安东）时，护卫代宗的禁军将领王献忠率400骑兵叛逃，折回长安，胁迫玄宗的儿子丰王李琪等十位皇室亲王准备西迎吐蕃军。他们出城时，正与进城的郭子仪在开远门（长安西面北头第一座城门）相遇。郭子仪得知这一叛敌行为，立即阻止。王献忠下马说："今皇上东行，国家无主，您身为元帅，让谁当皇帝，还不在您的一句话嘛！"郭子仪予以痛斥，派兵将他们送给代宗处理。

十月九日，吐蕃军进入长安，立皇室宗亲广武王李承宏为傀儡皇帝，并在城中

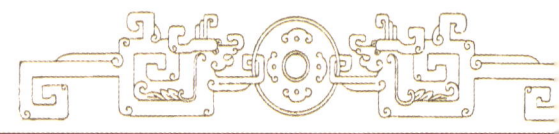

剽掠焚烧，百姓纷纷逃入山谷。

郭子仪这时引着30多骑，沿南山东行。他的计划是：逃散的唐军士卒多至商州（今陕西商州市），赶快至商州收拢这些散兵后，再调集武关（在今陕西丹凤东南）防兵，然后北出蓝田（陕西今县）寻机收复长安。郭子仪行至蓝田，遇到唐将臧希让和高升率领的一千士兵，就率这些人马驻在蓝田南的七盘，防备吐蕃东进袭击代宗车驾。3日后，才进入秦岭到了商州，收容了溃散的将士，调来武关防兵，共计4千多人。郭子仪劝谕将士共雪国耻，收复长安，军众皆受感动，愿齐心效力。郭子仪又请避难至此的唐朝官员第五琦办理后勤，征集军粮。这时，代宗派人下诏，要郭子仪赶到陕州，防吐蕃东出潼关进犯。郭子仪上表说："臣不收京城，无颜见陛下。如出兵蓝田，敌人必不敢进犯陕州。"随即派禁军将领长孙全绪率200骑兵先出蓝田，令第五琦为京兆尹与其同行，又派禁军另一将领张知节率兵后继，长孙全绪引兵出秦岭后，至蓝田东南的韩公堆，按郭子仪的部署，采取游击战术，惊扰敌军。他们白天击鼓张旗，夜晚则点燃篝火，施疑兵之计。另一避难官吏殷仲卿在蓝田已聚众千人，与长孙全绪配合，率200骑兵渡浐水，直逼长安之东骚扰。吐蕃不知虚实，不敢妄动。百姓又欺骗敌人说："郭令公率大军从商州出山，不计其数"，吐蕃军信以为真，惊恐不安。长孙全绪又派人潜入长安，阴结数百名青少年，于夜晚在长安的朱雀大街击鼓大呼，吐蕃军以为唐军入城，惊慌失措，于十月二十一日逃出长安城。十月二十五日，郭子仪从商州出发，于十一月三日进入长安。代宗令郭子仪为京城留守。

吐蕃军西撤时，围攻凤翔，被守将马璘击退。吐蕃军退至今甘肃、宁夏交界处。

十二月，代宗回到长安，郭子仪率城中官员及驻军迎于浐水之东，代宗对郭子仪说："用卿不早，才到这个地步。"

傀儡皇帝李承宏被捉，流放到华州。宦官程元振专权跋扈，不报吐蕃入侵大事，被削官职流放。而郭子仪靠聚集一群散兵游勇而建立了二复长安的功勋，再次显示了他忠贞不贰、大智大勇的崇高精神，又一次提高了他在朝野的声望。代宗赐给他以示崇功免罪特权的铁券和在太极宫凌烟阁中画像的荣誉。

六、泾阳结盟

郭子仪第二次收复长安，吐蕃军西撤，使唐王朝暂时松了一口气。但外族窥伺，藩镇割据的内外交困局面却没有从根本上解除。重掌兵权、功成名就的郭子仪仍然肩负着安邦定国的重任。

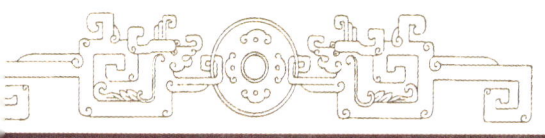

第四章 隋唐五代

广德二年（764）正月，又发生了仆固怀恩之乱。仆固怀恩是郭子仪的部下，在郭子仪被解除兵权时，他带领朔方军为消灭史思明、史朝义叛军建立了大功。但在史家父子的叛军覆没后，他却恃功要挟，拥兵自重，以汾州（治所在今山西汾阳）为大本营，发动叛乱，进攻太原等地。代宗考虑到朔方军本是郭子仪的部队，其将士对郭子仪极为尊重拥戴，就恢复郭子仪关内河东副元帅、朔方节度使二职，令他平定仆固怀恩之乱。二月，郭子仪赶至河东（今山西西南部），朔方将士听说郭子仪官复原职，重掌握朔方军，无不感奋，望风归降，重新回到郭子仪的麾下，仆固怀恩率少数亲信逃至灵武。郭子仪凭自己的威望，毫不费力地平息了这场叛乱。随后，郭子仪率朔方军驻扎在河中府（治所在今山西省永济市蒲州镇）。

广德二年（764）八月，仆固怀恩诱使吐蕃等部族十万大军自西入侵关中，郭子仪率军赶至奉天（今陕西乾县）御敌。九月，败敌于宜禄（今陕西长武）；十月，破敌于乾陵（今陕西乾县境）；逼使敌军退去，郭子仪还镇河中。

永泰元年（765）九月，仆固怀恩再次诱使吐蕃、回纥、吐谷浑、党项、奴剌等部族共数十万人马入侵关中。这次入侵来势凶猛，声势浩大，共分北、东、西三路，分进合击。北路为吐蕃军，自六盘山西经泾州（今甘肃泾川）、邠州（今陕西彬县）直趋奉天（今陕西乾县），回纥军自贺兰山南下至六盘山后也从这路进犯。仆固怀恩在这一路居中指挥，北路为三路中的主力。东路为党项军，自今陕北越过黄龙山直奔同州（治所在今陕西大荔）。西路为吐谷浑、奴剌之军，越过六盘山后，经华亭、陇州（治所在今陕西陇县）、凤翔、直犯今陕西周至。

九月八日，仆固怀恩于途中病死。九月十五日，北路吐蕃军十万进至奉天，这里距长安只有100多里路，朝野内外惊恐万状。虽然驻防奉天的朔方军击败了敌军，但大敌压境的总形势没能改观。代宗急令郭子仪率朔方军主力从河中赶至长安北面的泾阳防守，并在长安附近各军事要地调兵遣将。但唐军兵力薄弱，反击防御非常困难，长安城中一片惊慌。执掌朝中大权的宦官鱼朝恩又在城中搜掠民马，令百姓为兵守城，并在全城戒严，各座城门的3个门洞塞二开一，严查出入。这更加重了城内的惊恐局面，百姓纷纷翻墙凿洞逃至城外。鱼朝恩又欲使代宗逃离长安至河中，因有朝中官吏的反对而罢。

九月十七日至二十五日，大雨不止，敌军攻势减缓。十月八日，吐蕃军与后继而来的回纥军会合后包围了泾阳。此前，郭子仪率朔方军已从河中赶到这里。泾阳在长安以北，距长安只有几十里路，此城若失，长安不保。郭子仪当时只有一万兵力，而敌军约有十万。在敌众我寡的形势下，郭子仪采取严守不战，待机而动的策略，令部将李国臣、高升防东，魏楚玉扼南，陈回光拒西，朱元琮当北，自己率2000骑兵居中策应。敌军见唐军防守严密，就退到泾阳北原驻扎。这时，仆固怀恩

华州史话

已死,敌无主帅,吐蕃军与回纥军争夺指挥权而产生矛盾,两军分营而居,回纥军驻扎在城西。

回纥军曾协助唐军平定安史之乱,郭子仪的朔方军和他们并肩作战,郭子仪本人与回纥将帅关系密切,在回纥中也有很高威望。因此,郭子仪派部将李光瓒去回纥军中,说服他们与唐军联合反击吐蕃。回纥将领受仆固怀恩欺骗,以为郭子仪已经去世,对李光瓒的话心存疑虑,说:"郭令公还活着吗?你在骗我。如果郭令公还在此,可以见他一面吗?"李光瓒回报,郭子仪说:"今寡不敌众,很难以力制胜。过去我与回纥交谊甚厚,不如由我去亲自说服他们,双方结盟共击吐蕃,可不战而胜。"部将们认为敌军心怀野心,不可轻信。郭子仪说:"只要示以至诚,就可重修旧好。"部将们又要派500铁骑护卫,郭子仪拒绝道:"带兵去见回纥,显得没有诚信,只会有害。"说完骑上马就要出发。郭子仪三子郭晞当时为朔方兵马使,他拉住马的缰绳说:"敌人是虎狼,大人是国家元帅。为什么要以身投入虎口?"郭子仪说:"这一仗如要硬拼,我们父子就会一起阵亡,但国家也就危险了,我现在单骑去见回纥,以至诚之心去说服他们,或者他们会听从,那就是天下之福了。如果他们不听我的劝说,我一人

郭子仪与回纥泾阳结盟(炯灿绘)

第四章 隋唐五代

牺牲了,也会使家庭得以保全。"说完,用马鞭击郭晞之手大喝一声:"去!"遂与数名随从跃马冲出城门,直奔回纥军营。

回纥将士听说郭子仪来到,大吃一惊。其大帅名药葛罗,是回纥可汗的弟弟,他拉弓搭箭立于营前。郭子仪毫无惧色,镇定自若,摘下头盔,解下铠甲,昂首策马进入营中。回纥军中的许多酋长将领参加过收复两京之战,认识郭子仪。他们相互对视后说:"果然是郭令公。"就下拜行礼。郭子仪也下马,上前拉着药葛罗的手说:"你们回纥有大功于唐朝,大唐对你们的回报也不薄。为什么背弃前约,深入我境,进犯京城畿县?放弃前功,来结新仇,背负恩德而助叛臣仆固怀恩,这有多么愚蠢。况且仆固怀恩反叛,你们又有何益?今天我一人挺身而来,听凭你将我杀掉。我的将士们必与你们誓死血战。"药葛罗说:"仆固怀恩欺骗我们,说大唐皇帝已晏驾,郭令公也已去世,中原无主,所以我们才和他一起来。现知大唐皇帝在京师,令公又统兵在此,仆固怀恩已病死,我们哪里肯与令公作战呢?"郭子仪就势对药葛罗说:"吐蕃乘我国有乱,不顾双方过去和亲的情义,侵占我边疆,骚扰我京畿,掠夺财物不可胜记,单马牛牲畜就长达数百里,弥漫田野,这是上天用来赐给你们的,你们应就便夺取。这样的话,全军没有损失,又与大唐继续友好关系,又可破吐蕃夺取财富,还有比这更好的吗?你们不可失去这个机会。"药葛罗说:"我们被仆固怀恩所误,辜负令公实在太深了。今请求为公尽力,攻击吐蕃以赎罪过。"

这时,围观的回纥将士越来越靠近,郭子仪的随从怕出意外,上前阻挡。郭子仪挥手令随从退下,又取酒与回纥酋长们共饮。药葛罗请郭子仪先执酒为誓,郭子仪将酒洒在地上说:"大唐天子万岁!回纥可汗也万岁!两国将相也万岁!有背负盟约的,身死阵前,家族灭绝!"然后将酒杯交给药葛罗,药葛罗也将酒洒在地上说:"我的誓言与郭令公一样。"郭子仪又拿出3千匹丝绸赠给他们,双方结欢,誓好如初。

吐蕃军听说回纥军与唐军结盟,于当夜引军撤退。药葛罗率回纥军追击,郭子仪也派部将白元光率精骑与回纥军并肩追杀。十月十五日,回纥军与唐军在灵台(甘肃今县)西原上追上吐蕃军,吐蕃军大败,死亡一万人。十月十八日,唐、回联军又破吐蕃军于泾州(今甘肃泾川),吐蕃军逃至六盘山以西。

这一路入侵被击退,大局已定。其他两路入侵并非主力,在唐军打击下,也都败退。郭子仪又招降了仆固怀恩手下的几名将领及党项军帅,这次严重危机又被郭子仪以大智大勇解除了。

郭子仪这一次面临的形势比以往更为严峻。以前在代北、河北的奋战和收复两京之役,大多是节节胜利,自不必说。相州会战失败,责任不在郭子仪。广德元年

华州史话

（763）吐蕃入侵，郭子仪仓促应命，手中无一兵一卒，长安就失陷了，郭子仪并无责任，而他反以一群乌合之众收复长安，自有功劳。而这一次，他有兵有权，长安如果再失，将无法辞其咎。但面对数十万剽悍善战的游牧民族骑兵，郭子仪直接指挥的唐军主力朔方军只有一万，其他各路唐军要少于此数，总计不会超过十万，且处处设防，兵力分散。在敌众我寡，敌强我弱的形势下，他既不畏敌退却，自求保全，也不莽撞硬拼，以逞匹夫之勇。前者与他忠贞许国的品质不相容，而且后果不堪设想；后者纵能得取"忠烈"之名，但于事无补，只会坏了大局。他屯兵于军事重地泾阳，正当敌军入侵主力的冲要，敢于面对气势汹汹的强敌，扼制敌军入侵的势头，并采取坚守不战，以待时机的战略。同时，在敌军内部发生矛盾的当口，不失时机地抓住机会，以政治手段补军事上兵力不足之弊。凭自己的威望、诚信和与回纥的友情，不顾个人安危，深入虎穴，争取盟友，瓦解敌军。用"心战"的办法，动之以情，晓之以理，与回纥军建立泾阳之盟，从而化敌为友，化弱为强，化不利为有利，几乎不动一刀一枪而退敌数十万。这说明郭子仪不但是一位军事家，也是一位政治家，是一位能熟练运用军事和政治两种手段，使自己立于不败之地的文武全才。"泾阳之盟""单骑见回纥"作为千古佳话留传至今，绝不是偶然的。

七、西陲防边

自大历元年（766）至大历十四年（779）期间，除大历二年（767）一度发兵平息同华节度使周智光的叛乱外，郭子仪的主要军事活动是防御西部边境上吐蕃的入侵。他以70岁至83岁的老迈之躯，仍然奋战在西陲抗敌第一线。

大历二年（767）九月，吐蕃军数万围攻灵武，郭子仪率兵3万自河中驻防泾阳，又移镇奉天。十月，郭子仪的部将路嗣恭于灵武大破吐蕃军，斩首2千，吐蕃退去。

大历三年（768）八月，吐蕃军10万入侵灵武。九月，郭子仪再次率兵5万屯驻奉天防备。郭子仪派部将白元光于灵武破吐蕃军2万之众，另一路唐将李晟也击败吐蕃，吐蕃军解灵武之围而去。十一月，宰相元载与郭子仪等商议，将郭子仪的朔方军从原驻地河中迁到邠州，加强抵御吐蕃的力量。

大历四年（769）六月，郭子仪将朔方军大部精兵自河中迁到了邠州，其余分驻河中和灵武。十月，吐蕃军再次进犯灵武地区，郭子仪派兵马使浑瑊将兵5千救援，他自率大军进至庆州（今甘肃庆阳），吐蕃退去后，又返邠州。

大历六年（771）九月，吐蕃军进犯原州（今宁夏固原）地区，郭子仪派人晓谕大义，吐蕃军退去。

第 四 章　隋唐五代

大历八年（773）十月，吐蕃军10万进犯到泾阳、邠州。郭子仪派浑瑊将步骑5千战于宜禄（今陕西长武县），因浑瑊部下拒命而招致失败。郭子仪召集将领们说："战败之罪在我，不在各位。但朔方军名闻天下，今为敌所败，有何办法可以雪耻？"诸将感奋，士气激发。当时吐蕃军在宜禄打败唐军后，不向邠州进攻，改变方向欲进犯汧阳（今陕西千阳）、陇州（今陕西陇县）。郭子仪派浑瑊率兵直趋朝那（在今甘肃灵台西北）追击。浑瑊于百里城（在今甘肃灵台西北）附近，截击获胜，吐蕃退逃。

大历九年（774）九月，唐朝又发动了一次大规模的防秋行动。当时吐蕃军多在秋季进犯，唐军在此季节派兵加强防守，称为防秋兵。本月，郭子仪与另几位唐将分统各道防秋之兵多达23万人，吐蕃没敢进犯。

大历十年（775）十二月，回纥军一千骑兵进犯夏州（治所今陕西靖边县北白城子），郭子仪遣兵3千救夏州，回纥退去。

大历十二年（777）九月，吐蕃军8万破方渠县（今甘肃环县），郭子仪派李怀光救援，吐蕃军退走。十月，吐蕃军又进犯盐州（治所在今陕西定边）、夏州，再犯长武（今陕西长武），郭子仪派兵击退。

大历十三年（778）四月，吐蕃军进犯灵武，郭子仪的朔方军将其击退。七月，吐蕃军2万又犯盐州、庆州，郭子仪派部将李怀光击退。八月，吐蕃2万再犯银州（治所在今陕西横山县东）、麟州（治所在今陕西神木县北），郭子仪部将李怀光又将其击败。九月，吐蕃军万骑下青石岭（在今甘肃泾川县西北），逼近泾州，被郭子仪等击退。

大历十四年（779）闰五月，郭子仪被加官为太尉，保留中书令一职，其余军职被解除，这位83岁的老将才离开艰苦危险的边防前线，回到京师颐养天年了。这十几年的西陲防边生活，虽然没有以前那些战斗激烈，但对一位七八十岁，功成名就的老人来说，却也难能可贵。他以自己的忠诚、热忱、智勇，圆满结束了60多年戎马倥偬的军事生涯。以出类拔萃的指挥才能，以彪炳史册的功勋伟业，以完名高节的巨大荣誉，以忠贞宽仁的优秀品质，赢得了后人千百年来持久不衰的景仰和赞扬。在中国历史上那灿若晨星的伟人先贤之中，自有他那不灭的光辉。

华州史话

郭暧与升平公主

郭子仪的8个儿子中，最出名的就是郭暧。郭暧之妻为唐代宗之女升平公主，他夫妻二人之间的一次争执，后敷衍成戏曲《打金枝》，更使郭暧夫妇在很长一段历史时期内，成为妇孺皆知的人物。

郭暧是郭子仪的第六子。其生卒年代，据《旧唐书》本传，为唐德宗"贞元十六年（800）七月卒"；据《新唐书》本传："卒，年四十八。"由此算来，郭暧当生于唐玄宗天宝十二载（753）。升平公主为唐代宗第四女，永泰元年（765）七月出嫁郭暧。时郭暧13岁，升平公主年龄与郭暧相当。按惯例，与公主结婚，均授为驸马都尉。郭暧在授为驸马都尉的同时，另授试殿中监一职。

一个是元勋之子，将门之后；一个是皇帝之女，金枝玉叶，郭暧与升平公主夫妻甚为相得。二人喜爱诗文，延纳诗人文士。当时的著名诗人，号称"大历十才子"的李端、钱起、卢纶等人多在其门下。郭暧夫妇经常宴集诗人，让他们即席赋诗，升平公主坐在帘后观看，诗作出色者赏给锦。一次郭暧进官，在庆贺酒宴中，他对在座的诗人们说："诗先成者赏。"李端首先赋诗，顷刻而就：

青春都尉最风流，二十功成便拜侯。

金距斗鸡过上苑，玉鞭骑马出长楸。

熏香荀令偏怜少，傅粉何郎不解愁。

日暮吹箫杨柳陌，路人遥指凤凰楼。

诗成，举座赞叹，公主大喜。而钱起却不服："此诗定是昨夜构思而成。你若立即以我的姓为韵再赋一首，才能证明此篇为即时而作。"李端立即又赋一首：

方塘似镜草芊芊，初月如钩未上弦。

新开金埒看调马，旧赐铜山许铸钱。

杨柳入楼吹玉笛，芙蓉出水妒花钿。

今朝都尉如相顾，愿脱长裾学少年。

郭暧惊叹道："此诗更好。"钱起等人也佩服不已，公主厚赏李端。

还有一次，郭暧宴客，李端在座。郭暧的一个婢女叫镜儿，姿色绝代，在席中弹筝。李端注目镜儿，凝神忘形。郭暧觉察，对李端说："你能以弹筝为题，赋诗娱客，我当不惜此女。"李端遂即当场赋诗：

第四章 隋唐五代

> 鸣筝金粟柱,素手玉房前。
>
> 欲得周郎顾,时时误拂弦。

郭暖大为称赞,将席上金玉酒器并镜儿送给李端。以上两轶事,反映出郭暖夫妇对诗歌的爱好、欣赏水平以及他们的生活情趣。

代宗皇帝当朝时,郭暖夫妇恩宠有加,得到的赏赐珍玩,不可胜记。郭暖封爵由广阳县开国男,改清源县侯。官职又相继为银青光禄大夫、检校左散骑常侍。他二人虽享尽荣华富贵,但当时都年少气盛,不免发生一些矛盾。唐人赵璘在《因话录》一书中,讲到这样一件事:郭暖与升平公主一次因事吵架,郭暖骂升平公主说:"你倚仗你父亲是皇上吗?我父亲是讨厌当天子,才不当皇上。"公主气极而哭,坐车进宫向父皇告状。代宗皇帝说:"你有所不知,郭暖之父实在是厌恶作皇帝,假如他不如此,天下岂是你家所有。"说完不禁潸然泪下,并命公主回到郭家。郭子仪听说这事后,将郭暖关起来,自行进宫向代宗请罪。代宗召见他并安慰郭子仪说:"俗话说'不痴不聋,不作阿家阿翁(指婆婆、公公)',小儿女闺房帐幔之内的话,你怎能当真?"代宗赏赐郭子仪后让其回家。郭子仪回来后,将郭暖打了数十棍了结。赵璘记述的这件事,因富有人情味而历代广为流传,脍炙人口的戏剧《打金枝》就是据此编排而成。

代宗大历十三年(778),京郊重要灌溉渠道白渠上,豪门势族设立了许多水碾、水磨,严重影响了渠水浇灌农田。代宗下诏毁除。升平公主与郭子仪各有两轮水磨,升平公主进宫向代宗哭诉,请求予以保留。代宗说:"我行此令,乃为百姓,你应率先拆除。"升平公主当日即派人毁除了自家水磨,此举震动京师,80多座豪门的水磨、

秦腔《打金枝》剧本

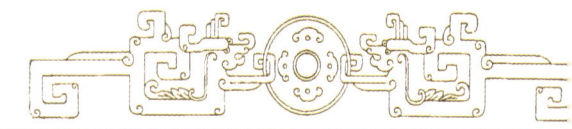

华州史话

水碾顺利拆除。

代宗去世后,德宗即位。德宗是升平公主的异母兄。建中四年(783)三月,郭暖袭爵代国公。但不久,升平公主不知因何事获罪,被软禁于皇宫,郭暖也不得出入。这年十月,发生了泾原兵变,叛军攻入长安,拥立太尉朱泚为皇帝,唐德宗逃往奉天(今陕西乾县)。郭暖夫妇未及逃出,叛军逼郭暖接受伪职,郭暖以父丧未满3年不能做官为由,予以辞绝。随即郭暖夫妇又潜出长安,奔至奉天,德宗大喜,并释前嫌,待之如初。郭暖官复原职,又随德宗至陕南一带避乱。长安收复后,又改官为太常卿同正员。

贞元十六年(800)七月,郭暖去世,享年48岁,被追赠为尚书左仆射。元和五年(810)十月,升平公主去世,被追赠为虢国大长公主。

郭暖夫妇有子3人、女2人(唐·沈亚之《驸马都尉郭公墓志铭》),其长女是唐顺宗时的皇太子妃,唐宪宗的贵妃,唐穆宗时的皇太后,唐敬宗、文宗、武宗、宣宗时的太皇太后。史称"历任七朝,五居太母之尊,人君行子孙之礼,福寿隆贵,四十余年,虽汉之马、邓,无以加焉。"(《旧唐书·太妃传》)

郭暖夫妇之子郭钊,曾先后任5个镇的节度使,最后以太常卿、检校司徒之职而卒,其妻为唐代宗外孙女。另一子郭鏦,官至检校工部尚书、兼太子詹事,其妻为唐顺宗之女汉阳公主。小儿子郭铦官至太子詹事,其妻为唐顺宗之女西河公主。郭暖夫妇的孙子郭仲辞、郭仲文(皆郭钊子)的妻子分别是唐穆宗的四女饶阳公主和六女金堂公主。郭暖子孙三代有5人为驸马,一人为皇太后,其他人也荣耀崇贵,在当时是"无有其比"。

第四章 隋唐五代

杜甫在华州

唐代伟大诗人杜甫，在他坎坷但又是不朽的一生中，有一段经历是和华州联系在一起的。在他那灿若明星的众多诗篇中，有一些久传不衰的名作，是在华州写成的。

唐玄宗天宝年间，各种社会矛盾逐步激化，唐王朝从极盛走向衰落。天宝十四载（755），安禄山、史思明自范阳起兵，史称安史之乱。第二年，唐朝京城长安沦于安史叛军，唐玄宗奔蜀，太子李亨即位于灵武（在今宁夏），是为唐肃宗。杜甫这时陷于长安。至德二载（757），为了收复京城，唐肃宗进军至凤翔。杜甫逃出长安，潜投凤翔，被唐肃宗任命为左拾遗。左拾遗是一个小官，却负有向皇帝进谏、举荐贤良的重要职责。此时，宰相房琯因触犯唐肃宗被贬，以张镐继之。杜甫认为房琯有大臣之才，就履行左拾遗的职权，上疏力救，引起肃宗愤怒，诏三司审讯，幸被张镐解救。这年九至十月间，郭子仪力战收复长安、洛阳两京，安禄山之子安庆绪（安禄山已死）领叛军退守邺城（又称相州，今河南安阳）。唐肃宗自凤翔还长安后，宠信宦官李辅国和皇后张良娣，而张李相互勾结，专权用事，朝廷又是一片昏暗。乾元元年（758）六月，唐肃宗听信谗言，再次将房琯贬官，被认为是房琯同党的人也相继贬谪，赶出京城。杜甫上一年疏救房琯，自是在所难免，也被贬为华州司功参军。

杜甫华州赴任图（张琪绘）

华州史话

此时,安史叛军虽被赶出两京,但仍据60郡县,兵甲粮资也相当丰富,对唐王朝仍是极大的威胁。杜甫正想利用侍奉皇帝的机会,实现他"致君尧舜上,再使风俗淳"的理想。但皇帝昏庸,佞臣进谗,仕途遭挫,使他不能有所作为。因而在离开长安赴华州时发出了"无才日衰老,驻马望千门"的感叹。

司功参军是掌握地方祭祀、礼乐、学校、选举、医筮、考课等事的。杜甫到华州初期,仕途挫折,世态炎凉,官差繁杂,使他极为苦闷,他在《早秋苦热堆案相仍》一

杜甫游郑县亭子(张琪绘)

诗中说:"束带发狂欲大叫,簿书何急来相仍。"在《独立》一诗中,流露出"独立万端忧"的悲哀。在华州东郊,看到一匹被遗弃的战马,也作了一首"自伤贬官而作"的《瘦马行》,咏叹自己的不幸。

在华州时,杜甫常到西溪游览。西溪在今华县城西的老官台村东,唐时,这里水势宏大,烟波浩渺,风光旖旎。溪畔有西溪亭,又称郑县亭子。杜甫游此,即兴写了《题郑县亭子》一诗,吟咏"郑县亭子涧之滨,户牖凭高发兴新"。这年秋天,他还到蓝田访友,欣赏过"蓝水远从千涧落,玉山高并两峰寒"的景色。然而就是这些状物写景的诗中,杜甫仍寄景抒怀,流露出受群小欺凌的隐痛和失意愤懑的心情。

杜甫在华州前期的诗中,感叹个人不幸的成分多些,但他忧国忧民的思想并没有因为个人的痛苦而泯灭。他来到华州后不久,就为华州刺史郭准写过一篇《进灭残寇形势图状》,建议唐军避实就虚,剿灭盘踞相州(治所在今河南安阳)的安史

叛军。他还写过《乾元元年华州试进士策问五首》,涉及到赋税、交通、征役、币制等问题。杜甫在这篇文章中,考虑的还是人民的负担。

这一年,朝廷调郭子仪、李嗣业等九节度使开赴相州前线,讨伐叛军。当李嗣业率安西兵马路过华州时,杜甫歌颂"四镇富精锐,摧锋皆绝伦。"表达了消灭叛军,维护国家统一的爱国激情。

乾元元年(758)年底至第二年初,杜甫暂离华州,请假赴洛阳、偃师探望家乡。但他深情眷恋的几个兄弟,却因战乱,或走或死,一个也未见到。他无限惆怅,不禁写道:"即令千种恨,惟共水东流。"

此时,郭子仪等九节度使60万大军开始了围攻相州的战役。乾元二年(759)二月,杜甫在洛阳写了《洗兵马》一诗,以"安得壮士挽天河,净洗甲兵常不用"的豪迈诗句,渴望相州之战的胜利,希冀平息叛乱,结束战争。但是围攻相州的唐军,却因唐肃宗举措失当,诸军不置统帅,只派宦官鱼朝恩监军。结果各军不相统属,又兼粮食不足,致使士气低落。这年三月,史思明率军援助安庆绪,唐军大

杜甫曾游览的西溪现状

华州史话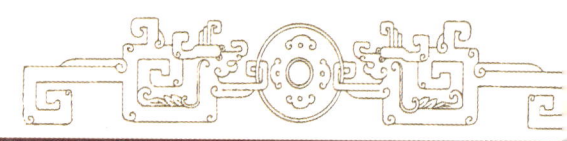

败。郭子仪退保洛阳,其余节度使溃归本镇。唐王朝为了补充兵力,大肆抽丁拉夫,给人民带来了无穷的灾难。这时杜甫正离开洛阳,返回华州任所,一路上耳闻目睹了这次惨败后人民罹难的痛苦情状。回到华州后,经过艺术提炼,写成了千古不朽的传世名篇——"三吏"和"三别",即:《新安吏》《石壕吏》《潼关吏》和《新婚别》《垂老别》《无家别》。这两组6首诗歌,以深刻的平民性和强烈的艺术感染力,正视严酷的现实,揭露了社会矛盾,生动展现了战乱之中人民的疾苦,成为杜甫现实主义诗篇创作的高峰。

杜甫回到华州后,夏天遇到了大旱。他写下了《夏日叹》和《夏夜叹》,忧时忧乱,关怀着水深火热中的人民和多灾多难的国家。

乾元二年(759)立秋时,杜甫任华州司功已一年多了,他经历了仕途挫折的打击和群小欺凌的痛苦,对政治前途已不抱希望。社会的黑暗和战乱的袭扰,使他觉得,担任一官半职于国于民又无所作为。因此,杜甫经过痛苦的抉择,终于弃官而去,西客秦州(今甘肃天水),开始了"漂泊西南"的生活。在离开华州前,他写了一首《立秋后题》,诗中说:"平生独往愿,惆怅年半百。罢官亦由人,何事拘形役?"这表达了他壮志未酬的悲哀和摧折之下不弯腰的品质。

杜甫在华州的一年,对他的一生来说,是很重要的一年。就在这一年里,诗人经过多时的反省和探索,终于从思想感情上完成了日渐远离皇帝和走向人民的痛苦过渡,谱写出反映人民苦难生活的新篇章,同时也清醒了头脑,破除了对朝廷的幻想,为他后期诗歌的发展奠定了基础。

第四章 隋唐五代

周智光之乱

安史之乱后，唐王朝的中央力量大为削弱，地方上的一些军事将领割据一方，在辖区内扩充军队，委派官吏，征收赋税。他们或相互征战，或对抗中央，史称"藩镇割据"。当时在华州，也出现了一个军阀，名叫周智光，他以华州为基地，割据关中东部，反叛中央，造成社会动荡。

周智光出身低贱，以骑射从军，自行伍中升为裨将。太监鱼朝恩率神策军（中央禁军之一）驻在陕州（今河南陕县）时，周智光为其部下。鱼朝恩喜欢轻浮后生，周智光与其交往亲密狎昵。鱼朝恩当时深得皇帝宠幸，就向朝廷推荐赏拔了周智光。唐代宗广德元年（763），周智光升任华州刺史，兼任同华二州节度使及潼关防御使。也就是说，周智光驻华州时，统领华州和同州的军政大权。当时华州辖今华县、华阴、潼关及渭南市临渭区北部地区，同州辖今大荔、蒲城、合阳、白水、澄城、韩城等地，同华二州约相当于今渭南市大部分地区，这是当时京城长安通往中原的军事交通要地。据此重要地盘并具有一定军事力量使性本轻狂的周智光，飞扬跋扈，专横擅杀，逐步走上割据反叛之路。

周智光与陕州节度使皇甫温关系不好，一次皇甫温的监军张志斌入京路过华州，周智光故意怠慢，张志斌表示不满，周智光大怒，就令部下将张杀死，并将张志斌的尸体剁成肉块让张的随从吃。时逢淮南节度使崔圆携带价值百万的当地土产进京入觐，路过华州，周智光强留土产的一半归己。有进京赶考的举子听说周智光这些事，惊恐万状，不敢从华州过，改道潜行同州。周智光闻知，派人将这些举子杀死在半路。唐代宗永泰元年（765），吐蕃等入侵关中，周智光奉命率军驱敌到了鄜州（今陕西富县）。周与鄜坊节度使杜冕不协，就借机杀了鄜州刺史张麟，又到杜冕的家乡坊州（今陕西黄陵），坑杀杜冕的家族80多人，还烧了坊州民房3000多家。朝廷召周智光到长安，他惧罪不去，朝廷也无办法，只好将杜冕调到梁州（今陕西汉中），以避其锋。此后周智光更加嚣张，于次年又杀了路过华州的前虢州刺史庞充，并劫持了各节度使向朝廷进贡的货物及转运米两万石，正式反叛中央。他招收了很多亡命不法之徒入伍，达数万之众，为收买这些人为其卖命，纵容他们到处剽掠，华州百姓深受其害。朝廷对周智光还是笼络而已，加任周智光为尚书左仆射，派人送去委任状。周智光接过委任状却口出狂言："华州距长安180里，我晚

华州史话

上睡觉不敢伸脚,恐怕踏破长安城。挟天子以命诸侯,只有我能做到。"又说:"华州、同州地方太小,不够我施展,再加给我5个州才行。"周智光还在华州城为自己建祠堂,令官兵百姓前去祈拜。

对周智光在自己家乡的倒行逆施,时任关内河东副元帅的郭子仪十分愤怒,数次上奏唐代宗,请求讨伐周智光。大历二年(767)正月,代宗决定平定周智光之乱。当时,郭子仪驻防河中(今山西永济),周智光占据华、同二州,道路隔绝。代宗就召见郭子仪的女婿赵纵,口述密诏。赵纵写到帛上,置于蜡丸之中,派家僮从小路赶到河中交给郭子仪。郭子仪奉诏,立即调兵遣将。周智光部下闻知,皆有离心。周智光的大将李汉惠首先自同州率部向郭子仪投降。接着,华州牙将姚怀、李延俊杀死周智光,斩首进献,周智光之乱遂平。但华州的灾难并没有结束,时有淮西节度使李忠臣入朝到了潼关,以平周智光之乱、收复华州为名,率部进入华州抢掠,自潼关到赤水,华州境内200里之间,官民的财物畜产被抢掠一空。且不说百姓,就是官吏,也有的因被抢掠而无衣穿,只好用纸遮羞避寒,还有的数日没饭吃,由此可见当时华州惨状之一斑。

周智光统治华州期间,作恶多端,但也做了一件在华县历史上值得记上一笔的事,就是他于永泰元年(765),弃置旧华州城,在今华县城的位置上修建了华州新城。此城历宋元明清,有盛衰兴替,经屡毁屡修,但位置始终未变。

唐代军士

第四章 隋唐五代

在华州做官的中亚胡人李元谅

在公元7世纪到9世纪的世界上,大唐王朝是国力强盛、经济繁荣、文化高度发展的国家,对世界产生了巨大的影响,其他各国无不向往盛唐的物质文明和精神文化,许多外国人纷纷到大唐经商、求学、定居。而大唐王朝对外开放自信,兼容并蓄,不但为他们在唐朝生活大开方便之门,而且允许外国人在唐朝做官,从事政治活动。唐德宗时,担任镇国军节度使兼华州刺史的李元谅就是这其中的一个。李元谅是中亚胡人,为维护唐王朝的统一,立有大功,深得华州百姓爱戴,曾为他立"功德碑"。此碑历经1200多年风雨,至今仍屹立在华县人民政府的大门前,成为中外友好交往的见证,成为大唐王朝开放自信的见证。

李元谅祖籍安息。这个"安息"不是汉朝时的安息王国,而是"昭武九姓国"中的安国。安国位于中亚,在今乌兹别克斯坦共和国的布哈拉。安国在唐高宗时,曾一度内附,设为安息州,故李元谅的祖籍为安国,也表述成祖籍安息。

李元谅的先祖很早就迁至中国定居,并以安国的"安"为姓,取汉姓为"安"。南北朝时的北魏高官安同(死后追赠为高阳王),是其先祖之一。这一家族在安同时或安同死后,定居武威(今甘肃西),武威又称凉州,是胡人聚集

李元谅雕像

华州史话

较多的城市,李元谅就出生在这里。他的曾祖父、祖父、父亲都在唐朝任武职,是个军人世家。李元谅生于唐玄宗开元十五年(727),当时的姓名为安元光。但他很小就不幸成为孤儿,后被宦官骆奉先收养,从此改姓为骆,直到唐德宗贞元三年(787),因功被赐姓名为李元谅为止,他的姓名是骆元光,本文为叙事方便,仍称为李元谅。

李元谅身材高大威武,美髯多须,胡人外貌明显。成人后他投身行伍,初在今河北省、北京市一带的边防要塞任军职,后在京城长安禁军十六卫中任职,再出任镇国军节度副使,驻防潼关。

镇国军节度使副使是镇国军节度使的副手,节度使总揽数州的军事、民事、财政。镇国军成立于唐肃宗上元二年(761),辖华州、同州,因此也被称为同华节度,治所在华州郑县(即今华县),辖区约为今渭南市大部分县市。当时规定,节度使兼任所在州的最高行政长官,所以镇国军节度使还兼任华州刺史。唐代镇国军节度使还兼任潼关防御使,但往往派副手驻防潼关。李元谅在潼关领军十数年,为众所服。

唐德宗建中四年(783)十月,泾原节度使(治所在今甘肃泾川)的部队东征路过京师长安,士兵因没有犒赏而哗变,攻入城中,唐德宗仓皇出逃。变兵拥立曾任泾原节度使的朱泚,朱泚在长安称帝,派兵进攻长安周围的战略要地。朱泚的大将何望之轻骑掩袭华州,刺史董晋逃走,何望之占领了华州城,断绝了长安与中原地区的东部通道。正在潼关驻防的李元谅闻讯后立即率潼关守军反攻华州,何望之未料到李元谅的反击如此神速,猝不及防,弃城而逃。李元谅收复华州后,迅速整修城池,准备兵器,并积极招募士卒。李元谅开始时只有两千士兵,几天内就得兵万余人,军威大振。朱泚数次派兵攻打华州,都被李元谅击退。李元谅收复并守住华州,断了朱泚与中原的联系,唐德宗因此任命他为镇国军节度使兼华州刺史,不久又加官检校工部尚书,封爵武康郡王。李元谅在守住华州后,又率军西进,驻扎在昭应(今陕西临潼),为唐军首支进逼长安的部队。此后,各支唐军陆续开进到长安周围。兴元元年(784)五月,唐军在副元帅李晟的率领下进攻长安。李元谅部进至浐河之西,朱泚叛军悉众来攻,李元谅身先士卒,奋力反击,击退叛军。接着,李元谅等部又进至长安城北的禁苑之东,坏苑墙而入,攻占皇宫,继而收复了长安。李元谅又因功加官检校尚书右仆射。

但在此时,唐军一个名叫李怀光的将领以河中(今山西省西南部)为基地,也发动了叛乱。李元谅在浑瑊、马燧的统帅下参与平叛,进军与河中隔黄河相望的同州(今大荔)。李怀光派部将徐庭光率6千兵卒在长春宫抵抗。长春宫是皇帝离宫,位于同州朝邑(今大荔县朝邑镇)。叛军守备甚严,一年时间唐军也未攻下。李元

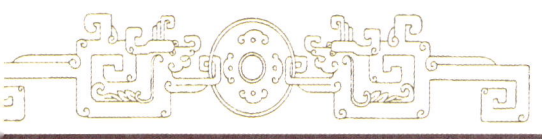

第四章 隋唐五代

谅曾到长春宫城下招降徐庭光，徐庭光因李元谅是胡人而轻视他，不但谩骂不降，还在城上"以优胡为戏"，羞辱李元谅的先祖。"优胡"即胡人戏子。徐庭光还扬言："我只降汉将。"不久，徐庭光降于马燧，李怀光也兵败自杀，其乱遂平。但李元谅为徐庭光所辱，气愤难忍，以后找机会擅自杀了徐庭光。

朱泚、李怀光叛乱刚平，吐蕃又频频入寇，李元谅率华州士卒多次参与抵御吐蕃的战斗。贞元三年（787）五月，吐蕃请和。唐德宗派大将军浑瑊为会盟使，至平凉（今甘肃平凉市）与吐蕃会谈。唐德宗命李元谅率所部驻距平凉70里的潘原（今甘肃平凉东），以策应浑瑊。李元谅认为潘原距会盟地太远，一旦有事，不能及时得知，要求与浑瑊一起到平凉，浑瑊不同意。但李元谅坚持带所部前进至会盟地20里处，与浑瑊部连营驻扎，并严加防备，而浑瑊营却疏于防范。到了会盟的那天，吐蕃埋伏下万余士兵，趁浑瑊不备，突袭会盟的唐朝官员及护卫的唐军，唐朝方面死者数百人，被擒千余人。浑瑊夺得一匹马，奋力逃出，直奔自己的营地，但将卒皆已逃散。这时，只有李元谅的营地严阵以待，浑瑊转身逃入李营，吐蕃追兵见李元谅等已有防备而退去。李元谅收集在平凉逃散的唐兵，整顿后与浑瑊一起，徐徐退兵，当时人称赞李元谅有将帅之风。唐德宗对他也很赞赏，除赏赐外，还赐姓"李"，改名"元谅"。李元谅随后率部返回华州。

贞元四年（788）正月，李元谅又兼任陇右节度使，并率部移防良原（今甘肃灵台县西北）。离开华州时，华州百姓要为他立功德碑，李元谅的行军司马董叔经上奏唐德宗，得到许可。第二年，即贞元五年（789）八月十一日，功德碑建成，这就是迄今仍屹立于华县人民政府门前的《李元谅功德碑》。据文物部门测定，此碑高4.45米，宽1.57米，厚0.41米。碑头为六螭首，雕刻雄健，碑侧刻蔓草花纹。额题"大唐镇国军陇西节度使右仆射李公懋功昭德颂"20个篆字，由宗正寺丞李彝书写。碑文为隶书，由中书舍人张濛撰文，卫尉少卿韩秀弼书写。此碑岿然高耸，雕磨精工，不为苟就，充分显示出大唐雄风。公元1957年，被陕西省人民委员会（即陕西省人民政府）确定为省级文物保护单位。公元2007年6月，华县人民政府为此碑建了仿古碑亭，为这拥有1200多年历史的唐碑，遮挡风雨，以长久保留这历史的见证。

李元谅移防良原后，整顿边防，反击入侵，终因积劳成疾，于贞元九年（793）于良原去世，享年67岁（虚岁），唐德宗追赠他为司空。去世后的第二年，李元谅归葬于他曾经长期驻防过的潼关。公元1967年，李元谅的墓志于潼关县城郊乡管南村出土。现在，华县的李元谅功德碑及潼关县的李元谅墓志都成为研究这个中亚胡人传奇一生的重要文物，也使我们从中感受到中外交流史上那恢宏、博大、自信、开放的盛唐气象。

华州史话

李元谅的祖籍在哪里

华县人民政府大门前的《李元谅功德碑》是省级重点文物保护单位。李元谅是唐朝的华州刺史兼镇国军节度使,曾参与平定"朱泚之乱"。他不是汉族,而是胡人。当代历史学家武伯纶曾说:"唐人所谓胡人仅指深目高鼻多胡须的外国人。"李元谅出生于入居中国较久的胡人家庭,但其祖籍是哪里呢?

《旧唐书》《新唐书》的李元谅传及《李元谅功德碑》皆记他本姓安,为安息人,或祖先为安息人,因"以国为氏"而取汉姓"安"。但这个"安息"是指何处?因为一般都认为安息即安息王国,为今伊朗,所以有些论述李元谅的文字,说"李元谅祖籍安息,即今伊朗"。又因伊朗也称波斯,也有著作说李元谅是波斯人。笔者认为这些说法存在一些问题,值得商榷。

公元前三世纪中叶,一支来自中亚的游牧部落进入今伊朗东北部,与原有居民一起起义推翻了希腊奴隶主的统治,建帕提亚王国,我国古代史籍译称"安息"。安息王国的统治者来自安息部落,伊朗的主要民族是波斯人。公元226年(中国的三国时期),波斯人起兵推翻安息人的统治,建立了新波斯帝国。此后,直至李元谅所处的唐代,中国古籍称这个国家就称"波斯",不称"安息",因此,唐代文献资料称李元谅的祖籍安息,应另有所指。

其实,唐朝时在中亚曾设有安息州,这个安息州即"昭武九姓国"中的安国。"昭武九姓国"是隋唐时对中亚阿姆河与锡尔河流域的九个小国的总称,分别为安国、康国、石国、曹国、米国、何国、火寻国、戊地国、史国。其中的安国位于今乌兹别克斯坦共和国的布哈拉。安国在南北朝时称忸蜜,原臣属于突厥,唐初与

李元谅功德碑碑文拓片

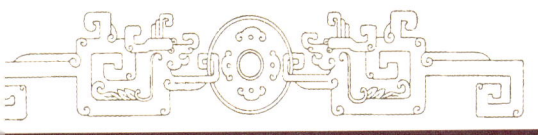

第四章 隋唐五代

其他8国一起摆脱突厥,而内附唐朝。唐高宗时在内附的昭武九姓国设都督府或州,安国就设为安息州,安国国王任刺史。因此,《李元谅功德碑》及新旧唐书记他的祖籍为安息,也应指这个"安息州"(即安国)。

另外,我们可以从《安忠敬神道碑》与《李元谅功德碑》的对比看李元谅的祖籍。

唐朝有一著名将领李抱玉,他和李元谅一样是胡人,本姓"安",皇帝赐姓为"李"。《全唐文》一书中录有李抱玉之父安忠敬的神道碑碑文(张说撰),其中有关其先祖的一段与《李元谅功德碑》(张濛撰)中相关的一段有诸多相似之处:

《安忠敬神道碑》碑文节录:

公讳忠敬,字某某,武威人也。轩辕帝时,降居弱水,安息王子,以国为姓,世高之远。汉季自河南而适辽东,高阳之受魏封,由阴山而宅凉土。

《李元谅功德碑》碑文节录:

公本姓安氏,武威姑臧人。盖黄轩帝孙,降居安息,高阳王裔,留宅姑臧。

两段碑文中,关于安姓是黄帝之后,降居古安息王国的话,按南宋历史学家胡三省的说法,是"多有附会"。当代历史学家向达,在分析另一安姓胡人的神道碑中"其先出自安息"的话时指出,这个安姓胡人"盖为隶属突厥之安国人,谓出自安息(安息王国),则文人之附会耳"。不过从中透露出的信息是:李抱玉、李元谅的远祖来自同一个民族或国家。这两段碑文中,还证明二李有一个共同先祖,即高阳王。高阳王是北魏时的高官安同,安同死后被追赠为高阳王。安同或安同的后人定居在武威(今甘肃省武威市),所以碑文中称李抱玉之父和李元谅都是"武威人"。因此,李抱玉与李元谅先祖应是同一宗族。当代历史学家范文澜与向达,都认为李抱玉是安国人,那么,李元谅也应是安国人,有关文字记他籍贯的"安息",就应是"安息州"。事实上,古今有许多学者就认为李元谅祖籍是安国(安息州)。

清代学者,曾任陕西巡抚的毕沅在《关中金石记》一书中,记《李元谅功德碑》时指出"元谅本姓安氏,出自武卫大将军兴贵"。毕沅还认为,《李元谅功德碑》中"武卫巨唐之牙爪"的"武卫"即指安兴贵。安兴贵是隋末唐初人,是上文提到的李抱玉的高祖父。李抱玉祖籍是安国(安息州),也可证同为安兴贵后裔的李元谅祖籍亦为安国(安息州)。

当代唐史研究者牛致功在1987年出版的《唐史论丛》第五辑中,有文章写到李元谅是安息人时,特别是"安息"二字后以括号注明这个安息"在苏联乌兹别克境内",即李元谅的祖籍"安息"是安国(安息州),并不是今伊朗。

综上所述,可以得出以下几点结论:

华州史话

2008年的李元谅功德碑

  a.李元谅祖籍是安息,但不能就此说是今伊朗。

  b.李元谅祖籍应是中亚安国(即安息州,在今乌兹别克斯坦共和国的布哈拉)。

第四章 隋唐五代

黄巢军在华州的攻守战

晚唐时，由于赋税负担沉重，土地兼并加剧，农民大量破产流亡，社会矛盾尖锐激化，终于爆发了唐末农民大起义。唐僖宗乾符二年（875），黄巢率众响应王仙芝起义。在王仙芝战死后，黄巢被推为领袖。他采用流动作战的方式，率部从今山东、河南一带南下，经今江西、浙江、福建进入广州，又北上经今广西、湖南、湖北，渡长江、淮河，进军淮北，并于广明元年（880）十一月十七日攻占唐王朝的东都洛阳，矛头直指西京长安。唐将齐克让率残军退保潼关。华州治下的潼关是军事要塞，是关中的东方门户，齐克让有万余饥饿的败兵，而黄巢军有数十万人，齐克让请求朝廷资助粮饷和增派援军。唐僖宗派张承范率2000多人前去增援，却无粮饷，十一月二十七日，张承范到华州城。华州刺史裴虔余已调职离开，军民闻知黄巢已到潼关，都逃入南山，华州已成一座空城。幸亏粮仓中还有米千余斛，军士们每人带上三天的粮食继续向潼关进发。十二月一日，张承范等到了潼关，而黄巢也于此日开始攻关。唐军缺粮少饷，惊弓之鸟，士无斗志。十二月三日早，潼关守军彻底崩溃。黄巢攻入潼关后，马不停蹄，兼程西进，当天占领了华州城，并命其将乔钤留守华州。十二月四日，黄巢到了昭应（今陕西临潼）。次日，唐僖宗逃出长安，直奔成都。五日傍晚，黄巢进入长安，并于十三日称帝，国号大齐。

黄巢流动作战，攻占了新的地区，就把原有地区放弃。占领长安后，不乘胜追击，扩大战果，反而是几十万大军坐守长安及其附近地区，使唐王朝得到喘息，调兵遣将，伺机反击。中和元年（881）三月，唐军从东、西、北三面包围长安及其华州、同州（今陕西大荔）等地。四月五日，唐军一部从西面攻入长安，黄巢逃至灞上（今西安市东）。四月十日，黄巢得知唐军不整，又无后援，复又进军再占长安。黄巢退出长安时，其下属的同州刺史王溥、华州刺史乔谦（与前述之乔钤，不知是否为同一人）等人弃城逃跑，被黄巢部将朱温杀死。朱温就是后来成为五代梁朝开国皇帝的朱全忠。五月，唐将高浔会同另一唐将王重荣攻打华州。经过激战，华州被唐军攻占。八月，黄巢将领李详向华州进攻，于石桥（今华县北沙村北的石堤河桥）打败高浔，乘胜重占华州，黄巢遂任命李详为华州刺史。但这时唐军已从四面包围了长安，黄巢之令已不出长安及同、华二州。中和二年（882）九月，黄巢的同州刺史朱温向唐军投降，唐王朝任他为同华节度使。李详与朱温友善，也想投

华州史话

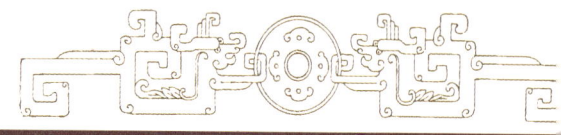

降，黄巢得知后，派人杀了李详，命其弟黄邺（一说为黄思邺）为华州刺史。十一月，李详旧部王遇等人赶走黄邺，以华州降唐，唐王朝任命王遇为华州刺史。至此，同、华二州全为唐军占领，坐守长安的黄巢左翼洞开。

中和三年（883）二月，唐将李克用等进军到乾坑，黄巢的助手尚让率军10万屯于梁田坡，双方酝酿着一场血战。乾坑在今大荔县西，接近蒲城县界。"梁田坡"，有的史料作"良天坡"，当为今渭南市区西的良田。李克用率唐军由乾坑南下，尚让率部由梁田坡东进，二月十六日，双方在成店展开了大厮杀。成店今址不详，根据史料推测，可能在今渭南临渭区程家一带。这场血战从中午战到黄昏，黄巢军惨败，大部向西退却，唐军追杀到梁田坡，黄巢军被俘被杀的有数万人，横尸30多里。但黄巢军有一部由王瑶、黄揆率领，乘隙奇兵袭击华州，赶跑了王遇，华州城被黄巢军重新占领。黄揆也是黄巢之弟。二月二十七日，唐将李克用开始围攻华州，他深挖壕沟，树立木栅，将华州城团团围住。黄揆婴城固守，击退唐军一次次进攻。一次，黄巢军的一个士兵登到城上的女墙大骂，李克用令人用弓箭连射，却都未射中。李克用又令在其军中的朱温的长子朱友裕再射，这名黄巢士兵才应弦而毙。三月六日，黄巢派尚让率兵救援华州，唐军迎击于零口（今临潼东），尚让大败。三月二十七日，坚守了一个月之后，华州城被唐军攻破，黄揆率残兵从石堤峪（今杏林镇，又名石头峪）南逃。四月，唐军攻下长安，黄巢从蓝田、商州撤往今河南。

黄巢大军进长安

第四章 隋唐五代

唐昭宗被困华州

唐昭宗

唐朝末年的乾宁三年七月十七日，是公元896年的8月29日，酷暑刚过，天气略带丝丝凉意。从下邽县（在今渭南临渭区渭河之北）到华州城的路上，一支人马浩浩荡荡，旌旗猎猎，卫兵重重，马蹄声声，簇拥着一队华车重舆东行。这支队伍，非同一般，是当朝皇帝唐昭宗及嫔妃、皇子、皇室诸王和朝廷官员。但这并非大唐盛世时那些先皇们的巡幸，而是被镇国军节度使、华州刺史韩建胁迫而来的。

当时的大唐王朝，已今非昔比。黄巢起义失败后，藩镇割据日益严重，大小不等的藩镇遍布全国各地。藩镇之间相互争战，抢夺地盘，扩大势力，兵祸连连，唐王朝的土地化为割据者的战场并为割据者所占有，朝廷的政令已不出长安城，军阀们的割据分裂，已严重威胁到唐王朝的兴衰存亡。

文德元年（888），唐昭宗即位。当时藩镇割据者势力最大的是宣武节度使朱全忠、河东节度使李克用、凤翔节度使李茂贞、邠宁节度使王行瑜等。而盘踞华州的是镇国军节度使兼华州刺史的韩建。镇国军是个小藩镇，自唐肃宗上元二年（761）设置后，时设时罢，名称也屡有变化，如曾称为华州节度、潼关节度、潼关防御等，但以"镇国军"之名最著。辖境也常有变化，但大则包括同州（今陕西大荔）、华州，小则也保有华州一郡。韩建初任节度使时，只辖华州，却因扼守长安的东部关隘潼关，并且善于在各大势力中周旋，而与几个大藩镇的军阀们一起活跃在历史的舞台上。

韩建是许州长社（今河南许昌）人，从士兵成为军官，曾依附于不同的军阀。唐僖宗光启元年（885）累迁至镇国军节度使兼华州刺史。当时的华州经过黄巢起义的严重战乱，居民大批死亡或流散，已人烟稀少，建筑物除州衙公署外，也毁坏殆尽。著名诗人司空图曾描述当时的华州是"昼静而狐狸傲视，风惊而鸡犬蓦闻。"韩建到任后，招抚流散人口，发展农业生产，问民疾苦，劝课农桑。没有几年，华

华州史话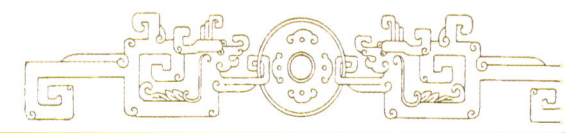

州人口增加，军民生活有所改善。当时天下大乱，各地藩镇军阀只知争战，不顾民生，韩建此举倒是罕见。不过，他毕竟是藩镇军阀，不可避免地割据华州，投入藩镇之间或藩镇与朝廷的争斗之中。

唐昭宗乾宁二年（895）五月，韩建与凤翔节度使李茂贞、邠宁节度使王行瑜联合，各率精兵数千进入京城长安，杀了前宰相韦昭度、李溪及宦官数人，并要求唐昭宗任命王珙为河中节度使。3人又谋废唐昭宗，另立皇帝。这时，河东节度使李克用发兵，声称要保卫朝廷，3人畏惧，各撤回本镇。七月，李克用占领同州，并派兵围攻华州。此时，李茂贞、王行瑜进军至今陕西周至、兴平一带，李克用撤了华州之围，大军进至长安、咸阳一线，并进攻王行瑜的部队，获得大胜，王行瑜被杀。李克用还想进攻凤翔李茂贞，唐昭宗怕李克用实力增强而不许，李克用引兵回到河东。

乾宁三年（896）六月，李茂贞借口朝廷欲对凤翔用兵而进逼长安。唐昭宗一面向李克用求救，一面于七月十三日逃出长安，欲北上到鄜州（今陕西富县），再东渡黄河到李克用的大本营太原避难。韩建听说后，立即派自己的儿子韩从允赶上昭宗车驾，请昭宗到华州，昭宗不肯。韩建就连续派人送上自己的表章，坚请昭宗到华州。昭宗无法，于七月十四日到富平后，召韩建面议。七月十五日，韩建赶到富平，叩见昭宗时说："当今藩镇跋扈，并不是李茂贞一个，陛下渡过黄河后，恐怕不能回来。华州兵力虽微，但控制关辅，足能自固，且西距长安不远，愿陛下到华州，以图复兴。"昭宗听从了韩建，于十六日从富平南下到下邽，十七日，又从下邽到华州，这就是本文开头的一幕。而李茂贞也于这时进入长安，大烧大抢，将宫殿、商铺焚烧俱尽。看起来唐昭宗到华州是被韩建说服的，其实是迫于韩建的压力。藩镇割据下的唐朝皇帝已无威权可言，韩建以一个小藩镇敢于胁持皇帝，是因为他与实力很强的凤翔节度使李茂贞相勾结，而支持唐昭宗的河东节度使李克用却因去年不许他攻凤翔，这次也不打算来救援。另一大藩镇宣武节度使朱全忠，即黄巢军的叛将朱温，此时正忙于在今河北、山东一带扩大势力范围，无暇顾及关中，因而给了韩建可乘之机。

唐昭宗到华州后，以华州公署为行宫，韩建办公则迁到龙兴寺。朝廷百官，或随昭宗而来，或闻讯后赶到，唐王朝的中央政府在华州开始运作，而且达两年之久，但大权却握在韩建的手中，听由他的摆布和擅政专权。昭宗的禁兵卫队由皇室诸王率领，诸王都是已故唐皇的子孙后裔。韩建认为这是他掌控昭宗的障碍，遂于乾宁四年（897）正月，让华州防城将张行思、花重武等人相次诬告通王等8个皇室诸王欲杀韩建，劫昭宗到别的藩镇。昭宗大惊，召韩建面谈，韩建却称病不来，昭宗就令通王等八王至韩建处自辩。韩建将八王请进卧室，却派人上奏昭宗说："八王突然到我的治所，意不可测。按先朝定规，大臣不应与诸王相见，诸王应自避嫌

第四章 隋唐五代

疑。请依照旧制,不让诸王带兵参政,并解散禁军。"昭宗不答应,韩建就派精兵数千,包围了昭宗行宫,奏表连上,坚持自己的要求。昭宗不得已,解除了诸王兵权,解散了两万人的禁军卫队,并按韩建的意思,斩禁军将领李筠于大云桥。诸王解除兵权后,被韩建软禁起来,但韩建必欲置之死地而后快。本年八月,韩建上奏昭宗:"今闻延王、覃王正在酝酿阴谋,愿陛下当机立断,制乱于未乱之时。"昭宗说:"何至于此。"不予答复。韩建就勾结宦官刘季述假传圣旨,发兵包围了诸王住处。诸王攀墙上房,呼救逃命,但无济于事。通王、仪王、睦王、济王、韶王、彭王、韩王、陈王、覃王、延王、丹王等11个皇室诸王,并其侍奉左右的人,都被韩建的华州兵抓获,拥至华州城南的石堤峪内,无论长少,全部杀死。事后,以十一王谋反告知天下,唐昭宗当做依靠的禁军和皇室诸王就此全部丧失。韩建还打击昭宗宠信的大臣官员,以彻底孤立昭宗。太子詹事马道殷、将作监许岩上,因得宠昭宗而被韩建诬告处死。宰相孙偓、朱朴因韩建指他们与马、许二人交往而被罢免。刑部尚书张祎等人因韩建诬奏而被贬官。不过,韩建也并非事事都能为所欲为。因韩建的意思而被贬职的宰相崔胤,向宣武节度使朱全忠求救。朱全忠说崔胤是忠臣,不该贬斥,还扬言派兵两万到华州。韩建害怕实力强大的朱全忠,立刻上表请复召崔胤为相。

韩建凭掌控昭宗的优势,使自己的势力增强。乾宁三年(896)八月,韩建加为中书令(相当于宰相)。乾宁四年(897)十月,又以镇国军节度使兼任匡国军节度使、同州刺史,拥有了同、华二州。他在权力炙手可热时,也不忘敛财。当时,因朝廷在华州,不但百官聚集,还有许多文人学士、贵族百姓也随昭宗到华州避难,因而人口增加,供应繁巨,引来四方商贾,商业活动畸形繁荣。韩建借机对商人重征暴敛,两年得钱九百万缗。

唐昭宗的姓名为李晔,是唐僖宗的同母弟,22岁时即位为帝,到华州的那一年也才30岁。他本年少气盛,很想有一番作为,挽救唐王室的衰微,却不料沦为韩建的笼中鸟,心中的烦乱郁闷,可想而知。唐昭宗攻书好文,是一个不错的词人,在中国诗词史上,有一席之地。一次,他与学士、亲王登临华州的齐云楼(一作栖云楼,故址在今华县人民政府院内),西望长安,感慨万端,悲愤交集,令宫廷乐工唱他填就的《菩萨蛮》一词,词曰:

登楼遥望秦宫殿,茫茫只见双飞燕。渭水一条流,千山与万丘。

远烟笼碧树,陌上行人去。安得有英雄,迎归大内中?

乐工唱毕,昭宗及在场者,无不泣下沾襟。

昭宗在华州时,百无聊赖之际,曾游览陕岇寺;在韩建所献的御庄内宴请跟从的官员。乾宁五年(898)六月初一,还到华州城西的西溪,观看竞渡,即划船

华州史话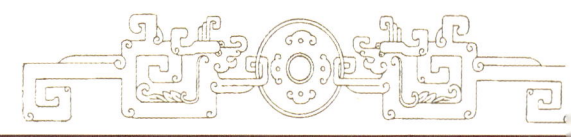

比赛。昭宗及朝廷虽风雨飘摇,流亡在外,但乾宁三年、四年秋季的进士考试,都照常举行,只是考试地点由长安改到华州。两次考试后的次年春,都按时发榜。乾宁四年(897)春录进士20人,诸科3人。乾宁五年(898)春录进士20人,诸科1人。诗人殷文圭就是乾宁五年春的进士,他在放榜后,参加了在西溪举行的"师门宴",并作《行朝早春侍师门宴西溪席上作》一诗,描述了西溪宴会的盛况。

乾宁五年(898),唐昭宗到华州两年了,凤翔节度使李茂贞、宣武节度使朱全忠都想发兵迎昭宗,从而"挟天子以令诸侯"。韩建自知不敌,就决定放昭宗回长安。本年八月十三日,华州改为兴德府(唐朝的"府"比"州"的地位高),同时封华州郑县的少华山为佑顺侯,以感谢神灵保佑。八月二十二日,是公历的898年9月11日,在和来时同样的初秋寒意中,昭宗的车驾离开了华州,3天后回到了长安。唐昭宗及其朝廷困于华州达两年之久的噩梦结束了,他在离开华州时,心中可能有些兴奋,有些激动,但他却不知,唐王朝更大的噩梦在等待着他。6年后,昭宗被朱全忠派人杀死,9年后,唐王朝就彻底灭亡了。唐昭宗被困华州,只不过是唐王朝落幕前的一段前奏而已。

华州公园中的栖云楼

第四章 隋唐五代

唐灭亡前的华州风云变幻

唐昭宗于乾宁五年（898）八月离开华州回到长安后，唐王朝的危机不但没有过去，反而更加严重。藩镇军阀们攻战不休，朱全忠的势力在混战中逐渐增强，他以大梁（今河南开封）为基地，占有今河南、河北、山东的大片地区。

天复元年（901），朱全忠将矛头对准了位于今山西西南部的河中地区，以制衡占据今山西北部的河东节度使李克用，并进逼关中。河中地区为护国军节度使王珂占据。二月，朱全忠大军包围了王珂的治所河中府（今山西永济西南），王珂势蹙投降。朱全忠将王珂安置到大梁，后来又打发他到长安入朝。王珂行至华州城，住在传舍（旅舍）时，被朱全忠派来的杀手暗杀。朱全忠占领河中后，就对毗邻的华州地区及关中虎视眈眈。

当时的关中，西部是凤翔节度使李茂贞盘踞，东部为镇国军（华州）节度使韩建控制。而在此时，朝廷内的宦官（太监）与朝官也正在争权夺利，他们各自以不同的藩镇为靠山。宦官韩全诲等的靠山是李茂贞与韩建，宰相崔胤等的靠山是朱全忠。天复元年（901）六月，崔胤写信给朱全忠，催他赶快进军长安。经过准备，朱全忠于十月发兵西向，名义上是迎唐昭宗到东都洛阳。朱全忠要西进控制关中，首先必须占领镇国军节度使韩建治下的同州、华州。十一月初一，朱全忠率7万大军从河中进到同州，韩建的幕僚司马邺负责同州防务，但他没有抵抗而是举州迎降。韩全诲等宦官闻讯后，就劫持唐昭宗逃出长安，直奔凤翔，被李茂贞所控制，崔胤及朝廷百官的大多数，都留在长安。十一月初四，朱全忠派司马邺到华州劝降韩建，同时亲自引军，从同州进至故市（今渭南临渭区北），再南下渡过渭河奔华州。韩建急忙派自己的节度副使李巨川在半路迎接朱全忠，表示投降之意，并献银三万两。朱全忠停止进军华州城，大军驻在赤水，然后兵锋直指长安。十一月初七，朱全忠行进到零口（今临潼县东）时，听说昭宗已离京西行，就引军返回赤水。有人对朱全忠说："韩建是李茂贞的党羽，不取华州，必为后患。"朱全忠还听说韩建有表章劝昭宗到凤翔，不禁大怒，就率军直逼华州城。韩建自知兵微将寡，无法抵抗，就单骑出城迎谒朱全忠。朱全忠斥责韩建，韩建辩解说："我目不识丁，所有表章书信，都是李巨川所为。"朱全忠将李巨川斩于军门。朱全忠在西溪的郑县亭子宴请韩建，他对韩建说："你是许州人，还是衣锦还乡吧。"几天后，就任命韩

华州史话

建为忠武节度使，并派兵护送韩建到忠武节度使的治所陈州（今河南淮阳）。陈州临近韩建的故乡许州。朱全忠任命李存权为华州刺史，华州及同州都被朱全忠控制。唐昭宗困于华州时，韩建横征暴敛得到的九百万缗钱，都被朱全忠取得。

当时，朱全忠的军营设在赤水，宰相崔胤就派人到朱全忠的军营，请朱全忠立即进军凤翔，夺回昭宗。朱全忠遂于十一月初十，从赤水出发西进。到长安后，朱全忠令崔胤率朝廷百官及长安居民全都迁到华州。当时华州是朱全忠进取关中的基地，百官迁到华州，就都成为朱全忠的部属。结果是唐王朝的皇帝及宦官被李茂贞控制，唐王朝的朝廷百官被朱全忠控制，摇摇欲坠的唐王朝中央政府被割裂了。

朱全忠率军挺进关中西部，夺取了凤翔周围的一些州县，天复二年（902）六月，包围了凤翔。李茂贞困守孤城，形势危急。宦官韩全诲以昭宗的名义下诏书，要求各藩镇入援。远在青州（今山东东南部）的平卢节度使王师范决定派兵应诏。从青州到关中，路途遥远，而且沿途大都是朱全忠的地盘，但朱全忠的重兵都调到凤翔，各地兵力空虚，这就给了王师范可乘之机。他分派几名将领，各率精干兵卒，组成几支分队，化装成商贩或赴长安进贡者，将兵器包裹，假作货物，装上小车，长途奔袭，直向关中。王师范的这几支队伍大多还是被发现而失败，但由青州牙将张居厚率领的一支队伍，二百余人，十多辆小车，却成功的于天复三年（903）正月初四抵达了华州东城。朱全忠在华州驻防的将领娄敬思感觉这支车队有异，下令打开车上的包裹检查，青州兵一声呐喊，拿出兵器，杀了娄敬思并攻打华州西城。宰相崔胤率百官住在西城，立即组织防守，击败了青州兵的进攻。青州兵撤至华州南部山区，逃往商州，终被擒获。

这时，李茂贞困守凤翔已半年，难以支撑，就向朱全忠求和，送出唐昭宗，杀了韩全诲等大批宦官。天复三年（903）正月二十七日，唐昭宗由朱全忠护送回到长安。宰相崔胤率朝廷百官也从华州返回京城。二月，昭宗封朱全忠为梁王，任命朱全忠的长子朱友裕为镇国军节度使，驻防华州。

天祐元年（904）正月，朱全忠强迫唐昭宗及朝廷百官迁都洛阳，并驱赶长安士民随行，还将长安城中的宫殿、官衙、民房等拆毁，木料放入渭河，顺流而下运到洛阳，以建新的都城。曾是世界上最辉煌的城市长安，变成一片废墟。正月二十八日，唐昭宗的车驾来到华州，华州的百姓夹道迎接，高呼万岁。昭宗哭着说："不要喊万岁了，朕不再是你们的主子了。"当晚，昭宗住在兴德宫中，兴德宫就是六七年前昭宗困于华州时居住的原华州州署。昭宗在兴德宫中对左右人说："朕今漂泊，不知究竟落到何处？"说完泪流满面，左右人都不敢仰视。昭宗在华州逗留了几日，又起程东行，二月初十到陕州（今河南陕县）。昭宗一行在陕州停留到闰四月，又前行至洛阳。八月，朱全忠派人杀死昭宗，另立13岁的太子即位，为唐哀

第四章 隋唐五代

宗。

天祐三年（906）闰十二月，废镇国军、兴德府，又恢复华州。次年四月，唐哀宗"禅位"于朱全忠，恢弘一时的大唐王朝就此灭亡。朱全忠即位称帝，建立了五代十国时期的梁朝，定都今河南开封，从此中国的政治中心，由关中长安东移，华州也失去了畿辅之地的重要地位。

华州唐城墙遗迹（在今城关棉绒厂内）

华州史话

五代时期的华州

朱全忠，即朱温（史称梁太祖）篡唐建立后梁王朝后，开始了五代十国时期。这一时期是唐朝以后出现的一个分裂时代，是唐末藩镇割据的继续和发展。北方的五个朝代及南方和河东的十个割据政权，更迭频繁，犬牙交错，社会黑暗，战争频仍。

这个时期的华州，先后属于后梁、后唐、后晋、后汉、后周5个王朝。它的属县，除沿袭唐朝的郑县、华阴（包括潼关）和下邽外，另外还有渭南县和洛南县，共5县，其中渭南县于后周

后梁太祖朱全忠（朱温）

显德三年（956）来隶，洛南县于后周时又割隶商州。五代各王朝按唐制，数州或一州设一军，军设节度使，兼任驻在州的刺史。华州在五代后梁时设感化军节度使，而后唐、后晋、后汉、后周时，仍依唐朝旧名，还称镇国军。

五代时，军阀之间不断进行残酷的兼并战争。华州地区虽已不在畿辅之内，但还是军事要地，仍然发生了不少战争。后梁开平三年（909）六月，驻在同州（今陕西大荔）的忠武节度使刘知俊，因梁太祖猜忌心太重，恐给自己惹来杀身之祸，遂以同州叛梁。刘知俊与梁太祖的死敌——驻在凤翔的岐王李茂贞和驻在太原的晋王李存勖联系，企图内外夹击，颠覆梁王朝。同时在军事上，他引岐王李茂贞的军队占领长安，并派部下袭击华州。华州刺史蔡敬思率部抵御，但终因兵力不支，且自己又受伤而弃城逃走。刘知俊占领了华州及其华州管辖的战略要地潼关。梁太祖闻知刘知俊叛变，削去了刘知俊的所有官职，派大将杨师厚率刘鄩等讨伐平叛。梁军很快攻克潼关，并西进至华州城下，刘知俊在华州的守将聂赏开城投降。刘知俊听说潼关不守，官军继至，就仓皇从同州逃到凤翔，投奔岐王李茂贞，刘知俊之乱平。

后梁贞明六年（920）四月，河中节度使（治所在今山西永济）朱友谦占领了一河之隔的同州，要求后梁末帝任命自己的儿子为忠武节度（治所在同州）留后，但后梁末帝不同意，朱友谦转而投向后梁的敌人晋王李存勖。李存勖为唐末河东节

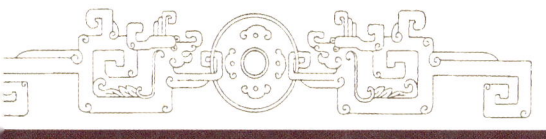

第四章 隋唐五代

度使李克用之子,李克用死后,他继承唐朝所封的晋王之号,与后梁王朝对抗。后梁大将朱友谦的归顺,使李存勖大喜,立即任命朱友谦之子为忠武节度使。六月,后梁末帝派大将刘鄩率感化军(华州)节度使尹皓、静胜军(耀州)节度使温昭图等,进军平叛,包围了同州城。朱友谦向晋王李存勖求救,李存勖派李存审等率晋军前往救援。九月,晋军经过河中,渡过黄河进入同州境内。正在围攻同州城的后梁军,见到晋军,大吃一惊,坚守在同州城下的营垒中,不敢轻出。晋军驻扎在朝邑(在今大荔县东)等待战机,另分兵攻打华州,华州外城在战火中被毁。十多天后,晋军进逼同州城下的后梁军营。刘鄩等悉数出城迎战,却大败南逃,渡过渭河,溃入华州境内。晋军追击,斩首2千余级。后梁军在过渭河时,淹死者众多。刘鄩等收集后梁军残兵余众,退保罗文寨(今华县罗纹),坚壁不出。晋军将罗文寨团团围住。十多天后,晋军将领李存审认为,"兽穷则搏",就在罗文北放开一条路,让后梁军逃出再行追击,直追杀到渭河岸边,除刘鄩、尹皓等单骑获免外,后梁军几乎全军覆没,遗弃兵仗辎重不计其数。晋军解了朱友谦的同州之围,扩大了自己的势力范围。3年后,晋王李存勖建立了后唐王朝,后梁也随之灭亡。

以上只是发生在华州的两次较大战争而已,五代时,发生在华州的小战、其他地区战争的波及及各种流血、冲突当有很多。这些战乱兵燹给华州百姓造成的灾难,史无记载,但可以想象其惨状。除此以外,其他天灾人祸给华州带来的苦难也是巨大的。

后唐长兴元年(930),为了讨伐位于今四川的西川节度使孟知祥和东川节度使董璋的反叛,征发包括华州在内的关中百姓转运粮草。蜀道艰难,路远道险,许多民夫因饥疲交迫,生命堪忧而逃窜山谷,聚为盗贼。因为粮草不济,执掌朝政的安重诲要亲自去关中督办粮草转运。华州、同州、耀州、凤翔等关中各地藩镇闻知此讯,无不惊恐,立即强迫驱赶大批百姓昼夜往四川运送粮草、钱帛,人畜死于山谷中不可胜记。其中华州百姓死于他乡,命丧蜀道之上的当不在少数。

自然灾害也给华州百姓雪上加霜。后唐清泰元年(934),华州秋冬大旱,百姓流亡。两年后,华州又是夏季大旱。后晋天福二年(937),华州境内的渭河泛滥,淹没大量农田。天福七年(942)四月至次年四月,又发生了特大蝗灾。灾情涉及全国许多地区,华州是重灾区之一。史书记载的灾情是"天下诸州飞蝗害田,食草木叶皆尽"。华州的状况是:"蝗旱,道殣相望","死者十七八"。当时的华州节度使杨彦询动员百姓捕蝗,并提出捕蝗一斗、给官粮一斗的赏格,可见华州灾情之重。但后晋王朝面对如此严重的灾情,却因国用匮乏而在天福八年(943)七月和天福九年(944)四月,两次派人到各地搜刮民粮民财。华州百姓因近十几年的战乱、天灾的频繁发生,已在死亡线上挣扎,官府的压榨吸髓,使华州百姓彻底走向深

华州史话

渊。天福九年（944）四月，华州上奏朝廷，本州民不聊生，饥馑严重，已"人民相食"，这4个字中，内含着华州百姓的多少血泪和苦难，多少家破人亡、妻离子散的人间悲剧！

这种惨状，到后周建立时，有所好转。后周的建立者周太祖郭威，是五代十国时难得的皇帝。他知道民间疾苦，即位后就立即革除一些弊政，以纾民困。其中的一项改革措施，就是停止州县贡献珍美食物及特产。广顺元年（951）正月，周太祖在有关诏书中，列举了各地进贡的土特产，要求"今后并不须进奉"。这个各地特产清单中，也包括华州所进奉的物产。这几种特产就是："麝香、羚羊角、熊胆、獭肝、朱柿、熊白。"

麝，亦称香獐，麝香就是雄麝的麝香腺中的分泌物，可作药用和香料用。

羚羊角，是赛加羚羊的角，入药，可平肝熄风，清热定惊。

熊胆，即熊的胆，阴干可入药，有退热清心的作用。

獭肝，水獭的肝，入药治痨瘵。

朱柿，即红柿。华州自古至今种植较普遍的一种果木，除柿果食用外，柿蒂也可入药。

熊白，熊背的脂肪，色白如玉，是珍贵的食品，也可入药。

这些特产，后周太祖要求今后不须进贡，反映了他减轻人民痛苦的愿望，但也由此提供了华州当时的物产信息，透过这个信息，我们可以了解华州当时一些动植物的分布，并通过古今对比，得知这些生物的历史演变。

《华州史话》

宋金元

华州史话

宋、金华州辖五县

民间曾流传"一州管三县"之说,其实并不尽然,北宋及金两个朝代,华州就曾管过5个县。

北宋初期,华州延续五代后周时的行政建制,辖郑县、华阴、下邽、渭南4县,郑县为州治。当时的华阴还辖有今潼关县地,下邽县为今渭南市临渭区渭河以北地区,渭南县为今渭南市临渭区渭河以南地区。天禧四年(1020),蒲城县从同州划归华州,华州共辖5县。熙宁六年(1073),渭南县被撤销,降为郑县境内的一个镇。但5年后,渭南镇又升格为县,仍属华州。

唐和五代时期,华州有军号,设节度使,这就是有名的镇国军,五代后周显德

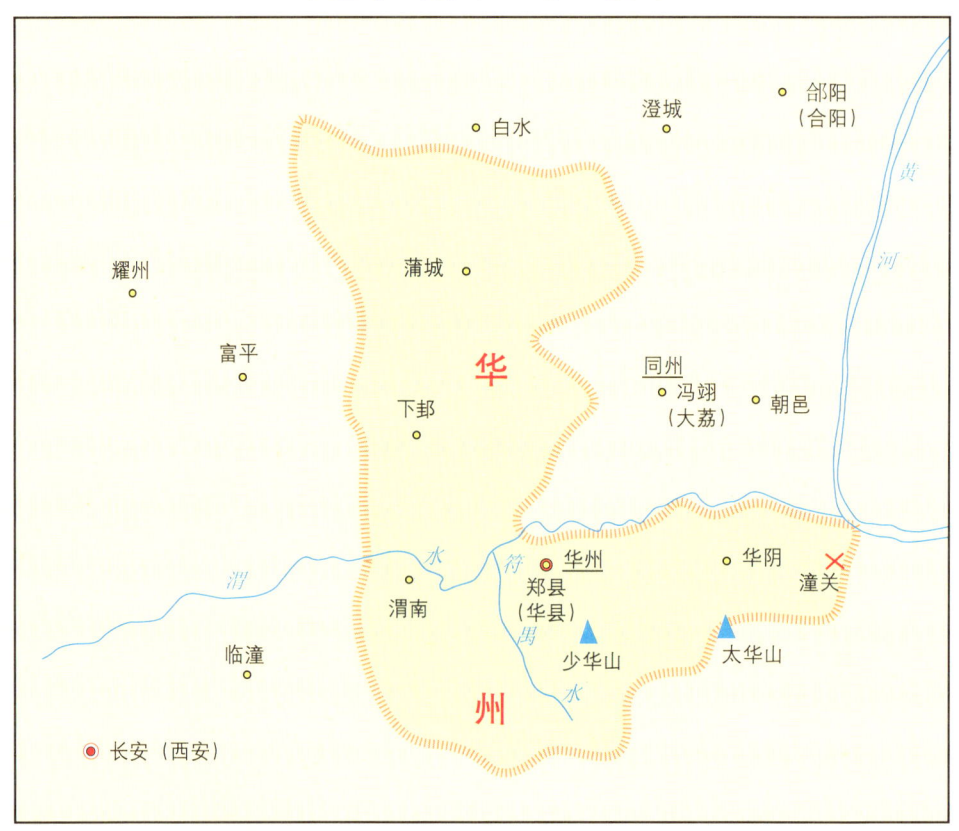

宋金华州行政区划示意图

第五章 宋金元

元年（954）被取消。但6年后，在赵匡胤推翻后周，建立宋朝时的建隆元年（960），又恢复了镇国军，任命了节度使。皇祐五年（1053），镇国军改名为镇潼军。但北宋的节度使只是个名号，与唐、五代的节度使执掌当地军政大权全然不同。北宋的节度使是"无职掌"的虚衔，只是礼遇宗室外戚、功臣故老，地方上的军、政实权都归于本州的行政长官。管理各州的最高行政长官不再称"刺史"，而是"知州事"，简称"知州"。

北宋初，厉行中央集权政策，取消了节度

北宋蕴空法师塔（今大明镇）

使的实权，让所有的州都直属中央。但州多事繁，州县二级政区制已无法适应历史发展，所以北宋在州之上设了"路"一级。一个"路"不归一个机构、一个长官统辖，而是分属好几个机构，因此"路"并没有成为州以上的一级行政机构，州一级的行政长官"知州"遇事一般仍直达中央。华州当时属永兴军路。

华州在金朝统治时期，行政建置基本上延续北宋旧制，仍辖郑县、华阴、下邽、渭南、蒲城5县，只是镇潼军改名为金安军，上属的永兴军路改名为京兆府路。

华州史话

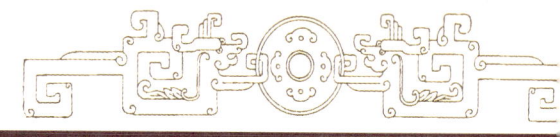

北宋名臣中的郑县人

"二十四史"中的《宋史》，记述了北、南两宋300多年的历史，其中大部分篇幅是名臣显宦的传记。这里就有几位北宋名臣是华州郑县人，除毕士安本书以专文记述外，其他几位是：

边珝（921—983），字待价，华州郑县人。他出生于五代时的后梁末年，后晋天福六年（941）中进士，在后晋、后汉、后周都做过官。宋太祖赵匡胤建立宋朝后，他于建隆二年（961）任洛阳县令，后任朝廷户部与兵部的高级官员——郎中，又曾到扬州（治所今江苏扬州）负责货物专卖。在扬州期间，一富民控告广陵（在今江苏扬州）县尉谢图擅杀其父。谢图被收监后，案子审了300多天，仍未结案。朝廷令边珝再审，终于真相大白，原来是富民以私人恩怨而诬告。谢图被释，富民反坐。边珝因此于开宝五年（972）二月被提升为扬州知州。后担任几个重要地方的转运使。宋代，府州以上的行政单位称"路"，"路"的转运使负责本路所辖各州的财赋及监察。宋太宗即位后，边珝任广南路转运使，广南路辖今广东、广西。他在任时，一次到桂州（今广西桂林），正值知州张颂去世。张颂是潍州（今山东潍坊）人，任职时未带家属，死后被葬于桂州城外。他的仆人将其财产藏匿私分。边珝得知后，将财产追回，并派人将张颂的棺柩连同财产送回潍州。太平兴国七年（982），他任京城开封的知府，这是一个重要职位，包拯（包青天）就曾任过此职。次年六月，边珝在开封知府的职位上去世。

韩丕（？—1009），字太简，华州郑县人。自幼孤贫。他博学好文，曾著有《孟母碑》《返鲁颂》等文章，传颂一时，太平兴国三年（978）举进士后，步入官场。太平兴国八年（983），升至职方员外郎、知制诰，即以职方员外郎一职加"知制诰"官衔，为朝廷起草诏书等各种文书。不久，又升虞部郎中、知制诰，并与另外两人主持了雍熙二年（985）的科举考试。韩丕虽有文章德行，但文词艰深晦涩，起草公文往往缓迟。一天晚上，诏书很急，韩丕一时完不成，就想索看旧有公文，不料存旧公文的房子已锁，他就破锁而入，取出旧稿，稍加改动成文上交。当时的宰相宋琪性急，常因韩丕成稿太慢而加以责备。雍熙二年（985），韩丕离开京城，相继担任了几个州的知州。他出身寒门，淡泊自处，不奔走于高官名宦之间，宋太宗甚为赏识，于淳化二年（991）召还朝廷为翰林学士。后又任过集贤殿修撰、史馆

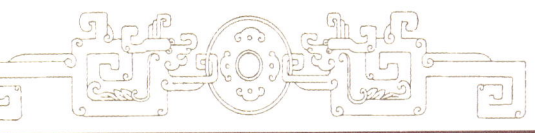

第五章 宋金元

修撰、工部侍郎等职，还出任过数州知州。韩丕纯厚谨慎，不善言谈。《宋史》评价他："虽不优于吏事，能以清介自持，时称其长者云。"

蒋偕（？—1052），字齐贤，华州郑县人。举进士后，曾任司法审判官员，因执法严明而知名于世。宝元元年（1038）后，西夏屡侵宋边。蒋偕数次上书，为巩固西北边防献策，迁为同州（今陕西大荔）通判。又因陕西经略安抚副使范仲淹、庞籍的推荐，改任环庆路（治所在今甘肃庆阳）兵马都监。后又任泾原路（治所在今甘肃平凉）钤辖。兵马都监与钤辖都是武职，为统兵之官。期间，他还兼任过汾、泾、原三州知州，抗击西夏入侵。同在抗击西夏前线的北宋著名将领狄青却对他评价不高，认为他"轻而无谋"。后回乡任华州兵马钤辖，又改任潭州（今湖南长沙）钤辖，镇压了少数民族唐和起事。又任数州知州。皇祐四年（1052），蒋偕任韶州（今广东韶关）团练使、广南东西路（今广东、广西一带）钤辖。当时广源州（今广西与越南毗连地区）少数民族首领侬智高反宋，自称皇帝，于五月进围广州。七月，蒋偕引兵驰援，参加广州解围之战，广州知州仲简纵兵杀害平民。侬智高退走后，蒋偕进入广州，斥责仲简说："你拥兵自重，不主动出击，又纵容士兵杀良冒功，应当斩首！"仲简说："哪有团练使斩皇上侍从官的道理？"蒋偕回答："我手里有斩诸侯之剑，何论侍从官！"经左右解劝方罢。此后，蒋偕又奉令焚毁粮草，退保韶州。九月，蒋偕军至贺州（今广西贺县）太平场，疏于防范，侬智高军夜袭其营，杀死蒋偕。朝廷后追封他为武信军节度观察留后。

北宋始建的宁山寺（在今莲花寺镇）

华州史话

大宋宰相毕士安

毕士安画像

学过历史的人都知道北宋时发生的重大历史事件——澶渊之盟，都知道当时的北宋宰相寇准坚持抗击辽国入侵，力促宋真宗御驾亲征，击败辽军，才签订了宋辽合约。但许多人不知道的是，当时和寇准站在一起，力主抗辽的另一个宰相是华州郑县人毕士安，而寇准入相又是毕士安所推荐。

毕士安生于五代后晋时的天福三年（938）。他的祖籍是代州云中（今山西大同），其父在观城县（今河南清丰县南）任县令时死于任上，全家就落户于观城。毕士安当时很小，但喜欢读书，对继母祝氏也很孝顺。祝氏认为"求学应有良师益友"，就带毕士安辗转迁居到华州郑县，与韩丕、杨璞、刘锡等好学者为友，从此就落籍郑县，成为郑县人。

毕士安于宋太祖乾德四年（966）考入进士，从此步入仕途，历任地方及朝廷的许多重要官职。至宋真宗景德元年（1004）七月，毕士安67岁时被任为吏部侍郎、参知政事，即副宰相。他入朝谢恩，宋真宗说："先不要谢，朕还想任你为正宰相。你看谁可以与你同为辅相？"毕士安说："我已老朽，实在不足以胜任。寇准兼有忠、义，善断大事，是当宰相的人才。"宋真宗说："听说他好刚使气。"毕士安回答："寇准方正慷慨，忘身为国，持正疾恶，朝臣中很少有超过他的，所以不为俗人所喜欢。现在，西夏、辽国为边境大患，用寇准为相正当时宜。"真宗说："是的，还要借助你这样德高望重的人来压住阵脚。"不到一个月，毕士安与寇准一同被任为宰相，毕士安的位置在寇准之上。他慧眼识人，奖掖后进，推荐小

第五章 宋金元

自己23岁的寇准当宰相，自此被传为佳话。

当时，契丹人建立的辽国雄踞北方，对北宋威胁很大，双方经常发生战争。毕士安与寇准任宰相不久，当年的闰九月，辽国皇帝圣宗及承天太后亲率20万大军入侵宋朝，经保州（今河北保定）、定州（今河北定县），直趋澶州（今河南濮阳一带），威胁北宋的东京开封。宋真宗召毕士安、寇准询问对策，二人请真宗亲自率军到澶州抗辽，真宗同意亲征。而大臣中许多人反对抵抗入侵，副宰相王钦若主张放弃东京逃跑，迁都金陵（今南京），另一副宰相陈尧叟主张迁都成都。毕士安闻知，赶快同寇准一起见真宗，力陈不能迁都避战，一定要依前商定，由真宗御驾亲征。同年十一月，宋真宗从开封出发北征，寇准随行。毕士安正在生病，他要求带病从行，真宗手诏不许。毕士安给寇准写信说："今大计已定，只有靠你努力实行。"20多天后，病情稍有缓解，毕士安又赶到前线真宗的身旁。这时，宋军因真宗亲征而士气大振，取得了澶州保卫战的胜利，射杀了辽军大将萧挞览。辽军却因折损大将，士气低落，给养困难，无心再战。在这种情况下，宋辽双方遂进行和谈，辽国退兵。和议中规定北宋每年向辽输银10万两、绢20万匹，朝中有人认为太多，毕士安说："不如此，和议恐不能久。"这次和议，史称"澶渊之盟"（澶州又称澶渊郡）。此后，至辽国灭亡的100多年里，宋、辽两朝基本上再未发生大的战事，维持了较为长久的和平局面。

景德二年（1005）十月，毕士安早朝时，突发疾病，真宗上前探视，他已不能说话，随即在家中去世。真宗前去吊唁时，对寇准等人说："毕士安是个善人，正身谨慎，有古人之风。遭此不幸，深可悼惜。"

毕士安端方沉雅，见识高明，美风采，善谈吐，为人严正。年老眼花时，仍读书写作不辍。虽贵为宰相，但生活俭朴，从不为子孙置办财产，以清廉而为世人所赞。

华州史话

张元与吴昊

毛泽东有一首著名的词作：《念奴娇·昆仑》，其中有一句为"飞起玉龙三百万，搅得周天寒彻"。毛泽东为这一句专门作了"自注"，说是"前人所谓'战罢玉龙三百万，败鳞残甲满天飞'，说的是飞雪。这里借用一句，说的是雪山。"而这个"前人"，指的是北宋华州人张元。张元在一首咏雪的诗中写道：

　　五丁仗剑决云霓，直取银河下帝畿。
　　战死玉龙三十万，败鳞风卷满天飞。

此诗大气磅礴，豪放不羁，其对雪的比喻为前人所未道。同为豪放派诗人的毛泽东，欣赏此诗，并加以改造提高，融会在自己的词中，自不会偶然。

说到张元，就不能不提到同是华州人的吴昊。他们都是读书人，胸怀大志，负气倜傥，有纵横天下之才，是志同道合的朋友。他们生活在西夏王朝刚刚崛起之时。北宋仁宗宝元元年（1038），党项族的领袖元昊正式建立大夏国，史称"西夏"。西夏王朝最盛时，辖今宁夏、陕北、甘肃西北部、青海东北部和内蒙古地区，与北宋多次发生战争。据南宋文人洪迈在《容斋随笔》一书中记载，张元与吴昊以及另一个关中人姚嗣宗曾结伴遍游宋夏交界处的塞上山川，留意各处的风土人情，有经略西北，扶宋抗夏之志。但他们怀才不遇，无人赏识提携。当时负责防御西夏的北宋官员是范仲淹与韩琦，张、吴、姚三人想去拜谒范、韩，以毛遂自荐，为国效力。但又耻于屈己求人，就将一块大石头磨光，刻上自己抒发抱负的诗作，让几名壮汉拉着在大街上走，他们三人在石头后哭，想以此引起范、韩的注意。果然，范仲淹、韩琦召见了他

西夏开国皇帝元昊

第五章 宋金元

们。正当范、韩正在考虑是否任用、如何使用他们时，张元与吴昊却等不及跑到西夏去了。范仲淹听说后急忙派人骑马去追但未追上。范仲淹立即留住未走的姚嗣宗，并上报朝廷任姚为自己的幕僚。张元与吴昊到了西夏后，得到重用。他俩的行为，在宋朝看来，无疑是"叛逃"，就将二人的家属羁押在华州。西夏派人化装潜入华州，假作宋朝诏书，令释放二人家属，并带他们到了西夏，西夏人以盛大乐舞予以迎接。张元与吴昊为西夏出谋划策，很得西夏皇帝元昊的赏识。

《容斋随笔》中对张元、吴昊的记载

元昊原名"嵬理"，据说张元、吴昊到西夏后，他取二人之名，作为自己的名子，曰"元昊"。还有的资料说，元昊引用张元、吴昊后，听从二人劝说，模仿宋朝政治体制，并用西夏文字翻译汉族经典《孝经》《尔雅》等，以推动西夏政治、文化的发展。

张元与吴昊，作为宋朝人，为西夏效力，为正统观念所不容，所以在正史中，对他俩没有记载，只有片断事迹见于野史笔记之中。明朝《华州志》有二人的介绍，但是作为反面人物列入《大惩传》中，是"惩恶扬善"中的"惩恶"对象，并认为二人是"千年不忠之耻"。西夏王朝是中国历史上重要的王朝之一，党项族是中华民族的一员，灿烂的西夏文化是中华民族辉煌文化的一部分，他们开发了我国西北地区，与汉族等各民族一起，为中华民族的发展作出了自己的贡献。华州人张元与吴昊帮助了西夏发展，传播了汉族先进文化，加强了汉族和党项族之间的交流与融合，应当还是有功的。

华州史话

熙宁五年少华山崩

今柳枝镇张桥村境内有山,其中一山与众不同,此山只有下半截,山腰以上全无,人称之为"半截山"。此山原名阜头峰,又叫复成山,曾是少华山的东峰。但北宋时期的一次地震山崩,使之变成了"半截山"。

宋神宗熙宁五年九月二十一日,即公元1072年11月3日,天刚黑时,华州东部的阜头峰无风无雨,忽然山上雾起,有声渐大,地遂震动。不到一顿饭的工夫,阜头峰突然崩裂,上半截山体向北倾覆,东西五里,南北十里之间,"溃散分裂,涌起堆阜,各高数丈,长若堤岸"。乱石堆垒之下,压伏居民有几百户,林木房舍也都被埋压在乱石之下(也有史料说压死者几万人,坏田七八千顷)。从此之后,半截山下,北至今老西潼公路附近的柳枝镇联社村(原称乱石堡),今莲花寺镇与柳枝镇交界处,乱石十里,怪石嶙峋,积石磊磊,冈峦起伏,形成比东、西两侧都高

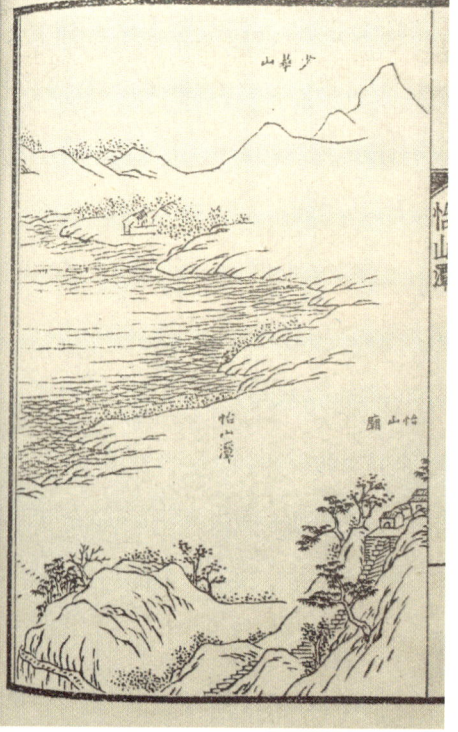

《关中胜迹图志》中的怡(移)山潭图

第五章 宋金元

出四五十米的特殊地形地貌。山崩后,地裂水涌,半截山下形成了一个"水深数十丈,大与郡城同"的湖泊,后名移山潭,又叫白崖湖。

这次少华山崩,本是一次自然灾害,但在北宋朝廷中却引起了一场华州山崩是否为"天意"的争论。当时的宰相是著名的改革家王安石。他在宋神宗的支持下,积极推行变法,但保守派却竭力予以阻挠。华州山崩的消息传到朝廷后,保守派借题发挥,乘机攻击变法不当,触犯天意,致使少华山崩。王安石反驳

半截山下移山石

说:"华州山崩,不知天意如何。天意不可知,人们所为,也不必合天意。"他又说:"天地与人,了不相关,地震山摇,皆有常数,不足畏忌。"华州山崩,并没有动摇王安石变法的决心,但宋神宗还是敬畏天意,在下诏赈灾的同时,还敕封复成山(阜头峰)为显应侯。

这次山崩也引起了当代一些地震工作者的兴趣,经他们研究,这次山崩是一次震级为5.5级浅源地震引起的,与引起1556年华县大地震的秦岭北缘大断裂有关。

少华山崩还造成了重大伤亡,改变了这一带的地形地貌,十平方公里磊磊乱石,蔽野拦路,给人们的生产生活带来诸多不便。但这些乱石,又成为很好的建筑石料。自那以后,当地人盖房用石,都是就地用材。1934年,陇海铁路修进陕西,成立了一个钰记公司莲花寺石料站,专门在此开采铺路石碴。1950年石料站收归国有,后设立了莲花寺石碴厂,利用这片乱石开采石料。20世纪60年代后期,这一片乱石大体开采殆尽,莲花寺石碴厂又在半截山上开辟了新的采石场,半截山也逐渐趋于消失。

华州史话

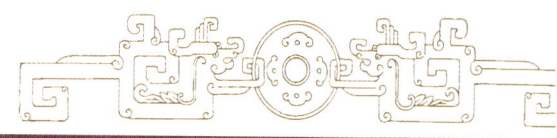

文学家李廌

在浩瀚的中国文学史中,众多文学家的姓名灿若星辰。这其中有一个文学家是华州人,他就是李廌(音zhì志)。20世纪80年代出版的《中国大百科全书》中国文学卷中,清晰明白地写道:"李廌(1059—1109),北宋文学家。字方叔,号德隅斋,又号齐南先生、太华逸民。华州(陕西华县)人。"

李廌生活在北宋中后期,这时期的经济文化比较繁荣。但他家境贫寒,6岁就成了孤儿,他勤奋力学,稍长,就以学问称誉乡里。元丰年间(1078—1085),李廌到黄州(今湖北黄冈)拜谒著名文学家苏轼。苏轼对他的文章极为赞赏,认为笔墨翻澜,有飞沙走石之势,拍着他的背说:"你的才能,可敌万人。"他受教于苏轼,并与秦观、黄庭坚、张耒、晁补之、陈师道一起,被人们称为"苏门六君子"。

后李廌举进士不第,宰相吕大防为"失此奇才"而叹,苏轼与翰林学士范祖禹欲向朝廷推荐,但因苏、范二人相继遭贬而不果。他从此绝意仕进,致力于撰文著书。宋徽宗建中靖国元年(1101),苏轼去世,他感其知遇之恩,悲怆痛哭,作祭文曰:"道大不容,才高为累。皇天后土,鉴一生忠义之心;名山大川,还万古英灵之气。"词语奇壮,

李廌所著《师友谈记》

116

第五章 宋金元

读者无不悚然。他晚年定居长社（今河南长葛），生活清苦，宋徽宗大观三年（1109）去世，享年51岁。

李廌才气横溢，落笔如飞，诗文并著。他为文纵横驰骋，与苏轼的风格接近；条畅曲折，颇具逻辑性；喜论古今治乱，曾上《忠谏论》《忠厚论》《兵鉴》于朝。在文学批评中，他提出文章须具备体、志、气、韵的"四要"说。在《师友谈记》中记载苏轼、范祖禹、黄庭坚、秦观等人关于治学为文的言论，是宋代文学理论批评中有价值的材料。又有《德隅斋画品》22题，对唐、五代及宋的名画评定品位，考证作者和阐发画理，也多精辟的见解。他的诗歌多以山水、行旅、酬唱、题画为内容，诗风雄健奇丽。词作留存至今，仅有4首，但也颇为出色。如《虞美人》一词：

玉阑干外清江浦，渺渺天涯雨。好风如扇雨如帘，时见岸花汀草涨痕添。

青林枕上关山路，卧想乘鸾处。碧芜千里思悠悠，惟有霎时凉梦到南州。

评李廌词作的条幅——当代著名书画家吴湖帆书写

此词怀人念远，意境深长，淡泊清疏，回味不尽，为词作佳品。李廌的诗文主要收录在《济南集》中。此书已佚，清代有辑本。

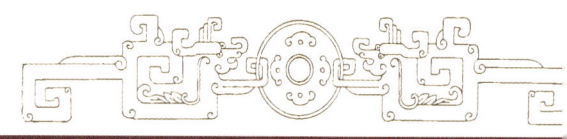

华州史话

"九纹龙史进"的原型
——史斌

中国古典文学名著《水浒传》中,九纹龙史进是梁山好汉中第一个出场的人物。按小说中的描写,他是华州人,居住在少华山下,被官府逼迫,到少华山上落草,后带着弟兄们投奔了以宋江为首的水泊梁山。因华州贺太守霸占民女玉娇枝,史进气愤不过,刺杀贺太守不成,反被捉拿。宋江带七千多弟兄,千里迢迢,从山东赶到陕西,大闹华州,救出史进。这当然是文学虚构,不能当成信史。但史进这个文学形象,却有一个生活中的原型,据史家考证,这个人就是历史上实有其人的史斌。而宋江起义,历史上也确有其事。

史斌不知是何方人氏,早年经历也无记载,只知他是宋江起义中的一员勇将。历史上的宋江,领导了梁山泊农民起义军,北宋徽宗时,以山东东平的梁山泊为基地,活动于今山东、河北、江苏、安徽一带。当时的亳州(在今安徽)知州侯蒙曾上书朝廷,说:"(宋)江以三十六人,横行齐魏,官军数万无敢抗者。"这所谓"三十六人",应是梁山泊起义军的主要干将。《水浒传》上的一百单八将,是将这36人扩大3倍而成。而史斌就是这36人之一。宋徽宗宣和三年(1121),梁山泊农民起义军失败,宋江接受招安,投降了朝廷。宋江等36人的下场,不外乎4种:一是为朝廷作爪牙,二是回乡为民,三是遭到迫害,四是重上江湖。而史斌就在数年后,在陕西重新走上反抗朝廷的道路。

史斌在梁山泊起义失败后,辗转来到陕西。靖康二年(1127)春夏之交,金朝大军灭亡了北宋,分兵攻掠各地。虽然康王赵构建立了南宋王朝,但当时已天下大乱,史斌乘机在陕南起兵反宋,拉起一支队伍。当年七月,史斌一举攻下了兴州(今陕西略阳),并在兴州建号称

九纹龙史进(戴敦邦绘)

第五章 宋金元

少华山中古代遗存的山寨石门

帝,公开与宋朝决裂。史斌接着攻下凤州(今陕西凤县)、武休(今陕西留坝)。十二月,又进攻宋朝陕南重镇兴元府(今陕西汉中),被官军击退。史斌再南下利州(今四川广元),企图进军四川,但宋军依剑门天险,严密防守,史斌便回师北上,进入关中。

这时,金朝大军已攻占关中东部的同州,并于建炎二年(1128)初,相继占领了长安、华州等众多州县。关中各地人民组织义军反抗金军入侵,并收复了一些失地,如刘希亮收复了凤翔,张宗谔收复了长安。进入关中的史斌也加入了抗金斗争,伺机收复了华州。附宋抗金的义军领袖张宗谔并不赞成史斌的反宋抗金,决心为朝廷"除患",他诱使占据华州的史斌到长安并解散其部队,想慢慢解决掉史斌。这时,在关中的宋军将领曲端命其部将吴玠突袭史斌,史斌逃到鸣犊镇(今西安市长安区东南),为吴玠所擒并杀害,时间约为当年的十一月。在面对外族入侵的紧急关头,宋王朝并不放过造反的史斌,虽然他也抗金。更令人不可思议的是,曲端也不放过附宋反金的义军张宗谔,竟然亲自攻击张部,并杀了他。这是那个民族矛盾、阶级矛盾错综复杂时代的一个侧影。

史斌虽然反宋称帝,但没有放弃自己的民族责任,积极投身到抗金斗争中,并从金人手中收复了华州,这一段历史是不能遗忘的。史斌是不是华州人,我们并不知道,但从元杂剧到施耐庵的水浒故事里,以史斌为原型塑造出一个文学形象——九纹龙史进,并定他为华州人,还让他在少华山占山为王,这绝不是偶然的。史斌——史进——华州——少华山,这里有多少值得我们探索、发现、回味的故事。

华州史话

宋与金在华州的争夺

北宋末年的政和五年（1115），女真人建立金国，十年后灭掉辽国，并立即将矛头对准北宋。靖康元年（1126），金兵攻入东京开封，次年四月，俘虏了宋徽宗及宋钦宗，宣告了北宋的灭亡。宋朝皇室赵构迁到东南，于五月建立起南宋，是为宋高宗。这时，关中地区还未被金兵占领。十二月，金兵在大将娄室的率领下，从今山西渡过黄河，攻占了韩城、同州（今大荔）。由于陕西精兵大多在早先调去保卫东京，故兵力空虚。金兵长驱直入，于宋高宗建炎二年（1128）正月占领长安，二月，占领了华州及关中许多州县。各地百姓纷纷组织义兵，与宋军一起，反击金兵入侵，相继收复了一些失地，华州也曾一度被史斌武装集团收复。由于南宋军民顽强抵抗，金军收缩兵力，于五月，沿渭水东退，关中大部分地区又由宋军控制。七月，金朝皇帝命娄室再攻陕西。八月，娄室、蒲察率金兵攻打华州，大败宋军，又夺取了华州属县下邽。九月，金军绳果部又破华州属县蒲城及同州，关中东部复入金军。十一月，宋军将领吴玠曾攻下华州，但并未坚守，当在宋、金之间易手。不过在建炎四年（1130）九月时，华州肯定在金军控制之下。当时，金朝大将宗弼（即金兀术）由洛阳西进，经华州到下邽，与金朝副元帅宗辅会师，与宋军在富平进行了一场恶战，宋军大败。金军乘胜扩大战果，于绍兴元年（1131）二月，完全控制了关中的秦岭以北地区。同年十一月，金朝把上述地区交给了在金国卵翼下的傀儡——伪齐的刘豫，华州也属于所谓的"齐国"。

绍兴七年（1137）十一月，金朝感到汉奸刘豫的伪齐政权无用，便明令宣布废掉刘豫的"齐国"，华州及关中地区遂由金朝直接管理。宋高宗与宰相秦桧力主求和，经多次和谈，于绍兴九年（1139）正月，宋金达成和议，宋向金称臣，进贡银、绢，金朝把陕西、河南地"赐"给南宋。三月，双方完成地界交割。但这个和议在金、宋两朝内部都遭到反对。金朝大将宗弼等人反对把陕西、河南地交给南宋，决意发兵夺回。

绍兴十年（1140）五月，金军以宗弼为统帅，分四路南侵，其中侵入陕西的由完颜杲率领，自河中（今山西永济）渡过黄河，进入同州，直趋长安。各州县的官员多是金朝、伪齐所任命的旧官，南宋接收关中后，并未更换，他们纷纷迎降。南宋长安守将郝远大开城门，迎进金军，其部下傅忠信等不愿投降，斩关而出，直奔华州，潜入南山，凭依山寨，与金兵周旋。金军占领长安后，乘胜西进，但被宋军阻挡在宝鸡、凤翔一线。闰六月，金兵袭击宋将傅忠信占据的华州山寨，傅忠信率部下卢士闵、张宝等击退金军。关中地区的抗金战斗此起彼伏，有力地配合了正在河南与金军主力作战的岳飞等部。绍兴十一年（1141）九月，关中的宋军大举反攻，相继收复了一些重要州县。宋将郭浩收复了华州、同州，并以此为基地，向东进攻陕州（今河南三门峡）、虢州（今河南灵宝）。但此时，宋高宗及秦桧正加紧与金朝议和，并以"莫须有"的罪名逮捕了抗金名将岳飞，还命令关中的宋军班师，不得出兵生事。十一月，宋、金又达成和议，南宋除仍向金朝称臣，贡纳银绢外，还规定两国分界是：东自淮水中流，西至大散关（在今陕西宝鸡市南）。包括华州在内的关中平原地区及秦岭山区的终南山北坡、镇安、柞水、商洛地区基本上划给了金。

20年后，金朝统治者妄图并吞南宋，大举南下。其中的一路从今甘肃天水、陕西宝鸡一带向南进攻，企图入侵四川，遭到四川宣抚使吴璘的痛击。为了切断河南与关中金军的联系，吴璘指挥下的一支宋军，于绍兴三十一年（1161）十月，由金州（今陕西安康）出发，收复了商州。与商州相邻的华州金人大惊，华州属县的蒲城县令及县尉闻讯，弃职逃走。十一月，这支宋军在任天锡的率领下，又收复了虢州（今河南灵宝），并由虢州袭击华阴，杀死金朝县令，再进攻华州，不胜。另一宋将邢进受命第二次进攻华州。这时的华州金军有部分兵力分屯渭南，城中兵少，邢进一举攻克，还擒获了金朝的华州同知、昭武大将军韩端愿等20多个官员。其他各支宋军也收复了关中及其毗邻地区的许多州县。但宋高宗仍坚持一贯地妥协求和路线，绍兴三十二年（1162）十二月，他下诏令吴璘班师。次年正月，收复陕西各州的宋军纷纷撤退，华州等地又被金军占据，直至金朝灭亡。

金朝武将像

华州史话

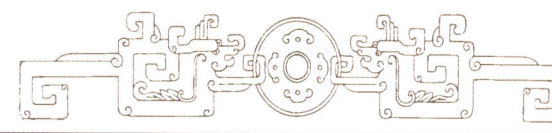

蒙古军队侵掠陕西时的华州

华州纳入金朝版图后,度过初期的战乱,有过50多年的和平时期。但成吉思汗创建的蒙古汗国崛起于漠北后,于金大安三年(1211)开始对金朝展开大规模的掠夺与侵扰。数年后,蒙古大军就冲入陕西,华州又陷入战乱之中。

贞祐四年(1216)八月,蒙古将领拔都率部自西夏南下,攻进金朝统治下的陕西。十月进入关中,经长安,到华州,攻打潼关。金朝陕州宣抚副使兼西安军节度使泥庞古蒲鲁虎领兵抵御,兵败战死,潼关失守。蒙古军进入河南,后因兵少,且金军有备而引军退去,金军于十一月收复潼关。这是华州第一次遭到蒙古铁骑的蹂躏。

元光元年(1222)十月,蒙古大将木华黎占领河中(今山西永济),并率军渡过黄河,进攻同州。十一月同州失陷,木华黎乘胜攻下华州属县蒲城,然后直趋长安。包括华州在内的京兆府路各州县百姓为躲避战火,纷纷进入南山,数量达百万之众。

蒙古领袖成吉思汗在征伐西夏时去世。两年后的正大六

蒙古军骑士

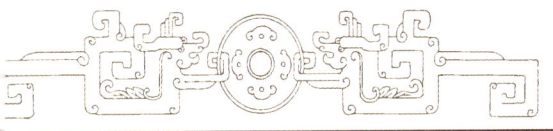

第五章 宋金元

年（1229）八月，成吉思汗的三子窝阔台继承了汗位。窝阔台统领蒙古军主力，大举侵犯金朝。正大七年（1230）六月，一支蒙军攻占了京兆（今西安）。十月，窝阔台与其弟拖雷率军也进入关中东部，在京兆、同州、华州之间攻破金兵设置的营垒60多座，然后进军关中西部，转攻凤翔。十一月，又有蒙军进攻潼关，但未能攻克，转而攻占了韩城。第二年春，防守潼关的金军西进，欲与蒙古的渭北军交战，以吸引围困凤翔的蒙军救援，纾解凤翔金军的压力。潼关的金军行至华阴，正遇蒙古渭北军，双方战至天晚，金军退回潼关，不再救援凤翔。凤翔遂被蒙军攻陷。金军将包括华州在内的部分京兆路百姓迁至河南。

蒙古军屡屡在关中从西向东进攻潼关，是想打开进军河南的道路，直取金朝的都城汴京（今河南开封）。但金军对潼关严防死守，蒙军很难得手，遂改变策略。关中的拖雷大军自凤翔过宝鸡，破大散关，经过南宋境内，从金州（今陕西安康）东下，直指汴京，天兴元年（1232）二月，金朝的潼关守军受命入援汴京。临行前，他们决定将同州、华州的军粮数10万斛运走，遂准备了200多艘关船，计划顺渭河、黄河东下。不料蒙古军自西逼近，粮食来不及装载，只能空船下行。潼关守将李平随后投降，蒙军通过潼关，长驱直至陕州（今河南三门峡）。从此，华州就置于蒙古（后改国号为"元"）的统治之下。

华州史话

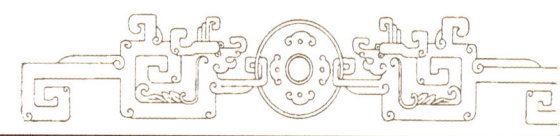

元朝大将郭宝玉祖孙

有句老话是"将门出虎子",这话有时是一个事实。唐朝大将郭子仪的儿子郭旰、郭晞,郭子仪的孙子郭釗(郭暧之子)等都曾统兵作战,屡立战功。到元朝时(包括前期的蒙古汗国),郑县又出了一个将帅之家,他们祖孙三代有4个人,都是战功赫赫的高级将领,他们征战万里,扬威域外,远达今中亚或西亚一带。这就是郭宝玉祖孙。

郭宝玉,华州郑县人,郭子仪的后裔。他原是金朝的武将,被封为汾阳郡公,通天文、兵法,善于骑射。金大安二年(1210),他率部驻防在定州(今河北省定州市)。这时蒙古汗国在成吉思汗的领导下,正崛起于北方,郭宝玉洞察时事,已预感到金朝的衰亡和蒙古的兴盛。金大安三年(1211),蒙古在成吉思汗的率领下开始了对金朝的大规模南侵,郭宝玉奉命率军到金朝边地乌沙堡(在今河北省张北县境)参加防御。八月,蒙古大军一举攻克乌沙堡,郭宝玉率部投降。九月,因蒙古大将木华黎的推荐,成吉思汗召见了郭宝玉,询问夺取中原之策。当时,奴隶制的蒙古面临对封建的金朝占领区如何统治的问题。郭宝玉针对这一情况,提出几条建议,如出军不得妄杀,刑狱只重罪处死,其余笞决,以及各族百姓如何服兵役等。成吉思汗欣然接受并以这些建议为内容,颁布条画五章,作为法令执行,对蒙古奴隶制有所限制。

郭宝玉后被任为"抄马都镇抚"的武职,于成吉思汗八年(1213)起,跟随蒙古大将木华黎攻掠金朝各地,参加了取永清(河北今县),破高州(在今辽西地区),降北京(今内蒙古宁城西北)的战斗。后又征战于今山西境内。

成吉思汗十三年(1218),郭宝玉又参加了灭亡西辽的战争。西辽是辽朝宗族耶律大石在辽朝灭亡后重建的国家,因国号仍为"辽",其疆域为今新疆及中亚一带,故称"西辽"。郭宝玉在征伐西辽的战争中,曾攻占了别失八里(在今新疆吉木萨尔县北)、别失兰(在今哈萨克斯坦共和国锡尔河畔)等城。西辽灭亡后,他又随成吉思汗征伐花拉子模。花拉子模当时是一个大国,占有今中亚、阿富汗以及伊朗等地。成吉思汗十五年(1220),花拉子模的新都城撒马尔罕(在今乌兹别克斯坦共和国)被攻陷,郭宝玉率军乘胜西进到阿姆河(在今乌兹别克斯坦与土库曼斯坦之间)。敌方在阿姆河畔筑起十多座营垒,并在河上集中了大批船只。郭宝玉

第五章 宋金元

令发射火箭射向敌船，大火延烧，连绵不绝。郭宝玉掩军进袭，大破敌方护岸兵5万，斩其大将佐里，摧毁敌方营垒，渡过阿姆河，攻占了数座城池。后又随成吉思汗征战到今阿富汗境内的兴都库什山，还随者别、速不台等蒙古大将征战到里海沿岸。因战功卓著，升迁为断事官。成吉思汗二十一年至二十二年（1226—1227），郭宝玉参加了灭亡西夏的战争，在此期间，卒于贺兰山中。

郭宝玉有两个儿子，一个是郭德海，一个是郭德山。郭德山曾任蒙军万户（一种高级武职），在攻打金朝的潼关时战死。

郭德海，字大洋，原是金朝武将，当其父降于蒙军时，仍在金军中的郭德海逃入太行山。蒙古大军进至太行山，郭德海投入蒙军，被任为"抄马那颜"（一种武职）。成吉思汗十三年（1218）随蒙古大将者别征伐西辽，曾在乞则里八寺海（今新疆北部的布伦托海）、铁山（在今哈萨克斯坦阿拉湖）等地作战，还曾深入今俄罗斯境内征伐。成吉思汗二十年（1225），郭德海返回，平定了尼伦、阿必丁的反叛。窝阔台汗元年（1229），他又随军进入金朝统治下的关中，参加了攻打潼关、破袭南山山寨等大小战斗。窝阔台汗三年（1231）九月，郭德海随蒙军大将拖雷，从宝鸡经金州（今陕西安康）、邓州（今河南邓县），直向金朝当时的都城开封。次年正月，参加了钧州三峰山（今河南禹县）之战。八月，郭德海率部在密县（在今河南）东，与金军大将武仙相遇。武仙在眉山店（今河南密县东）按兵不动，还与另一支金军将领完颜思烈联络，要完颜思烈阻涧结营，等武仙兵到，合兵并进。但完颜思烈不听武仙建议，独自领兵前进。郭德海得知，引军到郑州之西的京水，突袭完颜思烈，使其大败而溃。金朝枢密使赤盏合喜正屯兵中牟（在今河南），听说完颜思烈军败，放弃辎重，当夜逃走，武仙也只得退兵，郭德海因此功而升迁为右监军。窝阔台汗五年（1233），郭德海攻取了金朝的南阳等地。次年正月，金朝灭亡。后在平定金军残部时，他脚受炮伤，不治身亡。

郭德海不但能征善战，而且颇具政治眼光。他曾向蒙古大汗窝阔台上奏，建议

元军作战图

125

华州史话

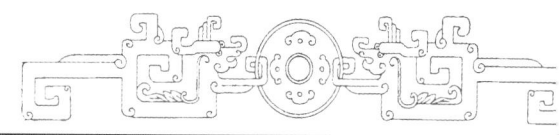

各地的僧尼道士，经过考试，只留下精通经文的千人左右，以及有工艺技能的，其余都应还俗为民。他又建议各地应置学校，发展教育。还建议应设立科目，进行考试，选拔可做官的优秀人才。窝阔台采纳了郭德海的意见，令大臣忽都虎实行。

郭德海的儿子郭侃，字仲和，幼时为蒙古大将史天泽（后在元世祖忽必烈时任宰相）所器重，留在史家教养。20岁左右就为百户（一种武职），因在灭亡金朝的战争中果敢骛勇，富有谋略而崭露头角。窝阔台汗五年（1233）正月，郭侃跟随史天泽，在卫州（今河南汲县）破金军四万。后又随蒙古大将速不台参加了攻占金朝都城开封的战斗，因功授为总把（一种武职）。窝阔台汗八年（1236），蒙军进入南宋，郭侃因于八月攻下德安府（治所在今湖北安陆）而升为千户（一种武职）。

蒙哥汗二年（1252）夏秋时，郭侃在和林（今蒙古国哈拉和林）被任命抄马那颜（一种武职），随蒙古宗王旭烈兀进行西征。旭烈兀以郭侃总统诸军，于蒙哥汗三年（1253）十月出发，进军今西亚地区，目标首先指向木剌夷。木剌夷是伊斯兰教什叶派之一，约11世纪末叶在今伊朗境内的里海南岸建国。郭侃率军破木剌夷大军5万，攻下128个城镇。蒙哥汗六年（1256），郭侃攻至担寒（今伊朗北部达姆甘）西的山城乞都不。乞都不城易守难攻，此前蒙军多次未能攻克。郭侃到后，命架炮进攻，守军不敌，只得投降。郭侃又受旭烈兀之命，前往木剌夷都城，劝说其国王兀鲁兀乃来降。兀鲁兀乃的父亲力战不降，被郭侃击败，木剌夷灭亡。旭烈兀率领的蒙古大军下一个目标是阿拉伯帝国的阿拔斯王朝。阿拔斯王朝我国古称黑衣大食，建都于今伊拉克的巴格达，其最高统治者称哈里发。蒙哥汗七年（1257）冬，蒙军开始围攻巴格达，次年二月被攻克。巴格达城分东西两城，中间隔着底格里斯河。郭侃先攻下西城，又攻下东城，并在底格里斯河上造起浮桥。阿拔斯王朝的最后一个哈里发在城破时欲登船逃跑，见河中建浮桥，有守备，只得投降。灭亡了阿拔斯王朝后，郭侃进军占领了天房（今沙特阿拉伯王国的麦加），又西行曾与密昔尔（今埃及）军队作战，并直达地中海沿岸。郭侃在这次西征中，转战万里，攻占十余国，战功卓著，曾被当地人称做"东天将军"和"神人"。蒙哥汗九年（1259），郭侃被派回国告捷。当时，蒙古大汗蒙哥正在钓鱼山（在今四川合川）指挥攻打南宋。郭侃到钓鱼山时，蒙哥汗却因病去世，郭侃转至邓州（今河南邓县）屯田。

元世祖忽必烈即位后，已是千户（一种武职）的郭侃上书，建议应立国号、筑都城、兴学校等，还为平定南宋献策。他认为攻取南宋，应先取襄阳（今湖北省襄樊市），然后沿长江东下，直取南宋京城临安（今杭州市）。忽必烈采纳了他的建议。

中统二年（1261），郭侃升为江汉大都督府理问官。次年，平定了徐州（今江苏徐州）总管李杲哥的反叛，改任徐州、邳州（治所在今江苏睢宁县西北）二州总管。至元二年（1265）调任滕州（治所在今山东滕县）同知。至元八年（1271），蒙古改国号为"元"。这一时期，元军全力围攻南宋的襄阳，郭侃因习于军务，而被提升为万户（高级武职），参加了襄阳之战。至元十年（1273），襄阳被攻克，郭侃又参加了攻伐南宋的其他战斗。南宋灭亡之后，他任宁海州（治所在今山东牟平）知州，上任一年后去世。

郭侃作战不但智勇双全，而且纪律严明。蒙古军队在战争中往往恣意烧杀抢掠，但郭侃所部，却能做到严守纪律，在行军中野炊露宿，即使遇见风雨，也不入民家。他在各地兼任民政事务时，都兴学劝农，注重教育和农业生产，为官民所畏服。

郭宝玉祖孙作为郭子仪的后裔，承继了郭子仪戎马一生，建功立业的大将之风，而且在汉族将领中，很少有人像他们那样，征战之路如此遥远，经历异域如此之多。在这一点上，郭宝玉祖孙三代，尤其是郭侃，在中国历代军事将领中，自有其应有的地位。

华州史话

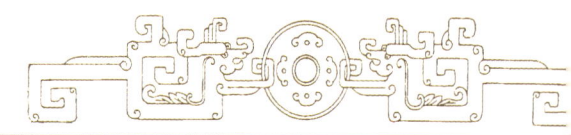

郑县的裁并

当代历史地理学家史念海先生在《以陕西省为例探索古今县的命名的某些规律》一文中曾说："陕西省设置最早的县当推郑县和杜县。这是公元前687年（秦武公十一年）设立的。杜县在西汉时即已更名，设县时间只有600多年……郑县历史较久，迄至元初，始省入华州。先后共2047年。"

这里的"省入华州"，意思是将华州治所（即州衙）所在地的郑县撤销、裁并，其地域、百姓由华州直接管理，郑县作为一个行政区划的实体结束。史称此类行政区划改变为"省县入州"。郑县"省入华州"的时间，史籍一般记为元朝初年，但具体年份不明。至元十二年（1275），郑县建置又被恢复，后又再次省并，因此，明朝修撰的《元史·地理志》叙述华州属县时，已不记郑县。但郑县二次被裁并的时间也不详。上面引述的史念海一文中，记郑县设县时间共2047年，当为史先生根据有关资料计算而成。如果从公元前687年郑县设县开始，2047年后，应为公元1360年，即元至正二十年，是否这一年郑县被再次省并？我们不得而知，但不管怎样，在历史的长河中，郑县的设县时间超过两千年，这在中国众多县份中，是比较少见的。

郑县被省并的元朝，华州作为州一级行政单位，仍管辖属县，只是数目有变化。北宋、金朝时，华州辖郑县、华阴、渭南、下邽、蒲城5县。元朝时，华州辖华阴、蒲城、渭南3县。少的这两县，一是郑县省并，由华州直辖，二是下邽县于至元元年（1264）并入渭南县。虽然属县数目减少，但华州的实际辖境，与宋、金相比，没有大的变化。

蒙古于至元八年（1271）改国号为"元"，华州当时延续金朝的隶属关系，仍归京兆路（治所在今西安）管辖。至元十五年（1278），京兆路改为安西府，次年又改为安西路，皇庆元年（1312）安西路又改为奉元路，但华州的隶属关系始终未变。元朝实行行省制，为我国省制的开端，安西路（奉元路）属陕西行省。民国时纂修的《重修华县县志稿》曾记，留村（在今瓜坡镇）关帝庙中，有一个元至元二十八年（1291）铸就的铁鼎，鼎上的文字为"大元国陕西安西路华州郑县丰原乡小文村及本村显圣太王庙内香炉一鼎"。这段文字，可见证今华县地区在当时的行政区划情况。

第五章 宋金元

华州在元朝的最后十二年

元朝末年，民族矛盾、阶级矛盾已日益尖锐，蒙古贵族的统治已岌岌可危。华州地区也与全国许多地方一样，在战乱与天灾的交集下，陷于动荡之中。

元至正十六年（1356），反元的刘福通、韩林儿红巾军大宋政权，派遣一支西征军直指陕西。九月，西征红巾军前锋李武、崔德部自东向西进攻，初三攻占潼关，元军主帅述律杰战死。初五，元军又夺回潼关，但红巾军予以反击，于十九日再次占领此关。元军不甘心失败，又大举反攻，重新收复了潼关，红巾军败走。这次潼关战役，20天内4次易手，打得非常激烈，其对华州的影响，史无明确记载。但潼关在华州的管辖之下（潼关当时未设县，属华阴，而华阴是华州属县），且华州城与潼关相距不过一百多里，战乱应当波及今华县地区。元末文人张翥曾有一首诗描述这次潼关之战，其中一句为"火飞华岳天关破，血浸秦川万马奔。"从中我们可以想象华州等地的战乱之重。

李武、崔德强攻潼关不胜，返至河南境内，于至正十七年（1357）二月再次率红巾军进攻陕西。这次他们绕过潼关，从南面突入武关（在今陕西丹凤县境），攻占商州（今陕西商洛市），经蓝田，屯兵灞上（在西安东），直接威胁长安，并分兵攻掠同州、华州，一时关中大震。元军一面坚守长安，一面调潼关守军及河南援兵向西进攻，东西夹击红巾军。元将察罕贴木耳、李思齐等入潼关后，遭遇红巾军，双方激战，红巾军大败，逃入南山，直奔兴元（今陕西汉中）。

华州在经历了红巾军进攻陕西的这两次战乱后，于至正十九年（1359）又遭遇了一次特大蝗灾。这年夏天，蝗虫大面积发生，以致发展到飞蝗遮天蔽日，人马行走都很困难的程度，据说蝗虫落到地面，沟壑都能填平。由于庄稼乃至草木都被蝗虫吃光，从而引发大规模饥荒。这场蝗灾遍及关中及山东、河南及山西南部地区。

西征红巾军于至正二十一年（1361）在陕西最后失败，靠镇压红巾军兴起的察罕贴木耳、李思齐、张良弼等人割地称雄，互相攻伐，争夺地盘，不听朝廷调遣，陕西已处于军阀割据状态。华州在内的关中东部，先期为李思齐占据，后为张良弼所有，华州曾被军阀混战的铁蹄所践踏。

与此同时，南方的反元势力朱元璋全力扩张，在基本兼并了陈友谅、张士诚、方国珍等南方群雄后，至正二十七年（1367）十月，朱元璋命徐达为征虏大将军，

华州史话

常遇春为副将军,率25万大军北伐,先攻取了山东各地。至正二十八年(1368)正月,朱元璋称帝,建立了大明王朝。徐达率领明军于此年四月又攻占河南,并派部将冯胜(又名冯宗异)直捣潼关。五月,冯胜大破元军,攻取潼关,并西进占领了华州。明朝这时的战略是封住三秦东方门户,切断关中元军与中原的联系,并不在于占领陕西。因此,明军在占领华州,确保潼关安全的情况下,冯胜回师随徐达进攻元朝京城大都(今北京市),留郭兴驻守潼关及华州。洪武二年(1369)春,徐达在占领大都,赶走元朝朝廷后,又率军经山西进攻陕西。四月,徐达指挥明军到达河中(今山西永济)。常遇春、冯胜率先头部队渡过黄河,从渭北长驱西进。驻守潼关、华州的明军郭兴也率轻骑从渭南直扑长安。面对明军的南北夹攻,驻守长安的元军无心抵抗,弃城西逃,元朝在陕西的统治土崩瓦解,关中全部归于明朝。至九月,元朝在西北的势力也被全部铲除。洪武三年(1370),胡惟俊到华州任知州,这是明朝委派的第一个华州知州,宣告明朝已开始对华州正式的有效治理。

元代建筑圣山禅修寺

华州史话

第六章

明 清

华州史话

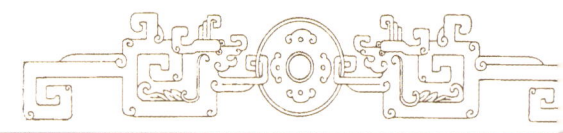

明清时华州的建制、区划

明清时的华州，和元朝一样，是个没有"郑县"的华州，原郑县地区由华州直接管理。清雍正十三年（1735）以前，华州还有几个属县，雍正十三年后，华州不再管县，降为和其他县一样的等级。

明朝开国时，延续元朝的行政建制，华州仍辖蒲城、华阴（包括今潼关县地）、渭南（包括下邽地区）3县。洪武七年（1374），洛南县划归华州管辖，成化十三年（1477），该县又改由商州（今陕西商洛市）管辖，洛南为华州属县共103年。嘉靖三十八年（1559），渭南县由华州划归西安府，该县从五代后周显德三年（956）改隶华州，到明嘉靖三十八年止，为华州属县共598年（其中在北宋熙宁年间有5年渭南县改为郑县的渭南镇）。这时，华州的属县只剩蒲城与华阴，而85年后，明朝灭亡。清朝初期，华州行政建制，延续明制，仍辖蒲城、华阴两县。清雍正四年（1726），潼关从华阴分出，单独设县，华州因此辖了3县。雍正十三年（1735），华州从辖县的直隶州，降为不辖县的散州，华阴、蒲城、潼关3县从此不再属华州。华阴县（包括潼关）从唐朝开始，不间断地属于华州管辖达一千余年。蒲城县从宋朝开始，属于华州管辖也达700余年。从雍正十三年起，华州虽在名称上仍是一个"州"，但已实际等同于县。

明朝时，华州隶属于陕西承宣布政使司西安府。"承宣布政使司"俗称为"省"，西安府驻地在今西安市。清初，华州属陕西省西安府，雍正三年（1725）升为直属陕西省管辖的直隶州。雍正十三年（1735），华州降为散州后，改隶同州府（治所在今大荔县）管辖。

秦汉以后，各朝基本上在一县之内分若干乡，乡下有里，乡、里是县以下的基层行政组织。明朝以前的郑县（或华州）下辖的乡、里区划，因资料缺乏，详情不知。现有资料可知的是：唐朝时郑县有安乐乡、太平乡，五代时有个罗文乡。北宋时郑县原有24乡，后为9乡，已知的乡名有大扎乡、将相乡、丰原乡。金朝时有大理乡，元朝时有丰原乡。明清时，华州乡、里区划才有较完整的记载。据明朝《华州志》与清《续华州志》，明清华州始终是4个乡，即将相乡、孝弟乡、仁义乡、丰原乡。各乡管辖区域，虽有过变化，但大体上的区域范围是：将相乡约为今县城以东及罗纹河下游以东的渭河以南地区。孝弟乡约为今县城以北，渭河以南，罗纹河下

第六章 明 清

游以西，赤水河以东地区。仁义乡约为今县城以西的陇海铁路与老西潼公路之间及县城以南直至今龙山村一带。丰原乡约为高塘塬区及瓜坡镇南部地区。而当时华州境内的南部山区属何乡不详。

明初，华州4个乡共辖50个里，隆庆六年（1572），据当年修成的《华州志》载，华州4个乡辖41个里，其名称如下：

将相乡辖11个里：将相、柳子、广润、孟村、临渭、石村、通渭、六坊、罗纹、通化、少华。先尚有义坊、丰润2里。

孝弟乡辖12个里：孝弟、新庄、侯坊、大张、小张、遇仙、平定、宝义、集

清朝华州行政区划示意图

（1684年）

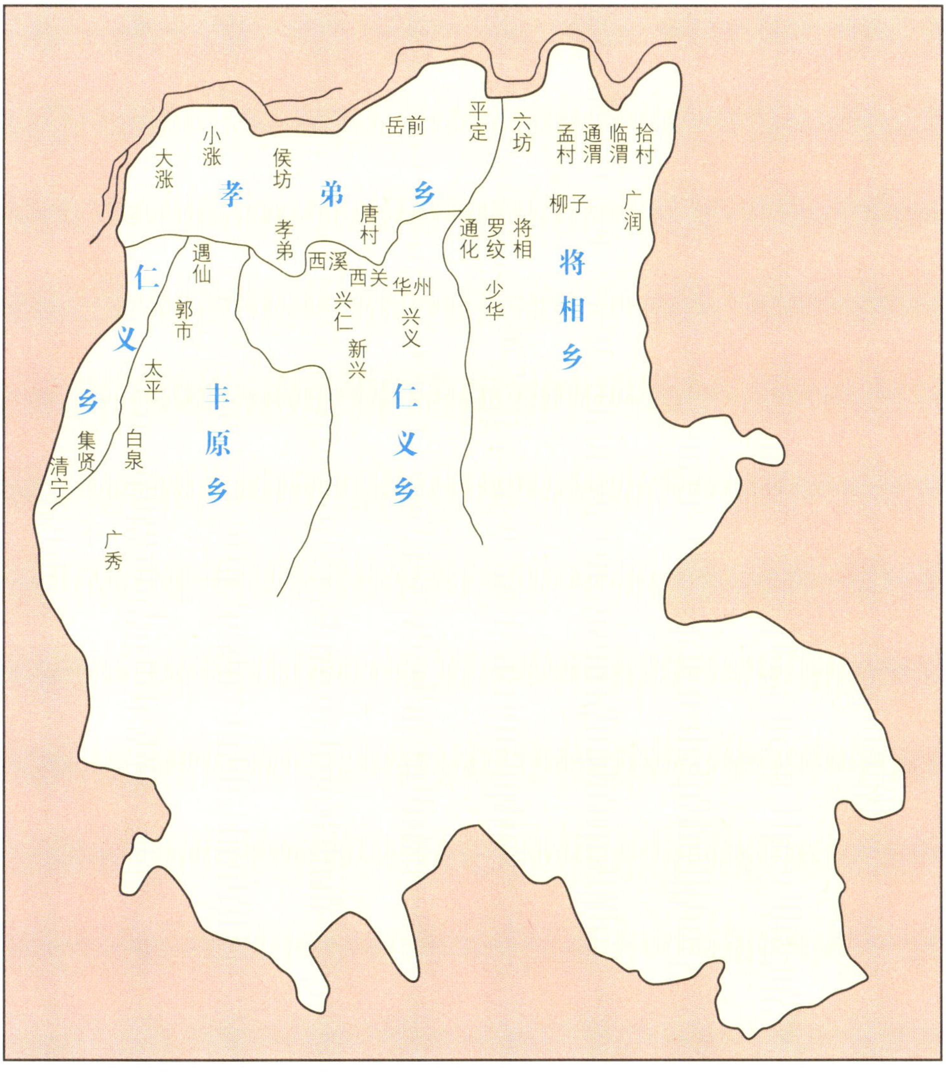

华州史话

贤、宝胜、唐村、岳前。先尚有崇安里。

仁义乡辖10个里：兴仁、兴义、新兴、车独、故县、郭市、太宁、甘泉、清宁、西关。先尚有西溪、徐村2里。

丰原乡辖8个里：丰原、光修、白泉、太平、吕胜、东能、西能、良侯。先尚有高堂、东西阳、渔村、圣山4里。

清朝时，华州依旧为4乡41里，但各乡辖里情况有变动。据清康熙二十三年（1684）修成的《续华州志》：孝弟乡将遇仙里划归丰原乡，将集贤里划归仁义乡；仁义乡增加西溪里和集贤里，将郭市里和车徒里划归丰原乡；丰原乡撤西能里，光修里改为广秀里，增加了车徒、遇仙、郭市3里；将相乡依旧。清《续华州志》与明《华州志》对一些里的名称写法有不同。《华州志》中的石村、大张、小张、宝义、宝胜、车独、吕胜，《续华州志》写成拾村、大涨、小涨、褒义、褒圣、车徒、吕圣。

以上的乡、里区划此后一直延续到民国时期的1928年，4乡41里（有时为42里）的架构，除有个别调整外，无大的变化。

明清建筑——蟠龙山上潜龙寺

第六章 明 清

华州百姓怀念的两位清官良吏

明朝时的柳子镇（今柳枝街），是一个铁匠聚集的地方，据说有数千家，所打造的刀、剑、剪、斧因质量上乘和做工精细而闻名四方，销路极好，因而柳子镇居民较为富足。尤其是刀、剑成了馈赠佳品，许多官吏为了疏通关系，打点送礼，就借权势频频向铁匠们索取刀、剑，然后转相赠与。日久天长，而贪官们却索之无厌，铁匠们不堪重负，被迫远走他乡，留下妇女们支应门户。家境衰落，独守寒房，妇女们夜夜啼哭，并编成歌谣传唱："安得桑杨，使我有郎。"这歌谣中的"桑"，指华州知州桑溥；"杨"，指另一华州知州杨䌽。桑溥与杨䌽是明朝华州的两位著名清官良吏，这首歌谣产生于桑、杨两位知州离任之后，反映了华州百姓对他们的怀念和追思。

桑溥，字汝公，号泽山，明朝濮州（今河南濮阳、山东鄄城一带）人。正德十三年（1518）任华州知州，正德十六年（1521）后离任。桑溥系进士出身，慨然以天下为己任。到华州后，他兴利除弊，劝善惩恶，清正廉洁，政绩赫然，在关中各州县号称"神明"。当时，州城之北，罗纹以西，地势低洼，水流不畅，形成东西20多里的大片积水，而且涨溢为患，人称"天鹅池"。桑溥决心治理水害，在勘察地势后，令乡官宜民总负其责，调集百姓，开渠引水入渭，不但排除了积水，还增加了大片耕地。华州南山虎豹为害，甚至有虎入州城伤人之事发生，桑溥令人进山打虎，民众得以安生。文庙是华州的重要建筑，桑溥上任后，发现文庙破旧简陋，就主持重修。竣工后，树碑纪念。碑文为状元吕柟（吕泾野）所撰，由另一状元康海书写，一时称盛。桑溥为政清廉，善察奸徒。他在征收赋税时，令百姓写上名字自行缴纳，杜绝官吏借征收之机额外多收，中饱盘剥的恶习。他对贪财的手下官吏，深恶痛绝。有人私下将赏钱置于庭中，有吏斜着看了一眼，桑溥即将此吏罢职。

桑溥不但是一个兴利除弊的清官，也颇具雅兴情趣。他曾游览过白崖峪（在今柳枝镇）、小敷峪（在今莲花寺镇）、潜龙寺等风景名胜之区，并留有他游览该地的岩石题刻。潜龙寺位于白崖峪与猕虎峪（在今莲花寺镇）之间的蟠龙山上，是知名古刹，始建年代不会晚于唐朝。桑溥到潜龙寺时，眺游咏诗，并将即兴创作的

华州史话

诗歌楹联题写在寺院墙壁上,可惜大都湮没,只有一副楹联通过《华州志》留传至今:"虎啸禅林,叱咤长风生万里;龙蟠宝地,呼吸霖雨沛千川。"

桑溥在华州知州任内,从士大夫到一般平民,无不由衷爱戴。桑溥离任后,人们把潜龙寺大门外西边的山包,命名为"桑公台",以永久纪念。桑溥离开华州后,曾任固原兵备副使、浙江按察使,终以触犯权贵而罢职回乡。

杨綵,字质甫,号彬庵,京卫人。考中进士后,于嘉靖三十二年(1553)任华州知州。他年青英俊,但吏民对他的能力不免产生怀疑。可杨綵上任几天,其处事之老练,法令之熟悉,执法之严格,令人刮目相看。他与士大夫交游,只谈平生志向、义理学问。一旦有人谈及世俗私事,他就奋然与其绝交。嘉靖三十四年十二月十二日(1556年1月23日),关中发生大地震,华州作为震中,伤亡惨重,损失巨大。幸存者无衣无食,情绪激动,为了生存,一场抢劫即将发生。正在华州知州任上的杨綵,一方面劝说灾民不可违法逆行,一方面向富家劝借粮食,赈济灾民。百姓一向尊敬服从杨綵,又得到及时救济,因而华州境内没有发生一起违法事件。在这场亘古未有的特大灾难中,相邻州县的灾民因没有及时得到救济,蜂起为盗,发生大规模抢劫事件,官府只是杀人镇压,局势一片混乱。相比之下,华州灾民及时得到救济,因而社会稳定,不能不说是杨綵措施得当所致。

柳子镇妇女的"安得桑杨,使我有郎"的歌谣,是对桑溥、杨綵的肯定,但也是一种无奈,因为单靠个别清官良吏,并不能改变那个时代的贪腐与黑暗。

纪念桑溥的潜龙寺桑公台

桑溥游潜龙寺的题字

第六章 明 清

公元1556年的大地震

　　明朝嘉靖三十四年十二月十二日夜半，也就是公元1556年1月23日午夜，关中地区发生了一次极其强烈的大地震。地震波震撼了大半个中国，方圆几十万平方公里的大地上，一刹那间，颠簸荡摇，声如雷鸣，地裂如画，或突成山阜，或陷作沟渠，无数建筑物，顷刻坍塌倾颓。睡梦中的人们毫无防备，83万人在大地的震颤中丧生，造成了世界地震灾害史上最大的灾难。这次举世罕见的强烈大地震的震中就在华州（今华县），地震学界因此命名为"1556年华县大地震"。

　　经当代地震工作者研究，这次大地震的震级定为8级，震源深度在地表以下20公里–40公里，极震区的地震烈度为11度。发震时间为公元1556年1月23日夜22时至24日凌晨2时之间。地震波及面积达90万平方公里，包括今陕西、山西、河南、甘肃、宁夏、河北、山东、安徽、湖北、湖南等省区，有感范围远达今福建、广东、广西一带。重灾面积达28万平方公里，分布在今陕西、山西、河南、甘肃、宁夏五省区。极震区包括今陕西省的渭南市临渭区、华县、华阴、潼关、大荔县朝邑地区、山西省永济县。极震区震害极为严重，地面强烈变形，各类建筑物几乎全部倒塌或毁坏，人员伤亡超过十分之五。这次地震的死亡人数，据《明史·五行志》记载，全国共死亡83万多人，至今仍为世界地震史上死亡人数最多的一次。

　　华州是这次大地震的震中，震情震害也表现的格外强烈。明代华州人张光孝亲历了这次大地震，他在地震后16年编修的《华州志》中，记述了地震发生的情景：

　　"嘉靖三十四年十二月十二日晡时（下午3点至5点），觉地旋运，因而头晕，天昏惨。及夜半，月益无光，地反立，苑树如数扑地。忽西南如万车惊突，又如雷自地出，民惊溃，起者卧者皆失措，而垣（墙）屋无声皆倒塌矣。忽又见西南天裂，闪闪有光，忽又合之，而地在在（到处）皆陷裂，裂之大者，水出火出，

1556年华县地震遗迹

137

华州史话

太平峪地震遗迹

怪不可状。人有坠于水穴而复出者,有坠于水穴之下,地复合,他日掘一丈余得之者。原(土塬)阜(丘陵)旋移,地高下尽改故迹。后计压伤者数万人。"

在《华州志》中,张光孝还有多处记载了地震后的华州惨状:山川改易,道路改观。有的地方"屹然而起"成了高阜,有的地方"坎然而下"成了沟壑,有的地方突然涌出泉水,有的地方忽然"裂者成涧"。境内民房官衙,庙宇城池,一瞬间倒塌殆尽,举目一片废墟。当时的咸宁(今西安)人秦可大在地震19年后撰写的《地震记》一文中,记"华州之堵无尺竖",意思是,地震后的华州,仍立着的墙都没一尺以上的高度。华州死亡人数,张光孝记为"数万人",秦可大记为"死者什六",即华州十分之六的人口死亡。据前些年在铜川市耀州区发现的《重修庙学记并诗》碑,华州在这次地震中死亡8万人。此碑立于嘉靖三十六年(1557),数字应比较可靠。华州死亡8万人,如果占总人口的十分之六,即震前华州人口应当在13万–14万左右。据张光孝《华州志》记,震后16年的隆庆六年(1572),华州人口仅仅为49681人,可见地震伤亡之重和震后恢复之艰难。

大灾之后,如果赈济不及时,陷于困境的灾民会为了生存而抢粮掠食,进而演变成抢劫。这次大地震发生后,幸存的灾民无衣、无食、无房,寒冬腊月,饥寒交迫,再加上失去众多亲人的伤痛,使他们忍耐性降为极低,极易发生骚乱。华州的许多邻近州县,就从抢粮开始,发生大规模抢劫,当时的许多资料都记有灾民"蜂起为盗","抢掠大起"。而官府为了制止抢劫,又杀人镇压,结果造成社会人心

第六章 明 清

大乱，动荡不安。而当时的华州，虽然位于震中，灾情极重，但震后治安却比较良好，这都归功于华州知州杨綵。地震发生后，杨綵立即劝慰百姓，安抚人心，同时，在上司的救济粮、款未到的情况下，先向富家借粮，发给灾民。华州灾民及时得到抚慰和救济，因而人心安定，无一违法，没有发生抢劫为盗事件，社会治安保持稳定。

这次大地震后的余震也十分强烈，张光孝曾记："越岁，地震犹不息也。"当代地震学家的研究表明，在嘉靖三十六年正月初二（1557年1月31日）、嘉靖三十七年十月十二日（1558年11月21日）、嘉靖三十九年九月（1560年10月），都发生了以华州为震中的强烈余震。其他小的余震，就不计其数了。

公元1556年的大地震，已过去了450多年，时过境迁，保留下来仍能辨认的地震遗迹并不多。经地震工作者的努力，在县境内发现这次大地震的形变遗迹：

在县城东少华中学东侧南北向的冲沟壁上，可见到多条裂缝。而少华中学9米深的地下，也曾挖出过地裂缝。据考察，这些地裂缝应是1556年地震造成的。

在莲花寺镇龙潭村潭峪口，能见到地震断层，地震工作者认为，这一断层形成时间很晚，而且是一次快速破裂作用的结果，很可能是1556年地震的形变遗迹。

从柳枝镇构峪至杏林镇石堤峪一带的山区内，保存有不少地震破坏的遗迹，主要类型一是山体崩塌，二是基岩崩裂。在这一带，从峪口向山内2~3公里，到处都有大大小小的崩塌体，崩落的块石布满山坡，其中较大的有太平峪五里关、石堤峪七里楼及构峪三里泉三处崩塌体。基岩崩裂主要发育在五里关、七里楼等地，形成的裂缝长度最大达200米，可见深度50~80米，从沟底直通山坡或山顶。经地震工作者研究，将上述崩裂现象归为1556年大地震震中区附近的形变遗迹。

华县城内三门巷为一条300多米长，50米~80米宽的沟，地震工作者推测是这次大地震形成的"地震沟"。在其西侧钻井时，曾在60米~70米深处发现3根朽木及黑色污泥、瓦片等物，可证《华州志》记地震时"忽焉而裂者成涧"的现象。三门巷南有5~10米的陡坎，与三门巷正交，长3公里以上，由两条陡坎错列构成，与物探证实的北东65°隐伏断裂方向一致，可能为地震陡坎断层，印证了《华州志》描述的"屹然而起者成阜，坎然而下者成壑"现象，说明这次大地震时，沿着这层断层线，曾发生错距达3米~6米的垂直升降运动。

1556年的华县大地震，是世界地震灾害史上最大的灾难，时隔450多年，阅有关资料，看地震形变遗迹，仍使人触目惊心。但也促使我们认识地震，研究地震，防震减灾，以使死亡惨烈的地震灾害远离我们。

华州史话

一代陕西文坛泰斗
——王维桢

在中国文学史上，明代的"前七子"是一个重要文学流派。明代中叶，李梦阳、何景明、徐祯卿、边贡、康海、王九思、王廷相等七人，称雄于当时的文坛。这七人中，李梦阳、康海、王九思都是陕西人（李梦阳是庆阳人，而庆阳当时属陕西），他们对陕西文坛影响很大。而当李梦阳、康海、王九思去世或消寂后，"前七子"的文风在关中，就由王维桢继承，王维桢成为当时的陕西文坛泰斗。与他同时代的人称他"文章气节见重当世""其有异才"，为"关中伟人"。

王维桢，华州平定里（约为今下庙镇东部）人。他生于明正德二年（1507），卒于嘉靖三十四年十二月十二日（1556年1月23日）的大地震中。他字允宁，号槐野，身高肤白，博学多才。少年时就广泛涉猎古文辞，为文疏宕爽朗。嘉靖十年（1531）中举，十四年（1535）进士，被选入翰林院，先后任翰林院庶吉士、检讨、修撰、署南京翰林院事等职。翰林院是"储才"之地，负责修史、著作、图书等事务。他最后累官至南京国子监祭酒。国子监是明清两代的中央一级最高学府，明代的国子监分设在北京和南京两地，其长官称"祭酒"，负责对监生（国子监的学生）的教育和训导管理。

王维桢曾于嘉靖二十三年（1544）、二十九年（1550）两次担任在北京举行的会试同考官，还曾在嘉靖二十九年（1550）的北京武举会试、嘉靖三十四年（1555）秋季的顺天府乡试时担任主考官，选拔了许多人才，号称"得士多人"。嘉靖二十四年（1545）参加了《明会典》的续修。他在文学方面深有造诣，散文循司马迁的风格，诗歌以杜甫为师，而终身所服膺效法的是"前七子"之首李梦阳。他除著有许多诗文外，对李白、杜甫的诗作也进行过深入研究。其著作有《存笥稿》《李律七言颇解》《杜律七言颇解》等。作为华州人，他在其诗文中对故乡也多有描绘，如在《题西溪游春亭》一诗中，他写道："曲水围青带，回岗抱翠屏。冠裳仍废榭，鸥鹭自寒汀。霞覆千里树，风翻十月萍。少陵何处问，徙倚白云亭。"

王维桢虽然是个文人，职掌文教，却志在经世，关心边防兵备。他熟知各地关隘要塞，备御疏密，不看地图，就能历历指陈。当时，北有蒙古威胁，东南有

第六章 明 清

倭寇骚扰，他对此十分关注。嘉靖二十九年（1550）春，王维桢指出，大同、宣府（今河北宣化）以东至山海关的防务空虚，应派一得力大臣在此防守。这年秋，蒙古军队果然从这一地区侵入北京近郊。蒙古军队撤走后，朝廷才在此地特设一总督大臣。嘉靖三十年（1551）冬，王维桢署南京翰林院事时，认为南京控江海上游，为军事重地，应早加戒备，以防不测。每遇外地官吏过往，就询问各地兵马钱谷之事，被人笑为迂腐。不久，倭寇即侵扰江浙一带，人们才知王维桢的先见之明。王维桢自负有治理一方之才，能为国建功立业，但长期供奉翰林，不得其志。他性格刚直，常当面指人过失，稍不如意，便借酒谩骂，即使是权贵也不例外。但他交友始终不渝，待人诚意恳切，即使平素不喜欢他的人，也佩服他的孝友高义。

嘉靖三十四年(1555)冬，他晋升为南京国子监祭酒，适逢其母患病。在北京接受任命，向皇帝谢恩后，他立即离开京城，赶回华州探视母病。不料遇到嘉靖三十四年十二月十二日（1556年1月23日）的大地震，王维桢不幸遇难身亡。地震发生的当天晚上，他陪侍母亲，二更时，母亲命他回房休息，还未睡下，地震突然发生，他急忙跑去呼救母亲，不料被倒墙压死。而他的母亲在地震发生时已经入睡，地震发生后，依然在炕上未动，结果在房倒屋塌的情况下，却安然无恙。

王维桢死后葬于华州城南的祖茔，此墓地在今华州镇吴家的王坟村。当时的内阁首辅（相当于宰相）严嵩为其写了《祭南京国子监祭酒王槐野先生文》，此文于嘉靖三十九年（1560）刻石立碑，树于王维桢墓地，人称"王槐野碑"。此碑高2.3米，宽0.82米；碑文13行，每行29字，楷书；半圆式碑首，首身相连。1978年，此碑由王坟村迁至县文化馆，2003年，又转迁于文庙院内。1986年，华县人民政府公布此碑为县级重点文物保护单位。1997年，陕西省文物鉴定组确定其为国家二级保护文物。

原在王维桢墓园的石马、石龟、石羊

华州史话

张光孝与《华州志》

中国自古就有编修地方志的传统,省有省志,州有州志,县有县志,以致山河寺观,乡镇关津无不有志。明朝是方志编纂的兴盛时期,涌现出一批著名方志。隆庆六年(1572)编纂完成的《华州志》就是其中的一部。

《华州志》的编撰者是张光孝。张光孝字惟训,号左华山人,明代华州人,故老相传,今杏林镇张渠园村就是他的故里。嘉靖二十五年(1546),他以第二名举人,授河南西华县知县。西华县城为土城,遇水灾易毁,而且修而又颓,百姓为之苦扰。张光孝改修为砖城,减轻了水害。西华县有一姓王的读书人,被诬告成罪。张光孝竭力为其辩冤,使此案得以平反,但他却因不愿巴结上司而被借故罢职。归乡后,他绝意仕途,潜心著述。张光孝一生著作颇丰,计有《华州志》《大河志》《三边人物列传》《理学名臣传》《左华文集》等。这些著作中,他精心结撰之作,最脍炙人口的就是《华州志》。

现有资料可证的、华县历史上最早的一部志书,出现于唐朝,即由监察御史黎逢编撰的《郑志》,此志已失传。北宋初年的《太平寰宇记》一书,曾引用不知何时编撰的两部华州《图经》,这两部志书也已失传。明朝成化二十二年(1486),华州训导钮莹中也曾编过一部华州志,但原书已佚。当今存世的华州各种志书中,最早的就是张光孝的《华州志》了。张光孝时,成化二十二年的华州志还在,但他认为此志缺略甚多,且岁时已久,应当重修。因此,他从青年时起,就以修志为己任,利用一切时间搜集资料,查阅古籍,访问故老,踏勘山川,锲而不舍。

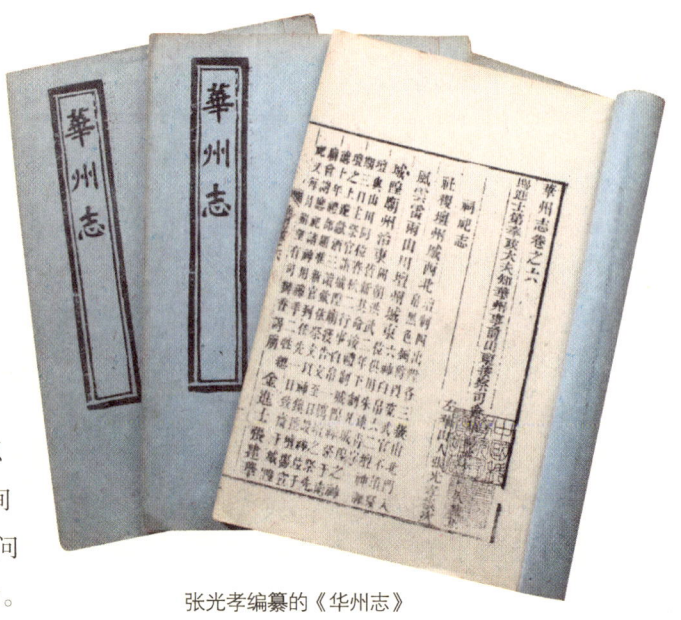

张光孝编纂的《华州志》

第六章 明 清

　　从西华县罢职回乡后，他更是集中精力采辑编撰。历时30多年，《华州志》志稿终于完成。隆庆六年（1572），经华州知州李可久裁正，后付梓刻印成书，这就是留传至今的《华州志》。此志体例严谨，资料丰富，说实道有，行文简约，是中国古代地方志中较为有名的一部。清代著名学者王士禛认为《华州志》等志书"文简事核，训词尔雅"。1985年，中国地方志协会副会长董一博称赞此书"古代称佳，于今可鉴"。1986年黄苇主编的《中国地方志辞典》将《华州志》列为"著名方志"。

　　在华州，这部志书是以后各代修志的基础。清代康熙二十三年（1684）的《续华州志》、乾隆五十四年（1789）的《再续华州志》、光绪八年（1882）的《三续华州志》是明代《华州志》的延续。民国《重修华县县志稿》及1992年出版的《华县志》，无不汲取了明《华州志》的经验和宝贵资料，它已成为华县的宝贵文化遗产。

华州史话

金石学家郭宗昌和他的"沚园"

宋元明清时,在今柳枝镇与莲花寺镇交界处,310国道与老西潼公路之间,遍布湖泊池塘,间有陆地沚渚,水势浩渺,景色旖旎。明朝末年,有一人借此湖光山色,建起一座园林,号为"沚园",并在园中居住著书,把玩书画金石。这个人就是著名金石学家郭宗昌。

郭宗昌,字胤伯(后人为避雍正名讳记为"嗣伯"),华州甘泉里(在今县城三门巷及其附近地区)人。他生于明万历初年,卒于清顺治九年(1652),从有关资料推断,他去世时,应享年60多岁。他出身于书香官宦之家,其父郭性之,曾任河南左布政使,掌一省行政。他的几个兄弟(包括堂兄弟),都是文人或官员。他从小就聪颖好学,读书刻苦,18岁成为秀才,但以后10次参加举人考试(3年一次),却屡屡不中。明崇祯九年(1636),朝廷征召未仕的读书人为官。年近半百的郭宗昌赴京等候数年,只得一候补小京官,他不屑就任,回家归隐,绝意仕途。

郭宗昌,广览经史,诵读名著,手不释卷,博学多才。为文有司马迁笔法,作诗有杜甫之风。他曾约集华州文人东荫商、东肇商、王承佑、王承之、郭畹、郭恩、郭蕃等组成"南玼社",以吟诗为乐,编有《南玼社诗草》一书。郭宗昌的篆刻书法也名噪一时,尤其工于楷书,四方求字者应接不暇。但他更突出的成就是在金石学上。金石学研究的是古代的铜器和石刻,郭宗昌博雅好古,善于鉴别金石,并致力于搜辑研究古代铜器款识与碑铭石刻文字。他在金石学上的研究成果,编入《金石史》一书中。此书对周朝至唐朝的50多种石刻金文进行分析考证,提出了自己独到的见解,在古代金石学领域有一定地位,清代乾隆时编纂的《四库全书》,也将《金石史》收录其中。此外,他还著有《涉园杂著》《松谈阁诗稿》《印史》等书。

郭宗昌在当时的文人中有相当影响,有清一代,在学术界也有较高评价。与郭宗昌同时代的关中著名学者王宏撰(1622—1702),是华阴人,与郭宗昌过往甚密,他比郭宗昌年少,二人为"忘年之交"。王宏撰称赞《金石史》一书"搜考博而鉴之精,词复蕴藉尔雅,关西好古者未能或之先也。"《金石史》一书,就是王宏撰于康熙二年(1663)带至南京刻印成书的。清初的著名学者王士祯在《池北偶

第六章 明 清

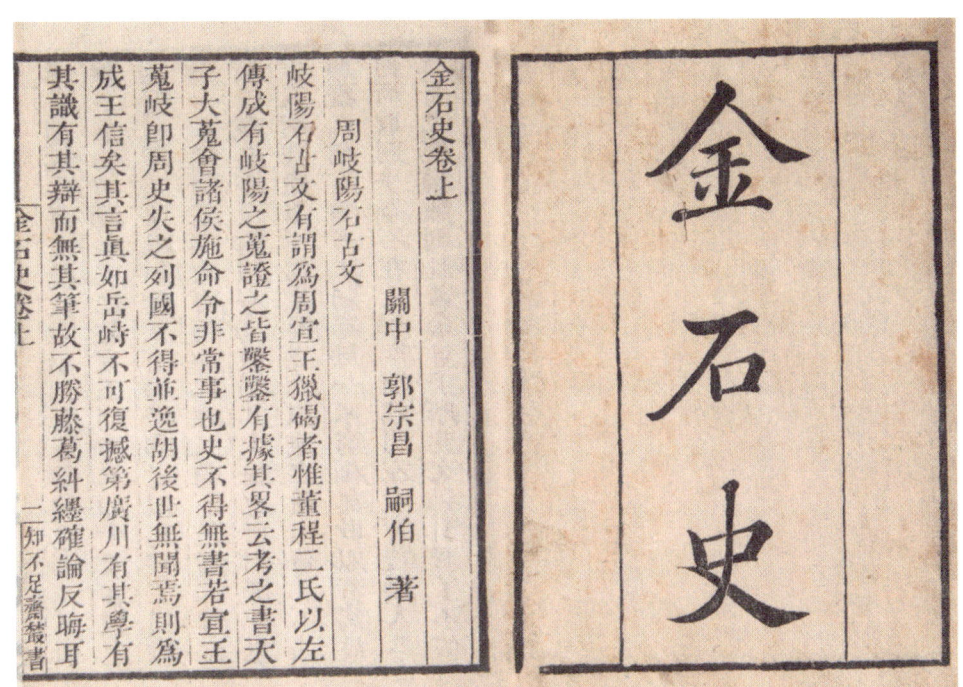

郭宗昌所著《金石史》

谈》一书中说："华州郭宗昌博雅好古，善鉴别书画金石，篆刻书法，为当时第一。"清末文学家李慈铭在《越缦堂日记》一书中，称郭宗昌"论古，皆能自出手眼"。

郭宗昌的学术研究与著述，主要是在"汕园"中进行。华州古代有一些富有的文人雅士，借山高水长的地理特点，建了许多优美的园林。如清《续华州志》中记载的园林名胜就有汕园、溪园、葩园、淇园、漪园、湄园等18个，而其中规模较大，建筑华美，风光别具的首属汕园。

北宋熙宁五年（1072）的少华山崩，在今柳枝镇张桥村的半截山下，形成了一个颇大的湖泊，即移山潭，又称白崖湖（参见本书《熙宁五年少华山崩》一文）。因地势南高北低，移山潭的水向北，或溢流，或伏流，在今柳枝镇八台村至莲花寺镇小街之间、柳枝镇骞家窑村以西、老公路以南地区，形成了很大一片水面。明朝时统称此为"莲花池"，其中有几处高凸地面的区隔，形成了数个湖池。到清朝时，这一片湖池较大者称为"刘家潭"、"郭家潭"、"骞家潭"，号称"三潭碧水"。当时，这一带的风光是：半截山崩塌下的乱石遍地，水泊池塘穿插其间，湖水泱泱，鱼莲相生，水光山色，风光别具。郭宗昌于明末所建的"汕园"，就在这水泊汕渚之中，其中心位置，约在今柳枝镇骞家窑村西。从郭宗昌写的《汕园记》一文看，汕园风光以湖为主，湖可行舟，建有楼馆台榭。园中一水盈盈，莲叶田

华州史话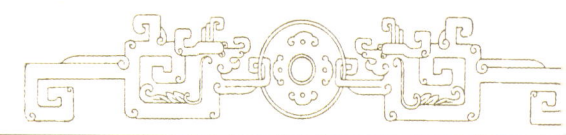

田，藻荇菱芡遍布水中，还有乱石纵横，竹木荫荫，鸥鹭鹳鹤，翔飞其间，颇有江南园林之韵。

清初，沚园的主人换成了刘泽溥。刘泽溥，字太室，北马村（在今莲花寺镇）人。清顺治九年（1652）进士，顺治十二年（1655）任安徽亳州知州。刘泽溥与郭宗昌是好友，但刘的父亲与郭宗昌同岁，故刘与郭的友情也是"忘年交"。沚园如何转到刘泽溥手中，详情不得而知。刘泽溥时的这座园林，周围有七八尺高的围墙，内有玩花台、小戏楼、亭台、月楼、廊房。大门面南而开，两侧有砖刻对联。园内仍是水波荡漾，普植莲花，凫鸥翻水，鱼跃泛波，还可摇舟采菱，水中生有金钱龟，远近少有。刘家园林后荒废，人称其遗址为"刘家潭"。

刘家潭的主要水源地移山潭（白崖湖）从清末起，水势渐小，直至退成沼泽，进而干涸。而刘家潭及其附近的湖池水面也逐渐萎缩，但因地势低凹，又有地下水补充，虽然水势风景大不如前，但仍有数百亩水面。20世纪90年代始，这里多辟为莲池与鱼塘，依旧保留的水乡余韵，还唤起人们对"沚园"昔日辉煌的记忆。

今日刘家潭

第六章 明 清

崇祯年间的大饥荒

明朝末期的崇祯年间（1628—1644），对大明王朝来说，无疑是个多灾多难，风雨飘摇的岁月。内有李自成、张献忠的农民大起义，外有清朝铁骑的南下侵掠，而天灾不断，饥荒严重，更使这内忧外患雪上加霜。

陕西地区当时连年饥荒，华州也不例外。据《续华州志》等有关史料记载，崇祯初年，华州的

《感时伤悲记》碑

天灾就十分严重，崇祯六年（1633）后，旱灾、蝗虫交相而来，无年不灾。到了崇祯十三年至十四年（1640—1641），大饥荒就在华州发生了。先是十三年七月，蝗虫自东而来，庄稼全被吃光；同时，出现大旱，华州因而粮食奇缺，粮价飞涨，许多人被饿死。次年，因前一年的蝗虫幼虫大量繁殖，再次成灾，而旱灾相继而来，连白崖湖（在今柳枝镇张桥村）都因旱而干涸。灾民无粮无食，草木都被吃光，饿死的人"枕尸相藉"，幸存者外出逃荒，却饿死在外乡，"死于道路者不计其数"。当时的华州知州邓承藩，开仓赈灾，但远远不够，他又劝富户捐出粮食赈济灾民。富户王肇禹"出粟、粱、米、麦千余石"，孙耀统、李养民等也在不同时期捐出粮食赈灾。但这些赈济，未能扭转大饥荒的蔓延。到了崇祯十五年（1642），还有一万多灾民无食，富户高三汲出资出粮，熬粥供这些灾民食用。

崇祯十六年（1643），华州百姓程进昌等十几人，为使后人知道这一场大灾难，共同立了一块《感时伤悲记》的石碑。碑文中除简述了这次大饥荒的惨状外，还特别列举了饥荒中的高昂物价，以证灾情之重。如："稻米粟米每斗二两二钱，小麦一斗二两一钱，麸子一斗五钱，猪肉一斤一钱八分，红白萝卜一斤一分。"

华州史话

这里的物价货币是白银,一两白银等于十钱,一钱等于十分。容积单位一斗等于十升,十斗等于一石。物价是否昂贵,必须有个比较。据《明史·食货志》记,洪武二十八年(1395),朝廷户部规定白银一两购大米二石。而万历年间(1573—1620)编撰的《宛署杂记》一书记载,当时的物价,大米仍是白银一两购大米二石。和《感时伤悲记》碑中的大米价格相比:平常年景,一斗米不过五分白银,而崇祯饥荒中,一斗米为二两二钱,上涨了40多倍。难怪立碑者在碑文中说:"出此大劫,回思苦状,可伤可畏,日夜难忘";"嘱咐一块石,记载千古愁,来世有见者,难道不泪流。"

在崇祯年间,不光华州,陕西各地的饥荒都十分严重,社会矛盾、阶级矛盾因而更加尖锐。李自成、张献忠农民起义首先从陕西爆发,不是偶然的。《感时伤悲记》碑立于崇祯十六年孟夏(四月),不过半年后,李自成农民起义军就占领了华州,结束了明朝在华州的统治。而《感时伤悲记》碑一直屹立在华州的土地上,铭记着大饥荒中华州百姓的"千古愁",直到公元1960年,才被迁移于西安碑林博物馆中收藏。

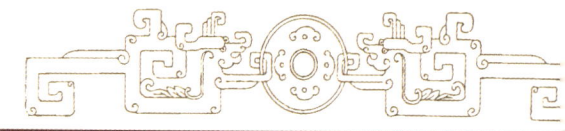

明代流民图(周臣绘)

第六章 明　清

李自成农民军在华州

明末的李自成农民起义军流动作战，纵横南北，屡败屡战，越战越强，最终推翻了大明王朝。这期间，他们也曾活跃于华州地区。

李自成原是高迎祥农民起义军的"闯将"。崇祯七年（1634）六月，高迎祥、李自成率部在与明军的作战中，误入陕西兴安县（今安康）的车箱峡，被困入绝地。李自成使用计谋，欺骗了明军将领陈奇瑜后脱险。高、李脱险后在陕南和关中地区活动，其中一支千余人的队伍于八月从洛南县进入华州，以涧峪（俗称阶峪）为基地，出击山外村镇。

李自成画像

八月初八，这支农民军与华州地方武装于柿村（在今高塘镇）发生战斗，双方互有伤亡，农民军当晚退去。崇祯八年（1635）正月，高迎祥、李自成等参加了各路农民军的荥阳大会，并攻占了明朝皇帝的老家凤阳（在今安徽）。二月，高迎祥、李自成又反攻陕西，征战于关中及今甘肃东部各地。八月初，农民军攻下咸阳。明将洪承畴对农民军一直紧追不舍，九月，洪承畴在渭南击败农民军。高迎祥、李自成失利后向东进军华州，再经华阴潼关南塬进入河南。十一月，农民军"一字王"部、"撞天王"部，也从西向东进军华州，打出潼关。但直至次年正月，华州西南塬区仍有农民军活动。

崇祯九年（1636）七月，高迎祥牺牲，李自成被推举为"闯王"，继续领导这支农民起义军。此后，李自成转战陕、甘、川交界地区。崇祯十一年（1638）十

149

华州史话

月，被明军包围在潼关，遭到大败。李自成率少部分人突出重围，潜入商洛山中。后又聚集部众，活跃于陕、鄂、川边境。崇祯十三年（1640）冬季，李自成进军河南，并迅速发展壮大，控制了中原地区。崇祯十六年（1643）十月，李自成率军西向，直逼潼关。陕西三边总督孙传庭组织防守，但敌不过斗志高昂的农民军。十月初六，李自成攻占潼关，并乘胜追击，于十月初七进入华州城。孙传庭逃至渭南，被追击的农民军杀死。十月十二日，李自成大军占领西安。崇祯十七年（1644）正月初一，李自成在西安正式建国，国号大顺，自称大顺王，并设立了政权机构。在农民军控制的府、州、县还委任官员，建立地方政权。李自成在华州的政权还曾刊印过《华岳全集》一书。李自成后率大军从西安出发，从韩城禹门渡过黄河，挥师北上，直取京师。崇祯十七年（1644）三月，李自成进入北京，大明王朝就此灭亡。

李自成占领北京一个多月后，却败于强大新兴的清朝大军。李自成撤出北京，返回西安。清军大举南下追击，于十二月兵临潼关。李自成亲自指挥潼关防御，但次年正月，陕北的另一路清军进逼西安，李自成为避免两面受敌而撤出陕西，向湖广转移。清顺治二年（1645）正月十三日，清军进入潼关，十四日或十五日占领华州，十八日到达西安，清政府开始了对华州的统治。

李自成撤出陕西后，进入湖北，继续与清军战斗，不幸于当年五月被害。李自成农民起义军虽然最终失败了，但在中国历史上留下浓墨重彩的一笔。

第六章 明　清

执法如山的王士棻

　　人们都比较熟悉清代乾隆年间的两个著名人物，一个是巨贪奸相和珅，一个是文人才子纪晓岚（纪昀），而当时有一个华州人，与这两个人都产生一些瓜葛，这个人就是王士棻。

　　王士棻，字检斋，号兰圃，华州城东虫王庙（在今莲花寺镇瓦头村）人。他生于清康熙六十一年（1722），卒于嘉庆元年（1796），享年75岁。他的仕途全在乾隆一朝，从事刑狱司法几十年，以执法如山，精明干练著称。乾隆十九年（1754）考中进士，与纪晓岚为同年进士，二人从此结下了深厚的友谊。

　　考中进士后，王士棻进入翰林院，乾隆二十五年（1760）选入中央六部之一的刑部任主事。刑部主管全国的法律刑罚政令，主事是一般部员。后相继升为员外郎、郎中。刑部下分17个司，员外郎是司的副长官，郎中是司的长官。此后，他却因触犯了奸相和珅而仕途不顺。和珅深得乾隆皇帝的宠信，位极人臣，招权纳贿，权倾天下。许多官员对他都是趋炎附势，竭力讨好，但王士棻禀性刚直，从不阿附和珅。而且在和珅的心腹家奴犯法时，坚决秉公办案，绝不姑息枉法。早在和珅担任京师九门提督时，他的一个心腹霸占通州一车行，州民告于刑部，王士棻审理后，依法将和珅这个心腹发配到黑龙江为奴。在和珅势倾朝野的乾隆五十年（1785），他的一个家奴因与民争利而犯法，由刑部4人承审，有二人托故离去，一人始终不发一言，只有王士棻独自审讯定案。刑部长官恐得罪和珅，欲宽解减刑，王士棻力争，愿一人承担全部后果，才使这个家奴受到应有的刑罚，和珅因此对王士棻怀恨在心。乾隆皇帝曾召见王士棻，认为"得一可用之人"，第二年就将王士棻由刑部郎中，提升为刑部右侍郎（刑部副长官），但不久即因司官任内检验失实，而被罢官发配到新疆，乾隆叹道："士棻可惜"。到新疆不到一年，王士棻就被释回，乾隆有意再任命他为刑部侍郎，这时和珅就上奏说："录用有过失的人，恐不宜太快。"于是王士棻被任为刑部员外郎，再迁郎中，后又被任为江苏按察使，负责江苏全省的司法行政。在江苏任内，江苏巡抚（一省最高长官）、布政使（掌一省政事）因事获罪，和珅反而上奏，认为王士棻没有及早参劾，有负皇恩，应罢职发配充军。乾隆皇帝虽没有将王士棻发配，而是调回刑部，但降为员外郎使用。一年后，乾隆还想提升王士棻为刑部侍郎，和珅却谎奏，说王士棻已退休回乡

华州史话

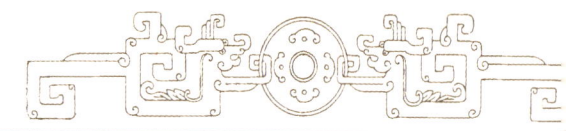

了，此事便罢。

虽然王士棻因和珅屡屡作梗，仕途没有更大的发展，但他于司法刑名上却严格公允，断案神明。王士棻与人交往，谦恭谨慎，毫无锋芒，但在法律上却执法如山，就像南宋的岳家军一样，屹不可撼。

山东章丘有一人向屠户魏贞子索债，被杀于半路，凶器是一把屠刀，章邱知县即定魏贞子为凶手。魏贞子之兄赴京鸣冤，王士棻奉命审理此案。他亲自赴章丘勘情密访，查得正凶张大，使魏贞子得释。山东泰安有寡妇亡夫之叔逼其改嫁图谋财产一案，知县与知府贪赃枉法，判寡妇再嫁。寡妇不服，上告于刑部。泰安知府向审理此案的王士棻行贿五千金，企图维持原判，王士棻予以严厉斥责，拒受贿金，坚持依法办案。结果，知府被革职，知县与寡妇之叔被判徒刑。江苏邳州（今邳县）有舅父告外甥夫妇毁其母之墓，知州以其舅目睹而定案，拟判外甥夫妇凌迟处死。王士棻当时在江苏按察使任上，觉得其中有些蹊跷，遂亲自提讯复审，得知舅父系外甥后母之兄，后母欲使亲生儿子独霸家产，其兄就设计陷害外甥夫妇。王士棻审清原委，为外甥夫妇平冤。王士棻审案力求周密严明，凡有鸣冤及疑狱，都亲自审讯。据称，他平反的冤狱"不可屡数"。王士棻曾说："司法者的弊端，莫大于有成见。唯有平心静气，始能审出案件的真情。真情出则是非明；是非明，刑罚才能适当。"

王士棻虽任刑官几十年，但也以文章著称，曾主持山西、广西二省乡试，担任过云南、贵州二省学政，而乾隆皇帝却更看重他在司法方面的能力。就是各钦差大臣赴外省办案，无不奏请王士棻同往。大学士刘墉，才识甚高，很少赞许别人，但他却称赞王士棻为"少年老吏"。大学士纪晓岚评价王士棻"端重精明，翘然出众"。

乾隆六十年（1795）王士棻致仕回乡，次年去世。王士棻的儿子王志沂、王志淇兄弟请求父亲的老友纪晓岚撰写墓志，身在北京的大学士纪晓岚慨然命笔。在文中，他记述了王士棻的生平及业绩，还深情回忆了他与王士棻的交往，也为王士棻"不竟其用"，未能充分施展才能而惋惜不已。

王士棻去世后的第四年，屡屡梗阻王士棻的大贪官和珅终于倒台，被嘉庆皇帝处死，被钉在历史的耻辱柱上。而王士棻的事迹却因大才子纪晓岚的笔墨记述，长久流传下来。

纪晓岚撰文的墓志铭，由军机大臣、韩城人王杰书写后刊石。但因北京距华州遥远，王士棻葬期又急，该墓志铭未能附葬。后藏于北京的华州会馆，现下落不明。幸华县民间有拓本尚存，可一睹纪昀之文采，王杰之书法。

第六章 明清

华州的名门望族

古代的中国，有无数个世代相传的家族，这些家族中，有的因为文化素养较高，财富积累较多，可以数代都出现达官显宦、文人墨客，在地方上形成一个有声名、有地位的名门望族。历史中的华州也不乏这样显赫一时的家族，但早期的相关资料较少，明清时的资料相对较多。从这些资料中可以略窥其一斑。

华州的名门望族首推郭氏，其代表人物是唐代出将入相的汾阳王郭子仪。华州郭氏的始祖是西汉时的郭孟儒，他曾任左冯翊一职。左冯翊既是地名，又是官名。作为地名，它指关中东部渭河以北地区；作为官名，它是此地区最高行政长官的名称。郭孟儒以后就留居在此，后辗转定居于郑县。隋朝时，这支郭氏出了一位高官，即武侯骠骑将军、左光禄大夫郭荣，他是郭子仪的五世从祖。郭子仪出生于唐朝武则天时期，出生地为今天华县莲花寺镇的西马村，郭子仪的高祖父、曾祖父、祖父在隋唐两朝，都是朝廷命官。他的父亲郭敬之曾任吉、渭、绥、寿四州刺史。郭子仪兄弟九人，儿子八人，孙辈数十，绝大多数都曾任高官显宦，爵高位显，还曾出过五个驸马、一个太后（参见本书《郭暧与升平公主》一文）。华州郭氏一门，在唐代贵宠无比，声名显赫。由于支宗繁盛，子孙繁衍，郭子仪后裔为数众多，随着时世变迁，许多郭氏家族移居各地，流播海内外。而留居故里的华州郭氏，一代一代奋斗不息，继续保持着世家大族的荣誉。元朝的郭宝玉、郭德海、郭侃祖孙，为一代名将，继承了郭子仪的将门武风（参见前《元朝大将郭宝玉祖孙》一文）。明朝时，今西马村仍是华州郭氏的主要居住地，但已有许多从此村迁徙到华州各地，其中一支先迁到州城北的唐村里，后又迁到今县城三门巷一带的甘泉里。这支郭氏的代表人物是郭性之，他是明万历二年（1574）进士，官至河南左布政使，为河南省的最高行政长官。郭性之的长子郭宗周，是小有名气的诗人，著有《高闲斋诗草》；二子郭宗仪，研究诸子百家的学者，著有《四礼考》等书；三子郭宗振，曾任朝廷刑部的员外郎；四子郭宗昌，金石学家（参见前《金石学家郭宗昌和他的"沚园"》一文）。郭性之的几个侄子也都是官宦文人。这支郭氏后又有人从甘泉里迁到今杏林镇的梓里、城南、段巷三个村居住，梓里为长门，城南为二门。清朝时，华州郭氏的知名家族是西关里的郭德元家族，他们祖孙四代五个人都是武官，是个军人世家。明清两代，华州郭氏共有12名举人，3名进士，秀才更多。

华州史话

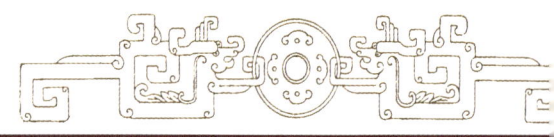

至今,郭子仪后裔广泛分布在全县各地,除郭子仪故里西马村外,郭氏的主要居住地有莲花寺镇赵村,杏林镇的梓里、城南、高崖,下庙镇的甘村,高塘镇的二合、腰村、柿村等。

明清时,华州的名门望族还有以王维桢为代表的王氏家族。这支王氏家族的始祖是王伯牙。王伯牙原是昌平(在今北京市)人,元末进士,曾任河南按察副使,明初时因故贬官为华州税课局大使,遂落籍华州。其孙王徽,五世孙王宣、王赞都中举人,还都任职知县。六世孙王维桢,号槐野,进士,曾任南京国子监祭酒,为当时的著名文人(见本书《一代陕西文坛泰斗——王维桢》一文)。八世孙王庭诗、王庭谕、王庭譔、王庭谏,前三人为进士,后一人为举人。王庭诗官至湖广左布政使,明朝的湖广为一省,相当于今天的湖南、湖北,左布政使为一省的最高长官。王庭譔为翰林院翰林官,王庭谏为户部主事。九世孙王凤彩,为清初的举人。以王维桢为代表的王氏家族在明清时,文风很盛,除上文提到的举人、进士外,还出秀才五六十人。清康熙二十三年(1684)所修的《续华州志》称其家族为"绳绳济济,为关中名门右族"。

明朝时,华州还有一个东氏家族也很有名。华州东氏的始祖是东良会,曾任商州(今陕西商州市)知州。在明末红巾军攻打商州时,为保存香火,令其两个儿子逃往关中,他却忠于职守,死于任上。东良会的两个儿子,一家逃到朝邑(在今大荔县东),一家逃到华州。后来这两家东氏,都繁衍兴盛,衣冠读书为关中大族,人称"玉林凤群"。华州东氏,又以东升家族为盛。东升居住在故县里(约为今杏林镇以故县村为中心的地区),曾任商河(在今山东)县丞。他的三个儿子都是进士,长子东思忠曾任四川按察副使,二子东思恭曾任兵科给事中,三子东思诚曾任九江、南昌知府,长芦盐运使。明朝时期,是东氏家族的鼎盛时期,共出了12个举人,其中有5人又考中进士,大都任各种官职。东氏家族还出现了一些学者文士,如东荫商,学识渊博,诗文俱佳,尤好书画,精于鉴别,著有《华山经》《亿略》等书。他与郭宗昌一起,被称为"少华通儒"。至今,东氏家族仍然人丁兴旺,在高塘镇的腰村、朱张、同家等地都有分布。

明清时,华州还有一门以王士棻为代表的王氏,也是名门望族。其始祖王遴,出自山西洪洞,明代迁居华州,世居州城东的虫王庙村(在今莲花寺镇瓦头)。这支王氏的二世祖王荣诰,是嘉靖四十三年(1564)的举人,曾任大同府通判。三世祖王振祚,明万历年间曾任山西左布政使。王振祚的玄孙王士棻,号兰圃,清乾隆十九年(1754)进士,官至刑部右侍郎(刑部副长官),掌刑狱几十年,是这个王氏家族中知名度最高的人(见本书《执法如山的王士棻》一文)。王士棻的长子王志沂是多才的学者,著有《陕西省志辑要》《关中汉唐存碑跋》等著作;还擅长医

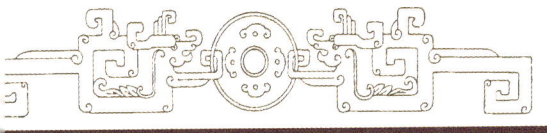

第六章 明 清

术，医名远扬，著有《医学摘要》一书；次子王志淇，曾任河北南宫县知县。王士菜的侄子王志湉、王志瀜兄弟，是关中知名的诗人，当时有人称其二人"俱以诗名鹊起二华之间"，他们的有些诗作留传至今。王氏家族从明朝后期开始显赫，到有清一代，有6名举人，这六名举人中有3人考中进士，任职各种官吏的有十几人，有"簪缨世胄"之誉。

明清以来，华州还有一特别的家族，他们的先祖不是汉族，而是契丹人，这就是大涨刘氏宗族。今赤水镇北部的新城、台台、麦王等地，过去统称大涨，这里的刘姓人家很多，他们的始祖是元末明初的契丹人耶律权。契丹是中国古代北方的一个部族，曾建立大辽王朝，辽朝的皇族姓耶律。辽朝后灭于金朝，但耶律氏在金朝、元朝还很活跃。耶律权的先祖是辽国开国皇帝辽太祖的太子耶律突欲（又名耶律倍），契丹于天显元年（926）灭掉了渤海国（约在今东北地区直至日本海沿岸）后，改渤海国为东丹国，太子耶律突欲为东丹王。东丹王的八世孙耶律楚材，是元朝时的著名政治家，官至中书令（相当于宰相）。而大涨刘氏的始祖耶律权就是耶律楚材的后裔。耶律权是东平（今辽宁辽阳）人，在元朝末年时任统镇三秦宣威大将军，驻防潼关，被置于李思齐、张良弼的指挥之下。元至正二十八年（1368）五月，明朝大将徐达的部将冯胜进攻陕西，占领了潼关、华州，元军大败西逃。耶律权见元朝大势已去，无心继续征战，就解甲归田，携家人在华州大涨里隐居下来，并将姓氏改为汉姓"刘"。明朝统治确定以后，刘氏编入户籍黄册，正式成为华州人。大涨刘氏与原住百姓友好相处，互通互往，逐步融入华州社会之中。经过世代艰苦奋斗，子孙繁衍，耕读传家，大涨刘氏渐成为华州的名门望族，也出现了一些有影响有地位的人物。

清同治八年（1869），大涨刘氏中出现一名举人，此人为刘均。光绪元年（1875），另一名大涨刘氏的刘域考中举人，刘域于光绪八年（1882）编修完成《三续华州志》，为华州留下了珍贵的史料与文献。

清末著名的大涨乡绅刘如玉，字品三，号东野，学识渊博，手不释卷，曾著有《壬戌回乱记》一书。刘如玉热心公益事业，华州地方上的修桥、治水、建书院、修文庙无不参与。刘如玉全家子孙数十人，都读书求学，学有所成，投身教育。其长子刘澍瀛，字海寰，他与杨松轩、顾熠山等一起开拓华州的新教育事业，曾任教育会副会长，民国时曾任西安总商会会计。刘如玉次子刘澍瀜，字叔波，光绪年间秀才，热心教育事业，从清末到民国，曾创办东野小学、卧龙小学等，心系教育，功在地方。刘如玉三子刘澍淯，字季龙，曾在咸林中学任教。刘如玉的后代有许多人，至今仍从事教育事业。

华县咸林中学的第二任校长刘竹轩也是大涨刘氏，他毕业于北京高等师范学校

（今北京师范大学），从1922年至1932年任咸中校长达10年之久。此后仍担任咸林中学常务校董、董事等职，并兼任教员。他在咸中服务30年，时间之长，在学校的众多教职员中是不多见的。

大涨刘氏不仅涌现了许多文化教育人才，也出现过一名军事将领，他就是刘鹏。刘鹏字云飞，西安讲武堂毕业，民国初年投身反对北洋军阀的斗争之中，曾任陕西靖国军某军代理军长兼第五方面军总指挥，与军阀吴佩孚的军队进行过血战。1927年后，曾任国民革命军第一师师长、新编第一师第五旅旅长等职。

《新辑大涨刘氏族谱》之一页

现在，大涨刘氏主要居住在赤水镇，已发展到千余户。不仅华县，相邻的临渭区、大荔、华阴、长安等地也有分布。应当说，大涨刘氏的历史，是中华民族融和发展的一个见证，也是华州历史的重要组成部分，值得深入研究。

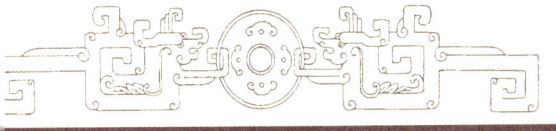

第六章 明 清

太平军、西捻军在华州的活动

  清朝末年的太平天国运动，主要活动区域在东部，但在同治元年（1862）和同治五年（1866），曾有太平军及接受太平天国领导的捻军远征西北，在华州也曾有过他们的活动。

  同治元年（1862）正月，驻在庐州（今安徽合肥）的太平军英王陈玉成，为了更大发展，决定西征，他派部将扶王陈得才、遵王赖文光等向陕西进军。三月，西征太平军从河南入境陕西的商洛地区，在相继攻下山阳、镇安后，经商州，出蓝田，于四月十九日，直抵西安城南的尹家卫（今长安引镇），并两次击败清军的堵截。正当太平军准备攻打西安城时，却得知庐州被清军围困。为了救援陈玉成，陈得才、赖文光率西征太平军东撤，四月二十二日到达渭南县良田，开始攻打县城。当时渭南及毗邻的华州等地，没有正规清军驻守，都是由地方官绅组织的团练（民兵）防御。四月二十三日，太平军攻下渭南县城，华州显然是太平军的下一个目标。华州知州濮垚带领团练在赤水镇防守。二十五日，有太平军前锋试探性进攻。二十七日，太平军大队人马蜂拥而至，濮垚率领的华州团练一冲即垮，把总郭大鹏战死。濮垚还想顽抗，被人簇拥着逃走。太平军占领了华州城，暂且歇宿后，于二十八日撤离华州直奔华阴，然后攻破潼关，扬旆东去，救援庐州。但这时陈玉成已经兵败被俘，不久被杀。陈得才、赖文光率部在河南、安徽、陕南等地继续与清军作战。

  同治三年（1864）六月，太平天国的首都天京（今南京）失守，陈得才、赖文光救援天京不及，陈得才兵败自杀。赖文光率领这支太平军继续坚持，并与由张宗禹、任化邦领导的另一支农民军——捻军联合抗清，赖文光被推为首领。同治五年（1866）九月，捻军分为东西两支。东捻军由赖文光、任化邦率领，在中原与清军周旋；西捻军由张宗禹率领，进军陕甘。

  同治五年（1866）九月二十九日，张宗禹率领西捻军经河南陕州（今三门峡市）、阌乡（今灵宝），避开潼关，从南部秦岭山区突然出现在华阴地区。西捻军在华阴驻扎一个多月，并频频袭扰华州。清廷急忙从陕甘交界处调湘军将领刘蓉进剿，刘蓉率军经华州，前进到华阴敷水一带。于十月十九日与西捻军与在华州东部

华州史话

发生战斗。十一月初八,西捻军突然大举西进,在华州西部击败阻截的清军,经赤水直奔西安而去。十二月十八日,西捻军在西安东的十里坡(今十里铺)全歼清军刘蓉30多营一万多人,并围攻西安。这时,清军刘松山部入援陕西,西捻军遂撤西安之围,后与回民军联合,在渭北、关中西部、陕北一带活动。同治六年(1867)年底,西捻军渡过黄河进入山西,次年六月,西捻军在山东徒骇河畔被清军包围,全军覆没。

第六章 明　清

华州回民揭竿而起

清末关中有一部《泾献诗存》的书，作者刘世奇是泾阳人，书中《秋感》一诗中有"赤眉逐队出蓝关，华下绿林忽揭竿"句。其中"赤眉"指太平军，"出蓝关"指同治元年（1862）太平军陈得才、赖文光部从蓝田杀入关中一事（参见上文）。而"华下"指华州。"绿林忽揭竿"，作者自注为"回变起华州竹林"。"回变"，或称"回乱"，是当时人对同治元年（1862）爆发的陕西回民大起义的称呼。这次大起义的导火索，是在华州圣山因购竹事件而发生的回、汉民斗殴。但这次回民大起义有其深刻的社会内在原因，是陕西回民对清朝政府民族压迫、民族歧视的一次激烈反抗，绝不是一次因购竹发生的回汉斗殴那么简单。

陕西回民大约形成于元代。由于蒙古西征，大批中亚的伊斯兰教居民移居中国内地，关中是移居地之一。元代前期，统治陕西的蒙古安西王信仰伊斯兰教，他优待伊斯兰信徒，使关中的穆斯林人数有了较快增长。在各族人民交往与融和过程中，外来穆斯林移民逐渐汉化，而本地居民中也有不少人信奉伊斯兰教。这样，明朝时，陕西境内已形成一个保持伊斯兰传统，从语言、文化、姓名直至血统都高度汉化了的人数众多的穆斯林群体——回民。清朝时，关中回民分布很广，就关中东部而言，华州、渭南、大荔回民较多，三地回民多集中在渭河两岸，与汉民杂居，而且往往聚族而住，从而形成了许多回民村落。华州的回民多住在今下庙镇与辛庄乡东部的渭河沿岸，秦家滩（在今下庙镇）是当时回民集居的较大村庄之一。另外，今县城西关、杏林三溪、莲花寺汀村，都有回民居住

明代及清朝前期，回汉人民之间较为融洽，能友好相处。虽然因回民习惯养羊，每年冬春，因羊踏麦田，回、汉民之间也发生一些矛盾冲突，但双方头面人物出面议和调解，也能一一化解。但在清朝统治时期，施行不平等的民族政策，护汉抑回，往往造成回民不满，埋下了不和的种子，但早期情况尚不严重。太平天国运动爆发后，尤其是咸丰六年（1856）云南发生回民起义，清政府对回民严加防范，护汉抑回现象更加严重。而汉民中的少数不肖分子依仗官势，寻衅滋事，欺压回民。回民团结强悍，反抗性强，不甘心受欺压歧视，但反抗矛头往往不分良莠，结果回汉民之间矛盾冲突增多，斗殴械斗激烈。仅华州回民与汉民之间，在咸丰八年、九年（1858—1859）间就发生了多次械斗。虽然这些矛盾冲突经调解暂且平

华州史话

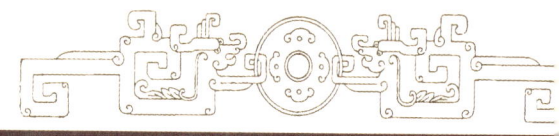

息,但双方的仇衅加深。直接亲民的地方政府官员,在处理回汉矛盾时,却处处偏袒汉民,凡争讼斗殴,不论是非曲直,都是压抑回民。当时的陕西巡抚曾卓如还大言宣示:"回民不受约束,即派兵剿洗。"这样,回民在回汉矛盾中得不到官方的依法保护,更感绝望。因此,在太平军入陕时,回民乘机起义,武装反抗民族压迫,酿成了一场震撼西北的大事变。

同治元年(1862)三四月间,太平军陈得才、赖文光部进入陕南、关中。清朝在关中兵力空虚,各州县的官绅遂纷纷兴办由当地丁壮组成的地方民兵武装——团练,以对抗太平军。渭南的团练总办赵权中,手中还有500个回族士兵。这些回族士兵当时称为"回勇",是由原河南巡抚严树森(渭南人)从华州、渭南一带招募的,原在河南对抗太平军。后严树森调任湖北巡抚,便将这500回勇送回陕西,由赵权中统领。在太平军从秦岭北进关中时,赵权中率这些回勇到渭南酒峪防守。回勇中有些人在近山抢掠汉民财物,赵权中恐日久生变,遂将回勇遣散。其中有一股在回乡途中经过华州圣山村,这里竹园较多,回勇欲购竹作军械,因汉民园主增价居奇,双方争闹,汉民鸣锣集众,殴打回勇,毙伤二人。回勇到华州州衙告状,知州濮垚本着官场一贯的护汉抑回的做法,当堂宣告:"向后回伤汉民,一以十抵;汉伤回民,十以一抵。"华州捕快头目秦英是回民,在场听此不公正判决,极为气愤,当即下堂,转告回民。回民闻此群情激奋,要讨回公道。这时,华州突然到处流传"打死回民不需经官"的谣言,还出现了"天意灭回"、"清不留回"的传单,回、汉民之间的紧张关系陡然升级。汉民李发元、回民马利出面调解议和,试图缓和双方关系。但华州团练在防备太平军的同时,也对回民严加戒备,甚至借故攻击手无寸铁的回民。华州团练头子白祥生伙同渭南团练头子张映兰,带人在麦地杀死17个回民。这一行动,不但使议和无望,更使回民深感生命已无保障,因而惶恐不安。四月二十三日,华州各村回民,全都扶老携幼,渡过渭河,到与华州一河之隔的大荔羌白、王阁村,渭南仓渡等地避难,这几个村庄是关中东部回民的较大居住点。华州回民逃到这里后,回民们立即武装起来,大起义就此爆发。

就在华州回民全体渡渭河避难的这一天,太平军从西安东进,攻陷渭南县城,知州濮垚率华州团练到赤水防守。华阴县团练为支援华州防堵太平军,也开赴到华州,他们听说华州回民北渡渭河,就将华州回民居住的秦家滩等村庄放火焚烧。这时,回民军已开始攻打渭河北岸汉民居住的各个村镇。华州孟村里(在今毕家乡)的毕步高、弋连珠等人率部分团练于四月二十五日,渡过渭河攻击回民,在渭南县孝义镇东及拜家滩一带被回民军消灭。四月二十七日,太平军冲破华州团练在赤水的防守,占领华州城,随即经过华阴,占领潼关后东去。华州团练立即在渭河沿岸布置防守,防备回民军南渡渭河攻进华州。

第六章 明　清

防守渭河南岸的华州团练本是乌合之众，无号令，无规则，分班轮守，日久松懈，又值夏收季节，精壮都回家收麦，多以老弱充数，而渭河沿岸数十里，团练人数有限，疏漏太多，五月初八，有渭河北岸的回民军试探渡河，没有成功。五月初九，北风大作，枪炮难施，回民军从渭河水浅处跃马飞渡，直扑华州各地，团练溃散，知州濮垚率下属逃离州城，塬下罗纹河以西各村庄火焰冲天，尸横遍野。回民军不但在华州纵横驰骋，大荔、渭南的沿渭河一带也全被回民军控制。陕西当局对此大为震惊，但兵力空虚，无力镇压，就采取安抚政策，请朝廷派来督办陕西团练的钦差大臣张芾去"劝谕"回民。五月十一日，张芾一行人到临潼油坊街，与回民代表商谈和解，但没有结果。五月十三日，张芾等人被回民军带到渭南仓渡镇杀死。回民领袖任武等人还杀掉自己的家眷，以表明义无反顾，死战到底，绝不妥协的决心。回民起义立即从华州、大荔、渭南蔓延到临潼、高陵、三原、泾阳、蒲城、朝邑、长安等县。五月二十一日，回民军开始攻打同州府城（今大荔县城），战斗十分激烈，守城者岌岌可危。五月二十五日，华州知州濮垚率华州团练攻打羌白等回民军大本营，回民军回援，同州府城才未被攻下。但回民军对华州知州、团练恨之入骨，加紧在华州的攻掠。

当时的华州许多村庄有城墙，汉民都躲进其中，由团练及武装起来的丁壮防守，还有些汉民逃进山中，据山为寨，武装自卫，人称这些村堡山寨为某某（地名）团。回民军在华州并不占据地盘，建立政权，而是到处攻打村堡山寨。五月二十九日破高塘川口各团，六月破罗纹河东各团、五龙山团，七月破瓜坡团，八月初一破凤居山团（今柳枝镇龙凤山）。但回民军在消灭团练武装的同时，出于狭隘的报复心理，也滥杀许多无辜的汉民，每破一团，死伤都十分惨重。这时，继关中东部，关中西部的回民起义也遍及各地。清朝政府见事态严重，遂于七月派钦差大臣胜保入陕镇压。八月初十，胜保率部进入潼关，十三日行军到华州，其后队行至石堤河与遇仙河之间的白泉铺时，被回民军截击，辎重军火遗失殆尽。十六日，胜保抵达西安。但胜保贪污腐化，其军队也是军纪败坏，畏敌如虎，连吃败仗，回民军却是越战越强。华州的回民军之前只是攻打塬下各地，从九月开始，又攻打西南塬区，直到十一月初八，还在攻打南侯堡（今东阳乡）。此时，胜保因屡战屡败，已被清廷革职拿问，另派多隆阿为钦差大臣，入陕镇压回民军。十一月二十七日，多隆阿率军到达大荔，攻击回民军的各个重要基地、据点，至次年四月，相继攻克了羌白镇、王阁村、仓渡镇。回民军被迫撤走，保护着妇女、儿童和老人转移到陕西、甘肃交界处的董志塬一带，华州这时才没有了回民军的活动。虽然同治六年（1867）六月初十，有回民军与西捻军合兵由渭南白王渡攻入华州城，但次日就撤走了。所以，因回民起义而引起的战乱，在华州持续了将近一年时间，而这一年时

华州史话

间，却给华州留下了极其惨痛的一页。

本来，华州的回汉民之间相处融洽，但由于清政府执行不平等的民族政策，将双方一般性的矛盾无限放大，而地方官吏、团练武装及汉民中的少数不肖之徒，又仗势欺压回民，甚至发展到屠杀无辜回民，使回民倍感屈辱，义愤填膺，奋起自卫，终于揭竿而起。但起义后，在华州的回民军将不满与激愤，发泄到所有的汉民身上，不分良莠，不分团练与平民，甚至不分老幼妇孺，一味地杀人烧房，造成更大的牺牲。当时，华州除深山及今东阳乡南部地区外，塬上塬下，回民军都曾攻掠。塬下只有梁老堡（今杏林镇）因城墙坚固，防守得力，而未被攻破。还有南沙村（今瓜坡镇），回民军没有攻打，据说是因为村中一个老太太对回民有恩，回民为感恩而放过南沙。回民军每到一地，几乎所有的村堡、庙宇、官廨，都被付诸一炬，因此，今天在华县境内，除了山区，很难再找到同治元年（1862）以前的建筑。汉民在这次战乱的死难者，清光绪八年（1882）编修的《三续华州志》记："我华先后遇害者曷啻数万人。"而亲历这场战乱的华州大涨里（在今赤水镇北部）人刘东野在《壬戌华州回变记》一文记："男女被难有籍可稽者两

万八千三百五十二人。"由于清朝政府对回民起义残酷镇压，因而回民的死难者也不在少数，但缺乏这方面的记载。华州回民除死难者外，其余的人为了逃避清政府的迫害，不分老幼，都随回民军西撤，使华州在数十年内再无回民踪迹（今天华县境内的回民，大多是20世纪30年代后陆续迁居而来）。

西撤的关中回民，扶老携幼，拖家带口，在清军的围剿中，且战且撤，辗转于甘肃、宁夏、青海、新疆等地，一部分死亡，一部分流落定居于各地，还有一部分，历经千难万险，在回民领袖白彦虎的带领下，越过边境，进入沙皇俄国境内，后在中亚地定居下来，当地人称他们"东干人"。这些东干人从此在这里繁衍生息，从当初的不到一万人，发展到现在的10万余人，分布于今天的吉尔吉斯斯坦、哈萨克斯坦、乌兹别克斯坦等国。他们至今保留着清代陕西关中地区的方言和民俗民风。相信这些东干人中，应该有华州回民的后裔。

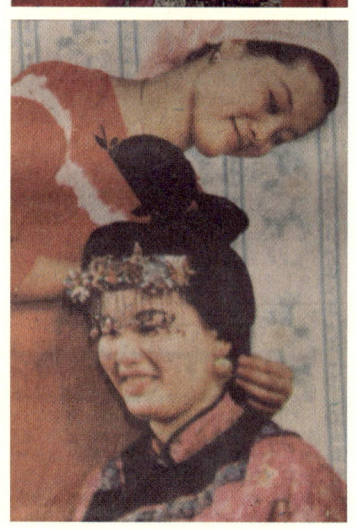

生活在中亚的东干人近照

光绪三年大饥馑时的赈灾救济

华州地处关中沃野，农业耕作较为发达，但自古以来，自然灾害也频频发生。由于生产力水平较低，抗灾能力较弱，水旱蝗灾乃至地震，往往给华州人民带来饥饿、死亡和流离失所，带来无穷无尽的痛苦和灾难。每当大饥荒、大灾难来临时，只要官府及社会力量能正常运作，赈灾救济活动也就随之开始。但这些赈灾救济活动的相关资料，留传下来的很少。而清光绪三年（1877）大饥馑时的赈灾救济，在《三续华州志》中有较为详细的记载。

回民起义军撤离后，华州满目疮痍，社会凋敝，而自然灾害又接踵而至，从同治二年（1863）至光绪二年（1876）的14年中，有8年都发生自然灾害。人民从战乱中还没有复苏过来，又受到自然灾害的打击，生活贫穷困窘到极点。而光绪三年（1877）发生的严重旱灾，使脆弱的生存系统被最终击碎，一场大饥馑开始了。

这一年春，直至六月，一直无雨，天气大旱，连半截山（在今柳枝镇）下"大与郡城同"、"其深无际"的白崖湖都干涸了。夏粮严重歉收。到八月，仍无雨，秋庄稼也没法下种，粮价开始暴涨，大多数百姓已经开始断粮。九月，灾情更加严重，饥饿的人们杀掉牛羊鸡犬等家畜充饥，果蒂、草根、树皮、树叶都被取食。华州知州汪炳煦经请示，决定开仓赈济饥饿的灾民。设仓积谷，以赈灾民，是古时的一种赈灾方法。光绪元年（1875）至二年（1876）的华州知州俞志敬曾设义仓，积谷劝捐共储麦子6400余石，不想光绪三年（1877）就遇此大灾，正好为继任的知州汪炳煦赈灾创造了条件。十月，华州特设赈局，开始赈济灾民，州衙与华州士绅共同商定了赈灾办法：

1. 灾民按月按人发给口粮，大人为7升，小孩为4升，由官绅监放。发放情况，每旬由当地士绅检查，每月由官府检查，每季由官、绅会查。发放救济粮时，派士兵维持秩序。

2. 由于饥荒，抛弃婴儿现象严重，因此规定，凡拾到弃婴，要报验注册，取保给票，各令抱回家抚养。每养一个弃婴，发衣钱600，每月给口粮一斗一升。

3. 读书的贫苦学生，每月给银6钱，麦二斗一升，设义学20多区，不使其失学。

4. 愿意经商的灾民，发放贷款，行息3分，到半年再偿还。

华州史话

5. 以工代赈。凡境内能动工的修庙宇、挖城河等公共工程，都开工兴建，以灾民为工，借养丁壮。

6. 设立牛场，收买耕牛，量给牛价，避免耕牛被宰食或贱卖。灾荒过后，仍还给原主。

7. 凿井灌田，以抗旱灾。每凿一井，给钱20千缗（后来实际凿井者很少）。

十月十五日，正式开仓放粮，共救济灾民15300余人。十一月，灾民大量增加，赈灾放粮只给极贫次贫者，共救济了22700余人。但赈灾放粮是杯水车薪，而饿死的人越来越多，当时在城西买了两块坟区，掩埋饿死者，结果很快就被埋满。这时，有许多人开始外出逃荒，同时也有大量的外地难民涌入，华州特设男女栖流所各一处，收容外地流亡逃荒的灾民，发棉衣，给粥喝。被逼无奈的饥民开始铤而走险，抢劫事件开始发生，华州招募了一些丁勇巡逻警戒，社会秩序得以维持。十二月，收养的耕牛大半冻死，剩余的只好归还原主，撤掉牛场。当月共救济极贫次贫灾民24100余人。次年正月，赈局又在高塘地区设了分局。当月共救济极贫次贫灾民28000余人，并向各里发放麦豆种子10石、15石不等。二月，救济极贫次贫灾民31400余人，并从潼关运回上方拨给的救济粮1200石。三月，华州又派大小车7000余辆，赴河南汝州运回救济粮，结果人畜多死途中，运回的粮食价值不敷支出的费用。当月，救济极贫次贫灾民33700余人。这个月久旱逢甘露，十一日下雨，十四日大雨，人们乘机种下早谷、南瓜、豇豆等。四月，救济人口开始下降，共救济极贫次贫25000余人，并发放种子及防疫的药品。五月，赈极贫次贫人口24000余人。这时，豇豆开始结角，饥饿的人们争着抢食。随后，灾情逐步缓解，赈灾活动也于六月结束。这次赈灾，除使用前任知州俞志敬时储存的6400余石外，还动用了旧储营租积谷2700余石。共劝捐银11000两，劝捐小麦2170余石，仅少华镇刘如宠就捐仓麦1000石；先后共赈济灾民226800多人次。赈灾结束后，维持治安的丁勇、收容外来灾民的栖流所均撤，外来灾民给资遣返。弃婴找不到父母的由养家收养，每个婴儿发钱600文。

这次大饥馑中饿死者众多，但没有具体数字，相关历史资料，只有"道殣相望、逃之者半"，或"灾民流离，饿莩遍野"的笼统描述。这次大饥馑，加上前不久的同治年间的战乱，华州人口锐减。据《三续华州志》记，道光三十年（1850），华州人口153816人，而32年后的光绪八年（1882），华州人口没有增加，反而下降到96159人。这不能不是同治元年（1862）的战乱和光绪三年（1877）大饥馑的结果。

第六章 明 清

慈禧、光绪过华州

光绪二十六年（1900），帝国主义列强为镇压义和团运动，阴谋瓜分中国，借口清政府"排外"，由英国、美国、德国、法国、俄国、日本、意大利、奥匈帝国8个国家组成"八国联军"，联合大举侵略中国，于当年七月二十日（公历8月14日）攻陷北京。当时清朝政府的实际统治者慈禧太后挟光绪皇帝于次日凌晨仓皇出逃，准备到西安避难。

八月初六，慈禧、光绪两宫到达山西大同，八月十七日，到达山西省会太原，然后向西安进发。其必经的关中东部各州县开始筹备迎接銮驾。华州知州李嘉绩不敢怠慢，首先征发民夫整修官路驿道。东起方山桥（在今柳枝镇南关村东），中经罗纹镇，西至赤水桥（在今赤水街西）的大路，全长50多华里，全部拓宽到3.6丈，取高垫低。路面用黄土覆盖，先用碌碡滚平，再用碾子复碾，务使路面平坦整洁。沿官路两侧，每五里设茶水房一座。然后是准备供应的物资，包括大米、面粉、生猪、山羊、鸡鸭、鱿鱼、海参、煤炭、劈柴、绸缎、布匹、蜡烛及牲口饲料。为此专门在西关火神庙设粮秣草料台，省派官吏督办，地方官绅专人筹集。迎銮的最重要的一项准备工作是为两宫准备行宫。行宫设在州署，即今县政府院内。宫馆地面铺红色地毯，墙壁、顶棚尽饰彩色绸缎。行宫大门张灯结彩，并用五色条布搭起门楼。同时，还为随从的王公、大臣等备有行馆，设在文庙及里民局（在文庙西侧）等处，布置也很豪

慈禧太后

华州史话

华。在柳子镇（今柳枝）和赤水镇也备有为两宫短暂休息使用的行宫。当时人称此筹备迎銮为"皇差"，当局只求穷奢极欲的慈禧太后高兴，不计成本，极尽豪侈，所使用的人力、物力、财力堪称浩巨，百姓的皇差负担极重。而当年华州大旱，粮价飞涨，饥荒严重，夏秋还有大疫，饿死病死者众多。百姓痛苦到极点，还要应付如此"皇差"，非常不满，但敢怒不敢言，只盼迎銮一事早些结束。

光绪皇帝

闰八月二十五日，两宫从山西风陵渡过黄河，到达陕西潼关。二十九日（公历10月22日），华州知州李嘉绩到与华阴县相邻的柳子镇等候迎接。巳正时（10时～11时），两宫一行到达柳子，骑兵在前开路，然后是慈禧太后、光绪皇帝的两台黄缎轿，皇后嫔妃的绿缎轿，坐轿前后左右为卫队。随行的王公、大臣及各级官员，有的坐轿，有的坐车，浩浩荡荡。最后押营的还是骑兵。在柳子镇稍作休息后，慈禧一行向华州城进发，官路两旁百姓跪伏迎接，肃静无声，但闻车辚马萧，络绎不绝。知州李嘉绩率州衙官吏、四乡士绅等40多人跪在行宫大门外迎接。下午，慈禧、光绪召见了李嘉绩，简单询问了李嘉绩的经历、华州的物产天气及两宫行路住宿的准备情况等。次日（九月初一）早晨，两宫离开华州城。出宫时，华州地方官及乡绅于宫外跪送。路遇年过花甲的老人，有专人代慈禧太后赠送一枚银牌，上刻"敬老尊贤"四字。巳初时（9~10时）到达赤水行宫，在此用过早餐后，离开赤水，进入渭南县界。慈禧一行于九月初四（公历10月26日）到达西安后，曾下谕，令免去潼关到西安的官路驿道两侧五里以内的钱粮。两宫在西安驻了将近一年，到次年，即光绪二十七年（1901）七月，《辛丑条约》签订，驻在北京的外国侵略军，除留护使馆者外，其余都撤走。八月二十四日，慈禧太后、光绪皇帝离开西安回北京。八月二十七日（公历10月9日）到达华州，行宫仍是州署。次日晨，离开州城，经华阴、潼关出陕西，再经河南、河北，于十一月二十九日（1902年1月8日）入京返宫。

慈禧太后、光绪皇帝两过华州，铺张排场，扰民害民，对正在旱灾饥荒中挣扎的百姓，无疑是雪上加霜。人们把支应"皇差"，称做"皇灾"，暗地里说："太后不走，百姓难安。"堂堂仪仗，煌煌行宫，浩浩排场，吞噬了多少民脂民膏，岂是免除官道两侧五里内钱粮所能抵消。

第六章 明 清

华州百姓怀念的两位清官良吏

　　明朝时的柳子镇（今柳枝街），是一个铁匠聚集的地方，据说有数千家，所打造的刀、剑、剪、斧因质量上乘和做工精细而闻名四方，销路极好，因而柳子镇居民较为富足。尤其是刀、剑成了馈赠佳品，许多官吏为了疏通关系，打点送礼，就借权势频频向铁匠们索取刀、剑，然后转相赠与。日久天长，而贪官们却索之无厌，铁匠们不堪重负，被迫远走他乡，留下妇女们支应门户。家境衰落，独守寒房，妇女们夜夜啼哭，并编成歌谣传唱："安得桑杨，使我有郎。"这歌谣中的"桑"，指华州知州桑溥；"杨"，指另一华州知州杨綵。桑溥与杨綵是明朝华州的两位著名清官良吏，这首歌谣产生于桑、杨两位知州离任之后，反映了华州百姓对他们的怀念和追思。

　　桑溥，字汝公，号泽山，明朝濮州（今河南濮阳、山东鄄城一带）人。正德十三年（1518）任华州知州，正德十六年（1521）后离任。桑溥系进士出身，慨然以天下为己任。到华州后，他兴利除弊，劝善惩恶，清正廉洁，政绩赫然，在关中各州县号称"神明"。当时，州城之北，罗纹以西，地势低洼，水流不畅，形成东西20多里的大片积水，而且涨溢为患，人称"天鹅池"。桑溥决心治理水害，在勘察地势后，令乡官宜民总负其责，调集百姓，开渠引水入渭，不但排除了积水，还增加了大片耕地。华州南山虎豹为害，甚至有虎入州城伤人之事发生，桑溥令人进山打虎，民众得以安生。文庙是华州的重要建筑，桑溥上任后，发现文庙破旧简陋，就主持重修。竣工后，树碑纪念。碑文为状元吕柟（吕泾野）所撰，由另一状元康海书写，一时称盛。桑溥为政清廉，善察奸徒。他在征收赋税时，令百姓写上名字自行缴纳，杜绝官吏借征收之机额外多收，中饱盘剥的恶习。他对贪财的手下官吏，深恶痛绝。有人私下将赏钱置于庭中，有吏斜着看了一眼，桑溥即将此吏罢职。

　　桑溥不但是一个兴利除弊的清官，也颇具雅兴情趣。他曾游览过白崖峪（在今柳枝镇）、小敷峪（在今莲花寺镇）、潜龙寺等风景名胜之区，并留有他游览该地的岩石题刻。潜龙寺位于白崖峪与猕虎峪（在今莲花寺镇）之间的蟠龙山上，是知名古刹，始建年代不会晚于唐朝。桑溥到潜龙寺时，眺游咏诗，并将即兴创作的

华州史话

诗歌楹联题写在寺院墙壁上，可惜大都湮没，只有一副楹联通过《华州志》留传至今："虎啸禅林，叱咤长风生万里；龙蟠宝地，呼吸霖雨沛千川。"

桑溥在华州知州任内，从士大夫到一般平民，无不由衷爱戴。桑溥离任后，人们把潜龙寺大门外西边的山包，命名为"桑公台"，以永久纪念。桑溥离开华州后，曾任固原兵备副使、浙江按察使，终以触犯权贵而罢职回乡。

杨綵，字质甫，号彬庵，京卫人。考中进士后，于嘉靖三十二年（1553）任华州知州。他年青英俊，但吏民对他的能力不免产生怀疑。可杨綵上任几天，其处事之老练，法令之熟悉，执法之严格，令人刮目相看。他与士大夫交游，只谈平生志向、义理学问。一旦有人谈及世俗私事，他就奋然与其绝交。嘉靖三十四年十二月十二日（1556年1月23日），关中发生大地震，华州作为震中，伤亡惨重，损失巨大。幸存者无衣无食，情绪激动，为了生存，一场抢劫即将发生。正在华州知州任上的杨綵，一方面劝说灾民不可违法逆行，一方面向富家劝借粮食，赈济灾民。百姓一向尊敬服从杨綵，又得到及时救济，因而华州境内没有发生一起违法事件。在这场亘古未有的特大灾难中，相邻州县的灾民因没有及时得到救济，蜂起为盗，发生大规模抢劫事件，官府只是杀人镇压，局势一片混乱。相比之下，华州灾民及时得到救济，因而社会稳定，不能不说是杨綵措施得当所致。

柳子镇妇女的"安得桑杨，使我有郎"的歌谣，是对桑溥、杨綵的肯定，但也是一种无奈，因为单靠个别清官良吏，并不能改变那个时代的贪腐与黑暗。

纪念桑溥的潜龙寺桑公台

桑溥游潜龙寺的题字

第六章 明 清

公元1556年的大地震

　　明朝嘉靖三十四年十二月十二日夜半，也就是公元1556年1月23日午夜，关中地区发生了一次极其强烈的大地震。地震波震撼了大半个中国，方圆几十万平方公里的大地上，一刹那间，颠簸荡摇，声如雷鸣，地裂如画，或突成山阜，或陷作沟渠，无数建筑物，顷刻坍塌倾颓。睡梦中的人们毫无防备，83万人在大地的震颤中丧生，造成了世界地震灾害史上最大的灾难。这次举世罕见的强烈大地震的震中就在华州（今华县），地震学界因此命名为"1556年华县大地震"。

　　经当代地震工作者研究，这次大地震的震级定为8级，震源深度在地表以下20公里–40公里，极震区的地震烈度为11度。发震时间为公元1556年1月23日夜22时至24日凌晨2时之间。地震波及面积达90万平方公里，包括今陕西、山西、河南、甘肃、宁夏、河北、山东、安徽、湖北、湖南等省区，有感范围远达今福建、广东、广西一带。重灾面积达28万平方公里，分布在今陕西、山西、河南、甘肃、宁夏五省区。极震区包括今陕西省的渭南市临渭区、华县、华阴、潼关、大荔县朝邑地区、山西省永济县。极震区震害极为严重，地面强烈变形，各类建筑物几乎全部倒塌或毁坏，人员伤亡超过十分之五。这次地震的死亡人数，据《明史·五行志》记载，全国共死亡83万多人，至今仍为世界地震史上死亡人数最多的一次。

　　华州是这次大地震的震中，震情震害也表现的格外强烈。明代华州人张光孝亲历了这次大地震，他在地震后16年编修的《华州志》中，记述了地震发生的情景：

　　"嘉靖三十四年十二月十二日晡时（下午3点至5点），觉地旋运，因而头晕，天昏惨。及夜半，月益无光，地反立，苑树如数扑地。忽西南如万车惊突，又如雷自地出，民惊溃，起者卧者皆失措，而垣（墙）屋无声皆倒塌矣。忽又见西南天裂，闪闪有光，忽又合之，而地在在（到处）皆陷裂，裂之大者，水出火出，

1556年华县地震遗迹

华州史话

太平峪地震遗迹

怪不可状。人有坠于水穴而复出者，有坠于水穴之下，地复合，他日掘一丈余得之者。原（土塬）阜（丘陵）旋移，地高下尽改故迹。后计压伤者数万人。"

在《华州志》中，张光孝还有多处记载了地震后的华州惨状：山川改易，道路改观。有的地方"屹然而起"成了高阜，有的地方"坎然而下"成了沟壑，有的地方突然涌出泉水，有的地方忽然"裂者成涧"。境内民房官衙，庙宇城池，一瞬间倒塌殆尽，举目一片废墟。当时的咸宁（今西安）人秦可大在地震19年后撰写的《地震记》一文中，记"华州之堵无尺竖"，意思是，地震后的华州，仍立着的墙都没一尺以上的高度。华州死亡人数，张光孝记为"数万人"，秦可大记为"死者什六"，即华州十分之六的人口死亡。据前些年在铜川市耀州区发现的《重修庙学记并诗》碑，华州在这次地震中死亡8万人。此碑立于嘉靖三十六年（1557），数字应比较可靠。华州死亡8万人，如果占总人口的十分之六，即震前华州人口应当在13万-14万左右。据张光孝《华州志》记，震后16年的隆庆六年（1572），华州人口仅仅为49681人，可见地震伤亡之重和震后恢复之艰难。

大灾之后，如果赈济不及时，陷于困境的灾民会为了生存而抢粮掠食，进而演变成抢劫。这次大地震发生后，幸存的灾民无衣、无食、无房，寒冬腊月，饥寒交迫，再加上失去众多亲人的伤痛，使他们忍耐性降为极低，极易发生骚乱。华州的许多邻近州县，就从抢粮开始，发生大规模抢劫，当时的许多资料都记有灾民"蜂起为盗"，"抢掠大起"。而官府为了制止抢劫，又杀人镇压，结果造成社会人心

第六章 明 清

大乱，动荡不安。而当时的华州，虽然位于震中，灾情极重，但震后治安却比较良好，这都归功于华州知州杨採。地震发生后，杨採立即劝慰百姓，安抚人心，同时，在上司的救济粮、款未到的情况下，先向富家借粮，发给灾民。华州灾民及时得到抚慰和救济，因而人心安定，无一违法，没有发生抢劫为盗事件，社会治安保持稳定。

这次大地震后的余震也十分强烈，张光孝曾记："越岁，地震犹不息也。"当代地震学家的研究表明，在嘉靖三十六年正月初二（1557年1月31日）、嘉靖三十七年十月十二日（1558年11月21日）、嘉靖三十九年九月（1560年10月），都发生了以华州为震中的强烈余震。其他小的余震，就不计其数了。

公元1556年的大地震，已过去了450多年，时过境迁，保留下来仍能辨认的地震遗迹并不多。经地震工作者的努力，在县境内发现这次大地震的形变遗迹：

在县城东少华中学东侧南北向的冲沟壁上，可见到多条裂缝。而少华中学9米深的地下，也曾挖出过地裂缝。据考察，这些地裂缝应是1556年地震造成的。

在莲花寺镇龙潭村潭峪口，能见到地震断层，地震工作者认为，这一断层形成时间很晚，而且是一次快速破裂作用的结果，很可能是1556年地震的形变遗迹。

从柳枝镇构峪至杏林镇石堤峪一带的山区内，保存有不少地震破坏的遗迹，主要类型一是山体崩塌，二是基岩崩裂。在这一带，从峪口向山内2~3公里，到处都有大大小小的崩塌体，崩落的块石布满山坡，其中较大的有太平峪五里关、石堤峪七里楼和构峪三里泉三处崩塌体。基岩崩裂主要发育在五里关、七里楼等地，形成的裂缝长度最大达200米，可见深度50~80米，从沟底直通山坡或山顶。经地震工作者研究，将上述崩裂现象归为1556年大地震震中区附近的形变遗迹。

华县城内三门巷为一条300多米长，50米-80米宽的沟，地震工作者推测是这次大地震形成的"地震沟"。在其西侧钻井时，曾在60米-70米深处发现3根朽木及黑色污泥、瓦片等物，可证《华州志》记地震时"忽焉而裂者成涧"的现象。三门巷南有5~10米的陡坎，与三门巷正交，长3公里以上，由两条陡坎错列构成，与物探证实的北东65°隐伏断裂方向一致，可能为地震陡坎断层，印证了《华州志》描述的"屹然而起者成阜，坎然而下者成壑"现象，说明这次大地震时，沿着这层断层线，曾发生错距达3米-6米的垂直升降运动。

1556年的华县大地震，是世界地震灾害史上最大的灾难，时隔450多年，阅有关资料，看地震形变遗迹，仍使人触目惊心。但也促使我们认识地震、研究地震、防震减灾，以使死亡惨烈的地震灾害远离我们。

华州史话

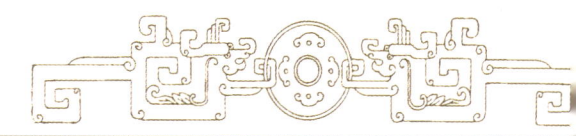

一代陕西文坛泰斗
——王维桢

  在中国文学史上，明代的"前七子"是一个重要文学流派。明代中叶，李梦阳、何景明、徐祯卿、边贡、康海、王九思、王廷相等七人，称雄于当时的文坛。这七人中，李梦阳、康海、王九思都是陕西人（李梦阳是庆阳人，而庆阳当时属陕西），他们对陕西文坛影响很大。而当李梦阳、康海、王九思去世或消寂后，"前七子"的文风在关中，就由王维桢继承，王维桢成为当时的陕西文坛泰斗。与他同时代的人称他"文章气节见重当世""其有异才"，为"关中伟人"。

  王维桢，华州平定里（约为今下庙镇东部）人。他生于明正德二年（1507），卒于嘉靖三十四年十二月十二日（1556年1月23日）的大地震中。他字允宁，号槐野，身高肤白，博学多才。少年时就广泛涉猎古文辞，为文疏宕爽朗。嘉靖十年（1531）中举，十四年（1535）进士，被选入翰林院，先后任翰林院庶吉士、检讨、修撰、署南京翰林院事等职。翰林院是"储才"之地，负责修史、著作、图书等事务。他最后累官至南京国子监祭酒。国子监是明清两代的中央一级最高学府，明代的国子监分设在北京和南京两地，其长官称"祭酒"，负责对监生（国子监的学生）的教育和训导管理。

  王维桢曾于嘉靖二十三年（1544）、二十九年（1550）两次担任在北京举行的会试同考官，还曾在嘉靖二十九年（1550）的北京武举会试、嘉靖三十四年（1555）秋季的顺天府乡试时担任主考官，选拔了许多人才，号称"得士多人"。嘉靖二十四年（1545）参加了《明会典》的续修。他在文学方面深有造诣，散文循司马迁的风格，诗歌以杜甫为师，而终身所服膺效法的是"前七子"之首李梦阳。他除著有许多诗文外，对李白、杜甫的诗作也进行过深入研究。其著作有《存笥稿》《李律七言颇解》《杜律七言颇解》等。作为华州人，他在其诗文中对故乡也多有描绘，如在《题西溪游春亭》一诗中，他写道："曲水围青带，回岗抱翠屏。冠裳仍废榭，鸥鹭自寒汀。霞覆千里树，风翻十月萍。少陵何处问，徙倚白云亭。"

  王维桢虽然是个文人，职掌文教，却志在经世，关心边防兵备。他熟知各地关隘要塞，备御疏密，不看地图，就能历历指陈。当时，北有蒙古威胁，东南有

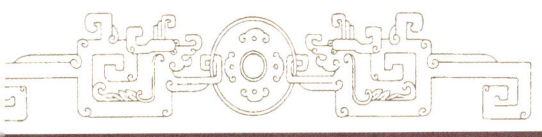

第六章 明清

倭寇骚扰，他对此十分关注。嘉靖二十九年（1550）春，王维桢指出，大同、宣府（今河北宣化）以东至山海关的防务空虚，应派一得力大臣在此防守。这年秋，蒙古军队果然从这一地区侵入北京近郊。蒙古军队撤走后，朝廷才在此地特设一总督大臣。嘉靖三十年（1551）冬，王维桢署南京翰林院事时，认为南京控江海上游，为军事重地，应早加戒备，以防不测。每遇外地官吏过往，就询问各地兵马钱谷之事，被人笑为迂腐。不久，倭寇即侵扰江浙一带，人们才知王维桢的先见之明。王维桢自负有治理一方之才，能为国建功立业，但长期供奉翰林，不得其志。他性格刚直，常当面指人过失，稍不如意，便借酒漫骂，即使是权贵也不例外。但他交友始终不渝，待人诚意恳切，即使平素不喜欢他的人，也佩服他的孝友高义。

嘉靖三十四年(1555)冬，他晋升为南京国子监祭酒，适逢其母患病。在北京接受任命，向皇帝谢恩后，他立即离开京城，赶回华州探视母病。不料遇到嘉靖三十四年十二月十二日（1556年1月23日）的大地震，王维桢不幸遇难身亡。地震发生的当天晚上，他陪侍母亲，二更时，母亲命他回房休息，还未睡下，地震突然发生，他急忙跑去呼救母亲，不料被倒墙压死。而他的母亲在地震发生时已经入睡，地震发生后，依然在炕上未动，结果在房倒屋塌的情况下，却安然无恙。

王维桢死后葬于华州城南的祖茔，此墓地在今华州镇吴家的王坟村。当时的内阁首辅（相当于宰相）严嵩为其写了《祭南京国子监祭酒王槐野先生文》，此文于嘉靖三十九年（1560）刻石立碑，树于王维桢墓地，人称"王槐野碑"。此碑高2.3米，宽0.82米；碑文13行，每行29字，楷书；半圆式碑首，首身相连。1978年，此碑由王坟村迁至县文化馆，2003年，又转迁于文庙院内。1986年，华县人民政府公布此碑为县级重点文物保护单位。1997年，陕西省文物鉴定组确定其为国家二级保护文物。

原在王维桢墓园的石马、石龟、石羊

华州史话

张光孝与《华州志》

中国自古就有编修地方志的传统，省有省志，州有州志，县有县志，以致山河寺观，乡镇关津无不有志。明朝是方志编纂的兴盛时期，涌现出一批著名方志。隆庆六年（1572）编纂完成的《华州志》就是其中的一部。

《华州志》的编撰者是张光孝。张光孝字惟训，号左华山人，明代华州人，故老相传，今杏林镇张渠园村就是他的故里。嘉靖二十五年（1546），他以第二名举人，授河南西华县知县。西华县城为土城，遇水灾易毁，而且修而又颓，百姓为之苦扰。张光孝改修为砖城，减轻了水害。西华县有一姓王的读书人，被诬告成罪。张光孝竭力为其辩冤，使此案得以平反，但他却因不愿巴结上司而被借故罢职。归乡后，他绝意仕途，潜心著述。张光孝一生著作颇丰，计有《华州志》《大河志》《三边人物列传》《理学名臣传》《左华文集》等。这些著作中，他精心结撰之作，最脍炙人口的就是《华州志》。

现有资料可证的、华县历史上最早的一部志书，出现于唐朝，即由监察御史黎逢编撰的《郑志》，此志已失传。北宋初年的《太平寰宇记》一书，曾引用不知何时编撰的两部华州《图经》，这两部志书也已失传。明朝成化二十二年（1486），华州训导钮莹中也曾编过一部华州志，但原书已佚。当今存世的华州各种志书中，最早的就是张光孝的《华州志》了。张光孝时，成化二十二年的华州志还在，但他认为此志缺略甚多，且岁时已久，应当重修。因此，他从青年时起，就以修志为己任，利用一切时间搜集资料，查阅古籍，访问故老，踏勘山川，锲而不舍。

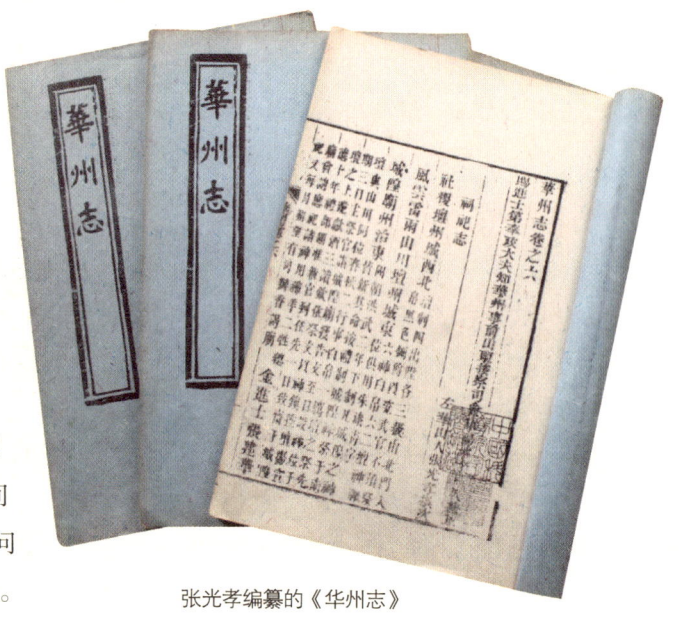

张光孝编纂的《华州志》

第六章 明 清

从西华县罢职回乡后,他更是集中精力采辑编撰。历时30多年,《华州志》志稿终于完成。隆庆六年(1572),经华州知州李可久裁正,后付梓刻印成书,这就是留传至今的《华州志》。此志体例严谨,资料丰富,说实道有,行文简约,是中国古代地方志中较为有名的一部。清代著名学者王士禛认为《华州志》等志书"文简事核,训词尔雅"。1985年,中国地方志协会副会长董一博称赞此书"古代称佳,于今可鉴"。1986年黄苇主编的《中国地方志辞典》将《华州志》列为"著名方志"。

在华州,这部志书是以后各代修志的基础。清代康熙二十三年(1684)的《续华州志》、乾隆五十四年(1789)的《再续华州志》、光绪八年(1882)的《三续华州志》是明代《华州志》的延续。民国《重修华县县志稿》及1992年出版的《华县志》,无不汲取了明《华州志》的经验和宝贵资料,它已成为华县的宝贵文化遗产。

华州史话

金石学家郭宗昌和他的"沚园"

宋元明清时，在今柳枝镇与莲花寺镇交界处，310国道与老西潼公路之间，遍布湖泊池塘，间有陆地沚渚，水势浩渺，景色旖旎。明朝末年，有一人借此湖光山色，建起一座园林，号为"沚园"，并在园中居住著书，把玩书画金石。这个人就是著名金石学家郭宗昌。

郭宗昌，字胤伯（后人为避雍正名讳记为"嗣伯"），华州甘泉里（在今县城三门巷及其附近地区）人。他生于明万历初年，卒于清顺治九年（1652），从有关资料推断，他去世时，应享年60多岁。他出身于书香官宦之家，其父郭性之，曾任河南左布政使，掌一省行政。他的几个兄弟（包括堂兄弟），都是文人或官员。他从小就聪颖好学，读书刻苦，18岁成为秀才，但以后10次参加举人考试（3年一次），却屡屡不中。明崇祯九年（1636），朝廷征召未仕的读书人为官。年近半百的郭宗昌赴京等候数年，只得一候补小京官，他不屑就任，回家归隐，绝意仕途。

郭宗昌，广览经史，诵读名著，手不释卷，博学多才。为文有司马迁笔法，作诗有杜甫之风。他曾约集华州文人东荫商、东肇商、王承佑、王承之、郭畹、郭恩、郭蕃等组成"南玭社"，以吟诗为乐，编有《南玭社诗草》一书。郭宗昌的篆刻书法也名噪一时，尤其工于楷书，四方求字者应接不暇。但他更突出的成就是在金石学上。金石学研究的是古代的铜器和石刻，郭宗昌博雅好古，善于鉴别金石，并致力于搜辑研究古代铜器款识与碑铭石刻文字。他在金石学上的研究成果，编入《金石史》一书中。此书对周朝至唐朝的50多种石刻金文进行分析考证，提出了自己独到的见解，在古代金石学领域有一定地位，清代乾隆时编纂的《四库全书》，也将《金石史》收录其中。此外，他还著有《涉园杂著》《松谈阁诗稿》《印史》等书。

郭宗昌在当时的文人中有相当影响，有清一代，在学术界也有较高评价。与郭宗昌同时代的关中著名学者王宏撰（1622—1702），是华阴人，与郭宗昌过往甚密，他比郭宗昌年少，二人为"忘年之交"。王宏撰称赞《金石史》一书"搜考博而鉴之精，词复蕴藉尔雅，关西好古者未能或之先也。"《金石史》一书，就是王宏撰于康熙二年（1663）带至南京刻印成书的。清初的著名学者王士祯在《池北偶

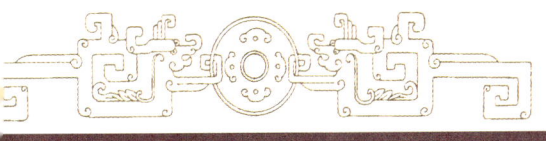

第六章 明清

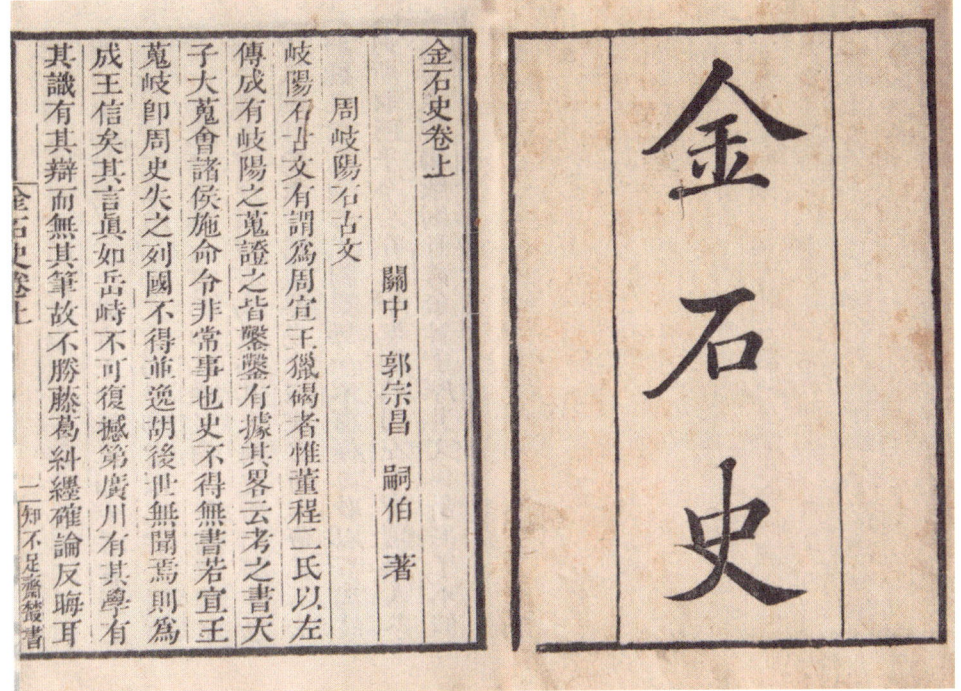

郭宗昌所著《金石史》

谈》一书中说："华州郭宗昌博雅好古，善鉴别书画金石，篆刻书法，为当时第一。"清末文学家李慈铭在《越缦堂日记》一书中，称郭宗昌"论古，皆能自出手眼"。

郭宗昌的学术研究与著述，主要是在"沚园"中进行。华州古代有一些富有的文人雅士，借山高水长的地理特点，建了许多优美的园林。如清《续华州志》中记载的园林名胜就有沚园、溪园、蒞园、淇园、漪园、湄园等18个，而其中规模较大，建筑华美，风光别具的首属沚园。

北宋熙宁五年（1072）的少华山崩，在今柳枝镇张桥村的半截山下，形成了一个颇大的湖泊，即移山潭，又称白崖湖（参见本书《熙宁五年少华山崩》一文）。因地势南高北低，移山潭的水向北，或溢流，或伏流，在今柳枝镇八台村至莲花寺镇小街之间、柳枝镇骞家窑村以西、老公路以南地区，形成了很大一片水面。明朝时统称此为"莲花池"，其中有几处高凸地面的区隔，形成了数个湖池。到清朝时，这一片湖池较大者称为"刘家潭"、"郭家潭"、"骞家潭"，号称"三潭碧水"。当时，这一带的风光是：半截山崩塌下的乱石遍地，水泊池塘穿插其间，湖水泱泱，鱼莲相生，水光山色，风光别具。郭宗昌于明末所建的"沚园"，就在这水泊沚渚之中，其中心位置，约在今柳枝镇骞家窑村西。从郭宗昌写的《沚园记》一文看，沚园风光以湖为主，湖可行舟，建有楼馆台榭。园中一水盈盈，莲叶田

华州史话

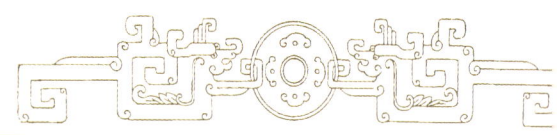

田，藻荇菱芡遍布水中，还有乱石纵横，竹木荫荫，鸥鹭鹳鹤，翔飞其间，颇有江南园林之韵。

　　清初，沚园的主人换成了刘泽溥。刘泽溥，字太室，北马村（在今莲花寺镇）人。清顺治九年（1652）进士，顺治十二年（1655）任安徽亳州知州。刘泽溥与郭宗昌是好友，但刘的父亲与郭宗昌同岁，故刘与郭的友情也是"忘年交"。沚园如何转到刘泽溥手中，详情不得而知。刘泽溥时的这座园林，周围有七八尺高的围墙，内有玩花台、小戏楼、亭台、月楼、廊房。大门面南而开，两侧有砖刻对联。园内仍是水波荡漾，普植莲花，凫鸥翻水，鱼跃泛波，还可摇舟采菱，水中生有金钱龟，远近少有。刘家园林后荒废，人称其遗址为"刘家潭"。

　　刘家潭的主要水源地移山潭（白崖湖）从清末起，水势渐小，直至退成沼泽，进而干涸。而刘家潭及其附近的湖池水面也逐渐萎缩，但因地势低凹，又有地下水补充，虽然水势风景大不如前，但仍有数百亩水面。20世纪90年代始，这里多辟为莲池与鱼塘，依旧保留的水乡余韵，还唤起人们对"沚园"昔日辉煌的记忆。

今日刘家潭

第六章 明　清

崇祯年间的大饥荒

明朝末期的崇祯年间（1628—1644），对大明王朝来说，无疑是个多灾多难，风雨飘摇的岁月。内有李自成、张献忠的农民大起义，外有清朝铁骑的南下侵掠，而天灾不断，饥荒严重，更使这内忧外患雪上加霜。

陕西地区当时连年饥荒，华州也不例外。据《续华州志》等有关史料记载，崇祯初年，华州的

《感时伤悲记》碑

天灾就十分严重，崇祯六年（1633）后，旱灾、蝗虫交相而来，无年不灾。到了崇祯十三年至十四年（1640—1641），大饥荒就在华州发生了。先是十三年七月，蝗虫自东而来，庄稼全被吃光；同时，出现大旱，华州因而粮食奇缺，粮价飞涨，许多人被饿死。次年，因前一年的蝗虫幼虫大量繁殖，再次成灾，而旱灾相继而来，连白崖湖（在今柳枝镇张桥村）都因旱而干涸。灾民无粮无食，草木都被吃光，饿死的人"枕尸相藉"，幸存者外出逃荒，却饿死在外乡，"死于道路者不计其数"。当时的华州知州邓承藩，开仓赈灾，但远远不够，他又劝富户捐出粮食赈济灾民。富户王肇禹"出粟、粱、米、麦千余石"，孙耀统、李养民等也在不同时期捐出粮食赈灾。但这些赈济，未能扭转大饥荒的蔓延。到了崇祯十五年（1642），还有一万多灾民无食，富户高三汲出资出粮，熬粥供这些灾民食用。

崇祯十六年（1643），华州百姓程进昌等十几人，为使后人知道这一场大灾难，共同立了一块《感时伤悲记》的石碑。碑文中除简述了这次大饥荒的惨状外，还特别列举了饥荒中的高昂物价，以证灾情之重。如："稻米粟米每斗二两二钱，小麦一斗二两一钱，麸子一斗五钱，猪肉一斤一钱八分，红白萝卜一斤一分。"

华州史话

这里的物价货币是白银，一两白银等于十钱，一钱等于十分。容积单位一斗等于十升，十斗等于一石。物价是否昂贵，必须有个比较。据《明史·食货志》记，洪武二十八年（1395），朝廷户部规定白银一两购大米二石。而万历年间（1573—1620）编撰的《宛署杂记》一书记载，当时的物价，大米仍是白银一两购大米二石。和《感时伤悲记》碑中的大米价格相比：平常年景，一斗米不过五分白银，而崇祯饥荒中，一斗米为二两二钱，上涨了40多倍。难怪立碑者在碑文中说："出此大劫，回思苦状，可伤可畏，日夜难忘"；"嘱咐一块石，记载千古愁，来世有见者，难道不泪流。"

在崇祯年间，不光华州，陕西各地的饥荒都十分严重，社会矛盾、阶级矛盾因而更加尖锐。李自成、张献忠农民起义首先从陕西爆发，不是偶然的。《感时伤悲记》碑立于崇祯十六年孟夏（四月），不过半年后，李自成农民起义军就占领了华州，结束了明朝在华州的统治。而《感时伤悲记》碑一直屹立在华州的土地上，铭记着大饥荒中华州百姓的"千古愁"，直到公元1960年，才被迁移于西安碑林博物馆中收藏。

明代流民图（周臣绘）

第六章 明 清

李自成农民军在华州

明末的李自成农民起义军流动作战,纵横南北,屡败屡战,越战越强,最终推翻了大明王朝。这期间,他们也曾活跃于华州地区。

李自成原是高迎祥农民起义军的"闯将"。崇祯七年(1634)六月,高迎祥、李自成率部在与明军的作战中,误入陕西兴安县(今安康)的车箱峡,被困入绝地。李自成使用计谋,欺骗了明军将领陈奇瑜后脱险。高、李脱险后在陕南和关中地区活动,其中一支千余人的队伍于八月从洛南县进入华州,以涧峪(俗称阶峪)为基地,出击山外村镇。

李自成画像

八月初八,这支农民军与华州地方武装于柿村(在今高塘镇)发生战斗,双方互有伤亡,农民军当晚退去。崇祯八年(1635)正月,高迎祥、李自成等参加了各路农民军的荥阳大会,并攻占了明朝皇帝的老家凤阳(在今安徽)。二月,高迎祥、李自成又反攻陕西,征战于关中及今甘肃东部各地。八月初,农民军攻下咸阳。明将洪承畴对农民军一直紧追不舍,九月,洪承畴在渭南击败农民军。高迎祥、李自成失利后向东进军华州,再经华阴潼关南塬进入河南。十一月,农民军"一字王"部、"撞天王"部,也从西向东进军华州,打出潼关。但直至次年正月,华州西南塬区仍有农民军活动。

崇祯九年(1636)七月,高迎祥牺牲,李自成被推举为"闯王",继续领导这支农民起义军。此后,李自成转战陕、甘、川交界地区。崇祯十一年(1638)十

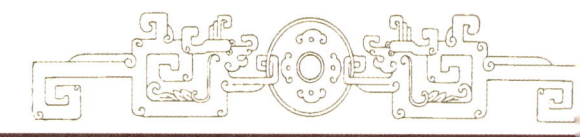

华州史话

月，被明军包围在潼关，遭到大败。李自成率少部分人突出重围，潜入商洛山中。后又聚集部众，活跃于陕、鄂、川边境。崇祯十三年（1640）冬季，李自成进军河南，并迅速发展壮大，控制了中原地区。崇祯十六年（1643）十月，李自成率军西向，直逼潼关。陕西三边总督孙传庭组织防守，但敌不过斗志高昂的农民军。十月初六，李自成攻占潼关，并乘胜追击，于十月初七进入华州城。孙传庭逃至渭南，被追击的农民军杀死。十月十二日，李自成大军占领西安。崇祯十七年（1644）正月初一，李自成在西安正式建国，国号大顺，自称大顺王，并设立了政权机构。在农民军控制的府、州、县还委任官员，建立地方政权。李自成在华州的政权还曾刊印过《华岳全集》一书。李自成后率大军从西安出发，从韩城禹门渡过黄河，挥师北上，直取京师。崇祯十七年（1644）三月，李自成进入北京，大明王朝就此灭亡。

李自成占领北京一个多月后，却败于强大新兴的清朝大军。李自成撤出北京，返回西安。清军大举南下追击，于十二月兵临潼关。李自成亲自指挥潼关防御，但次年正月，陕北的另一路清军进逼西安，李自成为避免两面受敌而撤出陕西，向湖广转移。清顺治二年（1645）正月十三日，清军进入潼关，十四日或十五日占领华州，十八日到达西安，清政府开始了对华州的统治。

李自成撤出陕西后，进入湖北，继续与清军战斗，不幸于当年五月被害。李自成农民起义军虽然最终失败了，但在中国历史上留下浓墨重彩的一笔。

附 录

	观竞渡。八月，唐昭宗离华州回长安。
天复元年（901）	十一月 宣武节度使朱全忠（即朱温）攻华州，俘获韩建，随后兵逼长安，唐昭宗逃往凤翔。朱全忠进入长安后，令朝廷百官迁徙至华州。
天复三年（903）	正月，平卢军节度使王师范的部将张居厚率200人偷袭关中。行至华州东城，击杀朱全忠的华州守将娄敬思，旋率兵攻打西城，不克而遁。
五代十国	
后梁开平三年（909）	六月 驻同州（今大荔）的匡国军节度使刘知俊叛梁，并派兵攻占华州。梁太祖（即朱温）遣刘鄩收复华州，平定了刘知俊之乱。
后梁贞明六年（920）	九月 与后梁对抗的晋王李存勖遣李存审攻打华州，坏其外城。后梁军败，守罗纹寨，继于渭河之畔被歼。
后唐天成六年（926）	华州都监李冲擅逼华州节度使史彦镕入朝，屠杀路过华州的同州节度使李存敬一家，又杀西川行营都监李从袭。史彦镕哭诉于枢密使安重诲，安重诲遣史彦镕回华州，召李冲还朝。
后晋天福七年（942）	从本年春至次年春，蝗灾严重，干旱又至，道殣相望。华州节度使杨彦询动员百姓捕蝗，捕蝗一斗，给官粮一斗。
北宋	
景德四年（1007）	华州知州张舒修孔子庙。
庆历三年（1043）	华州大旱，饥民相率向东流亡。
熙宁五年（1072）	九月 少华山阜头峰崩（其遗址今称半截山，在柳枝镇西南），伏压居民六社，凡数百户。
元祐元年（1086）	十二月 小敷峪山崩，伤民居。
南宋·金	
天会六年（1128）	二月 金军陷华州，掳掠而去。八月，金军败宋军于华州。
皇统元年（1141）	宋将吴璘派郭浩从金军手中收复华州。年底，金与

华州史话

	南宋议和，华州及关中割于金。
大定元年（1161）	十一月 宋军再次收复华州。至大定三年（1163）正月，复为金取。
贞祐四年（1216）	十月 蒙古将领拔都率部进入金朝统治下的关中，占领华州，不久退去。
天兴元年（1232）	二月 在蒙古军队的打击下，金朝势力退出华州，华州被置于蒙古（后改称"元"）的统治下。
元	
元朝初	废郑县，入华州。
至正十七年（1357）	二月 刘福通农民起义军李武、崔德部攻华州。
至正十九年（1359）	八月 飞蝗蔽天，人马不能行，所落田间沟堑尽平。饥荒严重。
至正二十八年（1368）	五月 明将冯胜（冯宗异）败元军李思齐、张良弼，进潼关占华州。
明	
弘治十五年（1502）	七月 华州发生4.5级地震。
正德七年（1512）	立少华书院。
嘉靖八年（1529）	飞蝗自东而来，遮天蔽日，为灾甚重。
嘉靖三十四年	十二月十二日（1556年1月23日） 以华州为震中的强烈破坏性大地震发生，震级8级，烈度11度。华州死亡十分之六，建筑物也倾塌殆尽。
隆庆六年（1572）	张光孝撰《华州志》，经30余秋，始告完稿。
万历四十年（1612）	大饥荒，十岁儿易一斗米。
崇祯八年（1635年）	九月 高迎祥、李自成农民起义军自渭南击华州，走河南。十一月，起义军"一字王"、"撞天王"等部击华州，出潼关。
崇祯十三年（1640）	七月 蝗虫为害，酿成大灾，饿死无数。
崇祯十四年（1641）	蝗虫继续为害，加之大旱，灾荒延续，饿死者尸相枕藉。
崇祯十六年（1643）	十月 李自成农民起义军从潼关进占华州。不久破西安，建大顺农民政权。

附 录

清	
顺治十三年（1656）	大水，河堤溃决，淹没农田数千顷。
康熙三十年（1691）	大旱饥荒，继以瘟疫流行，死亡甚众。
雍正六年（1728）	三月 温疫流行。
雍正十三年（1735）	华州由辖县的省直隶州，改为不辖县的散州，隶于同州府（治所在大荔）。
乾隆二年（1737）	为抗旱计，官府以社仓积蓄借给贫民凿井，华州共凿井1400余口。
乾隆二十五年（1760）	自赤水河至方山河，增新补旧，接筑渭河大堤，一月竣工，计长50公里。
嘉庆三年（1789）	川楚白莲教农民起义军王聪儿（齐王氏）所部，自涧峪出击沿山一带。十几天后，清兵至，起义军经箭峪南走。
道光二十二年（1842）	夏 连阴雨40余日，麦穗生芽4寸许。
咸丰七年（1857）	秋 飞蝗为灾，农作物几被食尽。
咸丰八、九年（1858－1859）	由于反动统治者的挑拨，回民与汉民迭起冲突，械斗尤烈。
同治元年（1862）	四月二十三日 华州回民不堪民族歧视与压迫，渡渭河与渭北回民军会合，发动反清起义。四月二十七日，太平天国陈得才部攻陷华州，旋东去。五月，回民起义军渡渭河，占领华州，并攻打各村堡。八月，清军围剿回民军，行至石堤河，被回民军截击。
同治五年（1866）	十月 西捻军农民起义军，屡袭华州。十月十九日，在华州城东击败陕西巡抚刘蓉所率清军。十一月八日，西捻军再击华州后，长驱西向，进逼西安。
同治六年（1867）	六月初十 西捻军与回民军合兵由渭南白王渡攻入华州城，次日撤走。
同治七年（1868）	七月 知州王赞襄因州城年久失修，屡遭兵火，于州城东南隅，别筑新城。
光绪三年（1877）	春至秋 大旱不雨，饥荒严重，道殣相望，逃亡者

华州史话

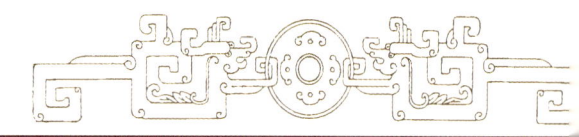

	众。牛羊鸡犬，草根树皮皆取食殆尽。十月，开仓放粮，赈济灾民。
光绪八年（1882）	《三续华州志》完稿，并重新刊印了明朝《华州志》，清康熙、乾隆年间的《续华州志》和《再续华州志》。
光绪十八年（1892）	瑞典基督教牧师胡林德来华州，以信义会名义，招人入教。
光绪二十二年（1896）	陕西巡抚魏光焘派游击肖世禧率绿营兵，配以民夫，治理华州水患。至次年，计疏浚与新开河渠47道。
光绪二十六年（1900）	八国联军侵入北京，慈禧太后与光绪皇帝逃往西安。闰八月二十九日驻华州，次日经赤水西行。
	本年 饥荒严重，瘟疫流行，死亡甚多。
光绪二十八年（1902）	龙潭堡（在今莲花寺镇）人杨耀海、杨松轩父子在本村创蒙养学堂，此为华州最早之新式学校。
光绪三十年（1904）	知州褚成昌创州立中学堂。
光绪三十二年（1906）	十一月十六日 华州农民不堪西潼铁路路捐负担，手执农具，拥入州城，以"交农"（即交农具罢农耕的斗争方式）逼知州褚成昌宣布停征。十几天后，官府将首倡者2人杀害。
	本年 劝学所成立，为全州教育行政机关。
光绪三十三年（1907）	正月 杨松轩、顾熠山、郑云章等发起组织的华州教育研究会成立。二月初四，教育研究会附设两等小学堂借耐村太王庙（在今杏林镇）开学，此为咸林中学前身。
宣统二年（1910）	六月 华州师范讲习会，特聘请同盟会成员郭希仁为学员讲演，痛斥清政府丧权辱国，受贿卖法之罪行。
	本年 天足振学会成立，提倡妇女放足，兴办女学，解放妇女。
宣统三年（1911）	九月初六 华州会党响应西安反清起义，攻入州城，

附 录

	结束了清政府在华州的统治。十月中旬，西安起义后建立的陕西军政府派部队与清军战于潼关，失败后退至华州，经陕西军政府大统领张凤翙与东路都督张钫整顿后，再次攻占潼关。

（本大事记原载《华县志》（陕西人民出版社1992年版），本书收录时，由原编撰者根据新搜集到的资料和新的研究成果，进行了修改补充。）

华州史话

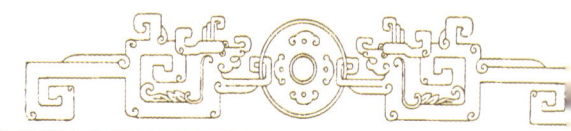

三筑华州城

秦寂

早年听老人们谈及"三筑华州城"的掌故，说是古代华州城建了三次，一次比一次小，但详情都不甚了了。上世纪八十年代，县城建局派人在县城对古城遗址进行了一次勘察，确认有三次不同大小的城郭遗址。在这次勘察结果的基础上，笔者又查阅了相关文献资料，加上走访调查，现场踏勘，对"三筑华州城"有了一个较为详细的了解。这就是：在今县城位置，于唐朝、明朝及清朝末年，曾有过三次重要的城郭建设（小规模整修不算），形成了华州城墙的三次变迁。

南北朝的西魏废帝三年，即公元554年，在今华县地区设置了华州，从那以后，华州城的位置多有变迁，但翔实资料缺乏，这里暂且不论。

有文献可证的，在今县城位置建的华州城，最早是唐代宗永泰元年（765），由镇国军节度使周智光所建，元代曾拓修了西北隅（清《关中胜迹图志》卷九）。

经勘察，唐代华州城（包括元代拓修部分）的北城墙，东起今东关以北一二百米处，向西经华州镇潘陈村、张场村之南，温家巷以北等处，至华州镇杨巷村北二三百米处为止。今华县城关棉绒厂厂区北墙，有一段30多米长、3~5米高的土夯高台，就是这一段城墙保存至今的珍贵遗迹。

唐代华州城的西城墙，北起今华州镇杨巷村村西，向南经华州镇铁炉巷村西，变成东西向，经铁炉巷村南，又折向南，经华州镇崖坡村东，再折向东，在今华州镇吴家村南、马泉堡南，变成东西向的南城墙。

唐代华州城的东城墙，北起东关郭子仪祠东二三百米处，向南经莲花寺镇封官台村西、瓦头村西、虫陈村东，再折向西南，经西寨村西，在马泉堡村东与南城墙相接。

据县城建局上世纪80年代的勘察结果，唐代华州城的遗迹共长约8500米，也就是说，唐华州城的周长大约17华里（清《续华州志》记唐城为"周七里"，应为"周十七里"之误）。这是"三筑华州城"中面积最大的一次。当时的华州是唐代京城长安的东方门户，近畿上辅之地，"百郡之首"（韩愈语），辖郑县（即今华县）、华阴（含潼关）、下邽（今渭南临渭区北）等县，因此唐代华州城的规模，是当时华州政治军事位置重要性的体现。

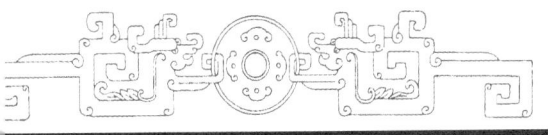

附 录

　　唐以后的五代、北宋、金各朝，华州城基本维持了唐代格局，元朝时虽在西北隅有拓修，但变化有限。明朝嘉靖三十四年（1555）华州发生了毁灭性大地震，包括城墙在内的所有建筑物均倒塌。嘉靖三十五年（1556），当时的华州知州朱茹重建了华州城墙（明《华州志》卷四）。这次建的州城比唐城缩小，其北城墙仍为唐华州城的北城墙，但西、南、东三个方向向里收缩。西城墙和北城墙的连接处，大体在北环路与新秦北路相交处附近，然后西城墙向南，经今西关街东口，沿新秦北路西侧延伸，约止于今酱园住宅小区一带。南城墙约西起酱园住宅小区一带，东经物资局住宅小区南、南街南口，再向东延伸到今莲花寺镇西寨村西二三百米处。东城墙大体南起西寨村西，经今少华中学校园内，再向北，至老西潼公路（柳枝至赤水公路）三门巷北口与东关之间，然后沿西北方向与北城墙相接。

　　明朝大地震后重建的华州城，周长九里（民国《重修华县县志稿》卷三），东南西北各有一城门，门上皆有城楼。其西门约在今西关街东口，门曰"望安"，楼称"挹渭"。东门约在今三门巷北口与东关之间，门曰"镇潼"，楼称"镇华"。南门约在今城内村南街南口（教师进修学校大门北百米），门曰"见山"，楼称"瞻华"。北门位置不详，门曰"带渭"，楼称"通渭"（清《续华州志》卷一）。

　　这个时期的华州，虽已不是近畿之地，地位较唐代大为下降，但仍为关中东部重镇，辖华阴（含潼关）、蒲城等县（郑县已省县入州）。州城规模虽然比唐代缩小，但仍相当可观。

　　时至清朝，相当长的时间里，华州城的规模仍与明代相当。乾隆元年（1736）始，华州不再管县，降为相当于一个县的散州（虽仍称为州，实为一县），政治地位进一步的下降。再加上清朝末年的战乱频仍，天灾不断，经济凋敝，人口锐减，华州城已是"幅员寥阔，年久坍塌，居民鲜少，难资守卫"（清《三续华州志》卷二）。同治七年（1868），华州知州王赞襄遂再次收缩州城，重修了一个小城。这个华州城的东城墙、南城墙依原来的旧城墙，另新筑西城墙、北城墙。西城墙北起今咸林中学教职工住宅区西北角，向南经咸林中学西校门，延伸到法院住宅小区，再向南与旧南城墙相接。北城墙西起今咸林中学教职工住宅区西北角，沿咸林中学北院墙向东，经少华中学北200米处，与旧东城墙相接。第三次建筑的华州城周长"四里一分"（清《三续华州志》卷二），民国时，有人精确测量为2394.55米（民国《重修华县县志稿》卷三）。这个规模，不但难与唐华州城相比，就是与明华州城相比，也难以望其项背。王赞襄修筑的华州城西门，建在今丝巷路北口与法院住宅小区之间，门曰"镇乾"。北门建在今三门巷路与咸林中学北院墙相交处，门曰"拱极"。当时未建东门。到了光绪元年（1875），知州俞志敬添修了东门，位置

华州史话

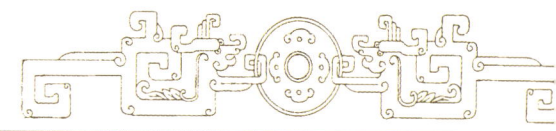

约在今华州镇城内村民委员会办公室东一二百米处（莲花寺镇西寨村西北），门曰"延春"（清《三续华州志》卷二）。

这就是"三筑华州城"的来龙去脉。农耕时代，战争以冷兵器为主，都邑多筑城墙，以防入侵。清末乃至民国时期，虽热兵器渐盛，但火力相对较弱，城墙还有一定的防御功能。时至现代，城墙的军事防御作用已无。华州知州王赞襄修筑的华州城一直保存到上世纪50年代初，在社会发展的浪潮中，也逐渐消失了，只在咸林中学校园北墙，还残留约几十米的残垣断壁。

（此文原载于2011年6月16日的华县人民政府网站）

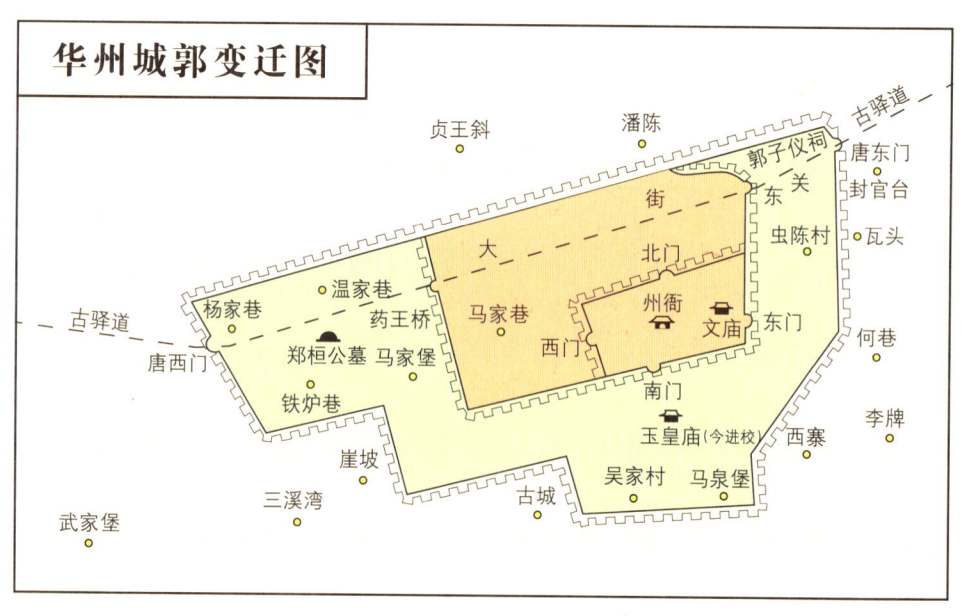

附 录

主要参考文献

- ※ 二十四史（中华书局标点本）
- ※ 郦道元《水经注》（时代文艺出版社2001年版）
- ※《太平广记》（上海古籍出版社1990年版）
- ※《资治通鉴》（中华书局1956年版）
- ※ 李焘《续资治通鉴长编》（中华书局1979年版）
- ※ 洪迈《容斋随笔》（中州古籍出版社1993年版）
- ※ 辛文房《唐才子传》（黑龙江人民出版社1986年版）
- ※ 郭朴《明故国子监祭酒王公墓志铭》（华县文管会藏石）
- ※ 盛以弘《明故湖广布政使司左布政使莲洲王公墓志铭》（华县文管会藏石）
- ※《华州志》（清光绪重刻本）
- ※《宋史纪事本末》（中华书局1977年版）
- ※《甲申传信录》（上海书店1982年印行本）
- ※ 郭宗昌《金石史》（知不足斋丛书刻本）
- ※《全唐诗》（国际文化出版公司1993年版）
- ※《续华州志》（清光绪重刻本）
- ※《关中胜迹图志》（1936年重印本）
- ※《再续华州志》（清光绪重刻本）
- ※《续资治通鉴》（中华书局1957年版）
- ※ 纪昀（纪晓岚）《检斋王公墓志铭》（民间所藏拓本）
- ※《全唐文》（上海古籍出版社1990年版）
- ※ 王昶《金石萃编》（北京中国书店1985年版）
- ※《三续华州志》（清光绪刻本）
- ※ 吴永《庚子西狩丛谈》（岳麓书社1985年版）
- ※《新辑大涨刘氏族谱》（刘氏宗亲所藏清末民初手写本）
- ※ 臧励龢等《中国人名大辞典》（商务印书馆1921年版）
- ※《重修华县县志稿》（1949年3月西安大中文化社印行）
- ※ 张政烺《宋江考》（《历史教学》1953年1月号）

华州史话

- ※ 华山《水浒传和宋史》(《文史哲》1955年第10号)
- ※ 范文澜《中国近代史》上册（人民出版社1955年版）
- ※ 向达《唐代长安与西域文明》（三联书店1957年版）
- ※ 王士菁《唐代诗歌》（人民文学出版社1959年版）
- ※ 翦伯赞《中外历史年表》（中华书局1961年版）
- ※ 朱东润选注《左传选》（中华书局1962年版）
- ※ 范文澜《中国通史简编》修订本第一编、第二编（人民出版社1964年版）
- ※ 《毛主席诗词》（人民出版社1969年版）
- ※ 智夫成《李自成农民起义》（陕西人民出版社1975年版）
- ※ 蔡美彪等《中国通史》第五册（人民出版社1978年版）第六册（1979年版）第七册（1983年版）第九册（1986年版）
- ※ 《简明世界史》古代部分（人民出版社1978年版）
- ※ 武伯纶《西安历史述略》（陕西人民出版社1979年版）
- ※ 刘泽华等《中国古代史》（人民出版社1979年版）
- ※ 郭沫若《中国史稿》第二册（人民出版社1979年版）
- ※ 田昌五《中国古代农民革命史》（上海人民出版社1979年版）
- ※ 《华县、渭南古代遗址调查与试掘》（《考古学报》1980年3期）
- ※ 杨宽《战国史》（上海人民出版社1980年版）
- ※ 王仲荦《魏晋南北朝史》（上海人民出版社1980年版）
- ※ 《文学评论丛刊》第五辑（中国社会科学出版社1980年版）
- ※ 《多友鼎的发现及其铭文试释》（《人文杂志》1981年4期）
- ※ 《陕西文博考古科研成果汇报会论文选集》（陕西省文物事业管理局1981年印行）
- ※ 薄一波《回忆片断——毛泽东同志二三事》（1981年12月26日《人民日报》）
- ※ 翦伯赞等《中国通史参考资料》古代部分第六册（中华书局1981年版）
- ※ 《中国历史的童年》（中华书局1982年版）
- ※ 《中国科学技术史稿》（科学出版社1982年版）
- ※ 岑仲勉《隋唐史》（中华书局1982年版）
- ※ 陈贻焮《杜甫评传》（上海古籍出版社1982年版）
- ※ 《陕西辛亥革命回忆录》（陕西人民出版社1982年版）
- ※ 《中国历史大辞典·史学史卷》（上海辞书出版社1983年版）
- ※ 《古代名将传》（中华书局1983年版）
- ※ 《西安碑林书法艺术》（陕西人民美术出版社1983年版）

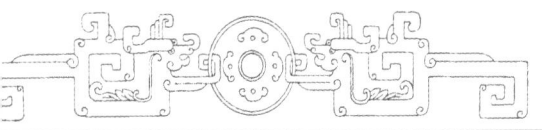

附 录

- ※ 顾功叙《中国地震目录》（地震出版社1983年版）
- ※ 谭其骧《历史行政区划略说》（《中国古代史文化讲座》中央广播电视大学出版社1984年版）
- ※ 《中国历史大辞典·宋史卷》（上海辞书出版社1984年版）
- ※ 冯君实《中国历史大事年表》（辽宁人民出版社1984年版）
- ※ 杨慰东《太平军两度入陕述略》（《陕西地方志通讯》1984年第5期）
- ※ 史念海《以陕西省为例探索古今县名的命名的某些规律》（《陕西地方志通讯》1984年9期）
- ※ 《华县新发现商代前期遗迹》（1985年4月17日《陕西日报》）
- ※ 《董一博给陈元方、吴钢同志的信》（《陕西地方志通讯》1985年第6期）
- ※ 张培礼《陕西历代古城资料汇录》（陕西省旧志整理工作委员会办公室1985年打印稿）
- ※ 黄能汛《关中的两项古代水利工程》（《黄河史志资料》1985年第2期）
- ※ 《陕西军事历史地理概述》（陕西人民出版社1985年版）
- ※ 贺明静《华县大地震研究工作中的几个问题》（《华北地震科学》1986年12月4卷4期）
- ※ 复旦大学历史地理研究所《中国历史地名辞典》（江西教育出版社1986年版）
- ※ 黄苇主编《中国地方志辞典》（黄山书社1986年版）
- ※ 魏亚男《中华文明史的新曙光》（载《新华文摘》1986年10期）
- ※ 翁维谦《郭毓璋先生传》（《陕西文史研究丛刊》1987年第二期）
- ※ 宋立胜《嘉靖三十四年陕西华县大地震》（《陕西地方志通讯》1987年第二期）
- ※ 苏秉琦《华人、龙的传人、中国》（《新华文摘》1987年11期）
- ※ 《陕西历史》（陕西人民教育出版社1987年版）
- ※ 《渭南县志》（三秦出版社1987年版）
- ※ 牛致公《隋唐时期中国在世界上的地位》（《唐史论丛》第三辑，陕西人民出版社1987年版）
- ※ 《陕西回民起义资料》（陕西地方志编纂委员会1987年编印）
- ※ 王仲荦《隋唐五代史》（上海人民出版社1988年版）
- ※ 《唐宋词鉴赏辞典》（上海辞书出版社1988年版）
- ※ 《鄂尔多斯周缘活动断裂系》（地震出版社1988年版）
- ※ 郭琦主编《陕西五千年》（陕西师范大学出版社1989年版）
- ※ 《陕西省志·地震志》（地震出版社1989年版）
- ※ 韦庆元《中国政治制度史》（中国人民大学出版社1989年版）

华州史话

※ 《唐五代笔记小说选译》（巴蜀书社1990年版）
※ 马骥、咏钟《陕西华县发现秦两诏铜钧权》（《文博》1992年第一期）
※ 《郭子仪研究》第一辑（华县郭子仪研究会1993年打印本）
※ 《郭子仪与陕西华县》（西北大学出版社1994年版）
※ 刘迎胜《寻访东干人》（《寻根》杂志1994年第一期）
※ 张艳云、秦云《白话山海经》（三秦出版社1997年版）
※ 《中国文物地图集陕西分册》（西安地图出版社1998年版）
※ 《我们有信心完成夏商周断代工程》（《新华文摘》1998年7期）
※ 《李元谅墓志及相关问题》（《文博》杂志1998年第二期）
※ 《华县文史资料》第六辑（华县政协2000年编印）
※ 《华县东阳发现西周贵族墓群》（2001年12月28日《华商报》）
※ 《陕西文物古迹大观》（三秦出版社2003年版）
※ 《铜川惊现陕西明代大地震记事碑》（2005年6月6日《陕西日报》第二版）
※ 《华县教育志》（陕西人民出版社2005年版）
※ 许海山《古中国简史》（中国言实出版社2006年版）
※ 韩敏《清代同治年间陕西回民起义史》（陕西人民出版社2006年1月版）
※ 华县文管会《华县文物古迹第一册》（2007年打印本）
※ 《康辉评说苏东坡》（中华书局2008年版）
※ 谭其骧《中国历史地图集》（地图出版社出版）
※ 高醒夫《历史遗迹》（华县政协藏稿）

附　录

2008年华县行政区划示意图

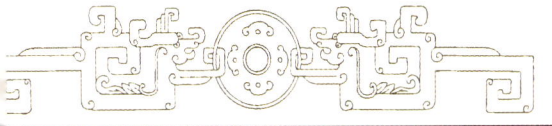

华州史话

后记

本书作为华县政协《华县文史资料》第九辑，经过长期准备，从2008年5月正式开始编著，2010年1月写成初稿，并送有关专家学者审阅。2010年5月29日，陕西师范大学历史文化学院杨育坤教授、中共陕西省委党史研究室副主任姚文琦研究员、西北大学文博学院副院长徐卫民教授、《陕西日报》科教新闻部主任党朝晖、西北大学经济管理学院副院长王正斌教授、陕西警官职业学院副院长段战平等一行专家学者齐聚华县，对初稿进行了评审，提出了许多宝贵的修改意见。此后，在吸取专家学者意见的基础上，我们对本书作了两次全面修改。终于在2011年11月完成定稿，并送交西北大学出版社出版。

在本书三易其稿的编著过程中，我们始终坚持的信念，就是要将散落在史籍文献及村野民间的华州史料，集中起来，综合提炼，形成一部有一定学术水平的历史普及读物，从而为青少年的爱国主义教育提供乡土教材，为华县的旅游事业提供历史素材，为华县的文化产业提供创作题材。更重要的是，使生活在这片古老土地上的人们，了解自己家乡古往今来之大势，以史为镜，知古鉴今，迈向更加辉煌的未来。

编写历史普及读物，既要注重可读性，又要注重可信性。可读性，就是要通俗易懂，文笔清新，娓娓道来，注意细节，使中等文化程度的读者基本没有阅读困难。可信性，就是要始终怀着对历史的敬畏之心，坚持科学严谨、实事求是、说实道有的理念。在编著中绝不牵强附会，绝不演义戏说。对资料严加考证，认真鉴别，严肃谨慎，宁缺毋滥。文风上避免人云亦云，辗转传抄的恶习。坚持写出一部真实的历史，而不是在商业利益、功利意识侵蚀下的伪历史。

慎终追远，昭示来者，是本书的宗旨；不哗众取宠，杜绝商业功利的浮躁之风，是我们的追求。但力有不逮，错误与不足在所难免，还望读者不吝赐教。

编著者
2011年12月31日

图书在版编目（CIP）数据

华州史话 / 吴新亚总编. — 西安：西北大学出版社，2012.4

ISBN 978-7-5604-3039-3

Ⅰ.①华… Ⅱ.①吴… Ⅲ.①陕西省—地方史 Ⅳ.①K294.14

中国版本图书馆CIP数据核字（2012）第068762号

《华州史话》上编

总　　编：吴新亚
主　　编：阎广勤　袁埔良

出版发行：西北大学出版社
销售电话：029-88302590
地　　址：西安市太白北路229号（邮编：710069）
网　　址：http://press.nwu.edu.cn
经　　销：新华书店经销
印　　刷：西安新华印刷厂
开　　本：810毫米×1065毫米　1/16
印　　张：12.75
字　　数：520千字
版　　次：2012年5月第1版　2012年5月第1次印刷
书　　号：ISBN 978-7-5604-3039-3
定　　价：168.00元（共贰册）

版权所有　侵权必究

华州史话

下编

总 编 吴新亚
主 编 阎广勤 袁埔良

西北大学出版社

《华州史话》编著人员

总编：吴新亚

主编：阎广勤　袁埔良

编辑：赵建文　史建安　潘宝善

审稿：杨育坤　姚文琦　党朝晖
　　　徐卫民　王正斌　段战平
　　　蒋秀侠　卫爱社　吕育坤
　　　田川虎　王晓光　刘公民
　　　田文哲

序

吴新亚

陕西关中平原东部，有一个面积约1127平方公里、古老而神奇的行政区域——华县。在中华民族几千年发展的不同历史时期，它曾先后被称之郑、郑国、郑县、华山郡、东雍州、华州等。其中华州声名最为显扬，唐朝时就有"百郡之首，重于藩维"之誉。

这里，六山一水三分田，风光秀丽，物华天宝，民风淳朴，文脉绵长，是享誉陕西的一方丰裕宝地。《华州志·卷一》有云：入潼关，自华岳过，"及西，遵少华诸峰而览也，则神秀屏障之设，又未尝不爱其为胜绝之区"。又见《三续华州志·卷十二》述实："清淑之气，磅礴郁积，生其间者，多光明磊落之士。"就在这胜绝之区，华州的先民们繁衍生息，辛勤劳作，创造演绎了无与伦比的人类远古文明。这里发现出土的"老官台""元君庙""泉护村"等新石器文化遗迹，证明在远古时代华州人的祖先由母系氏族社会向父系氏族社会演变的过程，进而告别洪荒，走向文明。

进入文明时代，在华州这个舞台上，先民们与时代同行，奋斗不息，曾上演了一幕幕波澜壮阔的历史活剧，有些甚至影响到中华民族历史发展的走向和进程。春秋战国时，秦国与晋、魏诸侯国之间相互冲杀的刀光剑影；秦国著名改革家商鞅惨遭杀害的斑斑血痕；西汉末年，赤眉军在郑县营垒中将牧童刘盆子扶上帝王宝座的改朝换代；东晋十六国时，匈奴、鲜卑、羯、氐、羌等北方少数民族军队潮水般涨落进退的金戈铁马；大唐盛世中，"百郡之首"华州的似锦繁华；唐末，唐昭宗李晔在华州行宫中无可奈何的愁思忧叹；五代时，封建武装集团之间争夺华州的腥风血雨；宋朝时期，宋、金两朝反复争战的对垒厮杀；公元1556年，华州大地震的山川改易；明末，李自成农民起义军横扫华州的狂飚；清同治年间，华州回民燃起的陕、甘回民大起义的烽火；八国联军入侵北京后，光绪皇帝和慈禧太后在风雨飘摇中仓惶逃遁的辚辚车队；辛亥革命中，会党攻占华州，清王朝统治结束后的社会变革；在废科举、兴新学时代，咸林中学在教育救国的思潮中脱颖而出，发展成为"陕东最高学府"的风风雨雨；1921年后，早期共产党人在华县传播马克思主义革命火种，建立中国共产党组

织,学生运动、农民运动勃然兴起的燎原烈火;1928年,渭华起义爆发,穷苦大众向反动势力的抗争呐喊;抗日洪流中,华县民众义无反顾奔赴抗日前线,勇于牺牲的民族大义;1949年,华县和平解放,14万人民载歌载舞迎来历史巨变的激情狂欢,等等,使华州的历史文化显得尤为丰富多彩、灿烂辉煌、悠远绵长。

  胜绝之区,钟灵毓秀,英才辈出。在几千年的历史演进和社会变迁中,华州涌现出了无数的社会精英和文化名人。他们站在时代的前列,在政治、军事、教育、文化等方面建功立业,促进了历史的发展、社会的进步和文化的繁荣。其中郑国开国国君郑桓公,唐代诗圣杜甫,"功盖天下、再造唐室"的郭子仪,中亚胡人将领李元谅,大宋宰相毕士安,北宋文学家李廌,明代文坛泰斗王维桢,清代名臣王士棻,呕心沥血、殚精竭虑创办咸林中学的现代教育家杨松轩,与贪官污吏势不两立的社会贤达顾熠山,共产主义的先锋战士吉国桢,渭华起义中指挥若定的刘志丹,浴血奋战的抗日英烈雍济时,等等,是在华州大地上涌现的无数英贤的杰出代表。虽然他们有些乡籍故里不在华州,但在华州却留下了永载史册的英名和业绩,其精神风范和活动踪迹早已融入华州历史文化之中。

  数千年来,古老华州演绎的精彩历史画卷和涌现的重要历史人物,但时过境迁,大都湮灭在岁月的长河中,鲜为人知。为了使今人获知华县延续了几千年的历史概貌以及鲜活生动的历史情景,华县政协才有了组织编撰《华州史话》之举,以继承和弘扬历史文化、增强本地发展经济的软实力。编著过程中,我们以严肃、严谨、求实、求新的治史态度,翻阅了大量的史籍、方志、专著、论文,走遍了华县的山山水水,寻访故老、石碑、古建,披沙拣金般地一点一滴搜寻散失在各处的相关资料,并从远古时期至公元1949年10月中华人民共和国成立的时间跨度上,从华县今天的行政区域范围内(乡镇建制以2008年为准),把握历史脉络,去伪存真,考证鉴别,筛选出百余个历史命题,用史话的体式编著成篇,力图为今人和后人提供一部可读性强,可信度高,文笔清新的地方史书。《华州史话》百密有疏,尚有不足,惟希冀聊胜于无,以慰先祖,以飨读者。

目录

1 / 序

【第七章】 中华民国·1

2 / 民国时期华县行政机构及区划的变化
5 / 北洋政府统治时期的华县政局
9 / 国民党统治时期的华县政局
14 / 民国时期华县官场贪腐之风
18 / 国民党组织在华县的建立与演变
21 / 共产党组织在华县的建立和发展
25 / 陕东最高学府咸林中学
30 / 现代教育的开拓者杨松轩
36 / 功在地方的顾熠山
43 / 天足振学会与模范女校
48 / 为官清正的侯旬知事
51 / 马克思主义在华县的传播
53 / 1923年的"交农"事件
55 / 驱逐刘镇华之战
57 / 大革命时期的华县农民运动
60 / 驱逐县长叶振本
62 / 震撼西北的渭华起义
70 / "高塘三杰"之一的陈述善
72 / 民国十八年大年馑
75 / "虎列拉"疫病大流行
77 / 奠基陕西现代医卫事业的杨叔吉

目录

【第七章】 中华民国

80 / 红二十六军在华县

82 / 从华县走出的"省委书记"——吉国桢

84 / 陇海铁路开通后对华县的影响

88 / "西安事变"中的华县之战

93 / 抗日救亡运动

97 / 抗日县长吕向晨

101 / 日军飞机轰炸华县

103 / "卅元"惨案

106 / 华县民众为抗战作出的牺牲与贡献

127 / 英勇殉国的抗日烈士雍济时

130 / 国民党高级将领胡琏

136 / 匪患猖獗

141 / 烟毒之害

145 / 兵祸连结

149 / 华县新旧政权的交替与国民党统治的终结

154 / 拾孟、令公武装暴乱事件

目 录

附录 · 158

158 / 华县大事记
166 / 华县县名的来历
167 / 主要参考文献
170 / 后记

【 华州史话 】

第 七 章

中华民国

华州史话

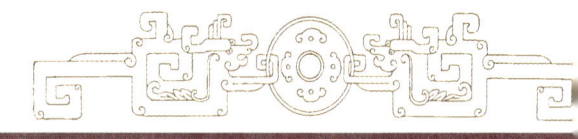

民国时期华县行政机构及区划的变化

1913年2月,"中华民国"政府尽废府、州、厅之制,延续了1300余年的华州从此改称华县,隶陕西省关中道。县官称知事,并设"县知事公署"(简称县署)。署内设秘书、收发、会计各一人,负辅佐行政之职,服务于知事。外设总务、教育、财政各科,又称一、二、三科,承办具体政务。政府之外有司法股,并设承审员,专理民、刑各案。清末的东西班改为行政警察,团练改为保卫团,又称民团。这就是民国初期华县行政机构的基本构架。

华县在民国初的行政区划基本沿袭明清的乡、里制,分为4乡42里,与明清时相比,只是将太宁里析为上太宁和下太宁二里(详见本书《明清时华州的建制、区划一文》)。

乡、里制是民国前期行政的基础,办兵役、催田赋、支军差、收杂款等行政事宜皆由乡里向民众分派收取。乡有乡绅,里有里绅,主持乡、里行政事务。1925年,县议会依自治法决定将全县4个乡改为4个区,下辖42里。后又改为五区35乡,里被取消。乡以下设镇、闾、邻。5个区的位置分别为:第一区,在石堤河、石堤峪与罗纹河、小敷峪之间,治所西关,辖平坊、岳前、褒义、褒辛、义凝、西甘、唐村、通化、新仁9乡及西关、下庙、罗纹3镇。第二区,西至罗纹河、小敷峪,东至县界,治所时村,辖柳润、将相、罗华、拾临、通孟5乡及柳子、王宿两镇。第三区,位于石堤河、赤水河之间的平原地带,治所赤水,辖侯坊、孝弟、西溪、良侯、小涨、大涨、遇仙、车徒、故县、郭市10乡及赤水、瓜坡、侯坊3镇。第四区,县西南台塬地区,治所高塘,辖丰原、青宁、太宁、白泉、广秀、吕胜、集贤、太平、东能9乡及高塘镇。第五区,岭南地区,治所金堆城,辖青岗、金堆两乡。

1927年,陕西撤关中道,华县直隶省政府。县行政机关由县署改称县政府,县官也由知事改称县长。县长主持县政,并设县政会议,由县长、秘书及各科科长组成,职能主要为审议县预决算、处分县公产、公益事业的经营管理等重大事项。

1934年,取消区制,实行保甲制。原来的乡称联保,联保辖保,保辖甲。全县初为35联保,后又缩为23联保。

1939年,华县隶陕西省第八行政督察专员公署(治所在大荔县)。原23联保,

第七章 中华民国

1940–1949年华县行政区划示意图

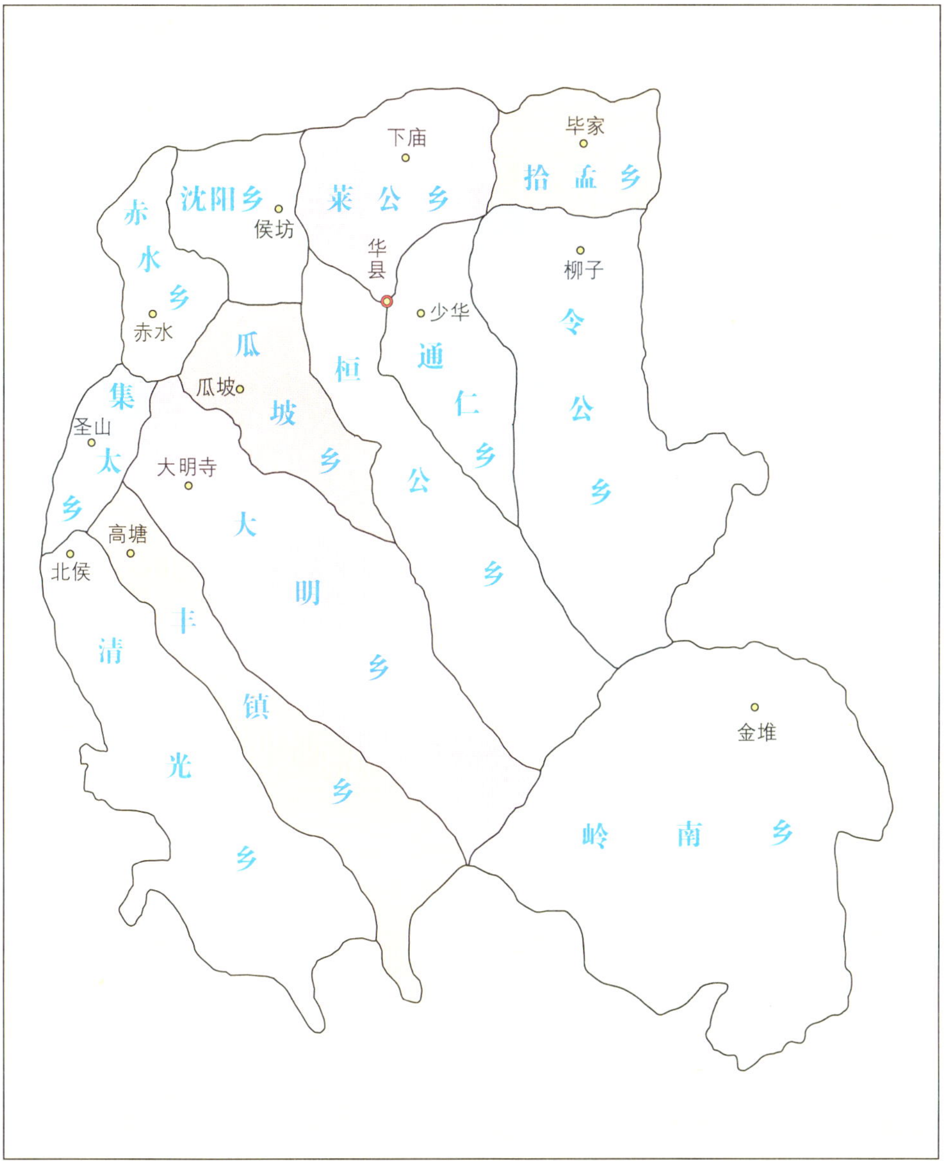

调整为13联保。次年，联保又恢复为乡。全县13乡分别是：桓公、令公、莱公、沈阳、赤水、瓜坡、大明、通仁、拾孟、集太、清光、丰镇和岭南。这13乡的大致方位是：桓公乡为今华州镇西部及杏林镇西部，令公乡约为今柳枝镇及莲花寺镇的罗纹河以东地区，莱公乡为今下庙镇、华州镇东部及辛庄乡的石堤河以东地区，沈阳乡约为今辛庄乡的石堤河以西地区，赤水乡约为今赤水镇地区，瓜坡乡约为今瓜坡镇地区，大明乡约为今大明镇及金惠乡一带，通仁乡约为今莲花寺镇的罗纹河以西地区及杏林镇东部，拾孟乡约为今毕家乡一带，集太乡约为今高塘镇北部的原圣山

华州史话

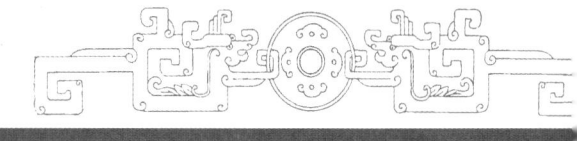

华县莱公乡徽章

地区，清光乡约为今东阳乡一带，丰镇乡约为今高塘镇的朱张村以南地区，岭南乡约为今金堆镇地区。至1947年，华县各级行政区划单位共有13乡、91保、2061甲。1948年8月，陕西省于华县设立第二行政督察专员公署，辖华县、华阴、潼关、渭南、临潼、蓝田6县，但时间较短，至1949年5月华县和平解放时，即自行消亡。

华县在抗日战争时期，行政机构变化较大，县政府设有民政科、财政科、教育科、建设科、禁烟科、军法室、会计室、合作指导室。直属机构还有国民兵团、警察局、卫生院、民众教育馆、军委会、县银行、农业推广所、地方款稽征处、赈济会、县商会、县农会、县总工会等，其中一些机构存在时间较短。在县政府之外，还有参议会、县党部（国民党）、青年团（三青团）、司法处、田赋粮食管理处、财务委员会、训练所等机构。这些机构虽不在县政府序列，但不同程度地受到县长的节制和影响。

抗战胜利后，华县地方行政系统又有新的变化，在原来基础上，增设了军事科、社会科、人民自由保障委员会、征借实物监察委员会、妇女会、教育会等机构。国民兵团改为民众自卫团。裁撤了原来的禁烟科、军委会、民教馆、赈济会等机构。

1949年5月，国民党统治下的华县行政机构及区划随着华县的和平解放而结束，取而代之的是中国共产党领导下的一个新的人民政府机构和区、乡、村地方行政区划。

第七章 中华民国

北洋政府统治时期的华县政局

辛亥革命爆发后，陕西革命党人于1911年10月推翻清朝统治，建立了"秦陇复汉军政府"，后称"陕西军政府"。在北洋军阀袁世凯担任中华民国临时大总统职位后，陕西军政府大统领张凤翙于1912年7月，接受袁世凯的任命，担任陕西都督。从此时起，直至1926年11月冯玉祥国民军联军解西安之围时为止，陕西处在北洋政府统治时期。

北洋政府统治时期的陕西，派系矛盾丛生，军阀混战不止，政局动荡不已，因而华州政局也随之混乱。而这个混乱从陕西军政府1912年元月委任的行政长官晁桂昌就开始了。晁桂昌上任后，华州正处于反正后的动荡和革命军潼关攻守的战乱之中。他不谋地方善后，先票催各行陋规（商行定期给署衙进贡钱财），又捏造报销，吞没罚款，滥支粮秣。还公然向财政绅（官方委任的负责财政事务的士绅）顾熠山等索贿，索贿不成又诬告顾熠山，经当庭对簿，阴谋败露。华州绅民以十大罪状控告于陕西军政府，晁桂昌上任后仅三个月就被撤职。而继任者李云峰，上任后一意敛钱。财政局管理国、地两税，不便贪污，他竟唆使科员闹事，乘机浑水摸鱼。后被地方绅民反映到省上，也被罢了官。1914年接任的李培材，仍是以枉法弄钱为能事，谋吞公储局，浮收粮赋，中饱私囊。教育界人士杨松轩与顾熠山联名致函西安同乡，促省纠查，把这个赃官也拉下了台。民国刚刚三年，华州就出了三个贪官，但无一例外为当地绅民所告倒，在陕东地区影响很大。

袁世凯为了加强中央集权，于1913年2月发布一系列"划一令"，对各省、县行政机构进行划分。将原来的府、直隶厅、州等的名称一律改为"县"，华州即在此时改称为"华县"。

1914年3月，河南的白朗（俗称白狼）农民起义军攻进陕西，袁世凯派亲信陆建章率北洋军第七师入陕"进剿"。兵车粮饷，支应浩繁，教育会小学的事务员雍伯岐因派车不公，向县知事张兆麟抗议。张兆麟反而将雍伯岐关押，并认为教育会创办人杨松轩为幕后主使，向省警察厅诬告杨松轩暗通白朗。幸警察厅还算明白，没有追究，雍伯岐也因舆论压力得到释放。

陆建章入陕后，袁世凯乘机把陕西都督张凤翙调到北京架空起来，让陆建章

华州史话

陈独秀于1924年2月20日在《向导》周刊发表的揭露华县当局横征暴敛的文章

独揽陕西军政大权,北洋军阀的嫡系势力开始主政陕西。陆建章统治陕西时,横征暴敛,排除异己,杀害革命党人,激起陕西人民的强烈不满。1915年底,袁世凯宣布恢复帝制,准备于1916年元旦正式称帝,陆建章为迎合袁世凯复辟帝制,制造虚假民意,鼓动陕西官绅上劝进表。华县知事尹昌烈本是留日学生,参加过辛亥革命,为官也还清廉,但迫于上峰压力,也就假借民意,宣示华县支持袁世凯称帝。袁世凯的倒行逆施遭到全国人民的反对,孙中山号召讨袁护国,各地纷纷响应。陕西也掀起了大规模的反袁逐陆斗争。这场斗争为革命党人发动,陆建章大肆镇压。陕西同盟会著名人物郭希仁、刘蔼如、吴希真等躲避陆建章的追捕,1916年春秘密来到华县,在杨松轩的帮助下,先潜居县教育会,又避居到县东南山中的潜龙寺。后被人告发,杨松轩又掩护郭希仁等潜往山西。陆建章闻讯后,对杨松轩将兴大狱,幸不久陆建章倒台,杨松轩才免去牢狱之灾。

1916年2月,高峻、郭坚等人在白水县举起"西北护国军"的旗帜,武装反抗陆建章的统治。5月,陆建章的部下、陕北镇守使兼渭北剿匪总司令陈树藩也参加反袁逐陆的斗争,并因实力强大而担任西北护国军的总司令。陈树藩指挥西北护国军向西安进军,并令严纪鹏部从渭南孝义直取潼关,以断陆建章东逃之路。严纪鹏在经过华县城时,县知事尹昌烈恐对方袭击,下令关闭城门。严纪鹏强行入城,商户关门,警生逃窜,秩序大乱。尹昌烈缒城,逃到城北的针王斜村(在今华州镇),后经乡绅斡旋,尹昌烈才回到县署,以白银800两饷军,严纪鹏即率部离开华县至潼关。在西北护国军的军事压力下,1916年5月,陆建章被迫下台,由陈树藩担任陕西督军。

陈树藩执掌陕西军政大权后,一头倒向北洋军阀的怀抱,拜段祺瑞为老师,从此隶属于皖系军阀系统。1917年12月,陕西革命党人展开反段倒陈护法运动,发动了靖国军起义，围攻西安。陈树藩兵力单薄，急向河南镇嵩军求救，并许镇嵩军头领刘镇华以省长一职（省长职位低于督军）。刘镇华的镇嵩军原为嵩山土匪，也属于段祺瑞系统。镇嵩军从河南进入潼关时，靖国军在华县以及临潼、灞桥设置有重兵。但镇嵩军乘靖国军不备，出其不意，发起夜袭，连续攻克三地，解了陈树藩之围。之后数年，陈树藩、刘镇华联合与靖国军在关中各地交战。华县虽然一直在陈树藩的控制之下，但邻近的渭南及大荔、蒲城等渭北各县发生过多次激战，使华县不但始终处于动荡之中，而且粮草供给、兵差支应也使华县百姓苦不堪言。1920年，直皖战争爆发，陈树藩所依靠的皖系军阀失败。直系军阀掌权的北洋政府免去陈树藩的陕西督军一职，由直系师长阎相文继之。阎相文率直军进驻陕西后，软硬兼施，瓦解了靖国军。阎相文后因故自杀，由同是直系的冯玉祥继任陕西督军。1922年，第一次直奉战争爆发，冯玉祥奉命率部东进河南，所遗陕西督军一职，由已改投直系的刘镇华接任。这一时期，华县政坛出了一个为官清廉的县知事侯旬（详见本书《为官清正的侯旬知事》一文），还出了一个贪赃民财的白文超知事。白文超是刘镇华的河南巩县同乡，任职期间，据说贪污白银几万两。刘镇华任陕西督军后任命的一个华县知事魏祖旭，也是刘镇华的河南老乡，是华县历史上的贪官典型。他1923年上任后的一年多时间里，就到西安六七次，每次必超过三四十天，在华县办公时日无多，各项政事积滞不办。对驻在县境的军阀部队所需粮款兵差，却格外积极，尽力压榨百姓，以讨好上峰。1月，华县驻军团长杨嘉宾（一作家彬）由豫归来，向地方声言，限5日之内借现洋7万，以济军需。魏祖旭不管民众死活，便召集全县43里值年、各区区绅、各乡团总以及各局所人员，召开所谓"绅民大会"，决定驻军7万借款由全县各里分摊。然而华县连年歉收，民众承担粮税、烟款、兵差每年达200余万元，且已缴至1925年，农民早已不堪负重。1月18日，高塘地区的"交农"流言四起，民众激愤。魏祖旭惧怕风潮闹大，遂于当夜在通衢要道张贴布告，宣布将借款一事撤销。1月25日，杨团长又将县知事传至团部，要求"务于阴历年内，筹款3万，否则地方秩序概不维持。"魏祖旭不敢重蹈覆辙，遂向县城内外300余家商号摊派，每家500或1000，并严限追缴。此时已近年关，商家银根正紧，哪有余钱借出。27、28日，终激起罢市风潮，商店全部关门，停止营业，社会生活大乱。后经商董与县署调解，最后达成只借3000，仅此一回的协议，罢市才予平息。此事轰动较大，2月24日，陈独秀在《向导周刊》，3月25日，品三在《共进》杂志上都对此进行了披露。驻军要钱，魏祖旭就向农民、商人分摊，而他自己在任内却侵吞公款，总数在10万以上，以致华县民怨沸腾。1925年3月，魏祖旭心虚畏罪，携款潜逃，县中成无政府状态。华县绅民曾列举魏祖旭十大罪状，呈上峰查办，但终未缉获。

华州史话

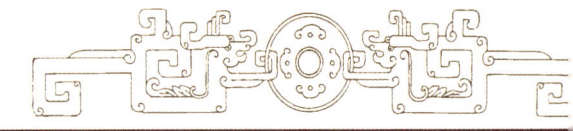

刘镇华独揽陕西军政大权后，施行残暴统治，激起陕西人民反抗，掀起了轰轰烈烈的驱刘运动。改编成陕军的原靖国军部队也发动了驱逐刘镇华的战争。1924年11月和1925年3月，华县地区相继爆发了两次驱刘战役（详见本书《驱逐刘镇华之战》）。华县虽然遭受兵燹之苦，但终于赶走刘镇华及镇嵩军。1926年春，刘镇华在直系军阀的支持下，卷土重来，再次西进关中，包围了西安。陕军杨虎城、李虎臣、卫定一等死守西安8个月，刘镇华始终未能攻下西安城。但包括华县在内的关中东部遭镇嵩军蹂躏。当时镇嵩军驻华县的先是姜鸿盛部，后换为韦嵩山团。韦嵩山视华县教育界为乱党，必欲置之死地而后快。适1926年10月，七里寺学校（今柳溪小学）有师生被土匪绑架，校长史笔直直接上书刘镇华，要求剿匪。而韦嵩山却认为此举扫了华县驻军的面子，就衔恨逮捕了史笔直，诬其"以印刷品煽惑军心"，将史笔直冤杀。镇嵩军在华县还烧杀抢掠，横征暴敛，激起华县人民反抗。高塘地区的农民就组织起来，配合陕军于5月数次武装袭击镇嵩军，缴获大批枪支。

刘镇华围攻西安期间，北伐军正胜利进军，直系军阀节节败退。1926年9月，冯玉祥的国民军联军策应北伐，从绥远五原（在今内蒙古）南下援陕，打击刘镇华的镇嵩军。国民军联军与西安城内军民内外夹击，一举击溃镇嵩军，刘镇华等逃往河南，1926年11月28日，西安解围。11月30日，驻华县的镇嵩军韦嵩山团东窜，镇嵩军任命的华县知事范润生也一起逃走。至此，北洋军阀政府在华县的统治即告终结。

第七章 中华民国

国民党统治时期的华县政局

　　1926年11月，冯玉祥率国民军联军，赶走北洋军阀系统的刘镇华镇嵩军，解了西安之围。国民军联军驻陕总司令部为陕西的最高军政机构，这是国共合作的军政府，组织上受武汉国民政府的任命和领导，华县及陕西从此进入了国民党统治时期。

　　冯玉祥及驻陕总司令部开展国民革命，支持农民运动，陕西革命形势出现了大好局面。华县从1926年12月起，共产党组织公开活动，国民党华县县党部在共产党人的帮助下成立，并共同发动农民运动，组织各地成立农民协会。驻华县的国民军联军五旅旅长梁冠英、在该旅工作的共产党员宣侠父对华县的农民运动大力支持，各地农协纷纷成立，并成为华县的重要政治力量。一切权力归农会，农民协会有无上的权力，不但各地土豪劣绅纷纷被打倒，就是县政府、县长（1927年起，县知事改称县长）也得听命于农民协会。1927年前半年的两任县长叶振本和朱宪秦就因破坏农协，贪赃枉法，包庇土豪劣绅而被县农民协会发动群众予以驱逐（详见本书《大革命时期的华县农民运动》一文）。

　　1927年7月，冯玉祥追随蒋介石公开反共，实行"清党"，中共华县党组织及农民协会被迫转入秘密活动，倾向进步的国民党县党部主任顾熠山也被撤换。8月上任的县长段恒煜（又名紫光），属于冯玉祥系统，他到华县后，采用各种手段，压制革命活动。当时顾熠山任县立高等小学（简称县高）校长，段恒煜认为顾"亲共"，于10月下令撤销其校长一职，另任反共的谢幼石接任。县高师生对此不满，掀起了"留顾拒谢"的罢教、罢课运动。段恒煜几次派警察陪谢幼石去学校上任，都未成功，县高的罢教罢课坚持数月之久。1928年1月22日晚，段恒煜联手驻军包围了县高，逮捕了一批师生，以"共产嫌疑"罪名送西安军法处。但这时共产党领导的革命运动在华县重振旗鼓，不可阻挡，终于在1928年5月于高塘塬上爆发了威震西北的渭华起义。起义失败以后，贪官污吏、土豪劣绅反攻倒算，起义地区出现了前所未有的白色恐怖（详见本书《震撼西北的渭华起义》一文）。

　　1929年，华县继前一年的白色恐怖之后，又遇特大旱灾、冻灾，这就是有名的"民国十八年大年馑"（详见本书《民国十八年大年馑》一文）。华县民不聊生，

华州史话

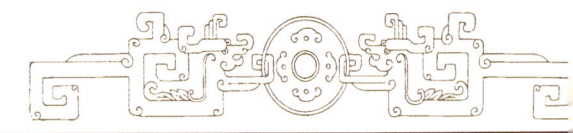

灾难深重，但火上加油的是，冯玉祥与蒋介石又发生大规模新军阀混战，陕西作为冯玉祥的主要后方基地，百姓的军差供给陡然大增。大灾荒之下的华县百姓家无余粮，食不果腹，但县政府不体恤百姓，不减收粮赋，反而按土粮增派军队所需之车、马、米、麦、麸料、柴草等。百姓实在交不出，县长高峻明就派差警到各地催缴，搜粮搜草，威吓乡民，敲诈勒索。缴不上就被捉到县城，带镣上枷游街者，每天不下十余人。1930年继高峻明任县长的林钟毓，是行伍出身，为冯玉祥大军催粮催款比高峻明更甚，为逼乡民交款，在县政府大堂，他亲执大板，刑械欠交的里长。上梁不正下梁歪，下级官吏更是变本加厉，但反抗也接连发生。1928年9月，高塘县佐李凤池在敛财已足，私囊饱满，夜间潜逃途中，被拦杀于道。同年，高塘公安分局巡官魏某借故苛罚，贪赃甚巨，归途为乡民击毙。1930年1月，县公安局一警员将素行不检的局长王硕甫枪杀于西关，又闯入县政府，用刀威胁县长高峻明，高峻明跪泣，交出100大洋后，保住性命，警员远飏。

1930年10月，冯玉祥在与蒋介石的战争中失败，投靠蒋介石的杨虎城于11月进占西安，冯玉祥的势力退出陕西，由杨虎城主政。属冯玉祥系统的华县县长林钟毓逃往渭北，私携财物，悉被乱兵劫夺，华县县政由张佩钧代理。12月，陕西省政府任命郭涛（字雨晴）任华县县长。郭涛热心地方文教事业，听取县教育局长史伯康的建议，于1931年夏倡修"华县县志"，拨了专款，成立了县志局，聘请德高望重的顾熠山为县志主修。但郭涛任县长仅七八个月就去职，人亡政息，继任者对修县志并无兴趣，县志局成立一年多即告结束。以后只靠顾熠山等的个人力量，锲而不舍，坚持不懈，终将县志修成，出版于1949年春，即《重修华县县志稿》，这已是后话。而当初接郭涛县长之职的王其晟，上任不久即被县人薛毅、史伯康以"违法贪赃"等情，控告于省，并登报宣布王的"罪状"。王其晟大怒，于1931年9月秘密派人到西安，将薛毅拘捕押回华县，拘留多日才释放。王其晟任职到1932年4月卸职，由王盛英接任干了3个月，又由廉明伦继任县长。1932年6月至8月，霍乱（俗称"虎列拉"）疫情席卷华县，死亡6000多人（详见本书《"虎列拉"疾病大流行》一文）。面对这惨烈的疫情，廉明伦执掌的县政府没有采取有效措施处理疫情，而是在8月时派人下乡催交烟（鸦片）款。许多人无力缴纳，不得不求助高利贷，或坐以待毙，高塘塬上就有人被逼死亡。9月，西关商人因反对强行摊派营业税借款而罢市。廉明伦亲率警察、团丁闯入各家商户，以武力威吓手段，逼迫商户交清本款，并处以罚款。同在这月，有驻军开拔，要华县提供骡马。县政府又派警察、团丁、差役四出下乡，先后强行拉走骡马200多匹，"主人跟踪于后，费金钱，遭鞭打，最终骡马均失没。"（民国《重修华县县志稿》）。11月，廉明伦又将次年应征的田赋，令各地在最短时间内先缴一部分上来，搅得全县怨声载道。12月，廉明伦上任

第七章 中华民国

半年后突然潜逃，华县人对他有"不廉、不明、不伦"之消。

廉明伦的继任者是罗传铭。1933年初，滴雨未落，旱灾严重，灾民大批外出逃荒，县政府发放逃荒护照20多次，每次约二三百人。未逃荒者，多以树皮草根充饥。有外商西运面粉经过县西七里寺时，被灾民抢去数百袋，可见灾情之重。但国税、地税不减，差警又复严逼催缴，百姓实在无力承担。3月19日有六七千人聚集于西关三教堂，拟联合到县政府请愿，要求暂免捐税。县长罗传铭闻讯后，急赴西关，对群众多方劝慰，并传令商人给群众散发食物。人群发生拥挤，在场团丁开枪弹压，结果死1人，伤2人。事后县政府付给死者丧葬费，一场风波过去。但大灾之中的严逼粮款，不能不引起反弹。这年7月，县西的西溪乡乡长秦进恭因派款有威虐等情，被乡民中途袭击毙命。一个月后，高塘塬区广秀乡乡民，也因苛派钱粮之事，刺杀了乡长宋宗武。县长罗传铭圆滑嗜利，在任20多个月，除私人擅用国税、侵没罚款外，对地税浮支滥报，亏空甚巨。为补亏空，他或以特别借贷名义，或以烟款附加名义，向各乡摊派勒索。罗传铭的贪婪行径，激起县民愤怒，旅居西安的华县同乡向省民政厅、省财政厅控告。1934年7月底，罗被免职，并由华县各机关组织成立了委员会，清理罗的账目，但查账三个多月也无结果。11月19日下午，罗传铭潜逃，被团丁追回，但他死活不回县政府，被扣留在西关民团团部。晚上11时许，罗又设法潜逃至西安，一个月后，因羞愤而死。

1934年8月，继任华县县长的是吴至恭。顾熠山所修民国县志，对民国时的历任县长、县知事评价严苛，轻易不做赞许，但称赞吴至恭"廉明勤慎，为守兼优，公牍娴习，庶政一新。"吴初到华县时，鉴于前任罗传铭财政紊乱，创立了财务委员会，选公正士绅主持，将全县财政公开。县府各科，沿袭旧规陋习，盘结把持，弊窦日深。吴至恭深知其中症结，将各科人事，大加甄别，留能汰劣，合署办公，县府吏风，有所改进。特别一提的是，华县虽盛产青竹，但竹器加工却一直落后。吴至恭设法邀请河南博爱县的刘、孙二位技师，来华县教授竹工技艺，华县的竹器加工业从此兴盛起来。

1936年12月12日，张学良、杨虎城发动"西安事变"。当时华县驻军为张学良东北军的孟广辰营，中央军二十八师西进"讨伐"张杨时，曾攻打华县县城，县城遭到战争浩劫（详见本书《"西安事变"中的华县之战》一文）。战后，华县为中央军控制，吴至恭县长因政见问题，托故去职出走，华县政事无人做主。为避免混乱，华县商界公推顾熠山为首，组成包括齐逸农、王荣卿、冯明轩3人在内的善后委员会，及时处理战后危机。不久，中央军二十八师秘书蒋复初被任为华县县长。以后的一两年内，杨虎城的势力逐渐势弱消失，蒋介石的嫡系势力逐步控制了陕西。

1937年7月，抗日战争爆发，华县社会各界掀起了抗日救亡运动的高潮（详见

华州史话

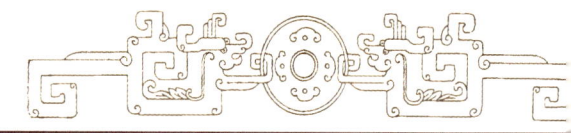

本书《抗日救亡运动》一文），并为神圣的民族解放战争贡献了大批人力物力（详见本书《华县民众为抗战胜利作出的牺牲与贡献》一文），共产党地下组织及抗日进步力量发展壮大，全县的政治氛围热烈而高涨。尤其在吕向晨任职华县县长期间（1938年3月—1939年3月），剿灭积年土匪，备战日寇入侵，整顿官风吏治，支持进步力量，华县出现了前所未有的团结抗战局面。但顽固势力不愿看到进步力量的发展，于1939年初，挤走了县长吕向晨（详见本书《抗日县长吕向晨》一文）；持续打击共产党，打压"民先队"等抗日青年进步组织。1940年12月27日，华县三青团骨干宋光祖等人带领警察，在咸林中学逮捕了学生中的中共党员、民先队员、青救会员6人。1941年7月，驻华县的国民党第一军特务营逮捕了咸林中学师生3人（中共党员1人，进步师生2人）。在此前后，还在社会上逮捕了中共党员及进步人士十几人，查封了一些进步报纸和文化书社。1941年8月，国民党华县县党部、三青团将咸中、少华女中的进步学生进行特训，并逮捕6名学生送西安青年劳动营关押。以上人称"华县三次大逮捕"，从此后，中共组织及"民先队"、"青救会"等进步团体被迫停止活动，华县又陷入了万马齐喑的局面。

1940年初的华县县长是晁广顺。他1940年到任，1943年离职，任职三年多，在民国38年历史中，华县有42任县长（知事），他是任职最长的一位。政治上，晁广顺受限于历史与时代，没有什么建树，但在为官上，尚能审慎律己，颇有廉名。当时罗纹、石堤等河决堤，他征集民夫筑堤，躬亲监督，早到迟退，毫不懈怠，有时挺立在风雪中不为所动。一次，防御日寇入侵的黄河河防前线，需要木料构筑工事，晁广顺亲带民夫进山伐木，并躬先扛运，感动了众人。晁广顺薪俸廉薄，但他不贪不污，生活清贫，曾典当衣裘以补家用。他的夫人纺棉造膳，朴素俭朴，经常自扫院内落叶，权作灶下燃料。顾熠山在民国县志中称赞晁广顺"吃苦耐劳，而廉洁又为历任第一。"

1945年，华县经历了几件大事。7月2日，蒋介石来到华县赤水郭村大操场，在第一战区司令长官胡宗南的陪同下，检阅了驻扎华县的国民党第一军。7月，为实施所谓"宪政"，开始民选乡长，即由乡民代表会选举各乡乡长，但一年多后，乡长仍由县政府委派。8月15日，日本投降，抗日战争取得胜利。9月5日，华县召开庆祝抗战胜利大会，华县县长王雨春、国民党第一军军长罗列、美国盟军3位上校，与华县党政学商各界共同庆祝来之不易的伟大胜利，会场上有四乡社火、大小戏的表演，人山人海，狂欢热烈，前所未有。12月1日，华县参议会正式成立。此前的1943年曾成立华县临时参议会，顾熠山任议长。这次筹备成立华县参议会时，华县进步力量支持顾熠山蝉联议长，但由于华县顽固势力的代表井仙蓬、王仲谋等人贿选，王仲谋当选为议长。华县参议会此后由井仙蓬、王仲谋把持，强奸民意，谋取私

第七章 中华民国

利，被人讥讽为"井王庙"。

1946年6月，国民党军进攻中原解放区，内战全面爆发。从此开始直至1949年国民党统治崩溃，华县政局就如顾熠山在民国县志中所说："政治已由凌乱而专私贪污"，"时间愈紧贪风愈炽"，"几乎无官不贪，有吏皆污"。这一时期的贪官之多，又以县长李焕民、国民党华县党部书记长高毅安为甚，以致遭到华县开明士绅的控告（详见本书《民国时期华县官场贪腐之风》一文）。1948年8月，陕西省第二行政督察专员公署兼保安司令部在华县成立，辖潼关、华阴、华县、渭南、临潼、蓝田6县，专员为艾捷三。1949年1月，艾捷三离任，由华县县长张雅轩升任第二专署专员，华县县长继任者为李佐唐。李佐唐是华县人，由本县人担任本县县长，在华县历史中，李佐唐是其唯一。但这个时期，人民解放军节节胜利，关中地区面临解放军的强大军事压力。中共党组织为解放华县，正进行有力的工作。国民党华县政府强化反共防共措施，竭力维持摇摇欲坠的统治。但历史潮流不可阻挡，1949年5月23日，华县和平解放，国民党在华县的统治结束，共产党领导的人民政权建立，一个新的历史时期开始了（详见本书《华县新旧政权的交替与国民党统治的终结》一文）。

民国华县市井风俗画（白伯旅绘）

华州史话

民国时期华县官场贪腐之风

自古以来，国家设官授职旨在管理社会事务、造福百姓，清廉是对官员的基本要求。但历代官场贪腐相沿成习，贪官不绝于史。与官场其他弊端相比，贪腐尤为百姓所深恶痛绝。

辛亥革命后，民国创立，实行共和。但军阀、政客专权，争权夺利，政治纷乱，官场腐败，贪官污吏层出不穷。华县在民国时期的38年中，前后共有42任知事、县长，观其政声操守，其中贪污受贿、搜刮民财者比比皆是，成为当时官场的一股浊流。

民国华州首任知事晁桂昌，河南人，是清末老官僚，"无学识，庸陋贪鄙，措施乖谬"（《重修华县县志稿》卷十三）。辛亥年（1911）九月，华州会党起事，占据州城，焚烧州衙，抢掠官财，捣毁学堂，社会秩序大乱，人心惶恐不安。他上任后，不谋地方善后、稳定人心，而是热衷于沿袭清末陋规，票催各行商户给州署进贡油酒肉炭等物及钱财，以中饱私囊，并捏造报销，吞没罚款，滥支粮秣，公然向财政绅（官方委任的负责财政事务的士绅）违规索款，索款未遂，反诬财政绅于陕西军政府东路兵马都督吴世昌，经当庭对簿，阴谋败露。该晁在任贪腐不堪，后被华州绅民张定九（鼎昌）等28人联名以十大罪状，控告于陕西军政府，遂被撤任。

第二任知事李云峰，陕西长武人。该李初来时，高谈民主，伪装革命，善于钻营，似有作为，略获人望。晁桂昌被撤职时，华县士绅若干联名向上峰推荐，省当局委任李云峰为知事。李任知事后，贪腐本性暴露，一意敛财，违法害民。当时国、地两税悉归财政局管理稽核，知事无权调用。李云峰染指税财无门，便唆使财局吏员罢工滋事，企图浑水摸鱼。并捏造罪名，上告中伤财局士绅。被华县士绅控告于省，遂被罢官。

第三任知事李培材，河南永宁人，1914年5月走马上任华县知事。该李施政无方，敛财有术。上任伊始，便巧立名目、摊派罚款，藉修葺县署二堂，把罚款2000两白银据为己有。并私收烟款匿不上报，就连百姓诉讼用的呈纸，也由大钱200文加价至250文。特别是欲壑难填，竟然谋吞公储局。陕西响应辛亥革命后，清廷调毅军西攻潼关，省令吴世昌为东路都督，郭希仁为筹饷大使，并委华州教育界名人杨松轩、顾熠山、张定九为华州财政绅给大军筹措粮饷。当时时局不定，华州城商号观望不敢开市，军队拿的银两换不到制钱，买不到饭吃。顾熠山和广盛礼商号经理程安澜相商，一面动员各商号开门营业，一面藉祖师庙开办官钱局，兑换银两、制钱，给军队接洽买东西，以解燃眉之急。1912年，官钱局受州署财政局之托，承担了代收田赋和经理公款两大业务，此外还办公债、支兵差、推行钞票。1913年，财政局撤销，县知事将代收田赋和经理公款两大业务夺归县署办理。官钱局改名公储局，继续开展金融公益业务。县署办理田赋和经理公款后，知事李培材浮摊滥派，一年就吞掳钱粮约万金，一时民怨四起。而公储局正当经营，深为各机关商号所信赖。李培材图谋霸占公储局已久，并为了掩盖侵吞公款罪责，竟倒打一耙，恶人先告状，向省密禀"公储局为数人团体……代收田赋以来余银七百余两"，继则派人查公储局账项，后竟倚官藉势下了勒提余银的指令。李培材的阴谋活动引起公愤，顾熠山协同公储局同仁向省当局具呈申辩，一面将李贪污事实的函件发至西安各华县同乡，动员社会各界力量促省查纠，不久李培材即被撤职。

  第十三任知事白文超，河南巩县人，是军阀刘镇华的亲信。时刘镇华任陕西省长，将白安插至华县。白文超嗜利成性，有恃无恐，任知事不到半年，便贪刮白银数万两。百姓骂他："姓白，吃的白馍，刮的白银子，做的尽是黑事。"1922年3月17日，咸林中学宿舍大楼落成，举行文艺演出。演出的话剧名为《黑武蹳》，是学校师生根据白知事吞掳公款的事实编写的，明眼人一看剧名，就知是"白文超"的反意。演出前，白知事坐着轿子、带着差役来到咸中大门口，就被学生挡下轿来，学生们讥笑说："可笑可笑，民国官员还要坐轿；胡闹胡闹，都长两条腿，为啥你坐桥，却叫别人抬轿？"说的白知事面红耳赤，但不好发火，只好硬着头皮步行到演出会场。《黑武蹳》开演后，剧中县太爷迈着八字步蹳到前台中央，亮相道白："俺家住巩县，指甲长的"残"（"残"为关中方言，意指锋利），贪赃又枉法，只为抓银元！"把一个心黑手长的贪官，表演得活灵活现。场下观众心知肚明，一片哄笑，边看边骂。白知事被羞得满脸通红，恨不得钻进地缝中去，气呼呼离开了会场。白文超离任华县时，账面亏空白银数万两。华县绅民上告要求查办，刘镇华怕白文超被查牵连自己，竟派马队来华县，将白及家眷强行接走。

  第十五任知事魏祖旭，河南汜水人。1923年任内，民刑诸事，积压不办；县政不理，赴西安游逛达六七次之多，每次必逾三四十天。且摧残教育，把持财政，无祟不作，尤其侵吞公款达十万以上。1925年3月，民怨沸腾，舆论强烈，魏知事看形势不利，遂携巨款潜逃。一时，华县成无政府状态，驻军邓旅长布告："知事赴潼就医，着承审员及独绅（指乡绅独汝琪）办理一切。"数日后，承审员张绳武及警佐魏钟亦逃之夭夭。地方遂成立善后委员会，暂理地方事务。善后会依据法令条

华州史话

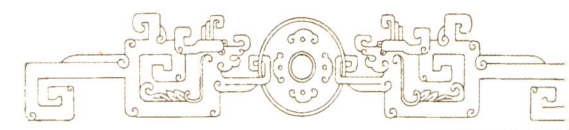

款，列魏祖旭贪赃十大罪，呈控省政府查办，终未辑获到案。

叶振本，湖南人，1926年12月任华县第二十任知事。任期内，农民运动兴起。叶知事思想顽固不化，与国民党县党部不睦，诬蔑其组织农民运动为"混闹"，且有贪污恶迹，政声不佳。翌年5月，该叶经四处活动，连任华县县长（1927年，县知事改称县长）成功，准备走马上任，但华县民意不从。县农民协会和县党部组织数千民众召开大会，当场揭露叶振本贪污及阻碍农民运动的恶行，将其驱逐出华县。

第四十任县长李焕民，河南新野人。1946年11月到任后，毁去县府大门楼，改建新式三幢门，并为门额题字"勤政"、"爱民"，在县署东偏院修建会议室三楹，上挂匾牌曰"正义堂"，以标榜自己清正廉洁爱民，实则是借大兴土木之名，行虚报贪污之实。李县长为官敛财有方，一次赴高塘视察，转掌之间就搜刮大烟土数百两，令随行官员羡慕不已。李的母亲在河南老家病亡，李乘机大发其财。他到处张扬，要在华县给其母召开追悼会，并指示亲信通知县、乡各级人员参加，收受丧礼。社会名流顾熠山气愤地说："他妈给华县人民做些啥好事嘛，追悼哩？"李焕民的卑鄙污浊行径，引起社会舆论一片哗然。1948年8月，华县正义之士联合西安同乡，向省上举报李的贪污罪行，

1944年县临时参议会就民政科长韩天信私藏烟土案致县政府的质询函

第七章 中华民国

请求省主席董钊严办。不几日,省上特派杨文选、赵和民来华县,配合地方查县府的账项。李焕民看风头不对,黑夜携眷逃匿。

国民党华县党部书记长高毅安,在官场也是呼风唤雨,说一不二。1945年到任后,他经常封官许愿,索贿受贿。谁要当乡长、保长,首先要走他的门路,向他送礼行贿,何巷村魏某就是给其送了一个金箍子,才当上保长。他巧取豪夺,在警察局和国民兵团吃空饷,藉给其父母祝寿索取钱财,影响极坏。华县士绅联名向省党部告发,省党部书记长、华县人潘廉方立即派人来华县查处,1946年末被撤职。

韩天信,辽宁人,1942年任县民政科长。性贪鄙嗜利,每任一保长,都要收受贿赂。在代理县训所教育长期间,不通过庶务,擅自购置物品,虚支冒领,仅3个月就克扣小麦约10石。时有人举报高塘三义村毋宗林家私藏大烟土,县府指派韩天信及警察局人员前去查纠,查获烟土800余两。但韩天信一伙胆大妄为,隐匿不报,竟将800两大烟土私分,韩分得大宗。事泄后,有关报刊将其披露,在全省引起轰动,成为陕西禁烟的大案要案。县政府不敢公然袒护,将其寄押于国民兵团。某夜,韩贿通看管人员,越墙逃匿外地。县府为敷衍民怨,李代桃僵,将韩妻褚子良收押,后不了了之。

如韩天信之类的贪官污吏,史书记载的还有县佐李凤池、县保卫总团团长李镇山、田管处副处长徐宝卿、薛月明等大大小小官吏不在少数。上述贪官的恶迹,大体可以反映出当时官场贪腐之风的全貌。正如华县知名人士顾熠山抗战胜利前夕在西安觐见蒋介石时所说:"抗战以来,风气坏乱,尤其征兵征实之主官,各尽敲骨吸髓之能事,横发国难财,现已到了有官皆贪,无吏不污的地步。"

华县民国时期的贪官,利用手中的权力,贪污公款、索贿受贿、浮支冒领、克扣肥己、攫取不义之财,亵渎了法纪,玩弄了民众,败坏了社会风气。所幸的是,华县自清末以来,以顾熠山、杨松轩、张定九、袁佐卿、郑云章等一批开明士绅,形成了一股地方进步势力,他们在华县的政治舞台上,以地方利益为重,不畏强权,为民代言,与形形色色的贪官污吏进行不妥协的斗争,使许多贪腐的知事、县长、科长、吏员被拉下马。在国家体制不完善、对官员的监督机制缺失的民国时期,此种反贪之举,是值得肯定和后来者借鉴的。

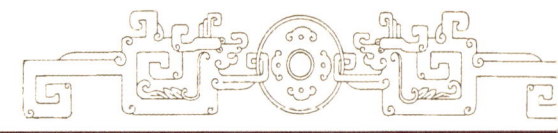

华州史话

国民党组织在华县的建立与演变

民国时期,华县的国民党组织从建立到沉寂,从恢复到发展,从活跃到消亡,走过了一条曲折、多变的道路。

辛亥革命前,华州就有国民党的前身——中国同盟会会员的反清革命活动(详见本书《辛亥革命华州举义前后》一文)。民国建立的当年(1912)七八月间,同盟会陕西支部在华州教育会内设同盟会华州支分部筹办处,教育会成员"互相介绍,入会者颇形踊跃"(民国《重修华县县志稿》)。不几天,入会者达60余人。8月24日,华州支分部召开成立大会,票选杨松轩为会长,张定九为副会长。支分部内设庶务、交涉、调查、演说、会计、书记等6部,由顾熠山、张益斋、关秀卿、刘海寰等分别掌之。不久,中国同盟会改组为国民党,同盟会华州支分部也改名为国民党秦支部华县分会。

这一时期,中国政治风云多变。"中华民国"南京临时政府成立不久,临时大总统孙中山让位,政权由北洋军阀袁世凯掌握。袁上台后,积极复辟帝制,对孙中山领导的反袁运动进行镇压,中国国民党的革命活动陷入低潮。1915年12月,袁世凯称帝后,国民党华县分会即停止了活动。

1924年1月,在中国共产党的帮助下,孙中山领导的中国国民党召开第一次全国代表大会,接受了中共提出的反帝反封建的政治主张,重新解释了三民主义,确定了联俄、联共、扶助农工三大政策,实现了第一次国共合作。政治形势的变化,使华县的国民党组织重新产生。1925年4月,中国国民党华县临时县党部成立。一年后,军阀刘镇华二次祸陕占领华县,使华县国民党的组织再度中止活动。1926年11月,冯玉祥的国民军联军策应北伐,赶走了刘镇华的镇嵩军,控制了陕西,国民革命风起云涌。在王述绩、杜松寿、郑云章等共产党人的帮助下,华县国民党县党部于同年12月恢复成立,顾熠山任县党部主任委员,王、杜、郑等人也以个人名义参加县党部的领导工作。县党部下设区党部、区分部若干,党员百余人。这时的国民党华县县党部,是国共合作统一战线性质的革命组织,由共产党人和国民党左派人士领导,他们和华县的共产党组织合作,发动农民运动,使华县的农民运动成为陕西农运发达的地区之一,有力打击了贪官污吏、封建地主和土豪劣绅的势力,形成

第七章 中华民国

了前所未有的革命新局面。

1927年7月,驻陕的冯玉祥部倒向蒋介石,开始"清党"反共,农民协会被解散,共产党员被逮捕,倾向进步的国民党县党部主任顾熠山以"接近共产党"的罪名被免职,县党部也陷入瘫痪。同年10月,李激石、史天民到华县改组国民党县党部,党员重新登记,李激石任县党部主任委员。李激石领导下的县党部积极反共,镇压农民运动。1928年初,李激石被枪杀于华县城外,不久县党部即停止了活动。

1929年,华县又设立国民党党务指导委员会,徐评之任党务指导委员。次年11月,蒋、冯、阎大战结束,杨虎城率部返回陕西主政,具有冯系背景的徐评之弃职逃跑,党部书物卷宗失没一空。1931年元月,国民党省党部派郑国翰到华县任党务审查员,并成立党务审查员办事处,10月,更名为党务指导员办事处。翌年8月,本县人曹绍文接任党务审查员之职,还未到任,前任郑国翰就卷款逃离。国民党组织机构如此松散混乱,其工作状况自然乏善可陈。

抗战爆发前后,全国抗日呼声甚高,在一致对外的目标下,国共两党的紧张关系出现了缓和,但华县国民党组织为了对抗中共领导下的"中华民族解放先锋队"和"西北青年救国联合会",宣传"一个政府、一个主义",有意制造两党摩擦。1938年5月,华县国民党组织在县党部指导员杨恒三(山西人)的领导下,依靠执政党地位,公告华县"民先队"、"青救会"为非法组织,强行予以解散,并对《新华县报》及各种进步刊物严格检查,对坚决抗日的吕向晨县长的活动严密监视,打压华县共产党组织的活动。

1940年前后,国民党华县党务指导员办事处又复名为县党部,杜士亮任书记长。之后,县党部联合胡宗南第一军政治部和县政府,对共产党员、进步青年学生和民主进步人士进行了三次大逮捕,数十人被押解至西安青年劳动营,使华县共产党组织遭到严重破坏。

1945年11月,县党部召开党员代表大会,选出执行委员会和监察委员会,选举高毅安(陕西宝鸡人)为书记长。全县设12个区党部(农会、县府、商会、桓公、莱公、沈阳、少华、令公、拾孟、赤水、瓜坡、丰镇),7个直属区分部,36个其他区分部。县党部月支经费由250元增至2300元,由县财政正款供给。并规定党员按标准自由认交党费,但仅说说而已,并未实行。

1948年10月,县党部与三民主义青年团华县分团部合并,史称"党团统一",取消三青团组织,三青团员统一转为国民党员,刘三群任县党部书记长,并设有副书记长、秘书、组织干事、宣传干事、总务干事等职位。全县设4个区党部、16个区分部,有党员1470人。华县三青团组织最早出现于1935年9月。当时省派陈宗碧暂为三民主义青年团华县分团筹备员,11月奉令正式成立分团筹备处。后改为华(县)

华州史话

华（阴）潼（关）分团筹备处。1940年又改为华华潼分团，宋光祖代理书记。次年又改为华县分团部。后徐慕唐、宋雪天、任文明、张泰生相继任三青团书记（后称干事长），至1945年，三青团华县分团部辖区队13个、分队87个、直属分队6个，团员1172人。国民党和三青团领导人均参加华县党、政、军联席会议，讨论决定县政重大问题，但长期以来，各自为政，矛盾不断。据传，党团不合始于1941的全县教师暑期训练班，县党部书记长杜士亮对教师讲："党为团的父亲，团为党的儿子……"此言一出，令在场的三青团代理书记宋光祖大为恼火，在旁观者的怂恿下，二人大打出手，各有所伤。从此党团关系恶化，处于不合作状态。

刘三群出任国民党华县县党部书记长纯属意外。党团合并时，曾有人提议让宋光祖回华县执掌县党部。中共华县工委闻此消息后，十分着急，因该宋是华县三次大逮捕的主谋，对华县共产党主要成员的状况十分熟悉，若该人掌握县党部大权，必将对中共组织的活动产生极大的不利。遂决定请华县国民党元老、时任省第二专署参议的顾熠山先生出面，联合地方士绅和各界知名人士，将宋光祖在代理三青团书记时的恶行写成材料向上控告，以阻止宋光祖任职。顾先生亲自赴西安，面见自己的学生潘廉方（国民党陕西省党部书记长）、刘依仁（省教育厅秘书长），进行游说，终于使宋光祖回华县之议胎死腹中，并将咸林中学校长刘三群推荐到县党部书记长的位置上。

刘三群长期从事教育，思想比较开明，政治上比较温和，在书记长任内曾营救和掩护过中共党员和进步学生。但人在官场，身不由己，虽然刘三群本人无甚劣迹，可县党部作为国民党的基层组织，仍然维护国民党在华县的统治直至最后时刻。1949年5月，随着华县的和平解放，华县的国民党组织寿终正寝。

民国时的华县田野

第七章 中华民国

共产党组织在华县的建立和发展

华县是中共组织建立较早的地区之一。1921年至1923年间，早期共产党人魏野畴、王复生、王懋廷等就以教员身份来到华县，在青年学生中传播马克思主义，撒播革命火种，开展学生运动和农民运动。潘自力、吉国桢、高克林、杜松寿等一批立志救国救民的华县热血青年，在早期共产党人的指引下相继走上共产党领导的革命道路。

1925年2月1日，华县咸林中学的中国社会主义青年团（以下简称青年团）团员雷光显、张犟、侯澜、李维屏等与西安、三原等地的进步青年团体负责人共15人，在赤水职业学校，由共青团渭南赤水特别支部书记王尚德主持召开会议，正式成立共青团华县支部，李维屏任书记，隶属共青团中央，机关驻地为华县咸林中学，有团员10名。11月，在王尚德的主持下，共青团谷堆小学支部建立，陈述善任书记，隶属共青团赤水特支，团员约5人。华县共青团组织建立后，就在共产党员的带领下，成为农民运动的中流砥柱。

1926年12月，在轰轰烈烈的农民运动中，高塘地区的中共大王支部、谷堆小学支部在霍世杰的领导下成立。县城附近的中共郑村支部、保师庙支部、咸林中学支部在杜松寿、王述绩的领导下成立，王怀玉、李成栋、郑云章、张养性、赵秉毅分任书记。从此，中共在华县有了正式的基层组织。

1927年3月初，陈述善受中共陕甘区委派遣，在大王、谷堆两个支部的基础上建立了中共高塘特别支部，自己亲任书记。特支隶属中共渭南地委，机关驻地高塘镇，下辖算王、高塘小学、谷堆小学、大王、民团5个支部、党员34名。该特支建立后继续发动农民斗争土豪，消灭土匪，为陕甘区委提供活动经费。4月，在杜松寿、王述绩的领导下，建立了中共华县特别支部，王述绩任书记，同样隶属中共渭南地委，机关驻地县立高小，下辖郑村、保师庙、咸中、瓜坡、郭村、七里寺小学、杜家堡小学、县教育局等8个支部、48名党员。两个特支利用冯玉祥国民联军倾向革命、同共产党合作的历史机遇，公开领导各级农民协会反对贪官污吏，清算土豪劣绅，把华县大革命时期的农民运动推向高潮。

1927年4月12日，在上海发生了"四一二"事变，国民党右派蒋介石公开与共

华州史话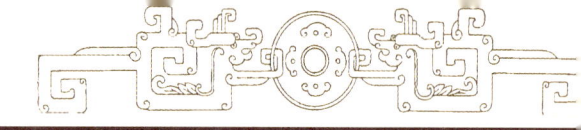

产党决裂。7月,统治陕西、甘肃、河南的冯玉祥与蒋介石合流,开始"清党"反共,陕西的政治形势急转直下,共产党的组织受到了严重的破坏,但在华县高塘地区,由于地处偏僻,共产党力量相对集中,又有掌握的高塘民团的掩护,不仅没有遭到破坏,反而有较大的发展。同年7月,中共陕甘区委派遣马文宪来华县,在高塘、华县两个特支的基础上组建了中共华县委员会,马文宪任书记,隶属中共陕西省委,驻地高塘小学,下辖包括潼关、华阴支部在内的15个支部,有党员97名。之后陕西省委相继派来华县的还有王苪南(又名王林)、王授金(陕西省农民协会委员长)、赵葆华、张一悟、张亚衡、乔国桢等人,以加强县委的领导力量。1927年9月,又由王苪南接替马文宪任县委书记。这一时期,党员发展很快,至1928年5月,全县党员达500余人。根据省委的指示,华县县委除继续发动群众抗粮抗税、反蒋反冯、发展党团组织外,开始注重军事,在掌控高塘自卫团的同时,要求党团员自购枪支弹药及各种武器,为武装起义作准备。1928年3月22日,中共陕西省委常务委员会决定,以渭南、华县、五一县(在今渭南临渭区北部)、华阴、临潼五县为陕东暴动区,4月1日,中共陕东区特派委员会在华县江村药王洞小学成立,专门负责领导陕东地区暴动。5月1日,渭华起义的烈火开始点燃。

渭华起义是陕西省委决定,陕东特委领导,在华县、渭南两县发生的武装起义。起义时,华县县委下辖4个区委、29个支部、约500名党员。在陕东特委的直接领导和工农革命军的支持下,县委迅速发动群众,向土豪劣绅、贪官污吏展开斗争。数日内建立30个村苏维埃,土豪劣绅的财产没收充公或分给贫苦农民,并准备分配土地。渭华起义沉重地打击了国民党新军阀政府,陕西省省主席宋哲元曾三次派兵对起义中心区发动军事围剿,由于双方力量悬殊,起义武装防御作战失利,后撤向秦岭山区,参加起义的当地共产党员、共青团员及积极分子分别到各地分散隐蔽。渭华起义失败后,国民党地方当局对起义地区的群众进行了残酷的镇压,130多名共产党员、共青团员、赤卫队员被杀害,华县的党团组织遭到严重破坏,甚至在当地无法立足,共产党的活动由此转向低潮。

三个月后,陕西省委决定把原渭南、华县、五一三个县的党团县委合并,组成中共渭南中心县委,活动于渭河以北的固市、信义一带,其工作之一是营救和接应起义中心区的党团员。后吕剑人回到华县领导党团坚持活动。1929年春,在一片白色恐怖中,华县党团组织基本停止了活动,但有些共产党员仍继续坚持革命斗争。

五年之后的1934年2月,王筠受中共韩城县委派遣到华县恢复组织,重新建立了咸林中学党支部。后刘玉堂也到华县恢复和建立了三涨村、北杜村、城关3个党支部。在险恶环境中,华县仅有的中共4个支部,先在韩城县委的领导下顽强坚持,后在渭华工委的领导下艰难跋涉,直至抗日战争爆发,才逐渐恢复了元气。

第七章 中华民国

1937年7月7日卢沟桥事变后，中共中央提出建立广泛的抗日民族统一战线，共同抵抗日本帝国主义侵略的主张，国共第二次合作局面形成，华县的政治形势趋向缓和。华县中共组织面对时局变化，以中华民族利益为重，集中力量，迅速在华县掀起抗日救亡运动，宣传抗日、动员民众、支援前线，为抗日工作做出了重要贡献。

1938年6月，在日军兵临黄河东岸，形势日趋紧张的情况下，中共华县县委又一次重建，刘玉堂任书记。县委根据省委指示，在抗日救亡运动中，积极恢复和发展党的组织，大量吸收抗日先进分子入党，建立了西、南、中、东4个区委、30个支部，有党员200余名。这是中共华县组织建设继渭华起义之后出现的又一大好局面，但因国民党实行"溶共"、"防共"、"限共"、"反共"的政策，而延续时间较短。

1940年10月以后，国民党发动第二次反共高潮，在华县对中共和进步力量进行了三次大逮捕（详见本书《国民党统治时期的华县政局》一文），政治空气骤然紧张，中共华县组织再次受到重创。为隐蔽精干、保存力量、以待时机，县委的主要领导先后带领身份明显的党员撤离华县赴陕甘宁边区以及四川、河南等地回避，县委仅留书记高诚一人坚持。1942年高诚身份暴露，离开华县赴延安，县委停止了活

1927年7月成立的中共华县县委旧址（在今渭华起义纪念馆中）

华州史话

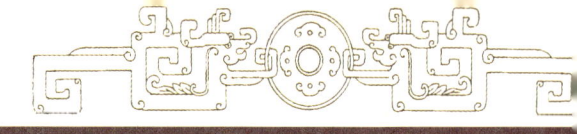

动。

1946年的中国，已进入解放战争时期，内战的烽火已经燃起。7月，中共陕西省工委派王岗到华县恢复党的组织，王岗来华县后同一部分隐蔽的党员接上关系，又慎重发展了一批党员。同时，中共陕西省工委特派员兼临潼、渭南、华县、华阴联络员白云峰奉命到高塘，与白雪亭秘密接上关系并开展工作，控制了丰镇、集太、大明三个乡及部分保的政权，以合法身份向富户摊派款物，支援新四军五师二十二支队在高塘山区的游击活动。1947年2月至1948年5月间，省工委、关中地委先后派郭明丁、王平凡等人回到华县加强工作，使华县中共的组织在恢复中不断壮大。

1948年10月，中共华县工作委员会在中共陕西省工委所在地的旬邑县马栏成立，王平凡任书记。此时，在陕西关中东部，荔北战役已经胜利结束，战场形势越来越有利于中共方面，中共地方党的工作也在快速跟进。王平凡、袁健、王岗、史德、刘永祥等县工委成员，认真分析华县敌我情势，加紧恢复和发展党员，建立党支部，并通过与顾熠山、白伯旅、杜寿山等爱国民主人士的统战关系，把一批党员打入华县当局党政军各部门，控制了三分之一以上的华县地方武装。

1949年2月前后，华县解放的曙光已经出现。为了迎接最后的胜利，华县工委派出40余名党员和进步青年赴陕甘宁边区学习，为接收华县政权做干部准备。此时，华县工委下辖辛庄、侯坊、三涨村、城关、下庙、高塘6个支部，已有党员229名。5月，解放军一野部队横扫胡宗南的西北国民党军，朝邑、大荔渭北等县已获解放，华县已处在人民解放军的大兵压境之下，解放已指日可待。华县工委一面紧急调动掌握的武装力量就近待命，一面委托少华医院院长杜寿山与华县县长李佐唐接触，转达县工委和平解放华县的主张和条件。22日晚，王平凡又与华县参议长王仲谋谈判，取得成功。5月23日清晨，王平凡率县工委成员进入县城，王仲谋召集国民党华县政府各科科长、各乡乡长、自卫团各大队长30余人开会，向中共华县工委投诚并接受检验收编，王平凡庄严宣布华县和平解放。5月24日，中共渭南地委决定，新的中共华县委员会成立，刘耀明任书记，王平凡任副书记。

华县的中共组织从1926年12月正式建立，经过22年的艰苦努力，终于获得胜利，掌握了华县政权。

第七章 中华民国

陕东最高学府咸林中学

在华县乃至陕西民国时期的教育史上，咸林中学无疑是浓墨重彩的一笔，其地位和影响其他学校难以比拟。它从一个命运多舛的小学发展到陕东最高学府，经历了一个艰难曲折、复杂多变的风雨历程。一座名校的崛起，一代学人的奋斗，几乎影响了华县社会的世纪变迁。

咸林中学创办于1919年4月8日，但源头却要追溯到清末成立的华州教育研究会附设两等小学堂。中国自甲午、庚子两役后，国势一蹶不振，朝野之士均认为废科举、立学校为救国之要和当务之急。在时势逼迫下，清廷下诏推行"废科举、兴学校"所谓新政，令各省将府、厅、州、县之书院改为兼习中西之学堂。1904年，华州知州褚成昌创办州立中学堂，但无声色，且时间较短。1906年11月，陇海铁路附捐风潮起，学堂门窗书籍被捣毁一空，无力坚持，后改为州立高等小学堂。与此同时，华州杨松轩、顾熠山、郑云章等一批先进的知识分子，顺应历史潮流，高举教育救国的旗帜，走上了"团体兴学"的道路。1907年2月27日（农历正月十五），杨、顾、郑等组织友仁学会、集义书社全体成员及华州一些士绅在文庙集会，成立了华州教育研究会（后称教育会），公推杨松轩为会长，刘海寰为副会长，开始践行华州的新式教育。3月17日，新式教育的试验学校"华州教育研究会附设两等小学堂"在耐村太王庙"借校址、借学生"的艰难中举行开学式，宣告成立，杨松轩以教育会会长身份兼理校务。有学生约30多人，管教2人。学校当时虽然依旧读经拜孔，但开设课程中已有算术、地理、格致（自然）、体操等新学内容。翌年3月，经杨松轩力争，知州褚成昌将少华书院4.4亩公产拨付附小，才使该校有了立足基础，遂渐成气候。由于学校新学色彩浓厚，面貌焕然一新，被陕西提学使余堃誉为"陕东特色"。1912年3月，学校专办高等小学，校名改为"教育会附设高等小学校"（简称教高），学制3年，课程有修身、国文、算术、历史、地理、理科、图画、体操、手工、歌唱、农业等，较前更具时代特色。学校规模不断扩大，建校舍40余间，购校外学田40余亩，置教具千数百件，始建园艺部，首开农业知识和劳动技能教育。至1919年12月，共8届152名学生毕业，这在一个学风初开的偏僻小县，确是一个惊人的教育成果。

1919年4月8日，经杨、顾、郑等人两年多的呼吁和筹备，"华县私立咸林中学

华州史话

校"（简称咸中）在教高校内正式成立，薛辑五被聘为咸中第一任校长。当时就陕西而言，中学校屈指可数，关中地区仅有省立中学3所，私立中学只有1918年陕西督军陈树藩创办的成德中学一所，4所中学全在西安。咸中的创办，改变了陕东地区十几县无中学的历史，为大量小学毕业生继续深造创造了条件。咸中成立后，与教高同处一地，教职员互兼，校舍校具互用，之后虽然两校时分时合，但两校血脉相通，骨肉相连的关系维持了十几年。因此，咸林中学始终把华州教育研究会附设两等小学堂1907年3月17日成立之日，视为自己建校时间，是有一定道理的。

1920年1月，为统一事权，咸中校长开始兼任教高校长，两校合设校务长一人，教务长各设。3月，咸中校董会成立，有会员100余人、校董24人。杨松轩当选董正（董事长），张益斋为董副（副董事长）。在董事会的领导下，咸林中学顺应民主科学潮流，顺风顺水，成为名噪一时的新型学校。至1928年10月，学校有理化教室4间，理化仪器室2间，标本室5间；有较为完备的声、光、电、化等教学实验仪器，现代自然科学教学可见一斑。1927年7月17日，咸中校董会与县教育会联席会议决定，咸中与教高两校实行合并，校名更名为"华县私立咸林学校"，校长刘竹轩。学校内设小学、中学、师范、职业4个教学部，各部分置主任一人，由校长统辖。前县教育会与咸中董事会同时合并与改组，成立"华县私立咸林学校校董会"，杨松轩当选常务校董（董事长），仍然是该校的掌舵人，学校继续保持良好发展的势

1920年4月咸林中学师生合影

第七章 中华民国

头。

然而，天有不测风云。1928年12月30日，咸林学校的核心领导人杨松轩因脑溢血突发而猝然辞世。1929年，也就是人们常说的民国十八年大旱灾又接踵而至。1932年，华县又发生了罕见的"虎列拉"（霍乱烈性传染病）大流行。接二连三的天灾人祸，严重冲击着发展中的咸林学校，学校的生源和经费出现危机，教学质量严重滑坡，发展举步维艰，以至于1931年初，省教育厅以"学生太少，学绩不著"为由，拟将咸中撤办，一时人心惶惶，议论纷纷。在此生死存亡之时，幸亏校董会中坚关秀卿、张益斋等人力排众议，竭力坚持，四处游说，县教育局才坚定信心，一再向省厅申诉，停办之议遂罢，咸中终于渡过难关，恢复正常。1931年7月，学校易名为"私立咸林初级中学校"，原师范部归并中学，小学部从中学移出，改名为"私立咸林中学校附设小学"（简称附小）。9月，经杨松轩之子杨钟健推荐，北京大学毕业的高材生王子休接替刘竹轩任咸中校长。

王子休，陕西高陵人，与杨钟健交谊甚厚，年轻有为，精明干练，勇于任事，长于教学管理，是咸中称誉"陕东最高学府"的关键人物。他虽受命于学校危难之机，但雄心勃勃，锐意进取，把咸中发展目标定位在"成为陕东幼稚教育、小学教育、中学教育最完备之学府，而树立开发西北文化之中枢"（见王子休《咸林中学的素描》），并进行大刀阔斧的体制创造和教学改革。1932年10月，咸中冲破封建桎梏，开始招收女学生，实行男女同校，开陕东风气之先。1933年9月，又在陕东地区首设高中班，使咸中成为陕东的第一所完全中学，在省内轰动一时。1934年，又开办幼稚园，招收4-7岁幼儿入校接受教育。后又恢复工读生制度，使许多贫寒学生半工半读完成学业。这一个又一个陕东"之最"，使四方学子慕名而来，咸中进入了发展史上最辉煌的时期。

这一时期，学校在校长之下，设教务主任、训育主任、事务主任各一人，分司其职。在教学体系上分高中、初中、女中、小学4部。全校有20多个教学班，1000余名学生，50多名教职员。建教室12座数十间，膳堂30多间。校园占地面积扩展至90余亩。咸中著名的大操场、东大门、风景路等均建造于此时。园艺部、面粉厂、合作社、咸林医院、咸林公储局、咸林春饭店、豆食公司、电灯公司、粉笔厂、理发室、学生储蓄银行等完备之至，不仅为劳动教学、学生生活提供了方便，更为学校建设经费提供了来源。一个长期靠社会捐助的私立学校如此规模布局，可见办学者的匠心独具。

咸中规模宏大，师资力量雄厚，校风严谨，管理严格，质量上乘，"陕东最高学府"的誉名油然而生。其时，陕西东部的十几个县，西安、长安、三原、泾阳甚至晋南、豫西等地的学生蜂拥而至，其轰动效应波及全国，国内教育界名流来咸中

华州史话

1935年建成的咸林中学东校门

考察参观者纷至沓来，陕西教育厅长也觉荣耀，欣喜之余曾予嘉勉。1936年10月，咸中提前一年举行建校30周年庆祝活动，省内外教育界专家学者莅临观光。驻陕的张学良将军为之题词："菁莪造士"；杨虎城将军题词："继往开来"；陕西省主席邵力子先生题词："成德达材"。荣誉之高，实属罕见。

关于"陕东最高学府"这一提法最早出自何处，历来有两种说法：一说是1934年，南京国民政府"考试院"院长戴季陶来咸中视察时，曾亲口赞誉咸中是"陕东最高学府"，但无史料佐证；另一说见于顾熠山先生编纂的《重修华县县志稿》卷五，其言为："（咸中）不特为陕东最高学府，在全国私校中，亦有声色。"白纸黑字无可争议，但这一提法是否为最早，尚待考证。无论最早出自何处，已无重要，重要的是陕东最高学府之于咸中，确实是名至实归，绝非溢美之词。

咸林中学从1907年3月华州教育研究会附设两等小学堂创立，至30年代成名为陕东最高学府，凝结着杨松轩、顾熠山、郑云章等华县现代教育开拓者以及薛辑五、魏野畴、王子休、关秀卿等一大批优秀学人的心血和智慧。陕东最高学府，不仅是学校等级、规模的认可，更是学校地位和影响的肯定，完全在情理之中。首先，办学理念先进。咸林中学是教育救国的产物，是以"培养健全的高素质的未来国民"为宗旨。课程设置求新求实用，不墨守成规。教学方式和手段灵活多样，在文化课基础上，重视劳作教育，以提高学生动手能力和综合素质。其次，坚持精英治校，名师教学。杨、顾、郑等咸中创办人，海纳百川，兼容并蓄，在全国延揽人才，诚聘名人名师来校任职任教，把教学质量建立在高素质的师资队伍上，宁可空位以待，绝不滥竽充数。历任校长薛辑五、刘竹轩、王子休、范重仔、宋尼宣等，均为出身名牌大学、学富五车、视野开阔的治校精英。教师队伍中魏野畴、王复生、蔡颂臣、熊文涛、王敬之、雷五斋、严木三等，都是具有新思想、新知识，敬业有为的青年才俊。他们孜孜不倦，耕耘学地，把咸中推到了陕东最高学府的境界。第三，敢于开风气之先。咸中立意高远，把培养人才和改造社会融为一体，使学生在改造社会中增长知识，经受磨砺，使学校在风雨中成长，与时代同行。30多年中，咸中站在时代前列，反帝、反封建、反军阀，传播新思想、新知识、新风气，倡导

第七章 中华民国

妇女解放，移风易俗，破除迷信，树立新风，承担了陕东地区最高学府的社会责任。

咸中历经30多年的奋斗，完成了从一个小学堂到陕东最高学府的嬗变，这是华县之幸，人民之福。学校为国家培养了数以万计的各类人才，其中华县受益最大。有多少华县子弟通过咸中的培养，进入大学，走向社会，在各个领域为国效力，有些甚至成名成家，在军政界、学术界、科技界、教育卫生界做出了卓越贡献，为华县争得荣誉。杨钟健、潘自力、杜松寿、吉国桢、杨述祖、高克林、雍济时、关中哲、甘一飞、钟师统、林毅、袁定中等是其中的杰出代表。人们说华县教育发达，是陕西文化大县之一，这与咸林中学不无关系。

在骄人的教育成果之外，咸中还是西北马克思主义传播的源头。1921年8月后，魏野畴、王复生、王懋廷等早期共产党人相继来到咸中，把"五四"民主科学精神带进学校，把《先驱》《共进》《向导》《新青年》进步刊物介绍给学生，在学生中秘密传播马克思主义，撒播革命火种，一大批先进学生从此走上了革命道路，咸中也成为华县共产党组织活动的重要堡垒。

进入40年代后，尽管社会动荡，政局不稳，但咸中依然故我，在后继者的努力下，咸中优良传统和校风得到继承和发扬，陕东最高学府的地位和影响有了新的发展，直至1949年华县和平解放，被移交给新生的人民政权，由私立学校变为一所公立的新型学校。

今咸林中学西校门

华州史话

现代教育的开拓者杨松轩

杨松轩

清末民初，华州涌现了一批与时俱进的知识分子。他们不甘国家沉沦，以天下为己任，兴办新学，培育人才，传播新思想，改造旧观念，标领华州风气数十年。在这个群体中，杨松轩当属其中出类拔萃者之一。

杨松轩名鹤年，字松轩，自号补拙轩主人。1872年（清同治十一年）8月22日生于华州龙潭堡（在今莲花寺镇）一个世代农家。父杨增龙，坚毅勤劳，精于稼穑，虽"失学终身"，但热心教育，对子孙诵读，靡费巨资无所惜，曾联合本村7户农家，开办村塾，在地方颇具名望。杨松轩在家排行老大，其弟为鹤守、鹤庆、鹤瑞。其妻王氏，本县兵农堡（在今莲花寺镇南寨行政村）人，14岁嫁入杨家，勤苦能干，生子钟健、钟华，生女芝英、芝芬。

杨松轩9岁入村塾读书，接受蒙童教育。由于当时乡塾劣化，塾师迂腐不堪，遂于1888年至华州老城内马家巷青云庵，从学于华州名儒王炳文先生。经3年苦读，于1892年首次赴同州（今大荔县）参加府试，名列第二，考取秀才，时年21岁。翌年二次参加同州府试，又以"当为通场压卷"的成绩，考取"一等会廪"（即"廪生"，由公家负责膳宿）。1895年，清政府在甲午战争中被日本战败，民族危机日益严重，康有为联名应试举子上书光绪皇帝，反对签订丧权辱国的《马关条约》，提出"变法图强"的政治主张，梁启超、谭嗣同、严复等积极呼应，救亡图存成为国内思想潮流。杨松轩受时势的影响，为追求新学，于1896年游学于关中著名的泾阳县味经书院，从学于刘光蕡（古愚）。刘在陕西教育界久负盛名，思想开明。在维新变法运动中，与康梁遥相呼应，鼓吹变法图强。政治军事上主张迁都备战，富兵于农，君主立宪，改革弊政；社会风尚方面主张劝止种植吸食鸦片，提倡种桑养蚕，女子放足；经济方面主张兴办实业；文化教育方面主张兴学育才，普及教育，

第七章 中华民国

力求革新。还主张改革应从乡塾做起，不分门户、男女兼教，并提出"除虚文"、"修实学"、"学重实验"、"事重实践"的主论。杨松轩味经游学三年，亲受恩师教诲和熏陶，思想发生急剧变化，认为教育是建设、改造国家和社会以及培养人才的重要途径，关系到国家的命运和前途，遂产生教育救国、兴办新学之志。他毕生坚持"不尚空谈，不务虚声"、"重实业，重教育、重研究科学"，皆来源于此。为实现"兴学育才"、"教育救国"的志向，他联络在味经书院一起读书的华州同乡刘经轩、周文伯、刘海寰、刘巨川、顾熠山等，组织"友仁学会"，开展新思想、新知识的学习与研究。

1898年，戊戌变法失败，新政取消，刘光蕡的味经书院山长之职亦被解除。10月间，刘光蕡至礼泉县"烟霞草堂"继续讲学，杨松轩"时相从游"。1899年8月，杨松轩辞别恩师回到华州原籍，"游学教育时期，至此告终"（见《杨松轩年谱》）。

回到龙潭堡后，杨松轩一边继续研读新学，一边为父兼佐农事。1900年，他感于时势，编撰《妇女发轫》一书，广为散发，并联络同志成立"天足振学会"，开展"劝止妇女缠足运动，开三秦风气之先"。1902年，为广求新知、培养兴学人才，他与顾熠山、郑云章、刘经轩、刘海寰等创办"集义书社"。该社性质和形式类似书报合作社与图书馆。同年，他按新式学堂模式，佐其父在龙潭堡创办了"蒙养学堂"，聘请味经书院同窗刘经轩任教师。该学堂一洗乡塾的陋习陈规，初设"识字"、"演算"、"学礼"、"学乐"四课。在教学方法上，以灌输新知识、启发学生思想为目的，常把西哲探险航海故事、中国古代科学发明故事以及民间大众的"口头语"、"农谚"运用到讲学中，用图表讲解，用韵文编教材，使蒙童易学易懂易记忆，以培养学生热爱科学、重视实践的精神和增强学习的兴趣。蒙养学堂是杨松轩兴办新学的初次尝试，其影响很大，阖邑远近皆闻其名。1903年秋，杨松轩又在龙潭堡西南的甘露寺设馆试点，改革乡塾。他亲任教授，从学学生甚多，新学又获赞誉。1905年，临潼县知事李云生仰慕杨松轩办学之名，聘其至临潼县雨金屯两等小学堂任教。杨松轩在雨金任教两年，讲学有方，深得学生及家长信赖。他作为倡导新教育的实践者、改革乡塾教育的活动家，开始名扬关中。

通过近7年的乡村教育实践，杨松轩深感兴办新教育，非一人之力所能及，须组织团体力量推动才可蔚成风气，即"产生团体兴学动机"。1906年夏，他与时在三原宏道学堂游学的顾熠山、郑云章函商团体兴学办法。秋，团体兴学倡议获得顾、郑的支持，即相约一起回到华州开始各项筹备工作。阴历八月二十七日（孔子诞辰纪念日），在"友仁学会"和"集义书社"的例行年会上，"提议兴学事宜"，获得到会会员和社员的一致赞同，决定成立"华州教育研究会"，并以此为载体，兴

华州史话

办新学。

杨松轩具有其父遗风,勤奋、务实、刚毅、果敢,一旦决定,便义无反顾,一往直前。1906年末,华州发生"交农风潮",州立学堂曾被"交农"罢工的农民视为"洋学堂"而捣毁一空。杨松轩不为仇视新学势力所惧,迎难而上,向社会印发了《为筹设教育研究会致阖郡里绅诸公函》《华州教育研究会简章》。函中讲:"今日之世界,学界也,国无学不能自存,人无学不能自立。故地方文野,全视教育振兴与否……"简章中讲:"……故本会以改良教育、划一学界为宗旨。"

1907年2月27日(农历正月十五),杨松轩、顾熠山、郑云章和"友仁学会"、"集义书社"的全体成员及华州一些进步士绅集会,共商团体兴学大计。会上,杨松轩宣布:"华州教育研究会正式成立"。会议以无记名投票方式,选举杨松轩为该会会长,刘海寰为副会长。即日任事,履行职责,"专司振兴学务",觅定会址,购置教学仪器、图表标本、科教书刊、报章杂志等。杨松轩兴办新学、教育救国的宏愿迈出了第一步。

教育研究会成立之初,一无经费,二无会址,三无学生,困难重重。元宵节后的一个夜晚,杨松轩邀集会友至华州城外耐村附近的"太王古庙",商讨应对之策,彻夜未眠,至东方发亮,半碗清油灯都熬干了,仍然还是二两银子的开办费。从此留下了杨松轩等人"二两银子半碗油"的办学佳话。在办学一筹莫展时,杨松轩鼓励大家说:"有钱办事则无事可办"。并提议:没会址,借会址;没学生,借学生;会员带头认捐,带头选子弟入学。困难岂止这些,更大的阻力是来自社会的守旧势力。时民智未开,地方顽固士绅、生员、乡塾、冬烘(塾师)、学究以及大量思想保守的民众,他们不相信新学,甚至持着仇视的心态,与新学对抗。先前杨松轩等人发给阖邑士绅200余件《公启》《简章》,至正月初十,"赞成者竟无一人"(见《杨松轩丁未年正月初十日记》)。关于会址,杨松轩等与官府接洽,先"借文庙不得","再借武庙又不得",最后"借马家堡庙又未果"(见《教高二十年大事记》),到处碰壁。这时,顾熠山之父顾丁俊老先生施以援手,将耐村三村乡塾所在的太王庙慷慨让出,借给教育研究会作栖身之所,才解了燃眉之急。1907年(光绪三十三年)3月17日,是华州现代教育史上值得铭记的日子。这天,"华州教育研究会附设两等小学堂"(简称附小)在太王庙举行开学式。杨松轩、张恩波任管教。外来学生6名,借耐村五社学生30余名。该校呈州转报备案,4月正式核准开办。这期间,杨松轩经营规划,费尽周折,日无闲暇,夜不成寐,其艰难办学,"非语言所能阐述,非外人所能尽悉也。"

1908年,华州知州褚成昌任杨松轩为州立学堂堂长,并同意将少华书院西正院(今咸林中学西北部)拨给附小为校址,以便杨就近兼任州学。3月,教育研究会与

第七章 中华民国

附小移住城内少华书院。时有仇视新学者,暗张匿名揭帖,声言要杀杨松轩及其同事。一时学校风声鹤唳,异常恐慌,人多劝杨松轩离校躲避,杨始终置之不理。此事曾惊动州衙,经查明,揭帖系一仇视新学的塾师所为,后予处罚了事。1909年12月,杨松轩为专力附小教务,先辞去教育会会长,1910年又辞去州学堂堂长之职。他倾其全力,精心谋划,在之后的两年内,为学校建楼房9间,厦房10余间,厨房4间,并以募捐所得"购基地三亩,作操场"。此外,"求得官府拨地一亩四分,购民地六分"。据记载,至1910年,学校职员增至11人,学生达200余人。杨松轩、顾熠山、郑云章等团体兴学之举,始行奠基,初具规模。

1911年辛亥革命爆发,华州会党也于农历九月初六晚起事,仇视新学的顽固势力乘机煽动民众至附小,将学校一些房屋、教具烧毁,并扬言:"起手不起手,先进潭峪口;杀完杀不完,先杀杨鹤年。"所幸当夜杨松轩因事不在学校躲过一劫,但学校受损严重,被迫停办约半年之久。此间,杨松轩积极投身华州反正,稳定地方秩序,并受陕西军政府要员郭希仁之托,为反清义军筹措军费,厥功不小。

1912年,杨松轩就任陕西军政府教育司次长。不久"因不习惯于官场生活",辞职归里,继续从事"教高"教务(1912年3月,附小复开,专办高小,校名改为"教育会高等小学校",简称"教高")。1913年,杨松轩当选省议会议员,教高校事由顾熠山主持。杨长期住省,但对教高的一切割舍不下,时刻在念。他频繁寄书于顾熠山及同人,商谈校事。1917年4月10日,省议会改选,杨松轩当选为副议长,遂将教高校长一职让贤于郑云章。

在副议长任内,杨松轩将目光投向全省的地方教育。1918年,他向省议会提交了《整顿全省小学教育的改革方案》,提出责成县知事积极推进地方教育,其中包括慎选劝学所长、取缔私塾教员、严惩阻学绅富、调查学龄儿童、实施强行入学、补助小学经费、推广单级学校、注重二部教授、实行毕业师范服务、考查小学教员成绩等十项建议。这个方案虽然被束之高阁,未予采纳,但仍体现了一个现代教育家的责任和热情。从此,他对依赖政府推行教育改革失去信心。

对于兴办新学,杨松轩并不满足于一所新式小学,他的目标是兴办中学,甚至兴办大学。他认为"中等教育不发达,既不能作国民教育之后劲,又不能树人才教育之始基,其影响于国家社会者甚大"(见《杨松轩教育文选》174页)。早在1916年冬,他在西安就与郭蕴生(毓璋)、张定九、郑云章等华县籍人士商议筹办中小学并得到支持,之后即发函征求寄旅西安、北京等地的同乡及华县士绅的意见,获得普遍赞同。1917年初,中学筹办工作启动。1918年元月,杨松轩、顾熠山、张定九赴汉口、上海、天津、北京等地考察现代教育,开阔了眼界,为筹办中学作了必要准备。12月15日,召开中学筹备员大会,议定中学校名为"咸林",推举县知

华州史话

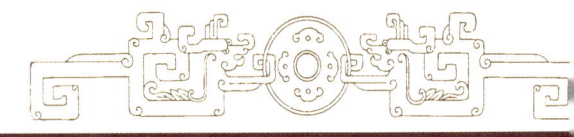

事侯旬为筹备长,选举杨松轩、顾熠山、郑云章、张恩波、刘经轩、张晋臣、刘巨川、郭耀斋、潘虎臣、白瑞生等十人为筹备主任。经过一番紧张工作,1919年4月8日,"华县私立咸林中学校"(简称"咸中")正式开学,校址设在教高,校长薛辑五,学监顾熠山,有学生十余人。教员、教具与教高互用。1920年3月8日,咸中校董会成立,校董24人,杨松轩当选董正(董事长),张益斋为董副(副董事长)。一所新型中学,在以杨松轩为核心的董事会领导下艰难起步,茁壮成长,使华县的现代教育又迈上一个新的台阶。

咸中成立后,杨松轩宏图大展,大刀阔斧地实施自己的教育改革思想。他利用地方人脉,动员社会各方力量,甚至包括一些有争议的人物,集资募捐,为咸中筹措办学资金。他为咸中买地亩,造房舍,办仪器,置标本,添图书,聘教员,其艰难困苦十倍于太王庙办学时代,但都在"阻力即助力"的精神自勉下予以解决。为了把咸中办成现代一流学校,他委托时在北京读书的儿子杨钟健和时在西安的陕西名流郭希仁为咸中聘请教员,魏野畴、王复生、常汉三、严少儒、蔡颂臣、曹荩生、张凯堂、訾吟甘、王懋廷等一大批具有新思想新知识的优秀分子相继来校任教,为咸中带来了生机和活力。在课程设置上顺应时代发展,注重科学和实业,开设语文、中外历史、地理、数学、三角、几何、化学、外文、体育等课程。为了培养学生的务实精神,使学生掌握自立本领,学校实施劳作教育,让学生参加种桑养蚕、农业栽培、蔬菜种植、家禽饲养、编织木工等生产活动。学校还办起了园艺部、印刷厂、面粉厂、理发店、合作社、医院、公储局等生产经营机构,让学生在其中实习,提高动手能力。还成立"咸中市""学生自治会""青年励志社""新文学研究会""读书会""演出队"等组织,让学生自己管理自己,自由发展,提高素质。学校还推行工读生、免费生、贷费生、走读生等制度,让贫苦家庭出身的学生能接受中学教育,以实现全民教育。总之,"五四"运动之后的中国现代教育领域里流行的蔡元培的"自由主义",邓中夏、李大钊的"平民教育",黄炎培的"职业教育",王光祈的"工读主义",还有风靡世界一时的美国杜威的"实用主义"等教育思想,都被杨松轩兼容并蓄,运用到咸中的办学中去。

1927年,为进一步适应社会需要,他改组咸林中学为咸林学校,分设中学部、小学部、师范部、职业部,使咸林学校的规模不断扩大,教育功能不断强化,成为闻名陕东的一所名校。辛亥革命之后,全国各地都有兴办私立新学的创举,但如咸林中学规模之大、发展之盛恐怕不多,至少可以说,在华县是绝无仅有,在陕西是名列前茅,在全国是不落人后,这其中凝结着杨松轩大半生的劳苦和心血。1928年12月30日,杨松轩因操劳过度、身心俱瘁,患脑溢血倒在了咸林中学任上而去世,终年57岁。1929年3月17日,咸林学校为其举行隆重的追悼会,并送"精明忠毅"牌匾一块，省、县名流及生前友好均参加致祭。4月7日，杨松轩灵柩安葬于龙潭堡北祖茔。曾任"中华民国"教育部部长、北京大学校长的蔡元培先生为其作《杨松轩君家传》，天津南开大学创始人、中国教育界名流张伯苓先生为其撰写墓表。

纵观杨松轩一生，他曾参加同盟会，投身辛亥革命。历任省教育司次长、省议会议员、副议长；组织"天足振学会"，劝止妇女缠足，支持创办女学，树立社会新风尚。支持华县农民运动和进步革命活动，参与地方公益事业等，均有非凡建树，但最大功绩莫过于创办咸林中学，发展华县现代教育。咸林中学是杨松轩先生一生奋斗的结晶，是留给后世珍贵的教育遗产，华县人民因此受益无穷。杨松轩先生去世后，咸林中学在后继者的努力下，发扬传统，不断壮大，终于办成享誉秦、晋、豫地区的"陕东最高学府"，为国家培养出一大批杰出人才。特别是在他的培育和影响下，他的长子杨钟健成为世界级的著名科学家，为华县争得荣誉。杨松轩在1927年教高与咸中合并时，曾撰写一联："苦哉教育，乐哉教育；谤满咸林，誉满咸林。"这其实是杨松轩一生的总结和写照。他为现代教育而苦，为现代教育而乐；他因咸中而与顽固势力做斗争，又因咸中而铸成毕生不朽的伟业。他不愧为陕西著名的教育家，不愧为现代教育的开拓者。

杨松轩墓园

华州史话

功在地方的顾熠山

顾熠山

民国时期，在华县的政治舞台和社会生活中，顾熠山是一位著名的风云人物。他持正求真，与时代同行，兴办新学，为民请命，勇斗贪官，倾力慈善事业，主修华县县志，深受华县民众的崇敬。1934年，陕西省政府主席邵力子曾向先生题赠："功在地方"金字牌匾，以褒嘉其服务地方的不朽功绩。

先生名耀离，字熠山，以字行世。生于清同治十二年（1873）农历十月二十七日，华州城南马家斜村（今属杏林镇）人。顾熠山祖籍河北保定府，其祖辈迁徙至华州，先落脚于高塘，后移瓜坡塬，再移露泽院，最后定居于马家斜。其时家境贫寒，仅有茅舍两间，薄田两亩。父顾丁焌（1833—1917），字午峰，清廪贡生，业馆乡里，戊戌变法后，创立太王庙学校（今杏林小学）。兄炳离，熟读经书，兼通中医周易，因无意科举而终身事农。姊名不详，嫁耐村张姓人家。

顾熠山6岁从父家学，12岁读经成诵，18岁考中秀才第三名。1896年赴泾阳味经书院受业于陕西著名教育家刘古愚（光蕡）。在味经5年，受刘古愚维新思想影响，立下兴学救国之志。1898年，与杨松轩、刘海寰、刘经轩、刘巨川、周文伯等华州同窗组成"友仁学会"，集资捐书研究实学。1902年，又在友仁学会基础上成立"集义书社"，吸收华州赵象九、刘新斋、张恩波等新派人士参加，开展普及新学活动。1904年，味经书院肄业后，以品学兼优的生员被选入三原宏道大学堂深造。在宏道游学期间，与华州同窗郑云章及时在华州办学的杨松轩，书信来往频繁，互商团体兴学大计，从此形成华州现代教育中"三驾马车"的领导核心。1906年，杨、顾、郑团体兴学正式启动。1907年正月，"华州教育研究会"（简称教育会）成立。3月17日，教育会附设两等小学堂（简称附小，后又简称"教高"）借太王庙

第七章 中华民国

开学。时教育会及附小一无经费,二无地址,三无学生,困难重重。是顾熠山说服其父,借出太王庙学校,并借给学生,才使附小如期开学,为华县团体兴学立下大功。1908年,宏道大学堂毕业,获得优贡。

1909年,顾熠山步入社会,充任华州高等小学和教育会附小教员。教学中,实施教学改革,除课本外自选教材,组织学生阅读同盟会的《民报》《新民丛报》、梁启超的《饮冰室文集》等进步书刊,向学生介绍新思想、新知识。顾熠山的现代教育方式,引起守旧派的嫉恨,仇视新学的人竟遍张匿名揭帖,声言要大举起事,"先杀杨松轩,后杀顾熠山",后经当局干预,事乃平息。1909年12月,顾任第二届教育会会长,前后达7年。期间,全力支持张定九、王赞臣、张益斋等组织成立"华州天足振学会",筹办"模范女校",倡导开展妇女放足入学运动,并与华州新学人士订立"有子不娶缠足妇,有女不缠足"的公约,身体力行,移风易俗,开一代社会新风。1912年,任教高校长。1914年,任华县县高(即县立高等小学)校长。1916年,大力支持杨松轩筹办私立中学的动议,并于1918年元月随同杨松轩等赴京、津、沪、汉等地考察私立教育。同年12月,被选为咸林中学十名筹备主任之一。在1919年元月第一次筹备主任会议上,被公推为咸林中学首任校长,但本人坚辞,才另聘薛辑五任校长一职。4月8日,咸林中学正式开学,顾熠山任该校学监,并兼任县视学。咸林中学是在艰难困苦中创办起来的,凝结着杨松轩、顾熠山、郑云章等团体兴学人员的心血。华县知事侯旬赠联云:"咸林自古宜桃李,少华于今仰顾杨。"肯定了顾、杨办学业绩。1920年,顾熠山与李春圃创办私立华县单级师范学校,任董事长,首期培养师资学员75名。1921年,任咸中管理主任兼教国文、地理,他常给宣传新文化新思想的《共进》半月刊上投稿,其中1922年3月《致映春函》一文,被该报称赞他是"改造社会的急先锋"。时魏野畴受聘来咸中,任教员兼教务长。二人思想接近,志趣相投,成为"忘年交"。他们联袂推行教育革新,传播"五四"科学民主精神,使学校颇有从来未有之盛,但遭到校董会内保守势力的强烈不满和对抗,引发了1922年学校风潮。这期间,魏野畴、顾熠山先后愤而辞职离开咸中。1923年,顾熠山受省立第三中学校长刘依仁(顾的学生)之邀到该校任教,后魏野畴也来该校。顾、魏再度合作,在省立三中继续实施教育革新,为国培养人才。1926年秋,顾熠山从西安返回华县,二次任县高校长,任内支持农民运动。1927年10月,被当局冠以"亲共"罪名,撤销校长职务。1928年2月,因华县学界政治形势恶化,又离开华县到省立同州师范任教。顾熠山是一位知名的现代教育家,教育理念先进,注重学生素质的全面提高,在20多年的教学实践中,春风化雨,辛勤耕耘,为国家培养了大批有用之才。马步益、雷光显、李维屏、苏士杰、潘自力、吉国桢、陈述善、高克林、杜松寿、关中哲等都是他的得意学生,后来都

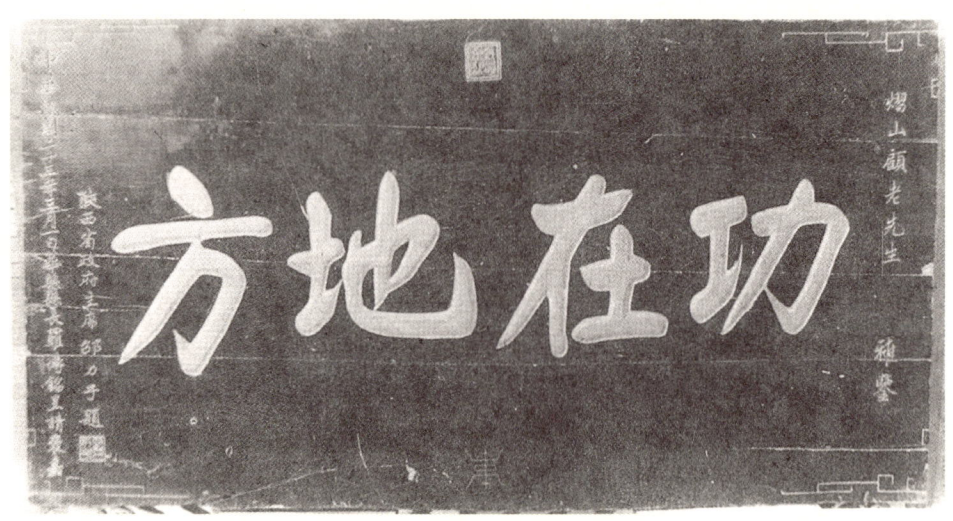

1934年陕西省政府主席邵力子题赠顾熠山的匾额

为中国革命和建设作出了重要贡献。国民党军政高官马励武、潘廉方、史仲鱼，工商教育界人士薛道五、刘依仁等也是出自顾先生门下，可谓桃李满天下，其倾注半生心血兴办新学的功绩永不可没。

　　顾熠山极具社会责任感，凡涉及地方公益的事情，皆尽其所能参与其中。1911年辛亥革命爆发，陕西响应。10月27日晚，华州江湖会党数百人攻进州城，推翻了清政府在华州的统治。但他们焚署劫狱，捣毁学堂，还扬言放抢，一时人心惶恐，地方秩序大乱。在此危急关头，顾熠山、袁佐卿、赵舜臣等组成"华州保卫公所"，出面筹钱以安会众之心，并推举高维昌入城统领会众，从而稳定了动乱局势，使华州免遭兵燹之祸。1936年12月"西安事变"中，中央军二十八师攻入东北军驻守的华县城，县长吴至恭不知去向，地方大计无人主持，华县面临战后兵灾的危险之中。有人希望德高望重的顾熠山出面解危，先生毫不推辞地说："大劫当前，只有当仁不让，岂能甩手不管。"遂与齐逸农、王荣卿、冯明轩等组成善后委员会，购买烟酒、糕点、猪肉犒劳二十八师，为阵亡官兵购置棺材，缓和了关系，使华县免遭战后之乱。1941年元旦，华县发生了骇人听闻的"卅元"惨案，咸林中学4名学生被二六兵站伤兵医院副官王志超枪杀，当局消极处理，使受害者家属的冤情无处伸张。顾熠山不顾近70岁的高龄，亲赴西安奔走活动，为死难者伸张正义。在社会各界的大力支持下，最后使受害者得到抚恤，杀人凶手被正法。

　　顾熠山生活在内忧外患的年代，社会黑暗，政治腐败，经济凋敝，民不聊生。他作为一个地方名人，始终关心百姓疾苦。华县秋季多雨，水涝灾害严重，顾熠山多次向省、县提出议案，请求拨款疏浚河道，开渠排涝，并面见县长王雨春，建议治理水患。后赤水、遇仙、石堤、罗纹各河都成立了治理委员会，安排民工进行疏

第七章 中华民国

浚。特别是柳枝的构峪河,原不直接入渭,形成二华(华阴、华县)交界处的大面积积水,他实地勘察,提出改道入方山河方案,从建议到交涉、勘测、开挖、放水,是主要的策划人和参与者。抗战期间,华县百姓粮税负担极重,可政府要粮要款有增无减。县政府每有摊派,顾熠山都要询问缘由。一次和县长拍起了桌子,说:"老百姓不是韭菜园子,随便割哩!"1941年,顾熠山被推举为县粮食管理委员会副主席,后又任县财委会副主任,他更是关心地方利益,想方设法减轻百姓负担。他任职前,陕西省曾实行土地陈报,而华县在清丈土地时,与事者只知酒肉吃喝,搜刮民财,视土地丈量为儿戏,严重不实,省政府据此征实,使全县粮税负担骤然剧增,民众深受其害,有的鬻田典衣,卖儿卖女;有的痛遭捆打;有的远逃他乡;有的被逼自杀。政府对此置若罔闻,并扬言说,谁要复查纠正,就是"故意张大其词,阻挠成果,蓄意抵制征粮。"顾熠山上任后,不顾个人得失,敢于为民请命,曾多次向省临参会写申诉,并亲自赴省周旋,终于获准重新复查,华县人民的负担才有所减轻,地方人士称赞华县进入了田赋征实史上的"黄金时代"。1942年,省上掘财乏术,竟将各县畜税四成解省,致地方入不敷出。1943年,省上在大荔召开八区(即第八行政专员公署所辖地区)财政会议,顾熠山在会上一再提出畜税四成应留地方的议案,并与出席会议的省政府主席祝绍周面争,终于为8区12个县争回了四成畜税。同年,71岁的顾熠山荣任华县临时参议会议长。在3年议长任内,他以议会名义,多次向省政府、省议会提出减轻地方负担的议案和建议。如《请省府核减军麦呈》《为减少军运并将差价赔累平均摊派代电》《呈请改组县银行代电》《恳求缓征欠赋呈》《呈请省府裁减机构代电》等,其中有些议案得到采纳,有的被束之高阁,但其心系百姓、服务地方的一腔热情体现无余。抗战胜利前夕,蒋介石来西安视察,召见陕西地方知名人士倾听民意。经西安市商会理事长薛道五的推荐,顾熠山面谒蒋介石。在蒋询问中,顾熠山不卑不亢,大胆呈报了关中严重的自然灾害、百姓极苦的生活状况和沉重的粮税负担,并列举了华县田粮管理处处长刮民肥己等官场腐败和国民党第一军在华县强索车马、敲诈财物、毁坏山林以及某连长因奸枪杀赤水瑞凝庄苗子农一家三口的事件。蒋介石随后减免了关中灾区七成田赋粮税,驻华县的民众大队也被调出。顾熠山敢于诤谏、为民请命的事迹,遂为社会传诵。1929年,华县发生了严重的大年馑,1932年又发生了霍乱大流行,华县境内哀鸿遍野,死尸枕藉,家庭离散,大量儿童成为孤儿四处流浪,成为一大社会问题。1932年9月,顾熠山与史伯康、李子栋相商,募款创办了华县孤儿救济院,首次收养流浪孤儿四五十名。救济院坚持"教养并举"、"读劳并重"的方针,在城关马王庙、关帝庙内建起工房、课堂、图书室、娱乐会,设纺织、裁缝、竹编、木器等技术门类,使孤儿上午学习文化知识,下午参加技能培训。拯救了一批无依

华州史话

无靠的孤儿,使之成长为自食其力的社会有用之才。顾熠山的善举,获得社会各界的高度赞誉。1934年3月1日,陕西省政府主席邵力子亲笔题赠"功在地方"匾牌,以褒嘉先生倾力地方慈善事业的功绩。在整个民国时期,华县获此殊荣者,仅顾熠山一人。

顾熠山性情狷介,历来刚正不阿,疾恶如仇,对贪官污吏恨之入骨,是一位真正的反贪斗士。在民国初年,华县的几任知事晁桂昌、李云峰、李培材等都是贪污公款、搜刮民财的贪官,民愤极大。时任县财政绅的顾熠山坚持正义,联合华县士绅,向省军政府秉公告发,将其一一扳倒,在省东引起轰动。陕西省省长、军阀刘镇华的爪牙白文超任华县知事时。在不到半年时间内,他就吞掳白银数万两,华县民众讥讽为:"白娃,吃的白馍,拿的白银子。"1922年3月,时任咸中管理主任的顾熠山,组织学生以白文超为原型,编写了话剧《黑武蹶》,在社会公演,影射白文超的贪污恶行,引起社会极大反响。不久,白文超就被刘镇华派人接走了。顾熠山任县临时参议会议长后,更是见鬼必捉。高塘塬区发生私藏烟土大案,民政科、警察局、国民兵团各级官员监守自盗、染指分肥,民众反响强烈。顾熠山代表临参会据情质询县政府,要求追究此案,并专文呈报省政府,使该案成为轰动全省的禁烟要案。后民政科科长韩天信等案犯被拘押。县财粮科长曹少文勾结南寺和尚,把县城西南9亩公田明赎暗卖了。顾熠山听后,在参议会上,对着曹少文斥骂:"尔等非平日垂涎公产,何敢如此猖狂?"并以议案方式,明令政府"一律以原价每亩500元收归县有,永作苗圃基地……并记录在案,即希查照办理"。这是民国时期华县民意机关唯一一次向县政府下达勒令,非顾熠山无人敢为。时胡宗南第一军驻防华县,每逢元旦、春节和纪念日,必在军部操场开军民大会。主席台上除军、师长外,还有地方县长、党部书记长、参议长就座。别人讲话都是官话、套话连篇,唯有顾熠山先生不畏强权敢讲真话。有次,对着荷枪实弹的第一军官兵讲:"成天打内战,还美其名曰'戡乱剿匪'。啥是乱?现在饭馆酒楼到处都贴'勿谈国事',百姓招不住敲诈勒索,都不准人喊冤叫屈吗?教师学生看不惯黑暗腐败,都不准人流露怨言吗?你总不能弄个封条把人嘴封住。对这样的乱不戡则已,越戡越乱!啥是匪?随便抢劫财产,抓人杀人,赤水瑞凝庄一连长,为强奸民女连杀三命,这不是匪是什么?有匪不剿,光喊异党异派是匪,对这样的匪不剿则已,越剿越多!"说的军政官员脸上青一阵、红一阵,台下的学生则掌声不断。1946年,国民党华县党部书记长高毅安,先封官许愿、索贿受贿,后在警察局、国民兵团吃空饷,借给自己父母祝寿敛财,巧取豪夺。顾熠山联合白伯旅、关秀卿、张建庵等向省党部举报,使高毅安被撤了职。1947年,贪腐县长李焕民借给死在河南老家的老人开追悼会,大肆收受贿礼,华县官员多巴结逢迎,惟顾熠山不买县长的账,与其唱对台

第七章 中华民国

戏,号召有关人士为刚刚故去的华县教育界著名人士、共产党员郑云章开追悼会,后联合西安同乡向省上告发县长的贪污罪行。李县长看形势于己不利,即黑夜携眷潜逃。顾熠山无私无畏,一身正气、勇斗贪官,深得民心,但也引起黑恶势力的忌恨。1946年,华县成立正式的参议会,顽固势力串通一气,四处活动,拉票贿选,使顾熠山蝉联议长的愿望落空。但进步势力继续从道义上支持顾熠山,齐逸农、薛道五、宋尼宣等组织华县在西安的同乡、士绅五六十人在西安西大街为顾熠山摆筵祝寿,以此表达对顾熠山的拥护和敬重。

顾熠山先生知识渊博,是一位文史通家,深得人望。1931年7月,被华县县志局聘为县志总编纂,从此开始了他18年艰辛的县志编修工作。华县当时最新的地方志书是清光绪八年(1882)刘域主持编修的《三续华州志》,距此次编修已有60余年,确需续修。但在兵荒马乱的民国时期,谈何容易。县志局成立之初,编修工作已成孤掌难鸣之势,诸襄办和采编人员或来信辞谢,或渺无踪影,经费严重不足。至廉明伦任县长时,经费完全停拨,致修志中途搁浅。1932年,县志局宣告撤销,官方对修志工作彻底放弃。但顾熠山对编修县志一往情深,他认为"县志者一县之史书,风习人物、文化典章具载于斯,继往开来,悉惟此赖",遂以个人之力,在官方不参与的情况下,"独干、穷干、苦干",修志不辍。在15年的时间里,他利

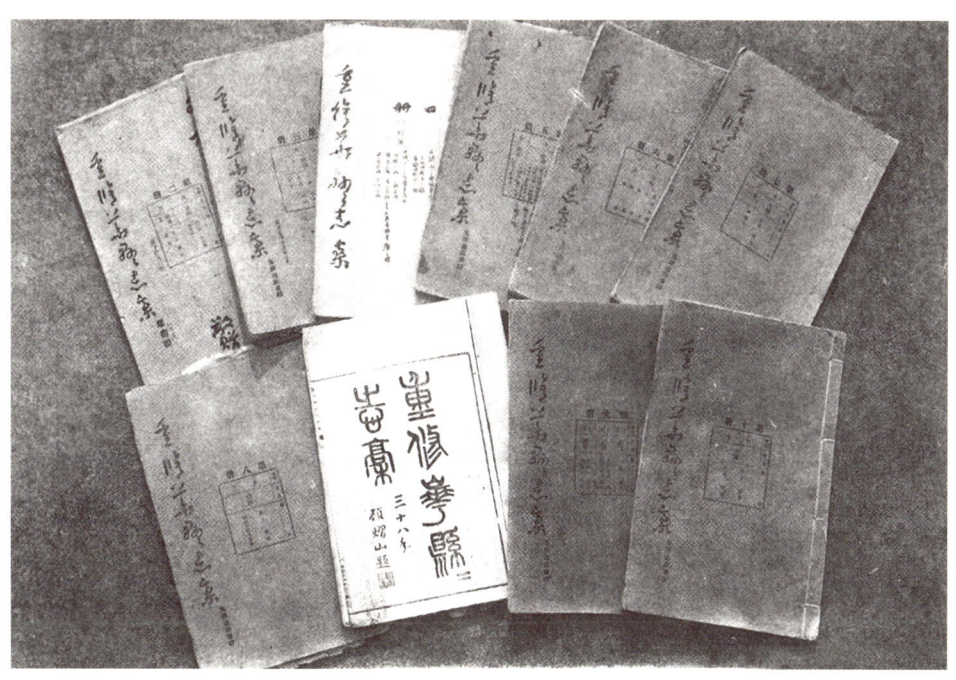

顾熠山主修的《重修的华县县志稿》

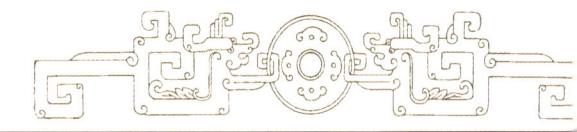

用公务闲暇,四处采访,悉心研究,伏案编撰,未花公家一分钱,自行专力,八易其稿,完成了十七卷泱泱大著《重修华县县志稿》。1946年,官方又介入了县志编纂,成立了县志编委会。顾熠山将完成的志稿送县审阅时,县长王雨春感慨地说:"顾老先生真是华县奇人!公务私办十有五年,乃至膏火断绝,而卒独立支柱力促厥成,可谓艰苦卓绝矣!"1949年春,在新中国成立前夕,顾熠山苦心孤诣、含辛茹苦18年修成的一代新志《重修华县县志稿》付梓印行,为华县留下了宝贵的历史文化遗产,并成为陕西地方志中的名作之一。

顾熠山先生一生关心政治,向往光明,追求进步,随时代脉搏跳动。1911年辛亥革命时,陕西军政府与潼关清军激战,顾熠山受命为义军筹集粮饷。他竭尽全力支持革命,倡导官商盐商预交加价款,并派人到渭北各县催提地丁款及盐款,解决了义军粮饷之危,为辛亥革命立下大功,并于1912年8月,加入了同盟会。他在咸中期间,支持魏野畴传播马克思主义,支持学生参加革命进步活动。1927年,他的学生杜松寿从广州农民运动讲习所结业归来,他支持其举办"华县农民运动讲习班",组织建立各级农民协会,与土豪劣绅、贪官污吏斗争。华县国民党组织恢复后,他出任县党部首任主任委员,与共产党密切合作,把华县农民运动推向高潮。抗日战争中,他拥护共产党团结抗日主张,在咸中大力支持学生的抗日救亡活动,并利用在华县的人脉关系,掩护、营救和保释古崇礼、冯浪、袁定中、王灵肖等处于秘密状态的中共党员。解放战争中,他与中共华县工委书记王平凡建立统战关系,当王平凡委托他办事时,他说:"吾虽老朽,但当仁不让,若能为解放人民做些事,即赴汤蹈火也感荣幸。"使王平凡非常钦佩和敬慕。他利用上层关系,把申定远、周毓庆、史子华、王有吉等一批中共党员和进步人士安插到华县国民党军政要害部门,掌握了自卫团武装,为和平解放华县作出了重大贡献。在他进步思想的影响下,他的两个儿子顾洲三、顾洲,其女顾秀璧,都先后加入中国共产党,走上革命道路。1949年5月华县和平解放时,他已是77岁高龄老人,但他政治热情依然不减,继续与共产党合作,支持新生政权的工作。后被推选为华县各界人民代表大会副主席、省人代会代表、陕西省文史馆馆员、县人民委员会委员,继续服务于家乡人民。1962年1月16日,顾熠山先生病逝于家中,享年90岁。中共华县县委曾送挽联致哀。联曰:阖县惊噩耗远近痛悼仰慕音容动哀思;毕生惟正义爱憎分明泽被桑梓堪遗范。横额是:正义犹存。

第七章 中华民国

天足振学会与模范女校

清末民初，华州一批先进知识分子和开明士绅紧跟时代潮流，成立"天足振学会"组织，开启了华州地方以妇女放足和兴办女学为主的妇女解放运动。

"天足"是相对于"缠足"而说。妇女缠足，在民国以前的很长一个时期里，是为了维护封建纲常道德的社会丑恶现象，使妇女从精神到肉体受到了摧残和折磨。按照缠足风俗，女子一般长到五六岁时，家人就要为其缠足。其方法是先把脚放到热水中冲洗、擦净、晾干，再把脚的4个小脚趾向下捻弯，使脚形成尖形，用两根2寸宽、3尺长的布条，从脚尖用力缠起，一直缠到脚后跟，再从后向前缠，直至把布条缠尽，最后用针线把布条口缝住。三五天后，解开布条用温水洗脚，洗完好依法重新再缠，需往复多次。期间由于脚趾发育受阻，皮肤肿胀溃烂，骨肉疼痛钻心，如同受刑一般，但仍要咬牙坚持，不能半途而废，直至四五年后，一双脚板便被缠成尖形小脚，美其名曰"三寸金莲"。一个活泼健康的妙龄少女，便成了走路摇摆，行动不便，干活无力的"残废人"了，终生受的苦难便可想而知。

女子缠足的风俗，始于南唐而成于南宋，至民国时期已流行约千年左右。据传，在南唐后主的宫中，有一宫女名窅娘，她用白色的绢帛裹住自己的脚来跳舞，舞姿优美动人，有回旋凌云

清末民初的缠足妇女

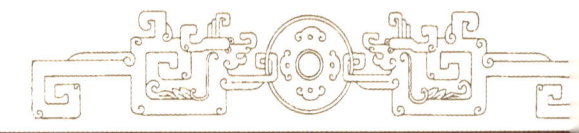

之态，引起一片赞誉。此后，就有人相继模仿，裹脚的风气开始在社会流行。很明显，畸形的审美追求，是妇女缠足现象最初的动因。但由于缠足对妇女的外出行动起到限制作用，符合封建礼教的要求，所以封建士大夫对其予以肯定和倡导，宋明理学推波助澜，使缠足成为妇女品德的第一要务。至明清，女子缠足达到高峰，山西、陕西、甘肃此风最盛。妇女缠足与男子读书参加科考同等重要，"三寸金莲"成为美女最基本的特征，也是女子身份高贵的体现。尽管缠足是一种残酷的肉刑，可是越慈爱的父母，越不能放任娇女不缠足，有"小脚一双，眼泪一缸"的说法。特别在富裕人家，更重视女子缠足。如果一个女子是天足，则父母以为耻，夫家以为辱，会被亲友乡邻传为笑谈，女子本人也自惭形秽，无脸见人。因此，缠足成为人们普遍的追求。

缠足作为对妇女的一种摧残与桎梏，历代都有人反对和反抗，但无法动摇这一恶俗的社会基础。直到晚清，反对缠足才形成一种声浪、一种思潮。戊戌变法时期的社会有识之士，从国家民族的发展、进步与富强的高度，发起不缠足运动。清末，官方把改革官制、兵制、学制以及禁烟、废酷刑、禁缠足作为新政内容，在全国推行。在社会进步力量的推动下，一场声势浩大的妇女放足运动由此引发。

华州天足振学会于宣统二年（1910）成立，以妇女放足与兴办女学为宗旨，倡导新风尚，革除旧风俗。该会会址设于州城文庙，会员以文化教育界人士和开明士绅为主。张定九任天足振学会会长，王赞臣任副会长，张益斋、秦佐丞、关庚垣、刘兰亭、陈乙初、刘经轩等为骨干成员。

创会之初，规定会员"有子不娶缠足女，有女不许缠足"，杨松轩、顾熠山等发起人率先力行。其中杨松轩为其子杨钟健择天足女子刘望桂为未婚妻，并于天足振学会开幕之日订婚。女父刘经轩曾自豪曰："吾县女子读书不缠足，自吾女始。"杨松轩亦对曰："吾县男子不娶缠足女，自吾子始"，真乃珠联璧合。为制造舆论，开化民众，杨松轩亲撰《放足歌》，歌词曰：

  为放足，编成歌，拿来好劝贤阿婆。

  娃小着，把脚缠，细细说来真难过。

  打磁瓦，剥丁甲，把脚割烂贴膏药。

  打耳光，拧耳朵，说娃再犟挖眼窝。

  裹脚缠，扭娃脚，好像小鬼拉铁索。

  用滚水，烫烂脚，好像煎油皮上泼。

  娃哭喊，说做作，谁家女子不缠脚。

  我小着，也受过，不信去问你外婆。

  不缠脚，难得活，谁家要你这大脚。

第七章 中华民国

　　女人家，论人物，两只小脚头一撮。
　　油再擦，粉再抹，一双大脚人不乐。
　　你脚大，你想想，怎样结个正结果。
　　受这痛，没奈何，你哭妈也把泪落。
　　以上话，大概说，细细说来太啰嗦。
　　阿婆们，多信佛，观音菩萨是大脚。
　　快放脚，莫裹脚，媳妇好孝二公婆。
　　放了脚，不软弱，百病不生血气活。
　　自拿柴，自烧锅，行动麻利人快活。
　　替女婿，做些活，不论男女一家乐。
　　这个歌，话不多，专来奉劝贤阿婆。

　　《放足歌》鞭挞了缠足恶习，描绘了放足后妇女的快乐，经传播后，使根深蒂固的缠足风气开始动摇。1919年，"五四"新文化运动的新风传进封闭的华县，天足振学会借机把妇女放足推向新阶段，曾编写"放了脚，不缠脚，男的能干我能做""男的犁地我捎耙，你能干啥我干啥"等歌谣，为放足张扬。并提出"妇女放足剪卷（妇女脑后的发髻），男的剪辫发（清代男人脑后蓄的发辫）"等口号，号召男女破旧立新。新式婚礼此时也开始出现，县东白家河开明人士白映斗曾为儿子举办了别开生面的新式婚礼，一改旧婚礼的繁文缛节和低级趣味，极具时代新意，社会反响较大，天足振学会主要成员曾亲临观礼祝贺。之后时村、马家巷、耐村等处的开明士绅相继仿效，让人们耳目一新。

　　1921年，妇女放足运动由民间倡导转向官方推动。9月，县署颁布禁止女缠足、男留辫的禁令，并与天足振学会在咸林中学召开全县动员大会。会后，学校师生分赴各地宣传放足与剪辫。由于当时风气未开，禁令一时难为百姓接受，男女闻听放足剪辫，纷纷惊走。1925年，天足振学会改名妇女放足委员会，属半官方组织，专司妇女放足。8月，县署与放足委员会在西关南广场举办声势更加浩大的放足剪辫动员大会，决定采取罚款等强硬措施，推动放足剪辫运动的发展。9月，为"放足运动月"，咸中、少华、县高、柳溪、高塘等学校按照划分区域开展宣传。师生于各交通要道口设岗检查，对过往男女强行放足剪辫。其时，有的妇女骑驴走亲戚，被令下驴，不放足不让走；有的乘妇女看戏不备，几个人一拥而上，就收了其人的裹脚布；有的趁男的看戏不防，从后边突然剪去辫子。行为虽显粗鲁，但效果堪称显著，收缴的裹脚布和剪下的发辫堆满了县署的后院。此后，放足蔚成风气，妇女在缠足与放足的对比中，认识与观念不断变化，放足也为百姓所接受，缠足之恶习才逐渐绝迹。

华州史话

封建社会"女子无才便是德",妇女接受教育的非常少,天足振学会以发展女子教育为己任,在开展妇女放足运动的同时,在兴办女学方面也颇为努力。清宣统三年(1911),也就是天足振学会成立的第二年,就创办了"模范女校"。校址在原儒学公署(文庙西侧),首任校长为柳枝伏龙中堡人张益斋。当时,新式教育在中国起步不久,女子教育端倪初露,清廷学部颁布的《女子小学堂章程》《女子师范学堂章程》虽然赋予了女子接受教育的权利,但实施起来谈何容易。一是封建礼教的精神枷锁仍然束缚着人们的思想观念;二是可供女子读书的学校鲜如凤毛麟角。在陕西,仅有雅阁女校、正本学校及天主教会创办的玫瑰女校等三所女校,且全处于西安城内,州县地方的女子教育还是一片空白。华州"模范女校"的创立,在陕西,无疑是开创了地方女子教育的先河。

该校开办之初,由于封建观念的禁锢,社会风气未开,女子入校读书一时难为一般家庭接受。为此,天足振学会各发起人开风气之先,动员自己家庭及亲族的女子入校就读,使学校迈出了第一步。1918年,天足振学会主要成员刘经轩任孔庙奉祀官,商同华县侯旬知事(县长),划拨学田多亩于女校,解决了学校资金的燃眉之急。1921年,天足振学会改为女校董事会,学校发展步入正轨,在小学基础上设

今天的少华中学——其前身为模范女校

第七章 中华民国

中学班。1925-1926年，军阀刘镇华镇嵩军一部驻华县，学校受到严重破坏而停办，不久又恢复。1931年，模范女校改名少华女子小学。1937年，又改名为少华女子中学。1949年后，该校由私立变为公办，并开始招收男学生，由单纯的女校变为男女合招的普通中学，即现在的少华中学，这是后话。

模范女校创办于清末，其发展充满曲折和艰难，资金、校舍、教具、人才及发展环境等方面困难重重，但在天足振学会及历任校长张益斋、陈乙初、秦佐丞、刘经轩、杨芝英、段瑞芳等教育精英的不懈努力下，战胜艰难险阻，使学校规模不断壮大。1936年，"西安事变"发生，国民党中央陆军二十八师与东北军一零五师某部在华县发生激战，"城门失火，殃及池鱼"，学校校舍遭受炮火轰击，毁坏坍塌。学校师生于战后重整旗鼓，再次创业，使学校迅速恢复，重显生机。新建楼房28间，总理（孙中山）纪念堂3间，教室、办公室、宿舍、饭厅、储藏室共150余间，田产40余亩。

该校是一所实施现代教育的新式学校，办学理念先进，课程设置具有时代特色，管理严格，教学质量优秀，在多次初中毕业会考中，列全省女校之冠，占尽风流，为社会培养了许多知识女性。该校紧跟时代潮流，"巾帼不让须眉"，与咸林中学并驾齐驱，积极参与华县社会变革，在宣传动员民众，反帝反封建、移风易俗等社会活动中，发挥了女校的独特作用，成为名噪全省的女子名校，在陕西女子教育史上留下了光辉的一页。

天足振学会成立后，以女子放足与兴办女学为己任，不遗余力地开展华县妇女解放运动，为倡导男女平等，提高妇女地位、转变社会风气、推动华县社会进步作出了卓越的贡献。在女子缠足陋习逐渐绝迹，少华女校有了长足发展后，天足振学会完成了历史使命，也随之淡出了历史舞台。

华州史话

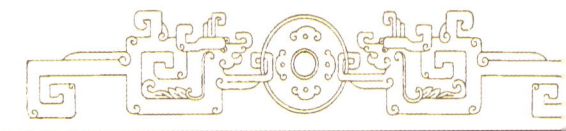

为官清正的侯旬知事

侯旬,字荫芩,号印忱,河南永城人。"学问优长,卓有胆识",1917年8月至1919年夏及1921年,曾先后两任华县知事。任内任人唯贤,关心民瘼,廉洁勤政,声誉颇佳。

1917年8月,侯旬知事初莅华县,即对县署官员及三班差役进行稽考,整肃吏治,革除官场积弊。恶差班头杨魁及吸食大烟、恶绩斑斑的财政官员李栋梁等皆被革职,选地方贤能曾升(王崖头人)、李少震(汀村人)分别充之,吏风为之一新。

时盗贼土匪猖獗,民不安生,侯知事体谅百姓之苦,尽心剿匪。他上任不久,即有土匪窜至金堆黄奶峪一带扰民,接报后,侯知事迅即亲率民团并邀地方驻军从小敷峪入山至岭南进剿。经七八天翻山越岭,围追堵截,匪患乃平,并擒获匪首姚六娃。入冬后,侯知事传令全县4乡41里筹办民团,团丁巡更守夜,预防土匪扰民滋事。自己常于夜间带武装人员赴各乡里巡查,惩治怠惰不事者。地方治安大有好转。1918年,有载棉商船多艘因匪患滞留渭河航道上,月余不敢行,损失惨重,知事设法打通航路,护送商船过境,商民感激不尽,恭送"利济商艰"牌匾,以表谢忱。

华县河系复杂,赤水、遇仙、石堤、太平、罗纹、构峪、方山各河从南山而出向北蜿蜒入渭,并有历史上人工开凿的天鹅池渠、黄家河渠、惠民渠、杜家村渠、周宁村渠、晋公渠、夹河渠等大小水渠20余道,遍布县内平川地带。每遇阴雨季节,河水暴涨,河堤溃决,农田村庄被淹。若到干旱年份,河水枯减,农田灌溉用水趋紧。无论旱涝,沿河民众纷争不断,群殴迭起。因此,治水历来为治县之重。侯旬知事到任不久,即邀集华县知名士绅顾熠山、关秀卿、白映斗等遍查县内山川地形、水系走向,共商治水大计,以便利民众的安居和生产。经议决,成立各河河工委员会,由沿河各村庄推举贤能人士领衔治河。据载,当时由清代秀才、北拾村人吕多文负责方山河;清代秀才、西马村人樊习礼负责罗纹河;塾师、唐村五堡人范文华负责石堤河;清代秀才、大涨人刘淑波负责遇仙河;缙绅、三涨村人张晋臣负责赤水河。各河工委员会每年农闲,组织沿河各村民夫深挖河床淤泥,加固堤坝,以防洪涝灾害。此外,明令各里乡民打凿水井,以备旱季庄稼灌溉,并对每眼水井奖励8~10元。此惠民德政,使全县打井之风骤起,县城周边的吴家村、古城、耐村、武家堡、李庄、铁炉巷尤为显著,民众获益良多。

第七章 中华民国

侯旬知事第一任期内，正是咸林中学创建的关键时期，他竭尽全力，支持兴办新学。1918年12月15日，咸林中学筹备会议召开，他被公推为筹备长。咸中成立后，资金无着，筹备主任杨松轩、顾熠山、郑云章等主张将县属公储局存银作为办学资金，但遭到图谋私分存银的恶绅王怀圃、独汝琪等人的反对，侯知事从中周旋，尽心协调。1919年5月，县署召开会议，侯旬以兴学事大为由，终将公储局存银4000多元全部拨归咸中，原公储局由咸中接管，并更名"咸中公储局"，为破解咸中资金困局立下汗马之功。侯旬思想开明，将自己

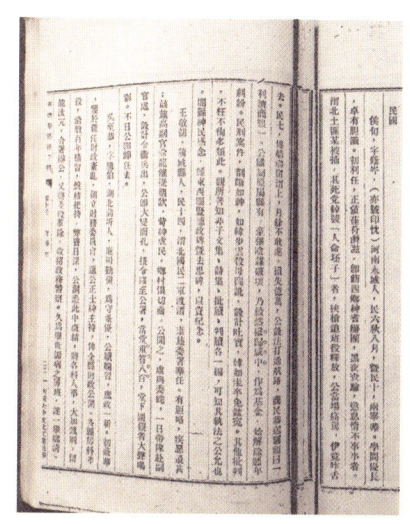

《重修华县县志稿》的侯旬传

三个儿子全部送进咸林中学，接受新式教育，并支持儿子上台演出现代话剧，揭露官场黑暗和贪官恶行。他还倡导妇女放足、男子剪辫。取缔西关妓院，强令妓女从良。严禁赌博，打击犯罪，社会风气和治安状况有明显转变。

民国前期，县设承审员，审断民刑各案，受知事监理，属半独立性质，行政纠纷由知事审理。司法体制虽然如此，但司法行政事务仍归知事兼管。侯旬知事执法公允，不徇私情，断案如神。任内审理了韩步云弑母重大疑案，使杀人真凶伏法偿命，无辜韩如圭免除冤狱之灾。他身在官场，知晓"天下衙门朝南开，有理无钱莫进来"的恶弊。为破此弊端，他在审案时，速审速判，从速结案，以免原、被告双方费时荒业，托请关系，花费冤枉钱。因为当时民众诉讼负担极重，其中状纸每张售价由2角增至8角，最后增至1元，缮状费法定每百字初为5角，屡经修订，后定为10元，撰状费每百字初为1元，后定为20元。讼费繁多，有票费、过堂费、印花杂费、检验费、执行费等等，多如牛毛，寻常百姓是打不起官司的。因此他力劝百姓不要轻率兴讼告状，倡导各村官人负责调解邻里纠纷，非到万不得已，不进衙门告状，其用心良善至极。

侯旬心系百姓，为官清廉，曾多次捐俸银为地方兴办公益事业。1919年，城东罗纹河桥被山洪冲塌，陕豫通道立阻，地方绅商提议报请省府拨款予以重修。侯旬知晓陕西奇穷，拨款定难批准，劝募亦需时日，交通不可一日断绝，遂自愿捐俸支付修桥匠料，委托地方士绅督修。在侯知事表率下，乡民踊跃相助，不逾月，新桥告成，大道畅通，过往民众无不称道知事的善举。据传，西关西头一所坐南面北的澡堂，曰"清水池塘"，也是侯知事为便民洗澡捐养廉金数百元而建的。后该澡堂更名"群益池"，存续到20世纪60年代中期。

华州史话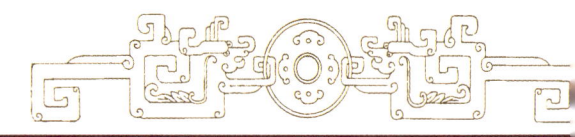

侯旬两任华县知事三年余，每届年终，都令财政科将全年财政收支清单张贴于县署大院门前的照壁上，让过往官员、士绅及民众知晓，其廉名与政声令华县绅民感恩敬仰不已。1919年夏，侯旬第一次离任时，民众曾于县城东关路旁立《青天侯公德政碑》，落成时曾演戏庆贺。1921年二次离任时，官绅商民于西关西头立《侯公去思碑》，以资纪念。离华之日，县署机关团体官员倾城而出，民众纷纷走上街头，在县署门口、上下三门巷、大街公路两旁设立盒桌，夹道欢送，与侯旬知事依依惜别，其景况为华县民国时期所仅有。

侯旬不仅为官清正，且擅长诗文，曾利用公务之余撰写诗赋韵文，记录自己公干的实景。1917年8月25日黄昏，知事督队赴小敷峪剿匪归来，路过罗纹镇时，不慎坠马伤足，回后即写下了《堕马行》一诗。诗曰：

    我往拯民难，归途适堕马。
    天黑不见人，路窄不容□。
    我马忽失足，与我堕涧下：
    马鞍抵我腹，马臀压我胯，
    马镫攀我足，马缰伤我把。
    我命今已矣，声嘶音俱哑。
    扶仆重爬起，忍痛还上马。
    论我救民心，不应与祸假。
    井廪几杀舜，耶稣十字架。
    神圣有劫数，终不与劫化。
    收得群魔后，披发入二华。

其救民之心，伤痛之状，跃然纸上。某次，侯公骑马上高塘视事，路过十里瓜坡，坡陡泥泞，令其感触颇深，遂写下了《瓜坡原》一文：

我上瓜坡原，路滑马复颠。

下马一同行，聊与马分艰。

喘息上瓜坡，上坡午已端。

问路只十里，我行已半天。

问天何故留此原，何不将此补东南。

女娲偏炼五色石，也不来移瓜坡原。

留此不山不岭、不谷不川、不可为田、不可为垣，一块赘疣于天地间。

徒惹得韵士骚人，吃些行路苦，心独不甘，为赋一篇瓜坡行路难。

其文朴实无华，想象丰富，通过十里瓜坡行之艰难，折射出对当地百姓之苦的同情和感叹，若无正义之感和慈善之心，是写不出这样富有感情的文章的。

第七章 中华民国

马克思主义在华县的传播

　　1919年"五四"运动之后，马克思主义得到进一步传播，为1921年7月中国共产党的成立在思想和干部上作了准备。几乎在中国共产党成立的同时，马克思主义又随着华县现代教育的勃起，传播到这个偏远的西北小县。

　　1920年前后，华县咸林中学的创办人杨松轩、顾熠山等，受"五四"新文化运动的影响，积极探索新的办学之路，大胆推行教育改革。为了把咸林中学办成一个顺乎世界潮流、领风气之先的新式学校，他们委托省内外知名人士为学校代订进步书刊，物色推荐那些受过系统的现代教育，具有新思想、新文化的先进知识分子来校任教。1921年8月，经旅京华县籍大学生杨钟健的介绍推荐，北京高等师范学校毕业生、中国社会主义青年团员魏野畴（陕西兴平人）来到咸林中学担任教务长兼历史教员。1922年2月，应魏野畴的邀请，北京大学学生、中国共产党党员王复生（云南人）也受聘于咸林中学。同年，社会主义青年团员王尚德（陕西渭南县人）受武汉中共党组织及负责人董必武的派遣，由武汉回到陕西，在渭南华县交界的赤水镇建立赤水职业学校。1923年秋，北京大学学生、共产党员王懋廷（云南人）也来咸林中学任教。这些早期共产党人来到华县，不仅为华县的现代教育带来了希望，注入了活力，更重要的是为这个偏远落后的小县带来了马克思主义革命理论，为西北地区的革命撒下了火种。

　　魏野畴、王复生、王懋廷在咸林中学积极宣传马克思主义，对学生进行马克思主义启蒙教育。魏野畴主持咸林中学教务，用"五四"以来的新文化、新思想，用马克思主义和自然科学去代替封建主义的一套教学内容。在他的倡导下，学校增设了"社会科学概论"、"社会进化史"等课程。他还经常向学生推荐学习《向导》《先驱》《秦钟》《共

最早在华县传播马克思主义的魏野畴（左）和王复生（右）

华州史话

励志社主要成员（左起：关中哲、潘自力、吉国桢）

《新青年》等进步刊物，指导学生成立学生自治会、青年会、读书会等组织，开展马克思主义学习讨论活动。县城每逢集日，他们和学生一起走上街头宣传、演讲、演出，向人民群众宣传反帝反封建，开展唤起民众的实践活动。在马克思主义传播过程中，一批进步学生聚集在共产党人周围，形成一股思想进步、敢于向封建思想文化斗争的新生力量。1923年春，王复生与赤水职业学校的王尚德共同研究决定，成立了咸林中学青年励志社（社会主义青年团的外围组织），主要成员有进步学生潘自力、吉国桢、杜松寿、杨慰祖、苏士杰、关中哲、李维屏、雷光显、岳炳光等人。该组织在王复生、王尚德的指导下，组织成员阅读进步书刊，学习革命理论，开展革命宣传。还以咸林中学为核心，发起成立了华县中小学校学生联合会、华县驱刘（镇华）废督裁兵团，举行了声援"二七"大罢工和声讨军阀刘镇华迫害青年学生罪行的活动。回乡的北京朝阳大学学生、社会主义青年团员陈述善在谷堆、高塘两校也以教员身份为掩护，从事马克思主义的传播。1924年春，谷堆、高塘两校也分别成立了互励社和青年励志会。

魏野畴、王复生、王懋廷等早期共产党人，在中国共产党成立后不久，先后以教员身份来到华县，使华县成为西北地区最早传播马克思主义的地方。历史上往往就有这样的情况，一个不经意的行动，几个不引人注目的人物，却能引发一个惊天动地的地区社会变革。自从马克思主义这一理论被华县一批先进青年接受后，他们义无反顾的走上了革命道路，为华县、陕西、西北乃至中国的革命做出了历史性贡献，其中有些在中华人民共和国成立后，成为党和国家的高级领导干部。华县共产党组织的建立及之后发生的一系列学生运动、农民运动乃至著名的渭华起义无不与马克思主义在华县的传播相联系，这是当时杨松轩、顾熠山等办学人所始料未及的。

第七章 中华民国

1923年的"交农"事件

"交农"是农民为了反抗苛捐重税,相互联络向官府交送农具,表示停止农业生产活动而举行的类似罢工的一种群众性示威方式。这种方式在清代时有发生。

民国以来,华县官府腐败,兵匪猖獗,社会秩序混乱,农民生活痛苦不堪。1923年春夏连旱,庄稼歉收,官府不仅不体恤民众,反巧立名目,乱加粮税,并在当年粮款之外预征来年粮款,农民无力承受繁重的赋税,遂在"鸡毛传帖"的号召下向县署"交农"。这次"交农"据传是由华县知名人士、郑村学校校长郑云章(早期共产党员)暗中策划发动的。联络发动的方式是"鸡毛传帖","鸡毛传帖"是一种比较紧急重要、在一定的范围相互传递的信件。传帖上书写:"在十一月三十日向官府举行交农具、抗粮、抗税。传单所到各村,昼夜传送,不得停留或遗失。"传帖上还明确规定"交农"之日,每家一人,携带杈把、锄头等农具,到县城向县府"交农",要求豁免粮税和预收粮税,不肯出人者,要予惩办。插着鸡毛的传帖在"交农"前的数日内,分三路在本县范围传递:北路由赤水大涨村开始向东挨村传送;中路由郑村向东传送;南路由高塘经瓜坡向东传送。传帖所到村庄,村中官人(头目)自然不敢怠慢,按传帖要求派人向下一村传送,并相互转告"交农"事项。

11月30日清晨,高塘九里(高塘地区当时共有9个里,即:丰原里、白泉里、太平里、吕胜里、东能里、清宁里、光秀里、集贤里、太宁里,统称"高塘九里")的"交农"群众首先出动,他们肩扛各种农具向县城进发,沿途各村立即鸣锣,召集本村民众,汇入"交农"行列,一传十、十传百,群众迅速形成浩浩荡荡的"交农"大军,从四面八方涌向县城。县署官员看到来势汹汹的"交农"群众,即令军警将县城四门封闭。军警站在城头不断对空鸣枪,进行恫吓。但万余"交农"群众不畏强暴,毫不退缩,把县城四门紧紧包围,并不断高呼"冲开城门,砸开衙门"、"处死县官,豁免粮税"。到了晚上,群众仍不散去,并点燃火把火堆,县城外火光烈焰冲天,一片通红。县知事恫吓无效,拖延无用,完全被"交农"气势所吓倒,只好提出派人谈判,以息事端。"交农"群众推选郑云章、杨松轩等知名人士进城与县署谈判。郑、杨等人在谈判中,如实陈述农民赋税之重、生活之苦以及"交农"群众豁免粮税的强烈要求。经艰苦谈判,县署终于同意免征当年的一半

华州史话

粮款,不再预征来年粮款,出示布告,立即执行。协议达成后,"交农"群众涌进县城,在县署门前集合欢呼,后又出县城北门向西,沿老城大街、西关街游行,再向南约一公里,至王槐野(即王维祯)坟园,在空旷地带集会庆祝"交农"胜利。一些"交农"积极分子情绪激动,纷纷发表"交农"演说。会后民众才渐渐散去。

华县如此规模的"交农"事件,表面上是在"鸡毛传帖"的号召下自发进行的,似乎无人组织,其实不然。华县新式教育相对较早,一大批具有新知识、新思想的热血青年已经涌现。他们走在时代前列,追求科学民主,立志救国救民,特别是郑云章、王尚德等一些早期共产党人,当时已在渭华一带秘密开展学生运动和农民运动。他们针对华县苛捐杂税繁重,农民仇恨官府贪官和劣绅土豪这一社会现象,暗中联络推动,点燃起"交农"之火,是有其深刻的历史背景的。华县农民这次"交农",参加民众之多,对官府的冲击之大,都是空前的,在陕东地区反响很大,成为大革命时期华县农民运动的前奏。

何永安1987年发表的1923年交农事件的回忆录

54

第七章 中华民国

驱逐刘镇华之战

1924年冬和1925年春,陕西地方部队发动两次驱逐刘镇华镇嵩军的战役。华县、华阴和渭南县等地是主要战场。

陕西地方部队原为靖国军,在政治上反对北洋军阀,拥护孙中山先生的革命主张,有一定的进步性。1921年,靖国军胡景翼部在直系军阀压迫下被改编为冯玉祥指挥下的陕军第一师,后又随冯玉祥进军中原。留在陕西的原靖国军被统称为陕军。刘镇华是河南人,早年纠合一伙土匪,组成镇嵩军,1918年,在北洋军阀扶持下入陕攻打靖国军,担任了陕西省长,1922年兼任督军,属于直系军阀系统。

刘镇华

1924年9月,第二次直奉战争爆发。直系军阀内部倾向民主革命的冯玉祥、胡景翼等于10月发动北京政变,通电主和,邀请孙中山北上主持大计,并成立了国民军,冯玉祥为总司令,胡景翼为国民二军军长。北方因此出现了有利于革命的形势,陕西各界人士乘机开展了驱逐刘镇华的斗争。原属靖国军的各路陕军受全省人民驱刘运动的影响,发动了驱逐刘镇华的战争。

这时,刘镇华镇嵩军张治公师开赴直奉战争前线,憨玉琨师东开洛阳,留陕镇嵩军大部系收编豫西土匪,关中空虚,有机可乘。陕军田玉洁部驻泾阳、三原、蒲城,冯子明(毓东)部驻富平、耀县,卫定一部驻凤翔。各部陕军经协商制定了驱刘战役的计划:卫定一部由西路出兵,牵制咸阳、周至、户县的镇嵩军;田玉洁部除派康振邦(子定)渡渭河助冯子明堵截驻华县镇嵩军外,进军渭南控制省城;冯子明部渡渭河攻华阴,直扑潼关,切断憨玉琨后路,使镇嵩军首尾难顾,然后联名通电声讨,驱逐刘镇华离陕。

1924年11月5日,冯子明派先头部队从渭南孝义仓头渡过渭河,占领华县侯坊渡口。8日,冯子明全军由此渡河,直扑华阴,只留一连守渡口。冯部于12日占领华阴县城,13日开始攻打潼关。康振邦部按计划于10日从蒲城兴市镇渡过渭河进攻华县城,但镇嵩军防守严密,康部屡攻不克退走。

华州史话

陕军占领华阴，进攻潼关，切断了豫陕交通线。憨玉琨回师援救，尚在途中，西路镇嵩军受卫定一、田玉洁等部牵制，未敢轻动。刘镇华兵力不济，一面以省长为诱饵，拉拢田玉洁，使使按兵不动，未按计划进攻渭南；一面又对正在攻打潼关的冯子明摆出求和姿态，派陕西名流杨鹤庆（杨叔吉）、张扶万到华县与冯谈判。冯子明鉴于田玉洁按兵不动，憨玉琨正回师潼关，康振邦进攻华县失利，自己将陷于两面受敌境地，即接受谈判。冯的谈判代表彭仲翔17日晚到华县，而刘镇华因憨玉琨已到潼关，遂撕下和谈面具，令其和谈代表杨、张二人回西安。彭仲翔见其求和无诚意，准备回华阴军中，后经咸林中学校董杨松轩与镇嵩军张营长再三挽留住咸林中学公储局，不料刘镇华电话命令所部将彭勒毙。此时，已到潼关的憨玉琨率8个团猛攻华阴冯部，冯节节败退，26日晚撤至华县侯坊渡口，27日回到富平。这时吴佩孚的直军在河南已全线溃败，刘镇华忙于向河南发展，抢占地盘，使冯部得以休整。

1925年2月，豫西胡（景翼）憨（玉琨）战争爆发，刘镇华率部援憨，遂将陕西督军一职交给陕南军阀吴新田"代为照料"。刘在陕西兵力空虚，陕军各部又酝酿第二次驱刘战役。

这时，陕西地方部队编入国民军，田玉洁、冯子明等编入胡景翼的国民二军，杨虎城部编入国民三军。各部商定，由杨虎城担任省西作战任务，田玉洁部出兵渭南，并派康振邦团占华县。冯子明部担任省东作战任务，直取潼关。这次作战属支持河南国民军，并清除刘镇华、吴新田在陕西恶势力的重大战役。

1925年3月16日冯子明部渡渭河进入华县境内，先头部队赵汉章营与敌接火，赵营官兵多系当地人，地形熟悉，并得到群众协助，很快扫清了敌人。后续部队过河后，西进赤水，与进军渭南的田玉洁部取得联系，荡清沿河布防敌人，并协助康振邦部攻打华县城，击溃华县守敌两个团。渭南、华阴的镇嵩军也同时被击溃。渭南、潼关之间已无敌踪。胡景翼的国民军也击败了豫西敌人，刘镇华只身逃往山西，驱刘战役胜利结束。

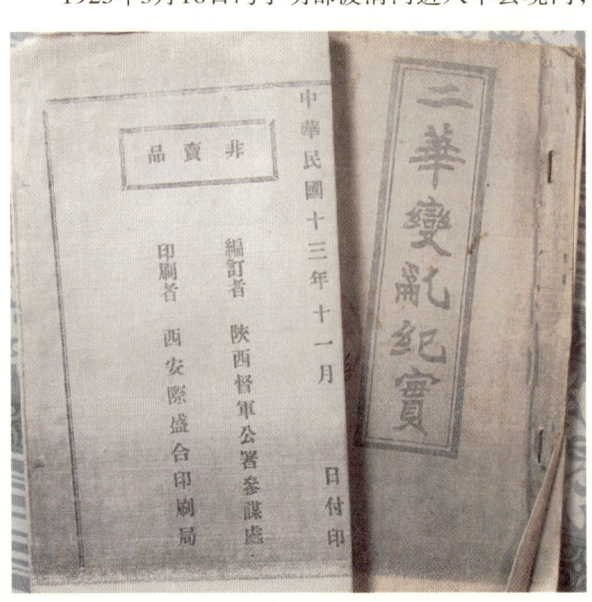

记录驱刘之战的《二华变乱纪实》一书（1924年11月）

第七章 中华民国

大革命时期的华县农民运动

第一次国内革命战争时期，也就是大革命时期，广东、湖南、湖北、江西等地方的广大农村掀起了轰轰烈烈的农民运动。在农民运动开展的地方，一切权力归农会，建立农民武装，实行减租减息，没收土豪劣绅财产，向封建地方势力和反动军阀政府发起了猛烈地冲击，有力地支援了北伐战争。

在全国农民运动蓬勃发展的历史背景下，不堪忍受军阀政府统治和土豪劣绅残酷压迫剥削的华县广大穷苦农民，在当地共产党组织和先进分子的发动领导下，也掀起了一场波澜壮阔的农民运动。从有关史料看，华县农民运动大约起始于1923年夏，结束于1927年7月，前后历时4年时间。农民运动初期表现为群众肩扛杈把扫帚自发进行"交农"的斗争方式，后来转变为由共产党组织发动领导、农民手持武器直接进行反抗斗争的群众运动。

1923年5~6月间，华县圣山坪一带五六百农民，在进步青年组织公益协进会的策动下，携带农具到高塘地区四大恶绅之一的郭毓坤、郭毓璜的爪牙武鸿烈家"交农"。武鸿烈平时倚仗郭氏兄弟的淫威，任意摊派款项，从中私分赃款。交农群众围住武鸿烈，严厉斥责其恶行，要求退赃。武自知理亏，只好当场退还了270元赃款。同年11月30日，华县各乡民众肩扛农具到县城向县署"交农"，要求豁免粮税和预收粮税。数万交农群众包围县城一昼夜，迫使县署答应免征预交粮税。

1924年秋，高塘群众在共产党员、共青团组织的领导下，进行了驱逐民团团总孙景福的斗争。高塘民团原是辛亥革命后成立的一支地方武装，由县署管辖，名义是维护高塘地区的治安，实际是保护地方乡绅的利益。由于高塘距县城较远，管理鞭长莫及，民团团总就成了高塘一带的土皇帝。孙景福本是土匪出身，后当上了民团团总，他奉迎当地驻军，曾任驻军的筹款员、办事员、副官、独立连连长（民团被驻军康旅编为独立连），又与南山土匪相勾结，横行乡里，私设公堂，任意派粮派款，压榨勒索，搜刮民财，草菅人命，农民恨之入骨。农历九月，孙景福又催收当年第四茬烟款，当时每亩烟款已累加至20多元，农民已无力承受，只好四处躲藏。某日，东阳村（在今东阳乡）一些农民为躲烟款跑进东阳小学，该校11岁学生雷易经趴在墙头向外张望，被紧追其后的恶丁发现开枪打死。教员找孙景福讲理，

华州史话

反遭毒打,激起民愤,当地群众及神团带着各种武器追打团丁。陈述善、赵和民、王林(又名王苇南)等共产党员、共青团员立即组织青年学生上街游行、演讲、示威,与旅省华县同乡会联系,控诉孙景福的罪行,联合各村"神团"、"民团"、"红枪会"组成农民武装,准备与孙景福民团斗争,同时联络各校教员、华县开明绅士、社会名流与孙景福对簿公堂。孙景福在输了官司后,命令爪牙偷袭三教堂的农民武装,但被击败,独立连连长及一名恶丁被打死,武器被收缴,其余溃散。孙景福看势头不好,率队逃进南山。翌年农历正月初八,孙潜回家中被杀,此事在渭华、西安一带震动很大。与此同时,"高塘九里公民会"成立,陈述善、赵和民分任正副会长,实际行使该地区的行政管理之责。公民会对高塘民团进行清理整顿,任命了新的民团团长,许多积极分子和党团员被充实进民团,这样高塘民团就为共产党人所完全掌握。1926年5月,在抵抗镇嵩军刘镇华"二次祸陕"、围困西安的斗争中,该民团联合红枪会在王家崖(在今大明镇)一带与镇嵩军一个营作战,将其击败。后又与陕军"韩秃子"部组成驱刘统一战线,与镇嵩军作战数次,连挫敌军,收缴长短枪千余支。

1926年3月,北伐战争即将开始,经陕西共产党人魏野畴联系,北方地区共产党组织派遣陕籍学生乔国桢、杜松寿、亢心栽、霍世杰等16人入学广州黄埔军校,后因"中山舰事件"发生,改派去广州农民运动讲习所第六期学习,这期由毛泽东主持。9、10月间学习结束,共产党组织指示该批学员16人全部回陕指导农民运动、建立农民协会。回到华县的是杜松寿、霍世杰。二人运用广州农运所学到的知识及广东、湖南等省农运的做法,秘密开展农民运动。 11月,冯玉祥国民军联军入陕解了西安之围,把祸害陕西长达8年之久的军阀刘镇华赶出潼关。冯玉祥邀请了许多共产党人到他的军队中主持政治工作,著名的有邓小平、刘伯坚等。冯军的政治态度是支持农民运动的,并以组织成立农民协会为己任,农协成立时一般都派代表讲话以示祝贺。当时冯军驻华县的是吉鸿昌师梁冠英旅。该旅政治部主任是共产党员宣侠父。因此,冯军入陕后,农民运动在中共华县党组织的领导下,由秘密开始转为公开,发展进入了高潮。当时直接领导华县农民运动的除杜松寿、霍世杰外,还有七里寺学校校长、共产党员温济厚,以及省上派来的宋生辉、王述绩、高文敏(高克林)、韩鼎等人。他们在驻军的配合下,发动群众建立农会,清算贪官豪绅的账

华县农民协会执行委员会印模

第七章 中华民国

目。1927年3月初，在县立高小召开了华县第一次农民代表大会，全县43里代表百余人参加，大会由县长朱宪秦主持。会后开办了农民运动讲习所，县长朱宪秦兼任所长，霍世杰、乔国桢任副所长，为各里培训农运骨干90名。县农协筹备处与国共合作下的国民党县党部一起，成立了工农兵学商联席会议，处理全县性的重要事务。3月18日，华县农民协会在县立高小召开成立大会，通过了农协章程，选举杜松寿为农协委员长。与此同时，各区、里农协相继先后成立。保师庙（在今瓜坡镇西赵村西北）农协成立时，吉鸿昌师长、梁冠英旅长亲临指导并讲了话，会后农协会员200多人赴赤水镇严惩粮秣代办所所长杨宝和。七区农协成立时，吉鸿昌将军率十余名骑兵，将一面红旗送到郑村学校（在今瓜坡镇），授给区农协表示祝贺，并与区农协领导人、郑村学校校长郑云章商议，向学校捐款50元。截至1927年6月，华县正式成立村农协324个，区农协8个，农协会员总数达5114人，是陕西农运发展较好的县份之一。农协成立后，领导农民打倒土豪劣绅，斗争贪官污吏，建立自卫武装，清除土匪，提倡妇女解放，破除迷信，戒烟禁赌，兴办公益事业，农村社会面貌发生了巨大变化，农民实现了自卫、自治、自强，农村重大问题农民协会说了算，"一切权力归农会"的局面形成。1927年5月28日，县农协召开大会，驱逐县长叶振本。接着又与国民党县党部联名向国民军联军驻陕总司令于右任告状，要求立即撤换包庇袒护劣绅土豪的县长朱宪秦，迫使其下台。华县头号恶绅独汝琪、高塘"南霸天"薛良臣和许多土豪劣绅都被农协送进了监狱，农民颇感扬眉吐气。

农民协会的旗帜

1927年6月，冯玉祥和蒋介石、汪精卫合流，共同反共。7月15日发出严禁共产党人活动的命令，开始"清党"，强行解散农民协会，如火如荼的华县农民运动从高潮骤然降温。在新军阀的高压政策下，大革命时期的农民运动最终遭到失败。然而，农民运动培养出来的积极分子和已经觉醒了的广大农民群众并没有被吓倒，一些农协组织还在秘密活动，他们在华县共产党组织的领导下，继续与土豪劣绅、贪官污吏、军阀政府进行斗争，一场更大的运动风暴即将来临。

华州史话

驱逐县长叶振本

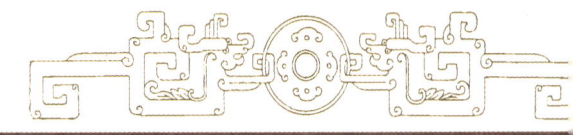

在大革命时期共产党领导的农民运动中,许多有恶迹的县官被冲击而下台,成为当时一个特殊的社会政治现象,备受时人关注和评说。1927年5月,在华县就发生了民众驱逐县长叶振本的政治事件,轰动于一时。

叶振本,湖南人,为一长期混迹官场的老官僚。他于1926年12月任职,任内"私押农民,破坏农协,擅动正款,卖官位私,勾结该县恶绅以自保,侮国民党为小孩胡闹"(1927年6月3日《陕西国民日报》),仅43天后,就因与县党部不合而去职,县长一职由渭南人朱宪秦继任。叶振本在去职后的三四个月内,仍然名利熏心,贪恋县位,竟纠集华县二三恶绅及西安同党刘某等冒充公民代表,盗用县机关之名,到代行省政府职权的国民联军驻陕总司令部及民政厅活动,要求重新任命叶振本为华县县长。由于当时陕西政局混乱,官员任用无法可依,驻省总部竟然莫名其妙的同意叶振本二次任华县县长。5月27日,叶振本怀揣委任状匆匆到华县赴任,强行接事,县长朱宪秦也准备交割,此事迅速在县城传播,遂激起公愤。民众在街道两旁张贴"反对叶振本长华"、"驱逐叶振本出境"的标语,并向国民党县党部和县农协提出驱逐叶振本的要求。县长朱宪秦对此犹豫不决、左右为难,但县农协和县党部表示坚决支持,决定组织各地农协会员、学生联合会会员在县城集合,驱逐尚未正式上任的县长叶振本。28日,因农村夏收已经开始,仅县城附近的农民、学生约五六千人聚集县立高小,召开驱叶大会,叶振本也被大会纠察队押进会场。大会由县农协主席韩鼎主持,县农协领导王述绩报告开会理由,民众代表张孝直宣布叶振本任内破坏民众组织、诬蔑党部、勾结恶绅、私挪正款等罪状。叶对宣布之罪状强词夺理,不予承认,但在韩鼎的驳斥以及到会民众的强烈谴责下无话可说。大会最后议定:令叶振本立即向国民军联军驻陕总部及民政厅写出辞职呈文,并由县长朱宪秦担保,在三日内交出挪用正款;同时由县党部和县农协分别呈请省总部和民政厅,收回成命,另委贤明长华。会后不久,省上同意华县民众请求,任命山西人金凝五为华县县长,叶振本二次长华的美梦终成泡影,县长朱宪秦也因包庇叶振本、配合县农协不力而受到牵连,被迫去职。

民国以来,华县历任知事、县长的作为和政声较之叶振本更贪、更反动者大有人在,也引起了华县民众的强烈不满,为什么华县民众独对叶振本采取激烈的

第七章 中华民国

驱逐行动呢？这恐怕要从时代背景来解读。1927年的前半年，冯玉祥在陕西执政，政治上同共产党合作，支持农民运动，陕西当时正处在农民运动的高潮时期，社会的政治状况也由此发生了激烈的变化，农民协会实际上已成为这一时期各县的权力机构。县上的重大事项，必须经县农协点头方可实施，县政府昔日的威风已不复存在。在这一时代背景下，叶振本不识时务，仍然以一个封建县老爷的姿态活动在华县政治舞台上。1927年元月某日，留着八字胡的叶振本坐在县署大堂公案后的太师椅上审问犯人。审问中，他使用刑具逼供，犯人忍受不了酷刑，跪在地上连声呼叫"青天大老爷饶命"。这一封建衙门式的审案情景恰好被路过的当地驻军旅政治部主任、共产党员宣侠父看到。当宣侠父责问叶振本为什么要让犯人跪在地上喊自己为青天大老爷，为什么审案要使用肉刑时，叶振本百般狡辩，反诬当地老百姓刁顽、愚笨，引起宣侠父的极度反感，更激起当地民众的愤怒。他擅动正款，卖官为私，特别是私押农民，破坏农协，处处与农民协会作对，在轰轰烈烈的农民运动洪流中，理所当然地被民众所驱逐。

华县民众驱逐县长叶振本大会

华州史话

震撼西北的渭华起义

　　1928年5—6月间，在陕西渭南县、华县一带爆发了著名的渭华起义，也称渭华暴动。从现存大量史料看，这次起义是中共陕西省委根据中共"八七"会议精神，第一次直接领导和发动的农民武装起义。起义从1928年5月初开始，到6月下旬失败，为时近两个月。起义的区域以华县高塘和渭南塔山为中心，东至少华山，西至临潼东，北到豫陕大道，南接秦岭北麓，方圆约200平方公里。这次起义虽然延续时间短，但其规模和影响为当时西北所罕见，亦是全国重大事件之一，在中国共产党的军事斗争史上占有重要的位置。

　　这次起义为什么会在渭华一带爆发？或者说，中共陕西省委为什么要把农民武装起义的地点选在华县和渭南？其中有着深刻的社会政治原因。

　　首先是国内政治局势的变化孕育了渭华起义。1927年4月，在北伐战争取得节节胜利的形势下，以蒋介石为首的国民党右派集团突然反共，破坏了国共合作的大好局面。中共方面于8月7日召开中央紧急会议，确立了土地革命和武装反抗国民党的总方针。这一时期，在中共的领导下，先后发动了八一南昌起义、湖南秋收起义、广州起义，回击了国民党的反共政策。与此同时，中共中央对陕西的政治状况也作了分析，要求中共陕西省委发动工农武装暴动，实行土地革命，建设苏维埃政权。1928年2月13日和18日，中共陕西省委分别召开第五次全体会议和第二次扩大会议，认为陕东地区群众斗争已经普遍发动起来，又有省委掌握的许权中旅和部分农民武装的配合，起义条件已经成熟，即决定在渭华地区举行

工农革命军总司令部旧址——高塘小学（今为渭华起义纪念馆）

第七章 中华民国

暴动。

其次是华县和渭南政治基础较好，具备起义的有利条件。1921年中国共产党成立后不久，魏野畴、王复生、王尚德等早期共产党人就在华县、渭南一带秘密传播马克思主义，撒播革命火种，建立共产党和青年团组织，因而渭华被誉为"陕甘赤化发祥地"。大革命时期，在共产党的领导下，渭华等地农民运动蓬勃发展，各地纷纷成立农民协会，建立农民自卫武装，抗粮抗税，与贪官污吏和地主豪绅进行激烈的斗争，使渭华成为陕西农民运动最发达的地区。据1927年6月陕西省农民协会统计，渭南、华县、五一（固市）三县共建立村农民协会714个，会员总数23245人，均居全省前列。1927年7月冯玉祥开始"清党反共"，但由于华县高塘和渭南崇凝地处偏僻，距离县城较远，共产党的组织、农民协会及农民武装力量基本保存下来，群众基础没有遭到大的破坏。据陕西省委1928年3月30日《党务概况》记载："华县、渭南各有同志五百余人，而农民同志占百分之七十五至八十，为全省同志数量最多、成分较好的县党委"，五一县"同志约有三百余人，农民同志亦占百分之五十以上"。特别是在华县高塘塬区，驻有党团县委，并掌握着高塘自卫团这一农民武装，政治局面基本为共产党所控制。

再次，从地理环境来看，高塘和崇凝同属台塬地貌，沟壑纵横，地形复杂，南部紧靠秦岭，作战回旋余地较大。对此，时任中共陕西省委书记的华县高塘人潘自力了解甚多。因此，陕西省委决定在这一地区发动农民武装起义，并于1928年4月1日在华县高塘塬江村（在今东阳乡）附近的药王洞学校成立了省委的派出机关中共陕东特委，具体组织和领导这次起义，省委常委刘继曾任特委书记。

在起义发动的时机上，有两个因素起了决定性作用。一个是"宣化事件"，一个是陕西地方军阀与国民党新军阀冯玉祥的军事冲突。

"宣化事件"指的是，1928年2月28日，渭南槐衙村的乐育小学董事长、劣绅刘铭初纠集一伙流氓、警察、差役，闯进中共区委机关所在的宣化小学，殴打教员，驱赶学生，砸坏校牌，抢走共产党的文件。中共渭南县委为了回击反动势力的挑衅，于次日组织县中、东关小学部分进步教师及附近农民，到乐育小学示威。在混乱中，乐育小学董事长刘铭初被打死，校长田宝丰受伤逃跑。此事立即引起当局的震怒和警觉，下令将渭南、华县几乎所有的中小学关闭，其中共产党重要活动据点渭南赤水职业学校、华县咸林中学、渭北渭阳中学、华县高塘小学和谷堆小学等首当其冲，共产党员和共青团员及积极分子40多人被逮捕，渭南县中校长王文宗、教员冀月亭以及高塘小学校长李维俊3名共产党员被押解到西安活埋。3月8日，陕西省主席、冯系军阀宋哲元派渭南驻军师长田金凯率队突然包围华县党团县委机关所在地高塘小学和谷堆小学，逮捕七八名地下党员，并收缴了中共掌握的高塘自卫团的

华州史话

部分武器。渭华地区一时风云突变,局势紧张,双方生死较量一触即发,成为渭华起义的前奏。后来有人称,"宣化事件"是渭华起义的导火线。

陕西地方军阀李虎臣与国民党新军阀冯玉祥的军事冲突,也与渭华起义紧密相连。当时的形势是,1927年6月,国民革命军第二集团军总司令冯玉祥夺取了甘肃、陕西、河南的统治权,但陕西、河南的地方军阀与之积怨甚深,冲突不断。1928年4月,河南地方军阀樊钟秀、陈文皋在洛阳发起反冯战争,冯玉祥急令本部主力由陕西省主席宋哲元率领,东出潼关驰援,一时冯军在陕兵力空虚。陕西地方军阀李虎臣一直对冯玉祥心怀不满,见有机可乘,立即调动本部驻户县的何经纬旅围攻西安,李虎臣亲率四个旅赴潼关阻击冯的主力回陕,企图夺回陕西的政权。在李的参战部队中,就有驻守洛南三要司的为中共陕西省委掌握的许权中旅。

许权中旅的前身是1927年3月由国民军联军驻陕总司令部在西安创办的"中山军事学校"。该校校长史可轩、副校长兼教务主任李林、政治部组织科长高克林、总队长许权中等,均为中共党员,邓小平也在该校任职,700余学员中,党员达100余名,实际是中共陕西省委掌握的一所军事学校。冯玉祥清党反共后,邓小平、李林等公开的共产党人离开了学校。6月下旬,冯令史可轩带领学校全体人员赴河南"整训",企图加以消灭。陕西省委为了保存和经营这支武装,指示史可轩率领该校开赴陕北,建立根据地。7月14日,军校1000余人离开西安校部,从草滩乘船沿渭河东下,至临潼登岸北上。7月29日,路过富平美原镇时,史可轩被当地国民二军的师长田生春杀害。在部队面临凶险的紧要关头,许权中受任部队总指挥,接受国民军冯子明部的改编,成为该军暂编第三旅,许权中任旅长,驻守临潼关山镇整训,后移防高陵县。期间秘密成立了旅党委,高克林任书记。11月15日,许旅奉冯子明命令,渡河南下蓝田普化镇,处境依然险恶,随时有被冯军围歼的危险,许旅果断宣布同冯军脱离关系,并向蓝田许家庙安全地带转移。之后许权中利用旧关系,将部队改编为陕军李虎臣部新编第三旅。11月下旬,许旅奉命开到洛南县三要司镇驻防,进行整训,才算有了立足之地。1928年1月,刘志丹受陕西省委派遣,到许旅担任参谋主任。2月底,陕西省委作出在渭华地区发动起义的决定后,高克林由三要司到西安接受任务,军委书记李子洲代表省委指示许旅参加渭华起义。之后唐澍、谢子长、王授金、廉益民、吴浩然等人也受省委指派,来到许旅担任相关职务,加强许旅的领导力量。渭华二县为了培养起义时的军事人才,抽调28名党团员及积极分子,由薛自爽带队到许旅学习军事技术,为起义作准备。

4月10日,李虎臣命令许旅开赴潼关参加反冯作战。此前,中共中央关于许旅不参加军阀混战、利用军阀混战的时机参加渭华起义的指示,陕西省委已向许旅作了传达,后中共陕东特委书记刘继曾又亲赴洛南向许旅党委传达特委决定,要求其

第七章 中华民国

扩大武装，准备参加起义。是参加反冯作战，还是参加渭华起义，使许旅一时处于两难之中。参加反冯作战，陕西省委辛苦经营的一旅武装，将会成为军阀混战的牺牲品；不参加反冯作战，拖延时间，等待渭华起义爆发，则会招致李虎臣部队的围歼。旅党委会曾为此激烈讨论，多数人员同意按省委指示办，不参加军阀混战，许权中则主张先攻占潼关，挑起军阀混战，扩大自己装备后，再参加渭华起义。最后会议确定先派雷天祥率一营兵力作为先遣队立即赴渭华地区，其余部队出秦岭赴潼关，择机脱离虎口参加起义。

从以上军情发展变化看，地方军阀掀起反冯战争，关中冯军兵力薄弱，使渭华起义成功的概率大增，发动起义时机已经成熟。而许旅在赴潼关作战的命令已下达，军情紧急的情况下，只有在执行命令中尽快撤离战场，参加起义才是万全之策。渭华起义箭在弦上，不得不发！

中共陕东特委自1928年4月1日成立后，立即启动起义准备工作。4月6日特委召开第一次扩大会议，渭、华县委、许权中旅派员参加。会议通过了《目前工作计划大纲》，明确提出了起义是以分配土地和建立苏维埃为目标，并协调了许权中旅的行动问题。接着又召开了渭南、华县、五一（固市）三县党团联席会议，针对起义制定了11条临时纪律。之后，整顿党团组织，建立起义秘密机关，动员民众，扩大政治宣传等工作在三县范围内有计划地全面铺开。大约在3月底或4月初，渭华派到许权中旅学习军事的28人在许旅李大德（张汉俊）的率领下，携带枪支、弹药和手榴弹，化装分两路从三要司出发，经景村、洛南县城、保安镇、西平里、八里坡、翻秦岭、穿乔峪，先后回到特委所在地华县东阳堡子底村三教堂，后在渭华一带分散游击，破坏敌人交通，消灭地方民团，配合民众与劣绅恶霸斗争。4月下旬，中共陕西省委书记潘自力来到渭华，对起义准备工作检查指导，使高塘、崇凝民众的斗争情绪空前高涨，浓烈的革命空气持续蔓延。

1928年5月1日，渭南崇凝打响渭华起义第一枪。在中共陕东特委、渭南县委的领导下，起义民众冲击区公所，赶跑了区长，随即召开群众大会，华县、五一两县都派代表参加，大会宣布成立崇凝区苏维埃政权，金鼎五任主席，下设人民、军事、土地分配、粮食分配4个委员会。大会还处死了两名官府恶差，举行了游行，捣毁了大恶霸杨鹏霄的"天庆昌"商号和李玉林的"同盛公"商号，商号财物被当场分给贫苦农民。崇凝农民首发暴动，点燃了渭华起义的熊熊烈火。5月2日赤水、5月3日渭南阳郭、5月4日华县高塘及三张村、5月5日高塘东王村、5月8日渭南沈河川等地农民纷纷揭竿而起。

5月4日，在渭南沈河川望岗岭，以许旅受训归来的武装人员为骨干，成立了陕东赤卫队。何寓础代表中共陕东特委向赤卫队授旗，李大德任陕东赤卫队大队长，

华州史话

薛自爽任副大队长。赤卫队归属特委直接领导，下辖4个中队、一个大刀队。人员一百五六十人，枪五六十枝。赤卫队总部下设参谋处、组织部、宣传部、经济部、交通部、修理所、油印处、运输队等机构。5月12日，赤卫队总部驻扎渭南塔山，各中队分驻清明山、凤凰山、枣刺庵、灵台寺等地，形成了一个以塔山为中心的军事布局。后中共渭南县委也移至塔山。陕东赤卫队是渭华起义的重要武装力量，在起义中冲锋陷阵，给官吏豪绅以强大的威慑，曾多次击退渭南驻军冯子明部的进攻。

正当渭华起义如火如荼进行时，许权中旅还在忙于应付李虎臣的反冯作战。5月7日，许权中、刘志丹、唐澍、高克林等率领许旅主力由洛南灵口开拔，向潼关进发。5月10日，与冯军激战于潼关北山，伤亡甚大。当晚，刘、唐、高等人商议后，未告知旅长许权中即率一部撤离战场向渭华进发，许发现后亦率20余骑卫队追随而来。翌日清晨，先后到达华县瓜坡镇，在随后的一个晚上，高克林主持旅党委会，宣布部队起义。部队经过简单动员和初步整编，摘掉了国民党军的帽徽，急速向高塘挺进。5月18日，华县县委在高塘会馆戏楼前召开万人军民联合大会，许旅起义部队、陕东赤卫队、各村农民协会及各界群众参加，刘志丹、唐澍发表了讲话，陕东特委书记刘继曾把一面绣有镰刀斧头的工农革命军军旗授予起义部队，宣布"西北工农革命军"正式成立。

工农革命军与起义群众举行联合大会旧址—高塘会馆

西北工农革命军是渭华起义的一支主要武装力量，兵力近千人。刘志丹任革命军军事委员会主席，唐澍任革命军总司令，刘继曾任政委，王泰吉任参谋长，廉益民任政治部主任，高克林任参谋主任，吴浩然任革命军党委书记，许权中任军事总顾问，杨晓初任财经委员。总司令部下辖四个大队及一个警卫队和一个骑兵分队。赵雅生、谢子长、武丕谋、雷天祥分任大队长，张汉泉任警卫队长，许权中兼骑兵分队长。军委及司令部驻高塘小学，一大队驻涧峪口一带，二、三大队驻高塘镇一带，四大队及骑兵分队驻箭峪与崇凝一带。至此，许权中旅这支共产党掌握的武装才算名正实归，在起义中发挥重大作用。高塘小学即成为渭华起义的指挥中心。

由于陕东赤卫队和西北工农革命军的参加，起义的声势倍增，士气大振，起义

第七章 中华民国

很快进入高潮。武装力量主动出击，到外线作战，袭击渭南县城，截击陕豫大道上的敌军辎重，破坏敌军的交通及通信设施，消灭小股流窜之敌。在武装力量的配合下，各区各村的苏维埃、赤卫队相继成立，打土豪、斗地主，风暴席卷塬上塬下。平时欺压百姓、作恶多端的贪官恶绅胆战心惊，惶惶不可终日，有些逃到渭南、西安躲避。天翻地覆之间，也出现了起义农民对欺压他们的土豪劣绅、贪官污吏的过激行动。

5月下旬，陕西省委书记潘自力再一次来到渭华起义区，在高塘小学的工农革命军司令部召开起义各方会议，就建立渭华区苏维埃政府、分配土地等重大问题作了原则性安排，并否决了工农革命军军委会关于许权中在许旅军事行动上违背省委指示而给于"永远开除党籍"的处分决定、高克林由于劳累贻误军机给予"留党察看一个月"的处分决定。

中共陕东特委根据省委意见，于6月5日开始进行渭华区苏维埃政府筹备工作，起草了苏维埃政府章程，初步拟定了政府领导成员，并计划于6月22日即农历端午节，在高塘召开渭华区苏维埃政府成立大会，还准备待苏维埃政府成立后开始实施土地分配。可惜这一切都来不及了，军阀冯玉祥的部队正在紧急调动，向起义军反扑过来。

渭华起义区位于关中东部，邻近西安，豫、陕、甘三省的交通运输线——西安至潼关大道从中穿过，无论从政治还是军事的角度讲，冯玉祥是无论如何不会对起义坐视不管的，当潼关作战结束，宋哲元主力部队返回陕西后，对渭华起义的军事围剿就开始了。

6月8日，宋哲元部队对渭华起义军民发动第一次进攻，作战目标是占领工农革命军军事重地渭南塔山。清晨，敌军的一个旅从渭南县城出发，沿龙尾坡向塔山方向运动，当行至龙尾坡之南段家村附近时，与陕东赤卫队遭遇，发生激战。后谢子长率革命军一部从高塘急速赶来增援，在两面夹击下，敌军溃退。

两日之后，敌军又发动第二次进攻，企图摧毁工农革命军指挥部。6月10日晚，敌军田金凯师从华县城出发，经瓜坡镇、大明寺直逼高塘镇。由于当日工农革命军武丕谟三大队一部到赤水公路截击敌军枪弹物资车辆，谢子长、高克林率二大队到华县夜袭县城，都未返回部队驻地，高塘革命军兵力一时空虚。当敌军已行至高塘小学东北3里的骆驼项时，才被当地群众发现并报告革命军。此时敌军已成扇形从北、东两面发起攻击，首先得到消息的革命军中队长周益三急率本队及二大队留守人员立即组织抵抗，警卫队队长张汉泉也带30余人赶到投入战斗。激战中，谢子长、高克林带领的二大队执行任务返回，从敌后发起攻击。敌军腹背受敌，全线动摇，不敢恋战，丢下许多迫击炮弹，仓皇撤退。

华州史话

在敌军两次"围剿"失败后,刘志丹、唐澍等革命军领导料敌不会善罢甘休,遂对兵力作了重新调整:命许权中率骑兵分队驻箭峪口一带,指挥驻在崇凝的四大队及陕东赤卫队巩固西线;一大队驻涧峪口,防御东线来犯之敌;三大队和二大队分驻高塘东、北两个方向,准备迎击东、西两川来敌。

果然不出所料,陕西省政府主席宋哲元经过精心准备,于6月19日,调集魏凤楼、田金凯、孙连仲三个师及一些地方武装,配备火炮、迫击炮等重型武器,分东、中、西三路向起义中心区发动更大规模的第三次军事进攻。

东路敌军仍是田金凯师,从华县城出发,经瓜坡镇、金惠塬、金堆峪口一线向乔峪口推进,企图占领沿山一带,尔后由南向北进攻,形成对革命军的夹击。19日天刚亮,田部就从东塬向革命军发起攻击,迫击炮弹不断落在防御阵地爆炸,对革命军造成极大威胁,一大队及丰原里18个村的赤卫队员,顽强阻击,后撤至乔峪口外的蕴空山再度组织防御,直到主力部队撤退后,才放弃阵地向涧峪口撤退。

西路敌军是魏凤楼师,19日由民团武装为前锋,从渭南出发,沿龙尾坡一线,向崇凝镇、塔山方向进发,在塔山以北与许权中、雷天祥、李大德率领的四大队及陕东赤卫队接火。战斗十分激烈,敌军的炮火把革命军的前沿阵地、防御工事几乎摧毁殆尽,革命军被迫撤至箭峪口。

中路敌军是孙连仲师,宋哲元亲自督战,沿赤水东、西两川分进合击,直扑高塘镇。东川敌军在高塘东北方向的骆驼项与刘志丹指挥的三大队激战,从拂晓打到日中,反复冲杀,最后革命军因伤亡较大,撤至牛峪口。西川敌军在高塘的西北门户魏家塬一带与唐澍、薛自爽指挥的二大队一部及陕东赤卫队一部激战,敌军久攻不下,便从侧面迂回,战场形势一度十分危机,薛自爽率数百农民武装从背后包抄,才有所缓解,形成对峙。晚接军事委员会命令,分别撤至箭峪口和牛峪口。

19日晚,革命军司令部曾组织退至涧峪口、牛峪口的二、三大队夜袭魏家塬及高塘敌军指挥部,但未奏效,仍撤回原处。20日,敌军向退守在南山一线的革命军发起攻击,战况异常惨烈,革命军政治部主任廉益民、党委书记吴浩然在牛峪口作战阵亡,陕东赤卫队副大队长薛自爽在箭峪口阵亡。

革命军在受到重大伤亡后,各部500余人及部分地方干部开始向秦岭腹地转移。6月25日,刘志丹、唐澍率领的一部到达洛南两岔河及保安镇。7月1日,赵雅生第一大队在保安镇被李虎臣的方少海旅包围,唐澍带60多人从两岔河赶来增援,但在保安镇北又陷重围,最后除一名警卫员突围外,唐澍等其余人员全部牺牲,其中李大德被俘就义,赵雅生也在保安镇阵亡。后刘志丹、刘继曾率从保安镇突围的部队到蓝田许家庙,与许权中、杨晓初带领从箭峪口转移至此的部队会合。在蓝田张家坪,刘继曾、刘志丹、许权中、赵葆华、杨晓初、谢子长、雷天祥等人召开军事会

第七章 中华民国

议，决定取消西北工农革命军番号，部队交许权中指挥，中共身份已公开人员转移各地工作，刘继曾及身份未公开人员继续随部队秘密工作。会后刘志丹、谢子长离开蓝田，赴陕北继续组织发动武装斗争。至此，两个月波澜壮阔的渭华起义在军阀冯玉祥、李虎臣的重兵围剿下失败。后许权中委曲求全，带领这支部队成为李虎臣部刘文伯师的第九旅，在随刘文伯进入河南邓县后，又被当地地主武装"红枪会"包围打散。

渭华起义失败后，陕西省政府在华县高塘、渭南崇凝分设县佐，专事镇压起义人员。受过打击的地主豪绅、地痞恶霸、官吏警察，纷纷跳出来组成"清乡团"，对起义区的中共领导干部、党团员、赤卫队员、积极分子及其家庭成员，进行血腥镇压和疯狂报复。砍头、活埋、毒打、火烧等惨无人道的报复行径令人发指。事后有人统计，仅高塘地区，二三百人惨遭杀害，数十人失踪，11户被杀绝，45院房屋被烧毁。

渭华起义虽然失败了，但它给后来的陕北革命根据地的建立与发展创造了条件，培养了干部，积累了经验，其历史作用和深远影响是毋庸置疑的。新中国成立后许多中共党史专家、军事史专家、社会发展史学者，对渭华起义的功过是非，从不同角度进行了评价，产生了不同的观点，时任中共陕西省委书记、渭华起义的重要决策者潘自力后来在《关于渭华起义问题》一文中，不溢美，不隐过，从当时国内、省内的政治军事形势、省委决策、起义部署、起义过程、土地问题、政权问题、军事指挥等方面作了合乎情理的分析和客观公正的评价，其观点或许最具科学合理性。

渭华起义是民国时期陕西乃至中国北方发生的重大事件之一，已经过去了80年，但它的革命精神至今仍激励着一代又一代华县人民。20世纪80年代，华县人民政府在当年渭华起义指挥部的原址周围，修建了渭华起义纪念馆和革命烈士纪念塔，邓小平、徐向前、习仲勋等党和国家领导人为之题词，现已成为全国革命传统教育基地，渭华起义及为起义献身的英雄们，也受到全国各地人民的缅怀和敬仰。

渭华起义纪念塔

华州史话

"高塘三杰"之一的陈述善

陈述善

华县西南的高塘塬区,富有革命传统。大革命时期,这里的农民运动风起云涌。渭华起义时,这里又是起义的中心区域。在这一历史时期,高塘塬区涌现出一批杰出人物,而最出名的是群众口碑中的"高塘三杰":即王苠南(王林)、赵和民、陈述善。这三人中的陈述善不但是华县早期共产党人,华县大革命时期农民运动的领导人之一,渭华起义的积极参加者,而且是参加中条山抗战的上校团长,无畏奋战的抗日英雄,有着传奇一生的革命烈士。

陈述善,又名陈依萍,1904年出生于黄麓口村(在今东阳乡宋斜),高塘小学毕业后,于1920年考入咸林中学。受进步教师魏野畴、王复生等人影响,参加了进步组织"青年励志社",并积极投入新文化新思想的学习和宣传活动。1924年春,因反对学校的守旧势力,离校前往北京,考入朝阳大学。这期间,他参加了陕西在京学生的进步组织"共进社",并投身各种爱国运动。同年,加入社会主义青年团。

1924年秋,因学费不济,陈述善返回家乡,在谷堆小学任教。他向学生推荐进步刊物,宣传马克思主义,建立了进步青年团体"高九青年同志会",并积极发展团员,建立了社会主义青年团高塘支部。1925年秋,陈述善转为中国共产党党员。他与其他同志一起,积极领导了高塘地区的学生运动和农民运动。高塘民团团长孙景福,凭借民团,敲诈勒索,奸杀抢掠,为高塘地区一霸。陈述善、赵和民等人,组织学生和农民示威游行,抗议孙景福的罪行,并发动农民拿起刀枪,消灭了孙景福的反动武装,还成立了"高塘九里公民会",由陈述善与赵和民担任正副会长,查抄了孙景福的贪污赃款。公民会对高塘民团进行了改造,将民团掌握在党的手里。在驱孙运动中,高塘地区的党团组织得到进一步发展。

1926年,军阀刘镇华的镇嵩军,再进关中,陈述善无法立足,经党组织介绍经上海去广东黄埔军校学习,刚进学校,又被派到绥远(在今内蒙古),在冯玉祥的国民军联军中从事政治工作。

第七章 中华民国

1927年，陈述善又返回高塘，开展党的建设和农民运动。他建立了中共高塘特支，并任书记。高塘党组织在他的领导下，一面发展党团员，一面组织农民协会，又对高塘民团进行改组，将其改造为农民革命武装。9月以后，陈述善调任中共华县县委农委书记，后又任宣传部长。为纪念被军阀杀害的李大钊，陈述善与党员李维俊等组织高塘小学、谷堆小学学生及当地群众，在高塘镇召开追悼会，并在高塘小学院内用砖铺砌了"同志们！赶快踏着先烈的鲜血前进啊！！！"15个醒目大字，悼念革命烈士，激励青年的革命意志。

1928年，渭华起义爆发，工农革命军进驻高塘时，中共华县县委组织了万人欢迎大会，陈述善代表县委和华县人民致了欢迎词。起义高潮中，党领导农民开展了"火烧文契不还账"运动，与土豪劣绅进行了清算。陈述善为了深入开展这一斗争，首先将自己家里的地契文约当众烧毁，促进了打土豪、分浮财的农民革命斗争迅速发展。

渭华起义失败后，陈述善逃出虎口，至山东高桂滋部开展兵运工作。后又转移到甘肃石瀛秀部暂编第一旅搞兵运。1936年前后，他又按党的指示返回陕西。西安事变后，在杨虎城部队任西安绥靖公署特务营第二连少校连长。

卢沟桥事变后，他于1938年在由杨虎城部队改编的三十八军一七七师任一零五七团团长。这个团长期由共产党人秘密掌握，营连都建有党的组织。陈述善接任团长后，认真整训，加强训练，严明纪律，提高了部队素质，在与日本侵略军的战斗中，屡建战功。他率部先后参加了山西临猗附近吴王堡守备战，芮城大沟南夜袭战，运城曹允庄游击战，给日军以沉重打击。在中条山榆树岭的一次反扫荡战斗中，他不幸腿部负伤，但仍坚持指挥战斗，屡挫敌锋，克奏战功。后进医院治伤，在枪伤还未痊愈时，就返回部队。不久，旧伤复发，抢救无效，于1940年在西安去世。新中国成立后，陕西省人民政府追认陈述善为革命烈士。

陈述善等在高塘小学制作的砖铺标语："同志们赶快踏着先烈的鲜血前进啊"

华州史话

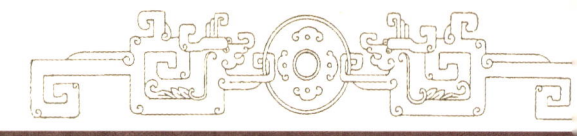

民国十八年大年馑

  20世纪30年代前出生的人，常提到"十八年大年馑"，说那一年灾荒严重，饿死者众多，言谈之中，还心有余悸，不胜唏嘘。"十八年"，即民国十八年，也就是公元1929年。这一年的大年馑，也称民国十八年大旱，是一场波及整个陕西关中地区的大灾难，受灾区域广，持续时间长，灾害程度重，全省饿死人口达250余万。这一时期，华县旱、涝、风、蝗、冻等自然灾害交替降临，频繁发作，加之军阀混战，兵匪横行，形成了历史上罕见的大年馑。

  据史料记载和老人口传，此次大年馑起始于民国十七年（1928）。当年，从春到秋连续干旱，无一场透雨，夏秋两料庄稼严重歉收。秋播时，田地积墒不足，籽种入土后出苗极差。冬季无雪，田野一片枯黄，看不到苗绿。该年收成不好，民众生活艰难困苦，灾害的迹象已十分明显。民国十八年，春夏无雨，旱象更加严重，井水下降，南山支流干涸，渭水断流，麦高不足一尺，遍野赤地，路上浮土厚六七寸。春夏之交，热风四起，下庙以东至县界，风卷沙扬，田间作物或根系裸露，或被沙掩埋，夏粮绝收。六七月间，蝗虫铺天盖地而来，秋苗几被食尽，收成不及二三成。小麦播种时，因旱又复失时，籽种不能入土。冬大雪数次，深达二三尺。渭河流水形成坚冰，上可行人畜。拐枣、石榴、青竹、柿等树木被冻枯，甚至脱皮。冰寒凛冽，为百年少见。民国十九年（1930）春，又大旱无雨，夏粮所收无几。秋，南山山洪暴发，石堤、遇仙各河河堤溃决，县西一带一片汪洋，秋田被淹成灾，全县秋粮又呈歉收。

  从民国十七年始的三年间，华县旱、涝、蝗、风、冻五灾联结，六料庄稼几近无收，全县粮食极缺。一些商贾大户，为富不仁，乘机抢购粮食，囤积居奇，致使粮价飞涨。大多民众为了生存度日，低价变卖家产田产，换粮果腹。随着灾情不断蔓延加重，粮食越来越少，甚至有价无货，人们只好以糠麸、油渣饼、豆渣为食，勉强度日。更有甚者，以榆树皮、葛根、树叶、野菜充饥，维持生命。当时华县境内，饥民成群，沿门乞讨者有之；逃奔他乡者有之；卖儿鬻女者有之；遗弃幼儿于道者有之；以妻女换粮者有之；饿死街头者有之……诸种凄惨情状，不胜枚举。据传，街道上饥民和流浪儿成群，有人吃馒头不小心，常被饥民从旁突然夺走，当追赶到时，饥民就往馒头上吐唾沫，或将馒头抛至牲畜粪尿中，追赶之人只好作罢，

第七章 中华民国

饥民再把馒头拾起,狼吞虎咽食之。其状虽为可憎,但大灾三年,也属无奈,为了活命,道德和脸面哪还顾及?

民国十八年大年馑,一方面是特大旱灾所致,一方面是人祸所为,天灾人祸叠加,才造成了罕见的大饥荒。当时,国民党新军阀们忙于内战,疏于救灾,为了争夺地盘,不顾灾民死活,依然大量增加田赋,筹措军费。民国十八、十九年,蒋、冯、阎大战在即,冯玉祥的陕西省政府强令各县自制军粮执据代价,为军队购买粮食,并准许由民国二十一年(1932)起,分三年以田赋抵清。但十九年十月,陕西政局发生突变,杨虎城回陕执政,竟将前任政府的决议推翻,军粮执据代价及军粮卷全部作废,使华县民国十七年认领的4.6万元军粮券和十七年至十九年认领的十多万元军粮执据代价全部打了水漂,成了一张废纸,使灾情雪上加霜。在三年饥荒时期,华县民众的粮税丝毫未减,还要额外承担150余万元的差务负担。华县政府对于水深火热之中的民众依旧任意摊派款项,横征暴敛。县长高峻明为了讨好上峰,强令里长截粮,"开今昔未有之先例",百姓叫苦不迭。华县某地值年胡某,不堪忍受灾民痛苦,代表全县值年及民众,上书国民政府监察院院长于右任。书中讲:"华县地瘠民贫,去岁麦秋歉收,元气已亏,孰意昊天不吊,先以荒旱,继以雹沙,今又于八月下旬雷雨交作,致令河水暴发,决口不下十余处,淹秋已逾二百家。可怜树皮草根,已难作续命之汤,转瞬丁男丁女,又皆成将亡之鬼。现约略调查,饿死灾民已达百数。……孰料师旅饥馑,交迫而来,里麦里捐,商麦商捐,飞麦飞车,个人截粮,种种光怪陆离之压榨名色同时并起。除值年按粮催交外,委员、警生、客军、差役,偕同互相狼狈之里绅,挟以雷霆,继以枷锁,四处搜掠,升合无遗……"当年天灾人祸之情状跃然纸上。当然,灾民对官员的欺压也进行有限的反抗。高塘县佐李凤池,无视灾民痛苦,平日苛敛百端,私囊饱满,民愤极大。民国十八年九月某夜,李凤池回县时,被高塘饥民截杀于道。

民国十八年大年馑,是华县历史上重大自然灾害,对民众及社会的伤害是惊人的。华县史书中记载寥寥数处,有"饿死者众多""死尸载道,人口骤减"等语,至于有多少人饿死,却语焉不详。上述胡某上于右任书有"饿死灾民已达百数"之语,但读后令人心存疑惑。据宝鸡、岐山、周至、兴平、泾阳等县史料记载,民国十八年大年馑中,当地饿死者多以万计。其中岐山死75600余人,流亡人家6070余户;兴平死30628人,泾阳外出逃荒和死亡者不下3万之众。华县与之相比,饿死者仅百数,是灾情稍轻?还是记载有误?有待考究。

亲历过这场灾难的华县伏龙堡(今柳枝镇伏中村)人张益斋(字永谦),曾赋诗一首《我忆十八年》,对十八年大年馑有形象描绘,现录于此,以体会当时人们的切身感受:

华州史话

我忆十八年，不寒犹战栗，
天灾与人祸，秃笔难尽述。
旱魃连肆虐，无禾更无麦，
军阀作根据，饷款从是出，
官吏尽掊克，绅用趁火术：
首先封粮店，无人贩远粟，
赈灾徒空名，搜粮是其实，
人民且饿毙，兵警犹呵叱，
横尸无人埋，熏蒸成疠疾，
天阴冤鬼哭，啾啾复唧唧。

民国十八年的陕西灾民

第七章 中华民国

"虎列拉"疫病大流行

　　1932年6月，"虎列拉"烈性传染病从河南西部入陕，迅速由潼关、华阴传入华县境内，而后继续向西北方向蔓延，穿州过县，很快发展成为一场席卷整个关中及陕北大部地区的疫病大灾难。其中以关中的潼关、华阴、华县、渭南、朝邑、合阳、蒲城、户县等地最为严重。至同年10月底，全省共计死亡13~14万人，为陕西传染病历史所未有。

　　"虎列拉"是霍乱疫病的俗称。该病为一种来势猛、发病快、死亡率高的消化道传染病，通过霍乱病菌传播。人染病后，会出现上吐下泻、发烧发冷、口干舌燥、两腿抽筋、四肢颤抖等症状，在无有效治疗的情况下五六个小时即死。据有关资料记载，霍乱疫病最初出现于清代，是由陆路、海路两个方向自南向北席卷中国，由云南、广东一直传入北京。霍乱疫病所过之处"民多骤死，乡村尤甚。其症吐泻转筋，即时毙命，针刺医药百中仅活数人。问疾送殓，传染无已，甚有全家俱毙者。"（《文史知识》2009年第4期，张剑光、王晓洁《中国古代疫病防治》）。

　　"虎列拉"初侵华县，人们尚不知其病之威力，村堡死人、葬埋、邻里之间都相互关照，甚至还遵习俗办理丧事。待疫病盛行，死人接二连三时，人人自危，互相戒惧，害怕传染，病者不敢望，死者不敢吊，葬者不敢抬，有的人家只得用大车拉尸掩埋，富有人家则先暂厝，待后举行葬仪。当时华县西关、赤水等城镇诊所、药店，医生不敢坐堂应诊，纷纷外出躲避。只有估衣铺、棺材铺生意兴隆，借机涨价，大发横财。与死人之家哭声恸天、悲痛欲绝的状况相比，真是几家欢乐几家愁，成为社会一时之奇特现象。

　　在疫病恣意横行时，受害民众于无奈中采用一些民间土法予以预防。如在门前堆放燃烧柏枝柏叶，借用浓烟熏杀疫菌；日服仁丹二三次，或喝白酒数杯，用宝丹擦拭鼻孔消毒，防止疫病侵入体内。有的日吸鸦片数次，并向小孩口内喷烟，用烟杀菌。有的村堡关闭城门，断绝交通，不准外来人员进村，避免疫菌传入。有的则在门前插桃枝、挂红纸剪成的老虎，用石灰水画白圈等迷信方法驱赶瘟疫。在治疗方面，有的用针刺患者腿部、血管、舌根底部青筋，使其出血。有的喝杏干泡汁，食新鲜西瓜等，五花八门，不一而足。上述方法是群众在紧急情况下的无奈之举，

华州史话

有些符合科学道理，收到一定效果，有些则是风马牛不相及，仅了心愿而已。尽管如此，仍然可以看出华县民众在重大疫情面前的坚强与智慧。杏林启圣宫老中医李子澄，医德高尚，在疫病流行中，不顾个人安危，下乡就诊，济世救人，使西寨、城南和本村的一些患者死里逃生。他看染病患者愈来愈多，个人无法顾及，就将自己研发的药方抄于纸上，张贴于县城四门及西关大街，让患者按方服用。其善举功德无量，在华县传为佳话。

由于霍乱是一种成病历史较短的疫病，人们对其狂野凶狠的本性还未认识，更无预防治疗措施，因此给华县民众生命造成巨大伤害。疫病自6月传入华县至8月基本结束，两个多月全县9318人染病，6422人死亡，死亡率接近七成。据亲历者李子华回忆，霍乱流行期间，杏林地区溪湾死31人，耐村死24人，南王堡死22人，郝家崖死18人，姚家堡死40余人，马家泉死17人，武家堡死18人，启圣宫死7人。白家堡白新建、中溪湾李莞肖、南王堡王自森等均丧命绝户。其中王自森一家8口，在20天内先后被夺命，家中饲养的牛、犬也难以幸免。其来势凶猛与死亡之众前所未有。

历史经验告诉我们：疫病若在动乱和战争年代发生，没有政府组织有效防治就会形成传播速度快、危害区域大、死亡人数多的特点。"虎列拉"流行于上世纪30年代，时战祸联结，社会动荡，经济凋敝，特别是华县人民还未从民国十八年（1929）的大年馑中摆脱出来，仍然在灾难中挣扎。"虎列拉"的肆虐，更是雪上加霜，把华县人民推向更苦的深渊。多少人命丧黄泉，多少家庭满门死绝，多少孤儿流离失所，其状惨不忍睹，至今谈及，仍令人黯然神伤。

"虎列拉"流行期间，正值杨虎城将军任陕西省政府主席兼民政厅厅长。他动员全省公私医务工作者开展抢救，令欧亚航空公司飞机紧急运输药品，为陕西民众所称道。但华县政府在疫病流行期间的施救工作史料鲜有记载，仅知霍乱疯狂时，华县奉令设卫生助理员，由王效儒专事防疫，卫生经费列入预算。1934年9月，始设卫生院，院长、医师、助产士、护士、卫生稽查、会计、事务各设1人，卫生员2人，县办卫生医疗机构初具。并免费预防霍乱疫病，对1016人注射药物。1937年，县卫生防疫委员会成立，有组织有计划地开展疫病预防工作，开始为民众注射霍乱疫苗，并履行食物检查。民间中医胡天仓悬壶济世，教民众将苍术、雄黄挂于脖下，门前燃烧柏树枝叶，以防霍乱病菌孳生传播，甚有效果。此后，随着医疗防疫的进步，霍乱疫病在华县再未发生。

第七章 中华民国

奠基陕西现代医卫事业的杨叔吉

杨叔吉，名鹤庆，字叔吉。生于清光绪十年（1884），华州龙潭堡(今属莲花寺镇)人。父杨增龙虽终身事农，但"自己痛感失学之苦，对于教育子孙具有很大决心，曾有十年读书之训"（见《杨钟健回忆录》），因而杨叔吉兄弟子侄皆学有所成。兄杨松轩（鹤年）为陕西现代教育家，弟杨季符（鹤瑞）为陕西矿业界著名人物，侄杨钟健为世界著名科学家。

杨叔吉少年从家兄读书，后就学临潼雨金两等小学堂。1906年春，考入三原宏道学堂。期间产生反清革命思想，经同学李天佐介绍加入中国同盟会，密购《革命军》《民报》等反清革命书刊与同学阅读。同年12

杨叔吉

月，因组织学生自治会进行罢课，反对封建教育制度，与同学张奚若等30余人被学校开除。之后，赴上海入理科专修学校继续求学。1908年因学校关闭，遂东渡日本入东京同文学校就读。在校期间，与中国同盟会著名人物黄兴、宋教仁、胡汉民结识，并由黄兴主持，重新加入同盟会。1911年4月，广州黄花岗起义前，杨叔吉等十余人受同盟会东京总部委派，由东京向广州输运军火，但由于起义提前发动遭到失败，运输军火行动被迫终止。1911年夏，杨叔吉应陕西同盟会领导人井勿幕之约，归国返陕参与策动西安起义。10月22日，西安起义成功后，杨奉陕西军政府命赴商南县龙驹寨恢复被破坏的西安至汉口电信线路，保证了陕西军政府与武昌起义总部的电信联络，获记大功一次。杨叔吉从龙驹寨返回西安后，正值起义军与前甘陕总督升允率领的甘肃清军激战于西安长武、邠州（今彬县）一带，军政府面临的形势十分危机。他即联络宋向辰、王一山等人组织炸弹队，募集人员700人，制造炸弹千余枚，迅速率队奔赴兴平、乾州、礼泉等西路各地，参加对清军作战，为扭转战场

华州史话

形势,阻止清军东进西安作出了贡献。后又担负西安城防及临潼的治安防务。

1912年,南北议和,清帝退位,战争结束,杨叔吉抱着"不为良相,当为良医"的救国思想,于9月复至日本,翌年考入千叶医科专门学校,专攻医学。1915年末,袁世凯称帝,蔡锷在云南发动讨袁护国战争,贵州、广西、广东、江西、浙江等省先后响应。杨叔吉闻讯后,于1916年初从日本返国参加反袁斗争。后重回日本继续未完学业。

1918年,杨叔吉日本留学毕业回国,时河南镇嵩军军阀刘镇华被陕西督军陈树藩招至陕西任省长,杨叔吉受聘于豫军援陕军医院任医官、院长。后再任陕西红十字会理事长、陕西陆军医院副院长、督军公署军医课长、助医学校校长、中国急募赈款大会陕西分会会长、妇婴收养院院长等职。1923年,奉派赴日本考察名古屋关东大地震灾情,为灾民提供医疗救护服务,并参与了日本遣返华侨事务。回国后撰写发表了《日本大地震纪实》一书。

1924年冬,陕军发动第一次驱逐刘镇华的战争。陕军冯子明(毓东)部与镇嵩军憨玉琨师激战于华阴、潼关。当时刘镇华因主要兵力在豫西与国民二军胡景翼部作战,一时难以回撤,遂对冯子明摆出求和姿态,派杨叔吉、张扶万二人为代表,于11月16日由西安赶赴华县约冯部代表和谈。冯经考虑,于17日下午3时派老同盟会会员彭仲翔(世安)为代表从华阴出发,晚抵达华县和谈,但杨叔吉、张扶万二人已奉刘镇华令于当日上午返回西安。彭仲翔见和谈不成,即欲折回,但杨叔吉之兄、咸林中学董事长杨松轩和镇嵩军张营长再三挽留,劝其明日再走,并将其安排下榻于咸林中学公储局内热情招待。孰料次日凌晨2时,镇嵩军旅长马瑞旺竟奉刘镇华命令派人将彭仲翔骗至营部枪杀,并移尸埋于城隍庙东墙下。杨叔吉与彭仲翔均为陕西辛亥革命时卓有贡献的著名人物,又是至交朋友,此次和谈各为其主,虽未见面,但彭遇害,杨叔吉兄弟深陷事中难以说清。杨叔吉在西安知好友被害,十分气愤,加之局外人士对他倍加责备,遂辞去刘镇华委任他的各种职务,离开了陕西。

1925年2月,杨叔吉经南京、上海、宁波至普陀山,被当地高僧挽留筹办普陀医院。旋又随印光法师赴上海、南京任法相大学和东南大学教授。因杨叔吉早在20年代初就研读过佛教经典《金刚经》,并随印光法师研究佛学,造诣颇深,后曾赴日本出席东亚佛学大会。

1927年初,杨叔吉应友人陈铭枢、张治中邀请任南京中央军事政治学校军医处处长。"四一二"事变以后,黄埔军校陕西籍学生郑自毅、袁吉安、李养吾等7人被国民党逮捕入狱,郑等人在狱中写信请求杨叔吉营救。杨不负重托,南下广州,面见广东省主席陈铭枢,请其周旋,终将7人全部营救出狱。

第七章 中华民国

　　1931年，杨叔吉回到故乡华县，曾作短暂停留。时杨虎城将军主持陕政，各方面急需良才，闻听杨叔吉回陕，即请其出任省政府参议、第十八陆军医院院长、陕西省防疫处处长等职。1932年，霍乱疫病在陕西大流行，死亡病人数十万。杨叔吉四处奔波，视察疫情，调运药物，多方采取救治措施，挽救了许多濒危病人。抗日战争爆发后，他出任陕西省政府卫生处处长，领导全省医疗卫生工作，施展医学救国抱负。面对陕西落后的医疗卫生现状，他从体制、队伍等基础抓起，悉心擘划，经数年努力，使全省90%以上的县都办起了卫生院，有的县还办起了妇幼院、产院，使全省的医疗卫生体系初具基础，现代医卫事业开始起步。在此期间，他还出任西安华西化学制药厂董事长。他在陕西医药卫生事业发展中的卓越贡献，受到全省各界的肯定，时任民国监察院院长的于右任先生曾题写一副对联赠杨叔吉，联曰："医病医心医身，救人救世救国"，对其评价甚高。1944年，杨叔吉不满国民党的专制统治，辞去所有公职，独立从事社会防疫工作。新中国成立前夕，西安时局动荡不宁，他回到华县故里闲居。

　　新中国成立后，杨叔吉应人民政府之邀，重返医界，继续为社会服务。他曾先后担任中华医学会理事、中西医学术交流委员会委员、西安市红十字会会长、省卫生局顾问。曾被推选为市、省及全国人大代表。1950年，参加了中国防疫考察团赴苏联及东欧国家考察防疫工作。1960年，曾作为医卫界先进代表出席了全国群英会，受到党和国家领导人的接见。1966年6月，杨叔吉在西安病逝，享年83岁。

　　杨叔吉大半生从事医药卫生事业，在学术理论、医疗技术方面造诣颇深，是陕西现代医卫事业的奠基人。曾有《外科看护学》《看护学总论》《日语讲座》等专著存世，是陕西医界的著名人物。在他的影响和提携下，华县许多人步入医界，各有发展，成为陕西医卫界的一支重要力量，彰显了华县医生较多的地域特色。

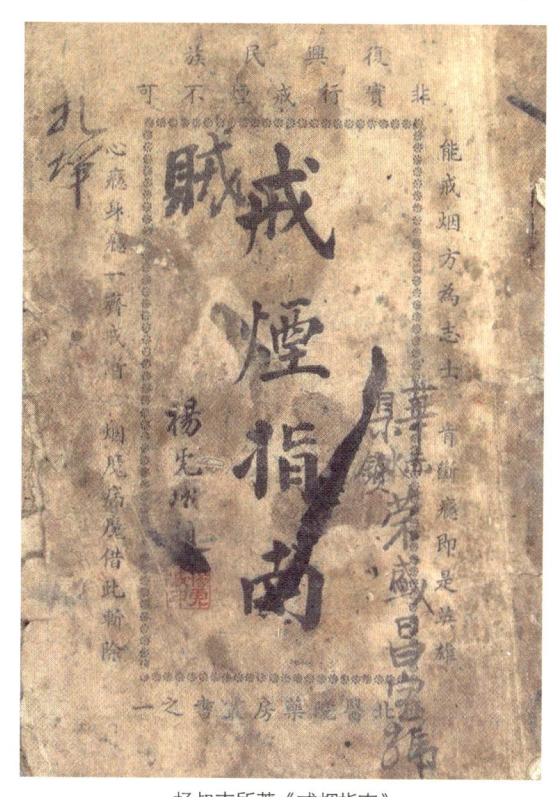

杨叔吉所著《戒烟指南》

华州史话

红二十六军在华县

刘志丹

1932年底,中国工农红军陕甘游击队在陕北宜君县转角镇改编为红军第二十六军,下辖红二团。红二十六军当时仅有这一个团,由王世泰任团长,中共陕西省委常委杜衡担任军、团两级政委。红二十六军成立后,建立了以耀县照金为中心的根据地,因为这里是旬邑、淳化、三原、耀县、宜君五县之边,是老游击区,有群众基础,加上山峦重叠,便于红军活动。但杜衡执行"左倾"错误路线,主张放弃照金,南下渭南、华县地区重建新的根据地。他不顾刘志丹等人的坚决反对,强令红二十六军于1933年6月南下关中。6月25日,部队到达三原武字区,经高陵玉桥渡口过渭河后,遭到国民党部队的围追堵截。杜衡以向省委汇报为名,离开部队跑回西安,不久被捕叛变。

杜衡离队后,政委由汪锋担任,刘志丹任参谋长,与追击的敌人边走边战,从灞桥沿南山下的临潼、渭南塬区东进,于6月29日到达渭南、华县交界处的箭峪口。在峪口的弯子、石嘴两个村住了一晚,第二天进箭峪,至渭南、华县、蓝田、洛南四县交界的秦岭深处。而追击的国民党部队也于第三天追到箭峪口,并立即进山,将红军包围在蓝田县的张家坪一带。当时红军只有几百人,而敌人有数千。面对优势敌军,红军苦战十来天,终因寡不敌众而决定丢掉辎重,分三路轻装突围。刘志丹、曹士荣率一路向东,王世泰、吴岱峰率一路向北,汪锋、杨琪率一路向西转移。突围两天后,在敌人优势兵力围攻下,红军弹尽粮绝,伤亡很大,被彻底打散。刘志丹和一名先锋连战士被困在华县南部深山中。王世泰身边只剩十几人,在秦岭深处转徙近两个月,才与刘志丹二人会合。刘志丹等人因饥饿、伤病,身体非常虚弱,就在华县南部涧峪、乔峪的深山中暂且隐蔽下来。

这时,中共地下党正在设法全力营救失散的红军指战员。华县的地下党员曾多

次进入南山寻找，但未找到。刘志丹、王世泰也派人出山寻找党组织。8月29日，刘志丹派出的魏武与华县地下党员宋宗微等人终于联系上。宋宗微、宋佐鹏、陈居公等地下党员在魏武的带领下，立即进山找到刘志丹、王世泰等，并将他们接到山外，隐蔽在黄麓口、宋家斜等村（均在今东阳乡），住在地下党员的家中。刘志丹住在宋佐鹏家，王世泰、魏武住在陈居义家，曹士荣、杨文谋住在李树坤家，黄子文住在郭天德家。这时，刘志丹等人决心返回陕甘边区，重整旗鼓。宋宗微、陈居义等为他们筹措了路费，9月上旬的一天夜里，刘志丹、王世泰等在华县地下党员宋宗微、宋佐鹏、陈居公等护送下，到达赤水。后设法渡过渭河，化装成游乡小贩，历经艰险，于1933年10月4日回到照金根据地。

由于华县地下党的营救，红二十六军被打散的领导才保存下来。回到照金的刘志丹，总结南下失败的经验教训，后与中共陕甘边区特委负责人一起重新恢复了红二十六军，开展游击战争，不断发展壮大，使陕甘边区的革命武装斗争，进入了一个新阶段。

刘志丹等人曾活动过的黄麓口村(在今东阳乡)

华州史话

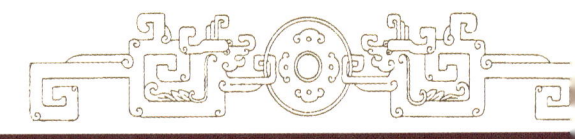

从华县走出的"省委书记"——吉国桢

吉国桢

公元1899年,华州西北乡小涨南吉村(在今华县辛庄乡)的农民吉生贵家中,诞生了一个小男孩,起名凤洲,他之后的学名叫吉国桢。吉国桢从中学时代起,追求进步、追求光明,以后加入中国共产党,逐步成长为一个忠诚的共产主义战士。他长期从事党的地下工作,历任中共陕北特委书记、陕西省委常委兼西安市委书记、河南省委书记等职,为发展壮大陕西、河南地区党的组织,建立革命武装,领导工农群众进行反帝反封建斗争,贡献了毕生的精力。

吉国桢九岁入私塾,1916年入华县教育会附设的高等小学。1920年春,他考入华县私立咸林中学,在进步教师魏野畴、王复生等人的影响下,逐步接受新思想,同潘自力、苏士杰等同学发起组织学生自治会,开展读书、讲演、演新剧以及体育等活动,并参加了社会主义青年团的外围组织——咸林中学青年励志社。在咸中校董杨松轩的支持下,魏野畴等开展的教育改革,使咸中校园充满了革新进步的气氛。但这却引起了顽固保守势力的不满。在魏野畴、王复生等离校后,顽固保守势力几乎取消了全部教育革新成果。1924年2月,吉国桢、潘自力等同学,看到学校复旧倒退,就组织同学集体向学校请愿,要求撤换教务长徐梅村,恢复原来的教育革新成果,但学校当局拒绝接受。结果,吉国桢、潘自力、陈述善等30多名学生愤而离校,其中20多人前往北京求学。

吉国桢到京后,加入了旅京陕西青年的进步组织共进社。1924年夏,吉国桢考入上海大学社会学系,不久加入社会主义青年团。在1925年的"五卅"反帝爱国斗争中,吉国桢走上街头,参加了游行示威,还深入工厂,向工人们揭露帝国主义压榨工人、镇压中国革命的罪行。

1926年夏,吉国桢被党团组织派往苏联莫斯科中山大学学习,同年秋加入中国共产党。

1929年,吉国桢奉调回国,到陕西从事党的地下工作。同年夏当选为中共陕西

第七章 中华民国

省委委员，9月，又被任命为中共陕北特委书记。先后在榆林省立六中、绥德省立第四师范以教员的公开身份，开展革命活动。他主持开办党团员训练班，为陕北党团组织培养了一大批骨干力量。他还在绥德县城创办一所平民学校，吸收贫苦的中青年参加学习，在吉国桢和陕北特委的领导下，至1930年夏，陕北党团组织遍及十余县，党团员达两千余人。在陕、甘、宁边界驻军苏雨生、王子元部，榆林高志清旅都建立了党的组织，开展争取士兵群众和训练军事干部的工作。

1930年夏，吉国桢奉调回省委工作，任省委常委兼西安市委书记，曾领导了西安广仁医院和省印刷局工厂及报社工人的斗争，取得了一定的胜利。10月上旬，吉国桢被捕，他在狱中虽受尽酷刑，但始终坚贞不屈，严守党的秘密。11月底，吉国桢越狱而出。出狱后，他主持省委日常工作，开办了党员训练班，将他们派往关中各地恢复被破坏的党组织，开展农民运动和士兵运动。吉国桢和省委先后派出十名有经验的党员打入杨虎城部队，建立和扩大党组织，教育和争取了一部分爱国官兵站到革命方面，扩大了党所掌握的武装力量。

1931年5月，吉国桢被党中央派赴河南任省委书记。他到任后，深入实际调查研究，主持召开了省委会议，决定加强巡视工作，整顿各地的党团组织，亲自主持召开两期党员活动训练班和兵运训练班。吉国桢还指导省委宣传部和组织部先后印行了《中州时事》《中州新闻》《群众周刊》《党的建设》《我们的生活》等刊物，揭露新军阀混战给人民带来的痛苦，宣传红军作战的胜利及各地群众斗争的情况，加强了对党员和群众的教育。1931年冬吉国桢积劳成疾，一度半身瘫痪，卧床不起。经过治疗，病情稍愈，又投入紧张的斗争。

1932年春，为了支援鄂豫皖革命根据地的反"围剿"斗争，以吉国桢为首的河南省委在信阳设立交通站，动员数千名农民参加红军，发动各界群众募捐支援红军，不断向苏区运送医药、被服等急需物资，并组织农民到革命根据地参观学习。还在群众基础较好的豫南、豫中建立红军游击队，开展游击活动；同时派出不少党员，到国民党驻豫军队中去建立党的地下组织，发动士兵哗变。这些工作，都牵制了敌人，援助了鄂豫皖革命根据地的斗争。

经过吉国桢和他的战友们一年的辛勤工作，被敌人破坏而削弱了的河南党组织得到恢复发展，党员由几百名发展到2300多人，遍及全省90多个市、县，成立了郑州、开封两个市委，豫南、豫北两个特委，以及5个中心县委，3个县委，20多个特别支部。

1932年7月下旬，由于叛徒告密，吉国桢和省委其他同志20多人在郑州被捕入狱，敌人对他们威胁利诱，严刑拷打。但是吉国桢宁死不屈，使敌人未能得到党的秘密。8月20日清晨，吉国桢等被秘密杀害于开封郊区。

华州史话

陇海铁路开通后对华县的影响

陇海铁路，初名陇秦豫海铁路，又名海兰铁路，东起江苏海门（今连云港），经河南、陕西，西至甘肃兰州，是中国东西交通大动脉。其中潼关至西安段，是陕西境内的第一条铁路。该段铁路从动议到修建、通车，迄今已有百年历史。史料记载，清光绪三十一年（1905）十二月十五日，陕西巡抚曹鸿勋曾上书清政府筹建潼西铁路。准奏后，陕西出台"铁路办法章程"，在全省摊派路捐，遂引发渭南、大荔、华州、华阴、富平、蒲城等地农民的交农罢耕，反对为修西潼铁路摊派路捐的风潮。由于陕西财力不足，400万两巨银难以筹措，铁路筹建搁浅。光绪三十四年（1908），陕西绅、商、学界人士为保路权不落外人之手，又联名上奏朝廷，要求"商办"潼西铁路。次年，清政府批准设立公司，准奏"商办"。无奈陕西绅、商、学界财力薄弱，铁路建设毫无进展。后清政府实行"干路国有"政策，"商办"局面宣告结束。"中华民国"建立的1912年，北京政府与比利时铁路电车公司签订《陇秦豫海铁路借款合同》，以汴（汴梁，今开封）洛（洛阳）铁路为基础，修建陇海铁路，并将原陕西商办的潼西铁路段并入陇海铁路。后经两次勘测，于1931年4月，潼西铁路段正式动工建设，至1934年底，铁路竣工贯通。翌年元旦，陇海铁路潼西段在西安举行了隆重的通车典礼，时张学良、杨虎城、邵子力等军政要员参加。

华县地处关中东部交通要冲，是陇海铁路的必经之地。铁路东来跨越华阴、华县交界的方山河，进入华县境内，沿陕豫大道（今柳枝镇至赤水镇的县级公路即其在县境内的一段）北侧里许向西延伸，经构峪河、罗纹河、石堤河、遇仙河，

1932年从潼关至西安的路途，时陇海铁路陕西段尚未建成

第七章 中华民国

再跨过华县、渭南交界的赤水河出境。境内全长约50余里，占用耕地2970.4亩。设有柳枝、华县两个车站，时赤水车站设于赤水河西岸的渭南县境内，距华县赤水镇仅一里之途。

1934年6月，作为现代大型运输工具的火车，第一次在华县境内行驶，民众大开眼界，感到十分惊奇，称火车为"火龙""绿钢皮"。陇海铁路的开通，对华县的交通及物资流通产生了深刻的影响。之前，华县出入境陆路交通主要有四条。一是西潼公路。此路由古驿道拓修而成，是西北至中原的人流物流主要通道。从华县城沿该路东行可达潼关，再东行可达洛阳、郑州。从潼关经风陵渡过黄河可达山西，再东行可达华北、北京。沿该路西行可达省会西安，再西行可达宝鸡、兰州等地。该路经改造宽约1.4丈，可行汽车、马车，但路面为黄土、沙石铺成，平时尘土飞扬，雨季凹凸不平，积水严重，人车行走泥泞不堪。二是商州道。从构峪、小敷峪、石堤峪、金堆峪、乔峪、箭峪、涧峪入秦岭，经金堆，东南行百余里到洛南，再行90里到商州，又120里到龙驹寨（今丹凤县城）。龙驹寨是汉江支流丹江上的一个水运码头，汉口、上海、广州等商埠的火柴、煤油、白糖、洋布等货物多从水路而来，在此卸船下货，再发送至陕南、西安各地。华县民众所需的部分日用工业品及商洛的玉米、山货由此路而输入。该道全在秦岭山区，崎岖难行，货物全由人扛骡驮，交通甚为困难。三为蓝田道。由赤水至高塘，再经渭南崇凝到蓝田。该道主

陇海铁路开通时的华县火车站（在今华州镇团结村）

华州史话

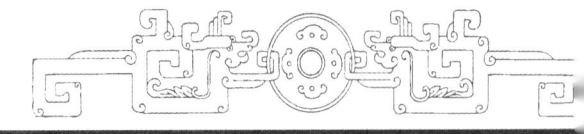

要为蓝田及秦岭北麓一带的木材、山货通道。四是渭北道。从莱公乡王里渡（在今辛庄乡）码头过渭河，北行至渭南孝义镇，再东北行至大荔，西北行至蒲城、白水等地。是"北山炭"、富平白灰及华县竹木器、木材、土布等土特产的出入通道。

华县出入境的唯一水路是渭河。潼关至咸阳350里间的渭河水运至民国前期还较通畅，大小木船载人载物，行驶于渭河之上，上水一般四五日可达，下水一般二三日可达。鲁迅先生1924年西安讲学返回时，从西安草滩上船，沿渭河顺水而下，曾在华县河面泊舟夜宿一晚。华县赤水镇是渭河水运的一个重要码头，山西从潼关装船起运的煤、铁、盐、灰、碱等物，多在赤水下货，向渭、华一带扩散。

华县的交通可谓四通八达，但道路多坎坷不平，运输方式以人力、畜力为主，多有不便。1922年，开始有以汽车为主的公路运输，但路况不好，车辆很少，运力明显不足。陇海铁路的开通，改变了华县交通运输的现状，火车这一现代交通工具，以载量大、方便快捷、费用低廉的优势，成为人货流通的首选。华县人流、物流多依赖陇海铁路而行，商州道及渭河水运逐渐落寞。大宗商品的运输完全由火车承担，免除了大量人畜劳役之苦。人们赴西安、兰州、郑州等大中城市，乘火车而行，省时省力，两三天甚至几个小时即可到达。陇海铁路的开通对华县人民带来的方便和实惠是不言而喻的。

铁路的开通，火车的运行，也使华县的经济、社会生活发生了一些变化。最重要的变化是随着陇海铁路的建设，现代工业进入了华县。1934年2月，秦昌火柴公司在县城创建，其机械化生产改变了华县自古以来工业全是手工业的局面。民国时期，华县秦岭北麓盛产杏、柿，有"红杏十里"之称，所产杏干、杏仁、柿饼、核桃为大宗土特产，外销四川、上海、汉口、青岛、重庆一带。石堤峪、小敷峪等地造纸厂土法生产的火纸、表心纸（包装纸）及本地的竹器、木材销往渭北各县。在20世纪20至30年代之间，华县大宗输出商品为大烟土，每年行销晋、豫各省达百余万包。禁烟后，棉花随之兴起，外销郑州等地。华县的输入物资多为粮食及日用工业品。华县的粮食种植以小麦、玉米、谷物为主，全年收成仅足半年需用，冬春用粮，多赖大荔、蒲城、蓝田、岭南等地输入。布匹、绸缎、煤油、肥皂来自上海、武汉。纸、茶、糖、香料等"广福杂货"，由东南各省而来。盐、炭、铁、碱，来自山西。卷烟、黄表纸来自四川。药材来自华阴岳庙集市。酒，多由虢镇装车，挂面由凤翔、岐山装箱运来。陇海铁路的开通，使华县原来的物资出入路线发生变化，加快了物资的流转，促进了地方经济的发展。仅棉花生产而言，1946年，华县棉花种植面积已达71557亩，年产皮棉17176市担。西关、赤水、下庙、柳枝等处有花行数十家，每年利用陇海铁路运往郑州的棉花就达万余包。后因东路运输不畅，棉花遂经宝鸡运销四川。华县的"木材及燃料（木炭），车站堆积如山，运销西路

第七章 中华民国

者，无虑亿万。"（民国《重修华县县志稿》）。输入物资"广福杂货"，沪、汉的布匹、绸缎、肥皂，山西的盐、炭、铁、碱，东南的面粉，四川的卷烟等也改变原来的输入线路，乘陇海铁路之利，源源不断进入华县，为民众的生产生活提供了物资保障。

此外，陇海铁路的开通，也为河南灾民逃荒入陕，开辟了通道。中国曾有多次因灾荒而发生的人口大迁徙，如山西人的"走西口"，山东人的"闯关东"。至20世纪30至40年代，河南多次出现大灾荒，遍及全省110个县，灾害程度触目惊心。灾民为了生

1943年河南灾民沿陇海铁路逃难到陕西

计，纷纷沿陇海铁路西行，涌入陕西，在铁路沿线各县市下车谋生，华县遂有河南灾民落地生根，使华县人口结构发生变化，中原的竹编、药材种植等生产技术也随之进入华县。

陇海铁路的开通，使封闭落后华县受益良多，但却发生了一个令人意想不到的社会现象，即素有"关西第一镇"之称的赤水镇在陇海铁路开通后的几年中逐渐衰落了。如本文上述，赤水镇原是渭河水运上的一个重要码头，山西的盐、炭、铁、碱，蓝田的木材、山货，本县的竹器、土产，皆在此装卸批发，运往他处，是方圆百里内的一个货物集散地，商品远销数省之间。时赤水街面商铺数十，行人比肩，车马往来，晋陕音杂，人气兴旺，商业繁华。但陇海铁路开通后，渭南因设有火车大站，铁路运输使大宗货物集散地由赤水向渭南转移。数年间，赤水已是繁华散尽了。有人说，陇海铁路崛起了一个渭南，衰落了一个赤水，此言不无道理。在历史的演进和社会的进步中，有些地方兴起，有些地方衰落，这是不可避免的社会现象。

华州史话

"西安事变"中的华县之战

　　1936年12月12日凌晨，国民党"西北剿总"副司令、东北军首领张学良与西安行营主任、十七路军总指挥杨虎城联手对蒋介石实行兵谏，发动了震惊中外的"西安事变"，逼蒋抗日。随后，南京国民政府，西安张杨和陕北中共三方进行了错综复杂的政治捭阖。在此期间，南京国民政府对张杨的一系列讨伐战争也随之起落。而当时发生在华县的两次大的军事冲突也从另一个侧面反映了西安事变的进程和南京政府讨伐战争的内幕。

　　由于西安事变发动非常突然，双方采取的军事行动极其诡秘，一般不为外界所知。据一些史料记载，事变发生后，南京国民政府内一片混乱，"戏中有戏"，以军政部部长何应钦为首的亲日派力主军事讨伐张杨，企图轰炸西安，置蒋于死地，以便取而代之。以国民党高层要员宋子文、蒋介石夫人宋美龄为首的亲英美派则反对军事讨伐，主张用和平的方式营救蒋介石回京。在事变初期，亲日派一度占据上风，军事调动频繁，中央军部队迅速由南京、武汉、安徽、山东、河南等地向潼关开进集结。而西安张、杨方面，兵力主要集中在关中西部及陕北、甘肃一带，西安以东兵力明显不足。潼关向为军事要隘、西安门户，但驻潼关的东北军仅有"人枪千余，炮十余门，弹二百万发"。事发当天，东北军为应付紧急状态，将陇海铁路上的赤水河铁桥炸毁，使铁路运输中断。杨虎城也曾命令驻韩城、大荔一带的冯钦哉四十二师派一个团赶赴潼关布防，但在途中获悉西安发生兵变而返回原防区。其他部队从西、北两个方向向西安以东开进，但天时不利，13日忽降大雪，道路泥泞，行军迟缓，部队一时无法到达指定位置，给中央军快速西进创造了条件。"西安事变"中的华县战事就是在这样的背景下展开的。

　　12月13日凌晨2时左右，中央军第四十六军二十八师师长董钊率部由河南灵宝乘军用列车首先抵达潼关，很快解除了守关东北军的武装。13日晚22时左右，四十六军军长樊嵩甫率七十九师一个旅和一个炮营也到达潼关。14日，驻华阴的东北军两个连被二十八师缴械。15日下午，二十八师推进到华县城郊一带，驻东关虫王庙、西寨、何巷、瓦头等村庄，对华县县城形成围攻态势。华县城北火车站东北军一个班不战而降。

　　华县原为华州治所，是西安至潼关之间的一个重镇。县城北临西潼大道，城墙

第七章 中华民国

东西约330~690米,南北约600~760米,高约6~13米,顶宽5米,四面开有城门,上有碉楼多座,具有一定的军事防御功能。时驻防县城的是东北军一零五师某营的特务连和骑兵连。指挥官为营长孟广辰。潼关失守后,华县县城守军立即采取防御措施予以应对。13日,县城开始戒严,岗哨盘查出入行人。驻军雇用城内商号的工人、学徒以及拉来的民夫为其挖战壕、修工事、搬运军火。将华县各商号已送至火车站准备东运的500多包棉花重新拉回县城,堆放在城墙各处,构筑防御工事。县城居民、商民储粮、储水、挖窑洞,以防不测。14日,咸林中学、少华女校的学生,县政府的公职人员纷纷离城回家,躲避战乱。

16日,华县战事中的县城攻守战打响。上午,中央军二十八师八十四团向县城发起第一次攻击。其兵力部署为:三营担任主攻,主攻目标是县城东北角的碉楼;二营在城东、城南马泉堡一带佯攻,以牵制守城兵力;一营在城西围城打援,以防赤水方面东北军的增援。总攻命令下达后,三营依托城外较高的地形优势,很快从虫王庙村南门运动到城墙外100多米处的高地上,与城上守军展开激烈的对攻。双方火力十分猛烈,形成对峙状态。大约中午12时,县城上空自东而西飞来8架中央军作战飞机,其中4架继续西飞,轰炸渭南,其余4架做低空盘旋,企图实施空中火力支援,使攻城部队士气大振。但由于判断失误,飞机却把炮弹投在二十八师阵地上,

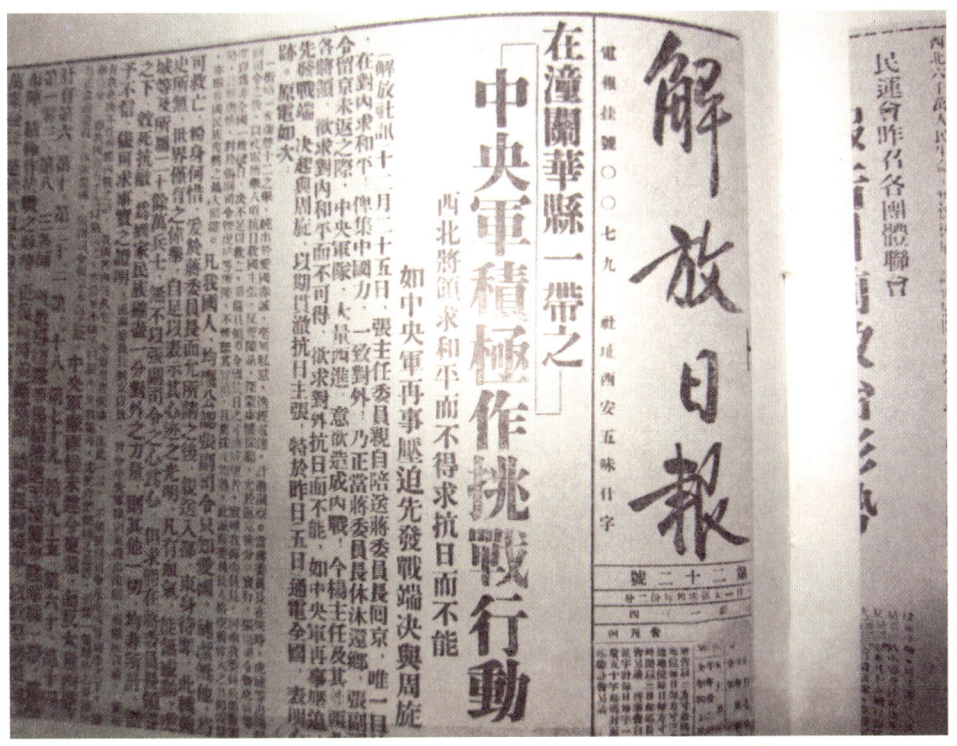

西安事变时,报纸对华县战事的报道

华州史话

造成自己部队不小伤亡，攻城行动严重受挫。之后，战况时松时紧，攻击毫无进展。傍晚，二十八师主动撤出阵地。

12月17日，南京政府下达讨伐张杨令，何应钦就任讨逆总司令，刘峙任讨逆军东路集团军总司令，顾祝同任讨逆军西路集团军总司令。

二十八师第一次攻城失败后，华县战事出现了3天的沉寂，二十八师部队围而不打，令人费解。事后得知，其中的原因来自蒋介石的3天停战令。据1936年12月19日何应钦致龙云密电称："铣日（16日），其一百零五师曾与我在华县董师之一部冲突。嗣因蒋铭三兄脱险南旋，曾传委座意旨，嘱暂停轰炸进攻三天，故仍于华县附近对峙中"。其背景是，事变发生后，蒋介石处境不明，宋美龄央请蒋介石的外国顾问端纳携带自己的亲笔信，前往西安打探消息，并居中调停。15日，端纳自西安飞回洛阳，向宋美龄电话汇报了蒋介石的安全和张、杨意图。宋请端纳再返西安，讨取蒋介石制止何应钦向张、杨进攻的手令，以保证蒋介石在西安的安全。而蒋玩弄权术，利用何应钦的军事进攻要挟张、杨，因此给何应钦的停战手令只限3天。手令经张、杨同意，派蒋鼎文带回南京，所以华县县城攻守战才出现3天的停战状态。

19日，是三天停战的最后一天，但蒋介石仍被扣押于西安，未有释放回京的迹象。中午，雪花纷飞，大地皆白。傍晚，二十八师在经过一番准备后，开始了第二次攻城行动。进攻以城北、城东为重点，兵力明显增强，战况较前次更为激烈。已经赶到华县的中央陆军军官学校教导总队的坦克、大炮，停靠在火车站一带，以城内文庙为目标，连续炮击，枪炮声彻夜未停。攻城部队组成数十人的敢死队，冒着枪林弹雨，缘着登城云梯向上攀爬，不时有人从高梯上掉下来，倒在城墙脚下，伤亡惨重。二十八师副师长郭钟麟亲临前线督战，攻击波一浪接一浪。战斗一直持续到20日拂晓，二十八师依靠优势兵力和强大火力，终于在县城东北角登上城墙，并顺利夺取北城楼。守城的东北军随即溃散，有的被俘，有的在混乱中被枪击死亡，有的穿上便衣，混入群众中潜逃。

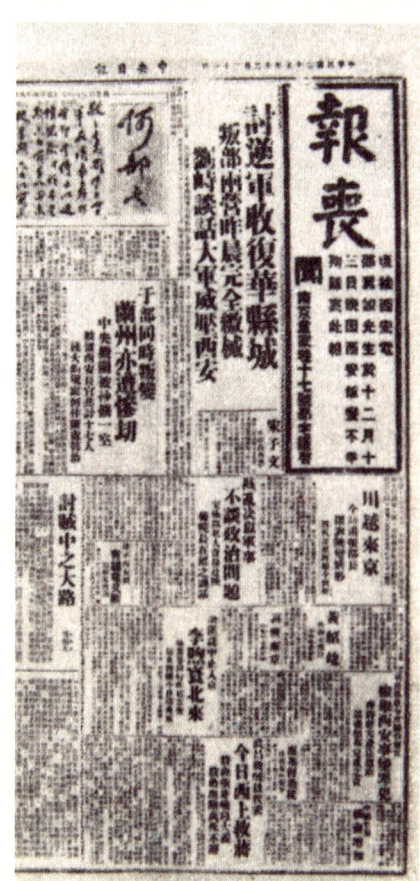

1936年12月21日《中央日报》
关于中央军攻占华县城的报道

第七章 中华民国

20日下午,二十八师师长董钊进驻咸林中学,与时任县教育局局长的史伯康相遇,因二人系西安中学的老同学,见面格外亲热,使战后地方与二十八师的关系有了缓和。董钊是陕西人,二十八师中华县籍官兵也有不少,因此在占领华县后,并无明显恶行。他曾邀请华县各界人士、政府机关官员,在咸林中学召开座谈会,发表演讲,安抚人心并对中央军飞机误炸本部漫骂不休。

华县城陷后,秩序一度混乱,县长吴至恭不辞而别,善后事务无人做主,后公推地方知名人士顾熠山、商会副会长王荣卿、"公成合"掌柜冯明轩、咸林公储局经理齐逸农四人组成善后委员会,负责处理地方与二十八师的联络和善后工作。如购买烟、酒、糕点、猪肉等,慰劳军队;购置棺材,掩埋阵亡官兵;清理战场,回收东北军战前用于构筑工事的棉花包归还各商号。不几日,二十八师秘书蒋复初就任华县县长,政局恢复正常。

二十八师攻占县城后,西安事变各方还未达成协议,华县战事仍在继续。12月24日,华县境内中央军与东北军的第二次军事冲突在华县与渭南交界的赤水河流域爆发,人们习惯称之为赤水对垒战。赤水位于华县西部,与县城之间相距10公里,属华县管辖。赤水河在赤水镇西,南北流向,河床宽三四十米,堤坝较高。华县县城攻守战打响后,东北军一零五师就在赤水河西岸,北自渭河南岸的淹头村,南至塬头的张岭子村,挖了一条长约5里、宽1.2丈、深1丈的战壕。战壕东侧架设铁丝网,网外埋有地雷。战壕西侧筑有各种作战工事,野炮阵地布设在张岭子村周围的高地上。一零五师严阵以待,准备于此阻击中央军西进。

中央军方面参加赤水对垒战的部队有二十八师、中央陆军军官学校教导总队总队长桂永清率领的两个团及纪鲁毓率领的中央炮兵第六团。二十八师与教导总队作为地面攻击部队,沿赤水河东岸南北分布。教导总队山炮营在赤水辛村遇仙河岸(赤水河东的另一条河流,两河相距约2公里)布设阵地,4门山炮直对东北军阵地的三涨村炮楼。炮兵六团在赤水坡头村遇仙河岸布设炮兵阵地,12门野炮的轰击目标为东北军阵地上的张岭子、蔡郭、忠王村一带。

24日拂晓,中央军地面部队全线发起攻击,炮兵阵地上的野炮山炮齐发。由于赤水河冬季河水干涸,地面部队很快越河进入攻击前沿,官兵利用地形地物缓慢向前移动。东北军则依靠坚固的防御工事,顽强阻击,火力十分凶猛,炮弹不时在中央军阵地上爆炸,掀起阵阵尘烟,使中央军伤亡较重,进攻不能奏效。后中央教导总队的坦克、装甲车也投入战斗,配合地面攻击,但效果甚微,始终未能到达东北军的战壕前沿。双方对峙的局面一直延续到傍晚,中央军部队才奉令撤出阵地退回原处,准备第二天再攻。此时,中央军直属化学兵总队一大队在大队长李忍涛的率领下,携6门迫击炮,4辆大卡车,装载大量毒气弹,由华阴连夜向华县赤水方向疾进，准备天明后协同其他部队投入作战。

在赤水对垒战打得难分难解时，西安事变的政治谈判也在紧张进行中。中共代表周恩来，蒋介石代表宋子文、宋美龄以及张杨三方之间，经艰苦谈判，终于达成和平解决西安事变的六项协议。24日晚，周恩来与蒋介石会面，就双方达成的具体条件进行了最后的确认，和平谈判获得初步成功。大概在深夜时分，双方的停战命令分别下达到各自作战部队，赤水对垒作战仅在一天之后宣告结束，笼罩在华县上空的作战阴云随之散去。后二十八师开进西安市驻防，教导总队、化学兵总队返回南京本部驻地，炮兵六团开往渭南休整。东北军也退走。

在华县两次军事冲突中，中央陆军二十八师伤亡较重。1937年6月，时驻西安的二十八师派八十四团三营机枪一连由连长肖玉珊（华县西关大街人）率领，回华县修建二十八师阵亡官兵陵园。陵址在县城东门外西寨村南，墓由石条筑砌，198名阵亡官兵的棺木合葬一起。墓前立有纪念碑，碑正面镌刻"陆军二十八师华县战役阵亡烈士之墓"，背面刻有阵亡官兵的姓名、职务、原籍。墓旁建古亭一座。

西安事变中的华县战事，开始于12月16日，结束于12月24日，仅9天时间，虽然在西安事变的历史上着墨不多，少为人知，但它是西安事变中的一个侧面、一个插曲、一个历史的真实。

老县城北城墙残垣——西安事变华县之战的主要交火处

第七章 中华民国

抗日救亡运动

　　1931年9月，日军发动"九一八"事变，东北三省很快为日军占领，抗日救亡运动随之而起。1935年12月9日，北平（今北京）学生举行了声势浩大的抗日救国示威游行，全国各地纷纷响应，进行声援。爱国人士成立各种抗日救国团体，一场挽救中华民族严重危机的抗日救亡运动在全国迅速形成前所未有的高潮。1936年2月1日，在中共北平市委的领导下，北平学生成立了"中华民族解放先锋队"（下简称民先队）。该组织成立后，站在全国抗日救国斗争的前列，并向各地发展，把抗日救亡运动不断推向前进。

　　在抗日风暴席卷全国的时候，华县的抗日救亡运动也在轰轰烈烈地进行中。"九一八"事变发生后，华县咸林中学就成立了反日救国会，并于1931年9月30日向南京国民政府发出请愿书，要求团结抗日。师生们散发传单，张贴标语，下乡演讲，宣传抗日救国。1936年夏，北平、西安"学联"先后派代表来咸林中学，与该校共产党员何俊川、金广印、晁庭芳联系，秘密组建了咸林中学民先队，开展抗日宣传活动。在民先队的组织下，学校成立抗日剧团，排演抗日剧目《东北流浪三部曲》《放下你的鞭子》《张家店》《义勇军进行曲》等。参加演出的既有华县籍学生，又有驻华县东北军随军子弟在咸中读书的学生。由于受东北籍学生的情绪感染，学生宣传抗日的情绪异常高昂。在驻华县东北军部队的演出中，台上演员感情真切，台下官兵泣不成声，思念家乡、打回东北去的场面十分感人。

　　1937年"七七"卢沟桥事变后，抗日战争全面爆发，全国政治形势急剧变化，国共两党合作抗日的局面基本形成，华县抗日救亡运动进入高潮。国民党华县当局组织成立了"抗敌后援分会"，开展抗日救亡宣传和慰劳前方将士等活动。9月初，咸中民先队在华县西寨村南二十八师陵园内秘密开会，公推郭明丁、吴建章分任正副队长。1938年3月，咸中民先队经过反复交涉和斗争，宣告公开成立，高守一任队长。下设组织、宣传、统战、服务、保卫五部。几乎同时，华县民先总队也正式成立，黄艾民、冯浪任总队长。少华女中、省立华县初级农校、柳溪小学、赤水农职中、县立小学、杏林太王庙小学，以及瓜坡地区、高塘地区各校都先后成立民先队分队部。全县民先队员达400余人。在民先队的带领下，学生们成立读书会、歌咏队、抗日宣传演出队等团体，通过演戏、唱歌、画画、写标语、游行、演讲等形式宣传民众、动员民众,并慰问抗日受伤官兵,为抗战募集物资。大约在这一时期,著名作家丁玲率西北战地服务团,著名诗人艾青率文化工作团,到华县进行抗日宣传。这两个文化名人的到来,促进了华县抗日救亡运动的深入发展。华县民先队仿效西北战地服务团和文化工作团的做法,组成"救亡工作团"、"战时农村工作团",不仅深入华县农村开展抗日救亡活动,还长途跋涉,到渭南、平民、朝邑(平民、朝邑现归大荔县)、富平、韩城、蒲城、周至等县开展抗日宣传。学生们每到一地,都用歌曲、话剧、标语、演讲声讨日军在华暴行,讲述沦陷区人民的苦难,宣传一致抗日的方针政策,激发民众的抗日情绪。杨培才、苗天庆带领的宣传小分队赴平民、韩城宣传途中,还特地慰问了驻平民县的西北军一七七师抗日官兵。省立华县农校的民先队到周至终南镇一带宣传,受到周至县长李静慈及教育界人士的热情接待和好评。少华女中民先队的女同学,也活跃在抗日救亡运动的第一线。她们以杨桃英、雷爱兰、杨莲英、唐云等同学为核心,组成"十二姊妹",在校长杨芝英的支持下开展各种形式的抗日救亡活动。她们到文庙慰问抗日伤兵,为伤兵唱歌、洗衣服、缝棉衣。她们成立"抗战剧团",排演本校李遂生老师编写的《傀儡登场》《刺杀汪精卫》等活报剧,揭露汉奸的罪恶,并受邀请把话剧演到驻华县胡宗南的第一军某部,官兵深受教育。

1938年8月,华县青年救国联合会总会(简称青救会)成立,负责人为冯浪、姚江森、安秀杰。县设总会下设有分会,全县会员约320人,其中以学生、教师为主,

华县反日救国会宣传队

第七章 中华民国

还包括一些工人、农民、学徒、警察、保甲长等。由于华县青救会成立时，国民党陕西省党部已明令民先队、青救会等13个进步团体解散，因此活动一直处于秘密或半公开状态。华县青救会是"西北青年救国联合会"派员协助成立的，与民先队一样，也是中共华县县委领导的爱国青年群众组织，都是华县抗日救亡运动的主力军。在抗日宣传中，两个组织密切配合，相互支持，不分彼此，融为一体。

1939年元旦过后，各学校即将进入寒假。在西安上学的12名华县籍学生，满怀爱国激情，组成华县学生假期工作团话剧宣传队，由安步超带领返回故乡，在华县赤水、西关、瓜坡、柳枝、罗纹、下庙等地公开演抗日话剧《张家店》《鸡大王》《放下你的鞭子》《最后一计》等剧目。演出时，民众拍手叫好者有之；涕泣流泪者有之；叫骂日本鬼子者有之；高呼抗日口号者有之。华县咸林中学、少华女中等校受其影响，也组成"寒假回乡救亡工作团"，三五成群回乡宣传。那一时期，华县各地每逢集会、庙会、古会，必有学生演讲和演出，到处都有标语和歌声，抗日的气氛十分浓厚，华县民众同仇敌忾，抗日情绪十分高涨。

以民先队和青救会为主体推动的华县抗日救亡运动，发展并不一帆风顺，它始终受到华县国民党顽固派势力的阻挠、压制和打击。1937年冬至1938年春，华县当局先后在咸林中学、少华女中等校成立了由国民党组织领导的"抗敌协会"（简称抗协），和"西北青年抗敌先锋团"（简称抗先），还有由国民党华县县党部领导的"三民主义青年团"（简称三青团），实施所谓的"以组织对组织"的策略，对抗民先队。上述三个组织，在国民党第一军特别党部、省行辕别动队、县党部的支持下，对华县抗日救亡运动进行干扰和破坏，企图分化、瓦解、搞垮民先队。但民先队在华县共产党组织的领导下，从抗日救亡运动的大局出发，审时度势，克服阻力与困难，与抗协、抗先和三青团进行了有理、有利、有节的斗争，牢牢掌握主动权，使华县抗日救亡运动持续深入发展。之后，随着抗日战场形势的变化和国共两党关系的变化，华县国民党顽固派势力对民先队、青救会及进步师生进行公开镇压。1940年12月27日，咸中三青团骨干分子宋光祖带领警察闯进学校，逮捕了共产党员白万诚、民先队员时万成、青救会员李祥文、时万俊、王西周和进步学生张学义等6人。时称"六君子"事件。1941年7月，国民党第一军特务营包围咸中，逮捕了一名学生中的共产党员和两名进步教师，校外的十几名共产党员和进步人士也遭到逮捕。8月，国民党县党部、三青团又将咸中3名民先队员及少华女中民先队员李琳、赵桂叶、王维雅等6人逮捕，解送到西安青年劳动营关押。经过这"三次大逮捕"，华县的共产党组织及抗日进步力量遭到严重破坏。为隐蔽精干，保存力量，中共华县县委主要领导成员暂时撤离了华县，各级共产党组织停止了活动，民先队、青救会推动的抗日救亡运动也渐入低潮。

华州史话

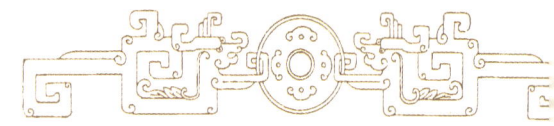

华县的抗日救亡运动,起源于"九一八"事变之后,发展于"七七"事变前后,终止于"三次大逮捕",前后历时约十年时间,为宣传动员华县民众奋起抗日、参战支前发挥了巨大作用。广大民先队员、青救会员及爱国青年学生在抗日救亡运动中不怕牺牲、冲锋在前、毫不退缩,作出了杰出贡献。

咸林中学战时农村工作团(1938年5月)

第七章 中华民国

抗日县长吕向晨

1938年初，晋南失守，日军占领风陵渡，炮轰潼关，并企图突破黄河河防，侵占西安。一时，陕西抗战形势吃紧，国民党西安行营主任蒋鼎文仓皇失措，遣送其家眷及高级官员分乘飞机、火车西逃成都、宝鸡等地，致西安及陕东地区人心惶恐。3月8日，中共陕西省委发表《为保卫陕西宣言》，号召陕西各界精诚团结，结成广泛的抗日民族统一战线，为保卫陕西、保卫西北而斗争，并通过著名爱国民主人士、陕西省政府秘书长杜斌丞，向省政府主席孙蔚如建议，委派坚决抗日的进步人士到陕东各县任县长，掌握地方政权，组织民众，准备抵抗日军侵陕。孙蔚如

吕向晨

将军倾向革命，力主抗日，遂采纳其建议，向陕东地区黄河西岸的合阳、平民、朝邑（平民、朝邑后归并大荔）、大荔以及沿陇海铁路的临潼、渭南、华县、华阴等八县派遣了新的县长，令其组织民众、武装民众、坚决抗日，保卫陕西。其中有多名为没有公开身份的中共党员。

吕向晨，陕西临潼斜口人，中共党员。1938年3月，奉孙蔚如之命来华县就任县长，可谓临危受命。他不负上峰重托，上任伊始，即着手宣传群众、组织群众、武装群众，为抵抗日军来犯作各种准备。

华县东距秦晋省界60余公里，有陇海铁路、西潼公路贯通，若日军乘车西进，数小时即可到达华县，形势极其严峻。且华县境内土匪出没，到处绑票抢劫，民不安生，团结抗日的社会环境很差。据此，吕向晨把安抚百姓、平息匪患作为来华施政的第一要务。在他的筹划下，仅用了一个月时间，全县各乡就组成了2000余人的民众武装。他通过上层关系，获得河防司令黄杰拨发的子弹两万发，并收集大量民间自卫枪械装备民众武装。1938年4月，他亲自率领经过短期训练的民众武装，向盘踞在高塘一带的土匪发动第一次进剿。在当地百姓的配合下，经过激战，土匪大部被歼，残余向洛南境内窜逃。但时隔不久，匪首不甘失败，又纠集千余匪众进犯高

华州史话

塘。吕向晨根据土匪活动于山区，流窜面广，各县剿匪各自为政，难以彻底剿灭的情况，联合渭南、临潼、华阴、华县组成四县联防，并经省上批准，由他担任联防司令，统一指挥，共同出击，合围堵截。平匪作战中，吕向晨县长亲临作战现场，果敢指挥，与民兵同甘共苦，忍饥挨饿，翻山越岭，连续作战，终将高塘土匪一举剿灭。之后，又有一股土匪从洛南沿二华交界的大敷峪北窜，吕指挥二华剿匪武装将其击溃。在四个多月中，经过三次剿匪行动，基本平息了华县及周边地区的匪患，民众的生产生活较前安宁了许多。

吕向晨县长到华县任职时，全国的抗日救亡运动正在蓬勃发展，华县的民先队、青救会也在华县中共党组织的领导下利用各种方式宣传抗日。由于国民党县党部及地方顽固势力的阻挠和破坏，华县的抗日救亡运动一直困难重重。吕向晨虽为中共党员，但组织关系在西安，按照当时上级指示，是不能与华县党组织发生关系的，他即以县长的合法身份，大力支持和推动抗日救亡运动的发展，民先队的活动也由秘密转为公开。爱国青年上街下乡游行、集会，唱抗日歌曲、演抗日话剧，异常活跃，抗日救亡运动掀起高潮，民众抗日的情绪十分高涨，团结抗日的局面基本形成。

同时，他还审时度势，不失时机地建立民众抗日武装，令全县各乡组建警备队，并以团结抗日、保卫陕西、保卫家乡为号召，对其实施训练和教育。该组织是一种半脱产的民兵武装组织，配有少量枪支，主要武装是刀矛器械，每乡三四十人，全县约四五百人。此外，还对全县万余名青壮年进行后备训练，为战时准备后备武装力量。当时，国民政府兵役法规定，各县兵役科在征集到壮丁后，即编入国民兵常备队集中进行军训及教育，待三个月至半年后，再向前方作战部队输送。时华县编有两个常备队，每队有壮丁100余人。吕向晨认为常备队也是可利用的抗日武装力量，经常深入各队亲自讲课，对壮丁进行抗战救国教育。他反对捆绑打骂壮丁，对壮丁受训期间的生活从优安排，使壮丁很受感动，逃跑开小差现象大为减少。为了适应战时需要，他对县政府实行军事化管理，所有官员、职员，无论职务高低，一律参加军事训练，每人都着灰军装，腰扎皮带，黎明即起，列队操练。自己身为一县之长，身先士卒，训练一丝不苟。至今人们仍能从他当年的照片上，领略一个抗日县长的时代风采。

为了有效抵抗日军侵略，他与临潼、渭南、华阴、潼关四县县长共同协商，制定了军事联防计划。对于华县万一失守后的应变之策，也周密谋划。他认为，高塘地处西南台塬，背靠秦岭，沟壑纵横；金堆位于秦岭腹地，山高林密，易守难攻，完全可作战略后方使用，一旦华县形势有变，民众和物资可先向其转移。为此，他指挥修通了山外至金堆的道路，并计划在金堆和高塘修建粮库，用以储藏征购的粮

第七章 中华民国

食,还制定了百姓撤退预案,并进行了两次撤退演练。某夜,县政府假设敌情有变,日军已经攻入潼关,正在华阴县境与我方激战,电话命令:"铁路沿线各乡民兵立即进入战斗准备。老弱妇孺立即撤退到南部山区。撤退区内实行坚壁清野。"接此命令后,一夜之间,铁路沿线各乡民众按照撤退预案,牵着牲口,驮着粮食,带着衣物,有条不紊地安全撤至山区,实现了预案效果。

吕向晨在华县主政,公正廉洁,注重民生,深得民众拥戴。对贪赃枉法、鱼肉百姓者,坚决予以撤换惩处。县保安大队长刘梦九、警察局长侯裕民因吃饷、克扣兵警薪饷,受到吕县长的训斥,而对其恨之入骨,遂勾结国民党县党部书记长和商会会长李镇山以及一些地方豪绅,向陕西省党部、省政府告吕向晨的黑状。诬告吕任用共产党企图在华县建立陕东特区,建立小延安;训练民众武装图谋不轨,准备攻打武汉等等。在当时国共合作的大环境下,这些诬告造谣是不起作用的。1938年7月,吕向晨赴西安参加省政府举办的县长培训班,县政府日常工作由政府秘书吴健安(陕西乾县人)代拆代行。时高塘巨匪吴振彦被押于县看守所,经刘梦九、侯裕民及田粮处处长宋端先出面向吴健安讲情,并贿以大烟土、银元若干,将吴振彦暗中释放。吕县长回县后得知此事,将秘书撤职,宋端先窥测事情不妙便不辞而别。此后,警匪勾结,陷害县长的闹剧便在华县上演。

1939年1月,国民党中央召开五届五中全会,制定了的"溶共"、"防共"、"限共"、"反共"政策,在全国各地不断地制造反共摩擦,使全民族团结抗战的局面屡遭破坏。国内政治环境的变化,给吕向晨在华县工作带来了极大的麻烦,顽固势力经常制造事端,向县长发难。1月25日傍晚,高塘土匪吴振彦给保安大队长刘梦九发出密信,说他已潜入县城,约定当夜12时,县城内外一起行动,攻打县城,除掉吕向晨,要刘梦九、侯裕民配合接应。不料,送信的警卫错把刘梦九的信送到县政警大队长刘团九手中。"梦"和"团"一字之差,使杀吕密谋泄露。刘团九拆信一看,大吃一惊,急将信送吕县长阅处。那时已近晚间10时,吕向晨深知事态严重,即召集县政府秘书卜一波、兵役科科长董剑平以及郑铁军、王重杰等亲近人员研究对策,部署反击。命两个警卫员监视前院保安队人员,扼守要道。并电话请刘梦九、侯裕民来县府商谈要事,企图将其抓捕。但刘、侯均声称时候已晚,有事明天再说。吕向晨又电话急调城外可靠的刘仲廉常备中队进城应付事变。20分钟后,常备中队赶至县府,包围收缴了政府前院和四个城门保安分队的枪械,控制了四门及城内要点,断绝了匪徒内外的联络。此时,赤水、大明等乡的民兵接到命令,也向县城急驰而来,华阴县县长也做好了随时增援华县的准备,大荔专员公署和省政府也获悉华县急变的消息。晚12时,果然城外枪声大作,土匪开始攻城,但由于城防和城内已完全为刘仲廉中队所控制,土匪内应不敢出动,攻城行动毫无进

华州史话

展。随着天色将晓,四乡增援民兵已抵近县城,攻城土匪不敢再攻,只好分道逃匿。天明后,常备中队在城内挨门搜查,抓获匪徒吴振彦等多名,刘梦九、侯裕民已于夜间混乱中越城逃出,一场杀害县长的阴谋活动就这样流产。此事后被称为"一·二六"事件。

"一·二六"事件虽然未给吕向晨造成生命伤害,但却给顽固势力造成了"反共"的机会。此时,日军侵占西安的作战意图已经变化,陕西临战的形势已经趋缓,陕西省政府主席已由孙蔚如换成蒋介石的嫡系将领蒋鼎文。华县的顽固势力通过省上的后台——省保安副司令史仲鱼(华县城北宜合人),向省政府、省党部告吕,1939年3月,省政府以莫须有的罪名,将华县县长吕向晨撤职查办,予以监视居住,并委任陈锦超为华县新任县长。不久,省法院开庭,审理华县顽固势力控告吕向晨一案。吕向晨在法庭上义正词严地驳斥了对他的种种诬蔑和陷害,但法庭不予结案,最后亦不了了之。

吕向晨县长主政华县仅一年时间,在大敌当前的紧要关头,肩负历史责任,恪尽守土之责,为抵抗日军侵略,保卫陕西作出应有贡献,华县人民送其"抗日县长"的美名,留传至今。

新中国成立后,吕向晨曾担任陕西省人民政府民政厅副厅长。

第七章 中华民国

日军飞机轰炸华县

抗日战争时期，中国航空部队装备落后，作战能力有限，更无有效的地面防空网，致使中国领空任由日机肆虐，西南、西北抗战大后方经常受到日机的狂轰滥炸，人民生命财产安全受到严重威胁。

华县位于关中东部，是陇海铁路线上的一个节点，且处在中原至西安的航线上，自然成为日军飞机空袭轰炸的目标之一。1938年，即抗战爆发的第二年，华县即设防空委员会，专司全县防空袭轰炸之职。后又奉令组建防空监视队，由6人组成，县长亲任队长，下编有情报通信人员若干名，并在柳枝、下庙、赤水各设监视哨，每哨有哨长、员工4人。其职责是对华县空域进行监视，并通过电话与周边各县联络，以掌握日机的空中动态，随时发布空袭警报。防空设施方面，在县城的北城门及西城门开设警报门，城上城外掘有防空沟洞。按照防空预案，一旦防空队、哨发现敌机入境，便分别发出防空警报，民众立即进入防空洞以避轰炸。其实，这一方案作用十分有限，防空设施又十分简陋，华县民众在日机的空袭轰炸下，依然损失惨重。

1939年3月9日，日机5架，飞入华县县城上空，其中两架向东北方向飞去，3架围绕县城低空盘旋，民众看到日机飞临，纷纷呼喊躲藏。日机空投航空炸弹六七颗，炸毁民房8间，伤2人。

10月12日，又有日机9架，闯入华县上空，以县城为目标，轮番轰炸，投弹20余枚，炸死50余人，伤40余人。此次轰炸为抗战八年中，华县受害最严重的一次。据目击者数十年后的回忆，当日天气晴朗，午后2时许，日机9架沿陇海铁路自东向西飞过县城，其中3架在县城以西绕回，低空飞抵县城，沿城内南街、咸中大操场、县政府大院、城隍庙、东城门一线连续投弹20多枚，同时向地面扫射，一时县城内炸弹爆炸，炮火轰鸣，烟尘四起，墙倒屋塌，哭喊声一片，伤亡者血肉横飞。城隍庙前摆烟摊的老汉，被炸的体无完肤，一条腿炸断后，血淋淋地挂在了附近的老槐树上。有一贾队长的太太，时在西街正兴公粟店东边的巷道内给幼儿喂奶，突遭横祸而亡，幼儿幸存，仍躺在母亲怀中，其状惨不忍睹。公义成粟店及另一家商号的七八间房子被炸毁，东城门楼被炸塌，守城士兵4人被炸死。城内东南角一头正在吃草的耕牛，被炸的四蹄朝天。咸中操场落弹3枚，幸无学生伤亡。据说，一名年轻

华州史话

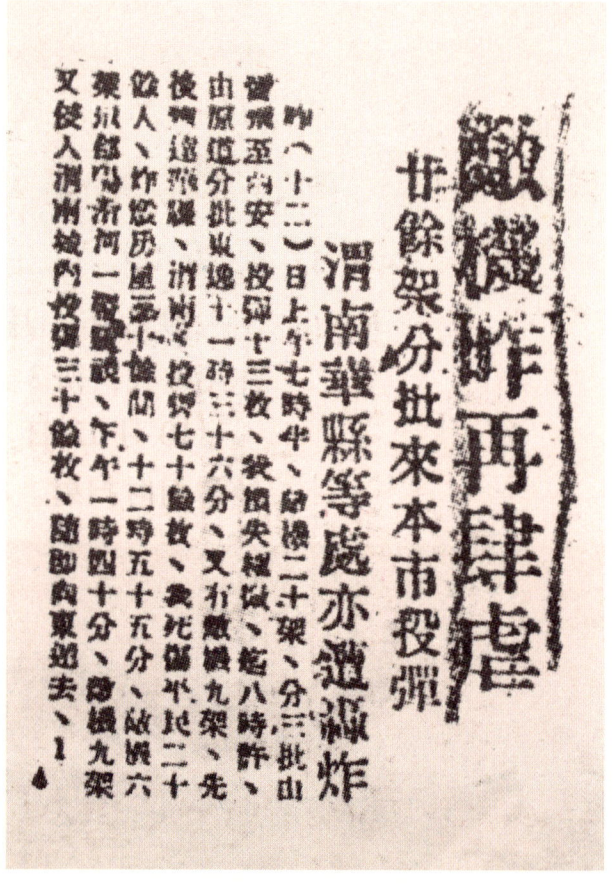

1939年10月13日《西京日报》关于日军飞机轰炸华县等地的报道

的理发员在日机轰炸时,正给人理发,突然一颗炸弹在附近爆炸,理发员受惊,剃刀滑落地上,稀粪拉了一裤裆,从此落下这怪病无法祛除,数十年中,每遇飞机响,就往茅房(厕所)跑。

1940年6月24日,日机一架由西南方向飞入县境,至县城上空,投掷燃烧弹若干枚,南街大壕周围黑烟滚滚,火光一片。伤2人。

1941年8月25日,日机10余架成群而来,至华县渭南交界的赤水职业学校及圪塔庙坡一带实施轰炸,人员财产损失不详。

1944年4月20日,国民党某炮兵团在华县火车站集结,正陆续登车之际,被东来的8架日机发现,即向其投弹扫射,车站部队一时混乱不堪,毫无还手之力,只能躲跑,结果被炸死1人,伤六七人。

1945年3月31日,陇海铁路上一列火车正行至石堤河西,被东来的日机发现,遂向列车发起攻击,炸死司机和工役各1人,伤10余人,机车严重受损停开。

同年4月2日,时值清明前夕,小涨村(今辛庄乡西部)乡民上坟祭祖者众,一架日机自东飞来,发现地面人群活动,即投弹轰炸,所幸乡民发现早,及时分散逃离现场,未造成人员伤亡。

抗日战争八年间,日军飞机以陇海铁路运输线和县城为主要目标,对华县进行疯狂轰炸的暴行,加深了华县人民对日本侵略军的民族仇恨,激发了华县各界人士抗日到底的信念和行动。

第七章 中华民国

"卅元"惨案

1941年1月1日，华县发生了国民党军人枪杀学生的流血事件，4名咸林中学学生遇难。因事件发生于民国三十年的元旦，"三十"又写作"卅"，故人称"卅元"惨案。

1940年末，抗日战争还处在残酷的相持阶段，几百万抗日将士还在战场浴血奋战，沦陷区的人民群众仍然生活在日寇铁蹄的践踏之下，战争的胜利似乎还遥遥无期。但处在战争后方的陕西省政府不知出于何种考虑，竟下令全省学校要在1941年元旦大张旗鼓地"庆祝胜利年"，并要各地密切关注"异党分子"活动。华县县政府据此向咸林中学作了元旦游行安排。咸林中学广大师生对抗日宣传历来是满怀激情、不遗余力的，经过一番努力，以宣传抗日为主题的庆祝元旦游行活动便准备妥当了。

1941年元旦这天，游行活动如期举行。咸中千余人的游行队伍浩浩荡荡出校南门，沿大街向西关行进，因时近阴历年关，沿途围观群众人山人海，其中也包括一群国民党伤兵。当时，华县设有二六兵站伤兵医院，这些伤兵恃伤自大，扰害地方，戏辱妇女，设赌滋闹，甚至大闹县政府，华县官民敢怒不敢言。当游行队伍返回学校至老西门（现新华书店处）东时，许多伤兵一瘸一拐地在游行队伍前起哄捣乱、出尽洋相。学生纠察队多次好言劝阻不仅毫无结果，反而被恶言相加，伤兵越闹越凶，围观群众越聚越多，现场秩序大乱。游行带队领导、学校训育主任刘三群看事态不断扩大，遂上前劝阻，反被一群伤兵殴打成重伤，游行被迫终止。伤兵的无理取闹和暴行，激起广大师生的强烈愤慨，一部分学生把刘三群老师抬到车上护送回校，一部分学生追赶打人凶手。当追至二六兵站医院门前时，突然事件发生了，兵站上尉副官王志超及一些士兵竟向学生开枪，学生张在田、张钧、时毓琪3人当即死在兵站医院门前，学生时万杰腹部被打破，肠子流出体外，淌着鲜血，挣扎到县城西门倒地而亡。另外3名同学中弹形成重伤。学校教务主任白伯旅此时已闻讯赶到事发现场，看到学生尸骸横陈，血流满地，而士兵手中的枪仍然举着。他冲上前去，抓住凶手的枪杆，拍着胸膛大声怒喝："我是咸林中学的教务主任白伯旅，要打，就朝我开枪。不准伤害学生！"行凶者的暴行才被制止。

惨案发生后，原本充满节日欢乐气氛的校园，顷刻之间愁云密布。校长宋尼宣从未经历如此险恶的场面，学生四死三伤的惨况，让他束手无策，面对伤亡学生的

华州史话

家属只是哭泣，训育主任刘三群被殴打成重伤卧床不起。广大师生的哭声、骂声、叹息声响成一片，整个学校像天塌下来一般，只有教务主任白伯旅忙前忙后应付这混乱的局面。

经过短暂的慌乱，校方很快镇定下来。在咸中共产党组织的暗中协助下，校董会邀请华县一些机关、团体、学校和社会名流组成"卅元"惨案后援委员会，其中许多成员为咸中地下党员、民先队员和青救会员。后援会起草宣言、通电全国各地、上书国民政府监察院、教育部及陕西省政府，公布事件真相。重庆、西安等地的咸中校友们也行动起来，进行声援。一时，全国震动，声援电、慰问信纷至咸中，监察院、教育部以及监察院院长于右任也从陪都重庆发来慰问电。在强大的社会舆论压力下，当局将杀人凶犯王志超、王校瑞予以收押。

在后援会为流血惨案伸张正义的同时，国民党华县县党部、公安局、国民兵团与二六兵站医院勾结一起，反控咸中游行有"异党分子"插手，企图混淆视听，以售其奸。一天晚上，第八行政区专员熊正平来到华县，在后援会学生的陪同下，打着灯笼，到二六兵站医院门口查看出事现场。之后，专员在县府与学生对话。专员讲："你们的宣言写得不错，但把'卅元'惨案和'三一八'惨案相提并论是非常错误的。前者是革命军人和革命学生的误会，后者是反动军阀对革命学生的残酷迫害，怎么能互相类比？"又说："政府一再号召同学们提高警惕，防止异党分子破坏，很难说这次事件没有坏人插手。"同学们当场予以反驳，并要求他第二天到学校向师生及死难者家属讲明看法和提出处理意见。熊专员色厉内荏，自然不敢面对广大师生和死者家属。

后援会为了挫败官方的拖延、软化和欺骗阴谋，又成立了赴省请愿团，意欲到省政府直接面陈省主席蒋鼎文，以尽快促成事件的合理解决。请愿团在西安住在省卫生处。该处处长杨叔吉（鹤庆），是华县龙潭人，其兄是杨松轩先生。经杨叔吉联络，与咸中有关系的陕西知名人士潘源泉、薛道五、李子舟等给予请愿团极大的同情和支持。请愿团在西安四处奔走，甚至将请愿书送到八路军驻西安办事处。到省政府请愿时，蒋鼎文借故推托，始终不与代表见面，经周旋才派几个下属官员接见，但也是官话连篇，敷衍搪塞。此时，华县知名人士顾熠山在正义与邪恶的较量中，毅然站在受害学生一方，亲自出马，陪同咸中校长宋予尼宣来到西安，利用自己的人脉关系，与旅居西安的华县籍知名人士杨叔吉、刘依仁（安国）、史仲鱼、薛道五、李子舟等相商，决定以学校名义，向省政府和重庆国民政府告状，要求严惩杀人凶手。省主席蒋鼎文开始对"卅元"惨案漠不关心，但在顾熠山的学生、时任陕西保安副司令、华县籍人史仲鱼的游说下，态度有了变化，"卅元"惨案的司法处理才进入程序。

第七章 中华民国

　　不久，陕西高等法院和陪都重庆高等法院相继在华县进行司法调查和开庭审理。在咸林中学的临时法庭上，白伯旅代表校方出庭。他慷慨陈词，揭露事实真相，痛斥王志超等凶犯惨无人道，屠杀无辜青年学生的罪行，有理有据，无可辩驳。在西安法庭上，白伯旅当着法官和军政要员，向华县县长晁广顺发问："县长先生，你今天要离开你县长的位置，站在普通公民的立场，作证说公道。你说，学生是不是手无寸铁？"晁县长站起来当庭作证："学生确实手无寸铁。"强大的社会舆论，特别是铁的事实，使军委会西安办公厅最后作出了公正的判决：杀人主凶王志超被判死刑，帮凶王校瑞被判无期徒刑。

　　1941年3月26日10时，滥杀无辜青年学生的二六兵站上尉副官王志超在西安玉祥门外被执行枪决。随后，学校为4名死难学生召开了追悼会，县府各机关、社会团体都派员参加。追悼会上凌志耕代表全校同学向死难者致悼词，教务主任白伯旅代表学校讲话。在这次大变故中，校长宋尼宣一直沉重压抑的心情，此时才恢复平静，他颇有感触地撰书了一副对联"培植匪易一番苦心付流水；元憝伏法三字冤狱终昭雪"，张贴于过厅门口，算是对自己心爱的学生深情的悼念。之后，学校建造了咸林中学校园内著名的"正义楼"，以纪念牺牲的同学，彰显正义终将战胜邪恶的真理。

　　"卅元"惨案的后果是十分严重的，4名热血青年学生倒在了国民党军人的枪口之下，这对死难者的家庭、对咸林中学、对华县社会的伤害也是空前的。惨案之后，局内局外的人从不同角度对事件作了不同的解读，但有一点必须厘清：二六兵站伤兵医院的伤兵，大部分是抗日前线负伤的士兵，可以说是抗战有功人员，本应受到人们的尊敬和同情，华县的青年学生及地方民众也给予了特别的关怀和慰问。但可悲的是，这些长期在院的伤兵，自恃抗日有功，缺乏应有的自重自爱，完全不把地方百姓放在眼里，经常打架斗殴、滋事生非，最终酿成流血惨案，被人民所唾骂，被历史所审判。"卅元"惨案之后，顾熠山先生的长子顾洲三从河南张茅镇调回，任二六兵站医院院长，使医院与华县地方紧张的关系有所缓和。不久，二六兵站医院迁往大荔县。

为纪念"卅元"惨案死难者而建的咸林中学正义楼

华州史话

华县民众为抗战作出的牺牲与贡献

1945年8月14日，日本宣布无条件投降，中国人民艰苦卓绝的八年抗战终于获得最后的胜利。捷报传来，华县城乡各地一片欢腾。9月5日，华县召开军民庆祝抗战胜利大会，县长王家宾、驻华县的国民党第一军军长罗列及华县党、政、军、学、商各界代表出席，并特邀盟邦美军上校3人参加。会场内外，人山人海，激情狂欢，四乡社火及民间大小戏前来助兴，其盛况为民国30余年来所未有。胜利使华县民众为8年来的付出和牺牲感到了些许慰藉。

华县是一个地狭人少、经济凋敝的西北小县，虽然处在抗战后方，但在国难当头、民族危机之时，仍然以国家命运、民族大义为重，有钱出钱，有力出力，有人出人，为抗战倾其所有，不遗余力。

抗战八年中，华县民众除正常税赋外，还承担了繁重的军事差务，从人力物力上支援抗日前线。从抗战开始，华县历年都要选征大量民夫在晋、豫、陕边界地区修公路，建飞机场，挖交通沟，筑防御工事。还如数完成军粮、马料、骡马、大车、军鞋等各种军用物资的征缴。但具体统计数字已很不完整，仅华县军事征运分会统计，抗日战争最后一年，华县共向各军事单位缴送的物资折价20637万元（旧币）。物资有：小麦1268包、大米999包、马草362.8万斤、马料105.2万斤、烧柴25.5万斤、木板800页、车轴100根、马骡4625匹、驴60匹、竹枝5020斤、木电杆190根、铁木工匠87名、圆木30根、木裱工40名、大车1180辆、枕木400根。当年征用民夫840名，献军鞋费72万元。华县民众在生活困苦中，克服困难，节衣缩食，尽其所有，奉献了一片爱国热忱。

此外，在抗战中，国民党部队第七后方医院、二六兵站医院相继设立于华县，收治大量从前线撤下来的伤兵。由于医院护理人员不足，咸林中学学生予以援助，帮其抬担架、洗衣服、缝被褥。县政府组织学生及民众向伤兵捐献钱物，慰问演出，为抗战有功的伤兵尽了应有的心力。

抗战爆发后，华县政府设立兵役委员会（后改为兵役科、军事科），办理役政及国民兵训练。当时的兵役制度已改为征兵制，凡符合兵役法规定条件的，都在征集之列。大批青年农民、学生投身军旅，开赴抗日前线，与日本侵略军浴血奋战。

第七章 中华民国

据史料记载，1937年—1945年抗战八年中，华县为抗日前线输送兵员共达18868名，平均每年2300余名，这对一个仅有13万人口的县来说，是一个不小的数目。其中157名是在1944年的"十万知识青年从军运动"中，被空运至昆明参加中国远征军的华县学生。这些华县子弟，告别家乡，告别父母，舍生忘死，战斗在抗日前线。其中有许多华县籍士兵参加的是由杨虎城十七路军改编的第四集团军（曾称第三十一军团），其下属的三十八军、九十六军等都是以陕西人为主。九十六军一七七师，华县子弟尤多。第四集团军在山西中条山地区，抗击日寇，英勇杀敌，屡建战功，但也牺牲惨重。华县留下姓名的500余人的抗日阵亡官兵中，就有100多人是牺牲在中条山地区。

在国民党部队参加抗战的华县人，除大量士兵及下级军官外，还有一些中上级军官。如淞沪会战中的一九四团团长雍济时、鄂西抗战中的十一师师长胡琏，台儿庄战役、武汉保卫战中的一九九旅旅长马励武，湘北会战中的某团团长史恒丰，中条山中段防御战中的三十四师副师长王自强，中条山抗战中的一七七师一零五七团团长陈述善，豫陕边界防御战中的四十六师一三七团团长施有仁等。尽管他们的经历各不相同，但对日作战的功绩永载史册。特别是淞沪会战中的雍济时和中条山抗战中的陈述善，都因作战伤重不治而为

无处不在的抗日标语（白伯旅绘于抗战时期的华县）

华州史话

国捐躯。为国牺牲的中下级军官还有1937年12月殉难于南京下关的中央教导总队连长胡瑛,1940年牺牲于湖北襄阳沙河镇的十三师少尉排长孙振武,1942年牺牲于江西临县龙骨渡的八十九军少校连长张振钧等。

在中国共产党领导的八路军、新四军中,也有一批华县人在敌后抗日根据地参加对日作战。如潘自力、高克林、钟师统、甘一飞、冯达、林毅、刘增敏等众多共产党人,在国家民族发生严重危机之时,毅然奔赴了抗日战场。其中光荣牺牲、为国尽忠的有八路军骑兵五团团长韩崇信,八路军晋察冀军区参谋潘树藩,八路军晋察冀军区某部连指导员陈思明,八路军三十八团排长李志信等。

抗日战争胜利以后,华县政府奉令要求各乡饬查抗战阵亡(包括病故)者并上报名单。全县13个乡,只有桓公、通仁、拾孟、大明、丰镇、清光、沈阳、莱公、集太9个乡及时上报,而赤水、瓜坡、令公、岭南4个乡都延具未报(上述13个乡的方位,参见本书《民国时期华县行政机构及区划的变化》一文)。顾熠山主修的《重修华县县志稿》卷六,将上报的9个乡的阵亡者名单予以登载,而未报名单的4个乡只能付之阙如。当时,时局不定,人心不安,此项工作难免敷衍塞责,不要说未能上报的4个乡,就是上报的9个乡,也遗漏甚多。不知还有多少忠勇的华县官兵牺牲在抗日战场,却未能留下姓名。

为了永远铭记这些为抵御日本军国主义者的侵略,为民族的独立、自由与解放而英勇献身的华县籍官兵,我们对《重修华县县志稿》卷六的名单进行了整理,并依据其他资料作了补充,制作了《华县抗日牺牲官兵名录》附志于此,以示对为国牺牲者的纪念。这510人的抗日牺牲官兵名录并不完整,尚待今后继续补充完善。

华县抗日牺牲官兵名录

姓　名	级　职	隶属部队	原　籍	牺牲地点
郭鸿德	一等兵	7师38团	通仁乡一保	山西
王保明	上等兵	87师输送连	通仁乡三保	江西
刘邦娃	上等兵	90军3营	通仁乡三保	陕西蒲城
李炳璋	二等兵	79师补充团	通仁乡三保	河南阌乡
杨建都	二等兵	新一师3团	通仁乡四保	安徽合肥
吴榜娃	二等兵		通仁乡四保	江西景德镇
葛三娃	二等兵	34师2营	通仁乡四保	山东曹县
张福禄	上等兵		通仁乡四保	河南汜水

第七章 中华民国

李春荣	少尉特务长	123师卫生队	通仁乡五保	湖北
刘满屯	二等兵		通仁乡五保	山西临晋
郭鸿吉	班长		通仁乡五保	河南
姬官娃			通仁乡五保	
雍济时	上校团长	33师194团	通仁乡雍家湾	上海
乔长荣	上等兵		通仁乡一保	
时登魁	一等兵		通仁乡	河南阌乡
张振钧	少校连长	89军6师1团1营	通仁乡四保	江西临川
吕均生	上等兵	54师32团	拾孟乡一保	山西中条山
杨义生	中士	46师138团	拾孟乡一保	河南郑州
牛自顺	下士	177师530团	拾孟乡一保	河南郑州
刘吉平	上等兵	28师2团	拾孟乡二保	河南开封
王 恩	二等兵	79师补充团	拾孟乡三保	浙 江
刘挪娃	一等兵	36师	拾孟乡二保	山西中条山
王生才	一等兵	36师	拾孟乡三保	浙 江
刘进才	下士	38师1团2营	拾孟乡二保	河南开封
王德昌	上等兵	38师1团2营	拾孟乡三保	河南郑州
杨德孝	下士	79师	拾孟乡二保	重庆
刘进才	一等兵	79师	拾孟乡四保	浙江
梁生才	中士	79师	拾孟乡二保	浙江
申丙贤	上等兵	51师	拾孟乡四保	江西
孙振武	少尉排长	13师37团6连	拾孟乡毕家村	湖北襄阳
刘振武	少尉	79师补充团	拾孟乡四保	浙江
焦文杰	少校	警备师一团	拾孟乡三保	山西永济
申俊林	下士	都匀炮队五营二连	拾孟乡四保	广西桂林
胡红灯	上等兵	79师补充团	拾孟乡三保	山西永济
宜子朝	上等兵	17军特务连	拾孟乡五保	河南
窦乐善	上等兵	17军特务连	拾孟乡三保	浙江
秦念会	一等兵	新二师	拾孟乡五保	河南渑池
杨卯生	一等兵	87师518团	拾孟乡三保	浙江
杨子玉	中尉	44师130团	拾孟乡三保	湖北汉口

华州史话

姓名	军衔	部队	籍贯(乡保)	原籍
马闷娃	一等兵	17军	拾孟乡五保	河南渑池
窦永年	中士	59师辎重营	拾孟乡三保	浙江
姜作城	上等兵	38军教导团	拾孟乡三保	山西中条山
菊春池	上等兵	79师补充团	拾孟乡四保	江西永修
菊培斌	上等兵	40师118团3营	拾孟乡四保	安徽宣城
张开国	下士	79师补充团	拾孟乡一保	江西庐山
宋伯云	上士	46师138团	拾孟乡一保	山西
杨长林	列兵	28师82团	大明乡一保	
樊拴拴	上士	53师157团	大明乡一保	河南巩县
雷庆福	中士	12师34团	大明乡一保	山西
马振杰	列兵	3军7师通讯排	大明乡一保	河南陕州
徐根生	上士	3预备师10团	大明乡一保	湖北汉口
王有年	上士	177师补充团	大明乡一保	河南陕州
吴金安	列兵	17师担架排	大明乡一保	山西晋城
王虎子	列兵	3军7师工兵营	大明乡一保	山西夏县
支光林		177师1057团	大明乡一保	河南陕州
刘纪中		17师担架排	大明乡一保	山西中条山
种铁林	列兵	85师254团	大明乡一保	山西
陈刚凤		17师通讯排	大明乡一保	山西风陵渡
郝自荣		13军85团	大明乡一保	山西
马田娃	上士	17师补充团	大明乡一保	西安
余三保	上士	177师辎重营	大明乡二保	山西
李志德	列兵	17师	大明乡二保	山西夏县
郝女子	上士	177师501团	大明乡二保	山西中条山
李兴顺	上士	177师1057团	大明乡一保	河南洛阳
李甲升	上士	177师辎重营	大明乡一保	山西
何天恩	上士	华潼师管区	大明乡一保	西安
徐居武	中士	华潼师管区	大明乡一保	蒲城
柴振江	上士	华潼师管区	大明乡一保	山西中条山
杨拴牢	上士	78师特务营	大明乡二保	河南
张进义	下士	177师531团	大明乡二保	山西中条山

第七章 中华民国

齐栓栓	上等兵	177师501团	大明乡二保	山西河津
王阒伏	一等兵	177师501团	大明乡二保	山西中条山
张拉车	下士	35军特务营	大明乡二保	河南孟津
温孝清	下士	177师辎重营	大明乡二保	山西凤白塔
张桂娃	上等兵	167师59团	大明乡二保	河南巩县
孔双刚	上等兵	177师503团	大明乡三保	河南巩县
张田娃	上士	177师501团	大明乡二保	山西中条山
郝三娃	一等兵	177师501团	大明乡二保	山西中条山
刘圪塔	下士	177师531团	大明乡二保	山西中条山
李振国	上士	78师特务营	大明乡三保	河南汜水
李金全	上等兵	177师辎重营	大明乡三保	山西中条山
罗振荣	中士	177师辎重营	大明乡三保	山西河津
李天有	上士	177师辎重营	大明乡三保	山西中条山
刘堂娃	上等兵	177师501团	大明乡三保	河南巩县
郝双林	上等兵	177师501团	大明乡三保	山西
李三书	下士	177师501团	大明乡三保	河南孟津
张五子	下士	177师501团	大明乡三保	长安王曲
史来运	一等兵	177师501团	大明乡三保	山西中条山
陈志杰	上士	167师59团	大明乡三保	山西中条山
孙兵娃	上等兵	17军新二师	大明乡四保	河南渑池
姬长财	下士	177师501团	大明乡四保	山西中条山
龙中娃	列兵	177师501团	大明乡四保	山西中条山
张列过	二等兵	165师59团	大明乡四保	山西中条山
孙兴文	列兵	28师146团	大明乡四保	河南
毛水生	下士	177师501团	大明乡四保	山西中条山
龙善娃	上等兵	177师501团	大明乡四保	山西中条山
赵茂泰	上等兵	177师辎重营	大明乡四保	山西凤白塔
李成娃	列兵	17军46师105团	大明乡四保	陕西渭南
毛振山	列兵	78师特务营	大明乡四保	河南汜水
王改明	列兵	38军22团	大明乡四保	湖北荆门
党振邦	列兵	35军特务营	大明乡四保	山西凤白塔

华州史话

崔天财	上等兵	177师529团	大明乡四保	河南光武
赵松岁	上等兵	177师特务营	大明乡四保	
马中贵	中士	28师12团	大明乡四保	湖北荆门
雷步兴	二等兵	177师辎重营	大明乡三保	山西凤白塔
韩根计	上士	63师3团	大明乡三保	山西垣曲
雷彦堂	一等兵	17师503团	大明乡三保	山西中条山
韩全娃	上等兵	64师3团	大明乡三保	山西中条山
李玉水	下士	177师502团	大明乡三保	山西中条山
韩梆娃	列兵	177师2团	大明乡三保	河南渑池
李改成	上等兵	177师501团	大明乡三保	山西中条山
韩家瑞	中士	78师1团	大明乡三保	山西中条山
王彦海	列兵	79师6团	大明乡四保	安徽
杜长娃	列兵	35师特务营	大明乡五保	山西平陆
张苍娃	一等兵	35师	大明乡五保	湖北
杜坤娃		177师1057团	大明乡五保	山西中条山
李来娃	列兵	17师补充团	大明乡五保	陕西三原
张清志	上士	28师28团	大明乡五保	陕西合阳
王秀	列兵	28师28团	大明乡五保	陕西三原
张清合	列兵	85师	大明乡五保	陕西宜君
杨水明	上士	85师	大明乡五保	陕西龙驹寨
孙科娃		一师一团	大明乡五保	山西中条山
杨合合	列兵	一师一团	大明乡五保	甘肃
冯胜合	上士	85师	大明乡五保	山西茅津渡
杨雨苍	列兵	85师	大明乡五保	山西茅津渡
张树财	列兵	关中师管区	大明乡五保	湖北
张秉仓	列兵	17师辎重营	大明乡五保	江西上高
吕建有	一等兵	177师1057团	大明乡五保	河南光武
杜改换	上士	19军野炮营	大明乡五保	陕西蒲城
吕世明	上士	19军野炮营	大明乡五保	陕西蒲城
李万庆	营长	16军补充营	大明乡五保	
母子安	二等兵	新编24师	大明乡六保	河南登丰

第七章 中华民国

刘扎根	列兵	新编24师	大明乡六保	山西平陆
毋战胜	一等兵	90军军部	大明乡六保	湖北三张村
王全水	列兵	17师2营	大明乡六保	山西平陆
何东计	上士	177师1057团	大明乡六保	山西东家村
李丁山	中士	12师补充团	大明乡六保	山西平陆
何拉车	一等兵	28师	大明乡六保	山西中条山
张兴虎	二等兵	28师	大明乡六保	山西中条山
吕守娃	上等兵	华潼师管区	大明乡六保	陕西长安
吕江海	一等兵	167师	大明乡六保	河南阌乡
吕永良	一等兵	预备一师二团	大明乡六保	河南孟津
吕思望		177师105团	大明乡六保	山西中条山
王稳柱	上士	46师特务营	大明乡七保	陕西宝鸡
王根冬	中士	预备三师10团	大明乡七保	湖北汉口
安墨正	上等兵	79师一营	大明乡七保	山西中条山
颜守信	一等兵	28师82团	大明乡七保	河南广武
张志明		177师1057团	大明乡七保	山西中条山
刘守基	准尉	177师1057团	大明乡七保	河南登丰
牛学忠	连长	3军特务连	丰镇乡一保	山西夏县
李靖藩	上等兵	16军69师207团	丰镇乡一保	山西临汾
吉永生	班长	169师三团	丰镇乡一保	浙江
师兴有	列兵	71师	丰镇乡一保	华潼师管区
张振忠		64师383团	丰镇乡一保	山西
方成财		196师	丰镇乡一保	山西平陆
张发云		35师10团	丰镇乡一保	山西平陆
东来江		华潼师管区	丰镇乡一保	
史有财	列兵	177师1057团	丰镇乡一保	山西中条山
董水娃	班长	79师	丰镇乡一保	山西
东忠心	列兵	177师533团	丰镇乡一保	山西
赵转窝	列兵	96军军部	丰镇乡四保	山西临晋
高俊明	班长	35师101团	丰镇乡四保	浙江
牛鸿娃		新编五师	丰镇乡四保	河南开封

华州史话

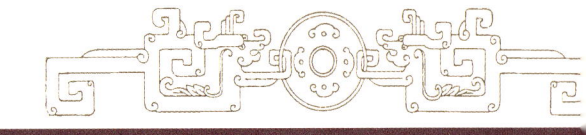

高长守	上等兵	39军	丰镇乡四保	浙江
王定国		17军	丰镇乡四保	山西夏县
高孝荣	排长	42旅183团	丰镇乡四保	山西中条山
赵钮娃		109师二营	丰镇乡四保	广东
方思合	列兵	28师	丰镇乡四保	河南
郭景山		35师特务营	丰镇乡四保	山西
方纪宝		陕东河防游击队	丰镇乡四保	黄河
邢水娃		177师1057团	丰镇乡四保	山西虞乡
罗双纪	上等兵	28师	丰镇乡四保	河南
郭六女		第四集团军军部	丰镇乡四保	河南
赵毛子	列兵	17师辎重营	丰镇乡三保	山西夏县
郭女子		169师	丰镇乡三保	河南光山
姚金城		46师师部	丰镇乡三保	山西中条山
郭东生		167师	丰镇乡三保	山西运城
赵下子		炮二旅	丰镇乡三保	张家店
吉彦芳		109师	丰镇乡三保	河南巩县
孙长春		华潼师管区	丰镇乡三保	山西
牛孝娃		17军	丰镇乡三保	山西夏县
支三成		17军	丰镇乡三保	陕西渭南
郭春麦		177师	丰镇乡三保	山西中条山
李定平		51师3团	丰镇乡三保	山西
李兴合		26军军部	丰乡镇五保	山西
张振唐	列兵	177师	丰镇乡五保	陕西宝鸡
岳克兴	排长	12师工兵营	丰镇乡七保	陕西夏县
王改生		76军工兵营	丰镇乡七保	陕西同官
岳登科	列兵	3军12师	丰镇乡七保	山西茅津渡
张俊停	中队长	一战区16队三中队	丰镇乡七保	山东济南
王荣生	下士	一师一团	丰镇乡八保	山西中条山
杨贵玉	列兵	17军84师	丰镇乡八保	河南
林过兵	上等兵	96军	丰镇乡八保	河南渑池
张振华		177师1057团	丰镇乡八保	河南孟津

第七章 中华民国

同福生	列兵	96军	丰镇乡八保	山西中条山
张风异		17师九旅	丰镇乡八保	山西稷王山
王维发		177师531团	丰镇乡八保	山西中条山
种生勋		84师	丰镇乡八保	山西垣曲
东耀光		177师	丰镇乡八保	山西平陆
刘生彦		177师1057团	丰镇乡八保	河南孟津
东振华		177师	丰镇乡八保	河南孟津
梁治尖		177师	丰镇乡八保	山西中条山
王四季		第一师	丰镇乡八保	山西中条山
王福生		177师	丰镇乡八保	
张未申		12师2团	丰镇乡八保	河南巩县
王定柱		80师三营	丰镇乡八保	山西茅津渡
郭兆武		177师1057团	丰镇乡八保	山西中条山
王老五		华潼师管区	丰镇乡七保	河南渑池
王来娃		预一师12团	丰镇乡七保	山西中条山
王银科		华县收兵处	丰镇乡七保	陕西华县
东岳峨		炮二旅	丰镇乡七保	
史丙寅	列兵	177师	丰镇乡八保	山西平陆
刘国瑞	列兵	17军特务营	丰镇乡八保	山西中条山
王增谦		华潼师管区	丰镇乡八保	
曹生桂		17师1023团	丰镇乡八保	山西中条山
王麦冬		177师137团	丰镇乡八保	山西
王德贤	班长	17军167师二团	清光乡五保	
侯水鱼	上等兵	预备第二团	清光乡七保	山西
韩志廉	上等兵	40军59师177团	清光乡七保	湖南
李尚杰		79师补充团	清光乡七保	山西平陆
韩克财		83师补充团	清光乡七保	山西
侯增彦		预备一师二团	清光乡七保	山西中条山
韩文华	上士文书	17军105师	清光乡七保	河南
薛双科		167师一团	清光乡二保	山西中条山
陈述善	上校团长	177师1057团	清光乡黄麓口村	陕西西安

115

华州史话

姓名	军衔	部队	乡保	籍贯
张彦娃		107师4团	清光乡三保	山西中条山
陈稳山	班长	177师105团	清光乡三保	山西中条山
井喜娃	一等兵	106师4团	清光乡三保	河南阌乡
侯丰先	医佐	30军第三野战医院	清光乡七保	湖北
郭猪娃	上等兵	177师5团	清光乡七保	陕西宝鸡
侯建明	上等兵	177师105团	清光乡七保	河南
郭立冬		177师105团	清光乡七保	陕西华县
吉烈娃	一等兵	第一师三团	清光乡二保	陕西渭南
郭省娃	上等兵	90军	清光乡四保	陕西蒲城
薛狗娃	上等兵	167师二团	清光乡四保	河北
张根京		20师	清光乡四保	浙江临安
余居公		177师三团	清光乡四保	陕西凤翔
郑润科		38师教导队	清光乡四保	山西平陆
母孟夏		79师补充团	清光乡四保	浙江
沈善智		新二师二营	清光乡四保	河南郾城
安振英	一等兵	78师5团	清光乡四保	重庆
白吉娃	二等兵	17师特务连	清光乡四保	山西运城
侯树茂		一战区六中队	清光乡四保	山西
白蛮蛮		25师145团	清光乡四保	河南洛阳
邓逃娃		78师5团	清光乡四保	湖南
韩幸娃	一等兵	19师补充团	清光乡四保	河南淮阳
郭根忙	上等兵	177师三团	清光乡四保	湖北
赵炳寅	班长	79师补充团	清光乡四保	江苏
刘换果		第一师三团	清光乡四保	陕西宝鸡
侯忍娃	一等兵	177师1057团	清光乡四保	山西中条山
弥仁武		师管区一营	沈阳乡一保	陕西渭南
郭山娃	班长	29军工兵营	沈阳乡一保	北平
郭振山	班长	13军特务连	沈阳乡一保	湖北汉口
郭坤生	中士	中央教导队二营	沈阳乡一保	湖南
雷德耀	少尉军医	17军5团	沈阳乡一保	河南
李福智	一等兵	177师工兵营	沈阳乡二保	山西中条山

第七章 中华民国

姓名	军衔	部队	所属	籍贯
雷进京		独立五旅	沈阳乡二保	山西垣曲
李赶站		79师通讯排	沈阳乡二保	江西杨家山
史志发			沈阳乡二保	河南渑池
李丙生		27师辎重营	沈阳乡二保	山西中条山
雷定国		第一师一团	沈阳乡二保	陕西合阳
李川生		79师工兵团	沈阳乡二保	江西
董须娃		87师二营	沈阳乡二保	陕西蒲城
李三省		79师通讯班	沈阳乡二保	山西中条山
李新鸿	上等兵	77师通讯排	沈阳乡二保	
董春发		28师工兵营	沈阳乡二保	河南开封
李文川	一等兵	177师师部	沈阳乡二保	山西中条山
董洋洲		42师251团	沈阳乡二保	山西中条山
李渭海	上士	177师工兵八连	沈阳乡二保	山西中条山
赵三印		79师师部	沈阳乡二保	江西
杜茂得		79师	沈阳乡二保	江西杨家山
弥君禄		新编42师2团	沈阳乡三保	
李申生		177师三团	沈阳乡三保	河南渑池
李长生	上士	79师师部	沈阳乡二保	江西
张来运		177师通讯排	沈阳乡二保	山西中条山
任拴娃	下士	78师三团	沈阳乡二保	河南开封
董稳柱		某师辎重营	沈阳乡二保	江西杨家山
弥七女	上士	177师工兵营	沈阳乡三保	山西中条山
董戌娃		177师工兵营	沈阳乡三保	山西中条山
李成娃		17师97团	沈阳乡三保	山西夏县
邢吉利	一等兵	78师2团	沈阳乡三保	河南开封
李升文	一等兵	27师	沈阳乡四保	江西东县
陈七虎		65师特务连	沈阳乡四保	山西绛县
张彦亭		28师	沈阳乡五保	河南开封
弥应志		78师2营	沈阳乡五保	河南开封
吕忠贤	二等兵	27师	沈阳乡四保	河南灵宝

华州史话

姓名	军衔	部队	籍贯	牺牲地
魏印娃		79师辎重营	沈阳乡四保	山西中条山
刘发元		177师1059团	沈阳乡四保	山西
李根江	上等兵	177师104团	沈阳乡四保	山西中条山
刘俊英		53师野战医院	沈阳乡四保	陕西合阳
吕很女		79师二团	沈阳乡四保	山西中条山
吕 双	下士	预备三师六团	沈阳乡四保	河南灵宝
吕很学	上士	104师二营	沈阳乡四保	山西芮城
刘从福	排长	177师1059团	沈阳乡四保	山西
弥满财		28师通讯连	沈阳乡四保	河南
张水娃	上等兵	177师副官处	沈阳乡四保	山西平陆
吕忠孝		79师137团	沈阳乡四保	江西东乡
李振麻		抗日义勇军	沈阳乡四保	山西翼城
刘景华		46旅医务所	沈阳乡四保	河南张茅镇
陈俊德	上士班长	一师二团三营	沈阳乡四保	陕西潼关
张满仓		凤邠师管区	沈阳乡四保	山西
陈东生	上士班长	79师	沈阳乡四保	湖南
李坤元	上士班长	79师137团	沈阳乡四保	江西东乡
王有运	二等兵	79师	沈阳乡四保	河南洛阳
吉振岗	医务主任	46旅	沈阳乡南吉村	山西平陆
何正荣	中士	新二师五团	沈阳乡五保	河南渑池
王许江	上等兵	46旅	沈阳乡五保	山西平陆
李定劳	一等兵	79师	沈阳乡五保	河南渑池
田来娃		79师	沈阳乡五保	山西运城
何春发		177师谍报队	沈阳乡五保	山西中条山
何锁子	上士	59师炮兵二连	沈阳乡六保	湖北
张狗娃		177师	沈阳乡六保	山西中条山
李荣昌	一等兵	新二师	沈阳乡六保	河南渑池
刘炳耀	上士	17军	沈阳乡六保	山西赵城
李新科		177师	沈阳乡六保	山西中条山
占俊杰		17军骑兵连	沈阳乡六保	陕西三桥
李志建	二等兵	177师	沈阳乡六保	山西中条山

第七章 中华民国

李安仓	下士	177师	沈阳乡六保	山西中条山
李升子		177师	沈阳乡六保	山西中条山
侯宗彦	一等兵		沈阳乡	
李柱娃	上士班长	28师	沈阳乡	西安灞桥
赵桂来	上等兵	79师补充团	莱公乡一保	浙江
李相梨	一等兵	38军教导团	莱公乡	山西中条山
潘福安		79师补充团	莱公乡	浙江
王怪怪		79师	莱公乡	重庆
吴新顺	下士	38军教导团	莱公乡一保	山西中条山
樊正儿	一等兵	28师2团	莱公乡九保	河南开封
段三来	中士	新二师	莱公乡二保	河南渑池
樊马娃	上等兵	46师138团	莱公乡	山西灵川
段天义		新二师	莱公乡	河南渑池
王长娃			莱公乡	
李瑞娃	上等兵	17军23团	莱公乡	河南开封
焦丙娃			莱公乡	
马德志	下士	79师补充团	莱公乡	山西永济
王安甲	一等兵	79师补充团	莱公乡	山西永济
王志杰	中士	79师补充团	莱公乡	山西永济
解五女		177师530团	莱公乡	河南郑州
孙丁时		177师530团	莱公乡	河南郑州
党开桂	一等兵	177师530团	莱公乡	河南郑州
党文清		36师	莱公乡	山西中条山
郭天顺	上等兵	44师130团	莱公乡四保	湖北汉口
李三顺		44师130团	莱公乡	湖北汉口
甘兴斌		78师	莱公乡四保	山西中条山
甘加牛			莱公乡四保	安徽
郭双喜		51师2团	莱公乡	江西德安
康宝团	一等兵	51师2团	莱公乡	江西德安
贾奎景		54师32团	莱公乡六保	山西中条山
贾天海		54师32团	莱公乡六保	山西中条山

华州史话

姓名	军衔	部队	籍贯（乡保）	原籍
卫子玉			莱公乡九保	
杜升有	中士	53师152团	集太乡一保	山西夏县
王生花		35师	集太乡一保	河南洛阳
李进喜		177师1059团	集太乡一保	
李保娃			集太乡一保	云南
杜兵合	中士	26补训处4团	集太乡一保	
王百忍		35军102团	集太乡一保	绥远五泉
马建文	上等兵	53师159团	集太乡一保	陕西蒲城
程冬娃	中士	79师235旅	集太乡一保	江西
张志义		某师一团	集太乡一保	陕西蒲城
王益宽	上士		集太乡一保	南京
张海水		84师252团	集太乡一保	河南渑池
刘集生	中尉		集太乡一保	云南
王法娃	列兵	84师特务连	集太乡一保	山西解县
王立秋		某师4团	集太乡一保	河南阌乡
王双庆		华潼师管区	集太乡一保	陕西蒲城
王法河		华潼师管区	集太乡一保	陕西蒲城
张春升	二等兵	一师辎重营	集太乡一保	陕西华阴
王文秀	少尉	新27师79团	集太乡二保	山西中条山
武定国	中士	3军7师2团	集太乡二保	山西闻喜
王中娃	中士	新27师79团	集太乡二保	河南陕州
李居定	上士	陆军通讯兵4团	集太乡二保	陕西大荔
刘金牛	列兵	177师1057团	集太乡三保	河南会兴镇
史冬至		177师57团	集太乡三保	山西夏县
刘锡印		90军补充团	集太乡三保	山西平陆
姬兴财		第二战区	集太乡四保	山西晋城
弋永娃	上士	79师234团	集太乡四保	浙江余杭
王志德		177师机枪连	集太乡四保	山西平陆
张有彦	中尉	34师2旅184团	集太乡三保	湖北麻城
张俊杰	上士	34师102团	集太乡三保	山西垣曲
孙志礼		邮局黄字45	集太乡三保	河南洛阳

第七章 中华民国

张大信	列兵	7师工兵营	集太乡三保	山西夏县
张恒太		69师工兵营	集太乡三保	河南渑池
贾学法		3军7师2团	集太乡三保	山西夏县
弋乾州	上尉	34军205旅29团	集太乡三保	山西平陆
弋敬贤	列兵	新编2师6团	集太乡三保	黄河河防
王克兴		177师辎重营	集太乡三保	山西垣曲
张保盛		53师补充团	集太乡三保	陕西蒲城
宋孝忠		15军5师辎重营	集太乡三保	山西黎阳
宋孝廉		9军工兵营	集太乡三保	四川遂宁
郝居让		79师输送连	集太乡三保	河南
萧加蕙		黄埔七分校练习团	集太乡三保	陕西长安
李豹子		79师补充团	集太乡三保	江西永修
弋云法		65师工兵营	集太乡三保	
梁永乾	列兵	华潼师管区	集太乡四保	陕西蒲城
武永江	列兵	新二师	集太乡四保	河南
屈彦隆		38军17师102团	集太乡四保	山西平陆
蔺定国		17军	集太乡四保	河南
屈毓英		新编2师6团	集太乡四保	黄河河防
薛许昌		17军84师	集太乡四保	河南
蔺发育		15军65师94团	集太乡四保	山西
郝泾水			集太乡四保	四川
蔺亚隆	上尉	177师1057团	集太乡四保	山西
张鸿财		78师	集太乡四保	陕西宝鸡
梁永生	列兵	79师输送连	集太乡四保	河南南阳
何双蒲		84师	集太乡四保	山西中条山
李恒昌		69师工兵营	集太乡四保	河南渑池
屈万生		101师303团	集太乡四保	山西中条山
李甲坤		3军7师工兵营	集太乡四保	山西夏县
屈有才		炮二旅	集太乡四保	河南
李玉成		96军补充团	集太乡四保	河南渑池
薛志忠		17军	集太乡四保	河南

华州史话

胡 瑛	连长	中央教导队	赤水瑞凝庄	南京
王升子			桓公乡一保	
井纪娃			桓公乡一保	
董富平			桓公乡一保	
李照庆		17军100团	桓公乡一保	
刘世昌		27集团军特务营一连	桓公乡一保	
魏效贞			桓公乡一保	
宋林生			桓公乡一保	
古双彦			桓公乡一保	
吉新运			桓公乡一保	
王世英		109师325团一营	桓公乡一保	
陈家有			桓公乡一保	
井卯唐		79军	桓公乡一保	
马永文			桓公乡一保	
郭龙山			桓公乡一保	
杜承运		101师	桓公乡一保	
魏德功			桓公乡一保	
施三记		90军	桓公乡一保	
井文孝			桓公乡一保	
李鱼娃		36军	桓公乡二保	
林长毛		补训处	桓公乡二保	
石方娃		补充团	桓公乡二保	
涂章娃		补四团	桓公乡二保	
刘纪有			桓公乡二保	山西省
刘平娃			桓公乡二保	山西省
羿增彦			桓公乡二保	山西中条山
张龙娃			桓公乡二保	山西省
白杨娃		69师	桓公乡二保	
辛黄汉		90师	桓公乡二保	
李仁华		汽车兵二团二营五连	桓公乡三保	
贾树德		79师	桓公乡三保	

第七章 中华民国

姬来生		独立一团	桓公乡三保	
王进祖		14师40团一营一连	桓公乡三保	
薛文祥		79师	桓公乡三保	
罗保仁		79师	桓公乡三保	
李生才		师管区	桓公乡三保	
樊长顺		79师	桓公乡三保	
王俊英		17师	桓公乡三保	
李双明		78机枪二连	桓公乡三保	
李庆义		7师41团通讯排	桓公乡四保	
李自强		79师	桓公乡四保	
李三学		105师	桓公乡四保	
梁信堂		炮二旅三团	桓公乡四保	
梁福娃		7师19旅	桓公乡四保	
梁上坟		87师	桓公乡四保	
梁根拴		79师	桓公乡四保	
宋正义		38师	桓公乡四保	
梁炎娃		169师	桓公乡四保	
武书见		79师	桓公乡四保	
武志信		79师	桓公乡四保	
宋三喜		炮二旅	桓公乡四保	
薛同春		第一师	桓公乡四保	
赵三虎		101师	桓公乡四保	
梁土生		79师辎送营	桓公乡四保	
梁三稳		86师	桓公乡四保	
能中学		53师159团	桓公乡五保	
李多银			桓公乡五保	
李英杰	特务长	第一师战炮连	桓公乡六保	
罗太平		第一师	桓公乡六保	
李肇雄	班长	28师	桓公乡六保	
李茂久		85师	桓公乡六保	
温福喜	中士	6师34团二营四连	桓公乡六保	湖北阳新白石岩

华州史话

郭兆富		177师	桓公乡九保	
李顺祥		79师	桓公乡九保	
张振邦		64师	桓公乡九保	
温康彦			桓公乡九保	
王满长		79师	桓公乡九保	
杨文博		师管区	桓公乡九保	
杨林忠		17军	桓公乡九保	
刘牢生			桓公乡十保	
种立虎		17军	桓公乡十保	
杨乾生			桓公乡十保	
郭振海		167师	桓公乡十保	
朱双善		65师	桓公乡十保	
史令箭		新二师	桓公乡十保	
赵维汉			桓公乡十保	
许吉祥			桓公乡十保	
赵周娃		12师	桓公乡十保	
梁瑞现		36师	桓公乡十保	
梁三绪		36师	桓公乡十保	
杜仲智	副营长		杜家堡	山西中条山
宋尚信	排长		城南村	山西
王民忠	士兵	177师	王巷	
康保国	士兵	79师	大康村	江西
李志信	排长	八路军38团3营	李家堡	山西武乡
陈思明	连指导员	八路军晋察冀边区	南陈村	山西银场
吉周龙	看护兵	177师	北吉村	山西平陆
赵思祥	中尉副官	128师	沙尖村	河北
张如才	士兵		沙张村	广西
吕文涛	中校副官	177师	代家巷	山西平陆
张官娃	看护兵	177师	李家什字	山西平陆
吕回新	士兵	177师	吕家庄	山西平陆
王怀信	看护兵	177师	王楼	山西平陆

第七章 中华民国

刘文勤	士兵	46军79师	新圣村	浙江
孔繁华	宣教干部	陕甘宁边区后方司令部	孔村	陕西靖边
咎太运	代理连长	177师	洪水村	山西平陆
韩崇信	副团长	八路军骑兵五团	留马村	晋察冀边区
潘树藩	军区参谋	八路军晋察冀军区	枣园村	
支继华	士兵	177师	支家村	河南
徐绍武	副连长	29军	东小张村	湖南长沙

附注：

《华县抗日牺牲官兵名录》中牺牲官兵原籍的乡、保为民国时名称，其现在的位置如下：

通仁乡一保：约为今莲花寺镇的刘家河、肖场、乔家堡、白石、雍家湾、少华镇一带。

通仁乡三保：约为今莲花寺镇的瓦头、七岔口、赵村、何巷到龙潭一带。

通仁乡四保：约为今莲花寺镇的庄头、五里铺、东罗、东关、封官台一带。

通仁乡五保：约为今莲花寺镇西寨到华州镇的古城、杏林镇的城南一带。

拾孟乡一保：约为今毕家乡彭村、北拾一带。

拾孟乡二保：约为今毕家乡拾村一带。

拾孟乡三保：约为今毕家乡毕家村、孟村一带

拾孟乡四保：约为今毕家乡王宿、钟家、菊家、申家、冯家一带。

拾孟乡五保：约为今毕家乡秦家、马家、宜家一带。

大明乡一保：约为今金惠乡的薛马、雷西、下李一带。

大明乡二保： 约为今金惠乡的寺王、杜塬一带。

大明乡三保：约为今金惠乡的李家崖、南耐庄、北耐庄、毛沟一带

大明乡四保：约为今金惠乡的韩凹、兴国一带。

大明乡五保：约为今大明镇马厂、白泉、新庄、龙湾、杜湾一带

大明乡六保：约为今大明镇大明寺、三义村、吕家塬一带。

大明乡七保：约为今大明的王崖、孙堡、刘家塬及高塘镇的潘家塬一带。

丰镇乡一保：约为今大明镇渔池、水渠一带。丰镇乡三保：约为今高塘镇枣园、腰村、处仁口一带。

丰镇乡四保：约为今高塘镇寺城子、柿村、小园子一带。

丰镇乡五保：约为今高塘镇吉家河、南堡子一带。

华州史话

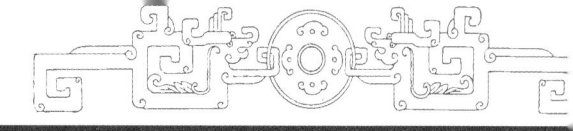

丰镇乡七保：约为今大明镇算王、上河、唐安一带。

丰镇乡八保：约为今高塘镇朱张、大明镇的闫村、唐家堡、岳家村一带

清光乡二保：约相当于今东阳乡边村、小村、安尧一带。

清光乡三保：约为今东阳乡黄鹿口、宋斜、郭庄、周胡磊、李胡磊、核桃园一带。

清光乡四保：约为今东阳乡泽口、韩良寨、侯崖、箭峪口一带。

清光乡五保：约相当于今东阳乡留马、郑村一带。

清光乡七保：约相当于今东阳乡北侯、梁家堡、南侯一带。

沈阳乡一保：约为今辛庄乡的董家村、雷家村、步背后一带。

沈阳乡二保：约为今辛庄乡李家堡、姚家村一带。

沈阳乡三保：约为今辛庄乡的侯坊、小村、弥家村、魏三庄一带。

沈阳乡四保：约为今辛庄乡的辛庄村一带。

沈阳乡五保：约为今辛庄乡南吉村一带。

沈阳乡六保：约为今辛庄乡北吉村、冯家、何家巷、马庄一带。

莱公乡一保：约为今下庙镇三吴至东周、西周一带。

莱公乡二保：约为今下庙镇的简家、姜田、杨相、车家堡到下庙街一带。

莱公乡四保：约为今下庙镇甘村、东甘村、西甘村一带。

莱公乡六保：约为今辛庄乡贾家，华州镇吝家、王堡一带。

莱公乡九保：约为今下庙镇的秦家滩、南解和辛庄乡的王里渡一带。

集太乡一保：约为今高塘镇的马家村、马家庄、大王、老年一带。

集太乡二保：约为今高塘镇寺底、武家堡、史家村一带。

集太乡三保：约为今高塘镇圣山村、刘家坡，大明镇的赵家、秦家庄一带。

集太乡四保：约为今高塘镇的靳家村、忠王村、洪水村、麦涨村、姬家庄一带。

桓公乡一保：约为石堤峪（石头峪）内。

桓公乡二保：约为今杏林镇龙山行政村、磨村行政村一带。

桓公乡三保：约为今杏林镇三溪、耐村、南王堡一带。

桓公乡四保：约为今杏林镇梁西村、梁老堡、李庄、故县村一带。

桓公乡五保：约为今县城东部一带。

桓公乡六保：约为今县城西关、温家巷、铁路巷一带。

桓公乡九保：约为今华州镇泥河村、漏泽园，杏林镇老官台一带。

桓公乡十保：约为今华州镇纸坊头、赵村、种家村一带。

第七章 中华民国

英勇殉国的抗日烈士雍济时

雍济时

抗日战争爆发后,为了挽救国家危亡,大批华县热血男儿"冒着敌人的炮火",奔赴抗击日寇的战场,直至献出自己宝贵的生命。国民革命军第三十三师一九四团上校团长雍济时,就是最早一批血洒疆场的华县人之一。

雍济时,别号熙如,1901年5月出生于华州上雍家湾村(在今华县莲花寺镇)。早年在华县教育会小学(咸林中学前身)就读,小学毕业后考入山西省立一中。中学毕业后,雍济时于1925年夏考入黄埔军校。黄埔军校是第一次国内革命战争时期,共产党与国民党在广州黄埔合作创办的军事学校,为反帝反封建反北洋军阀培养了大批军事人才。雍济时刚入校,广州国民政府开始第二次东征,他们这一批入伍生未及上课就立即投身其中。1926年春,雍济时正式成为黄埔军校第四期学员。1926年10月毕业后,他被分发到国民革命军第一军第三师见习。这时,北伐战争正在轰轰烈烈地进行之中,第三师作为北伐军东路军一部,向福建进军。雍济时随部参加攻永定、战松口、克漳州、占福州等战役。1927年1月,雍济时又随部队进军浙江。2月,他见习期满,任中尉排长。3月,又随军参与了攻占南京等役。"四一二"事变后,雍济时所在的第三师在南京政府蒋介石的指挥下,参加了津浦路诸战役。9月,雍济时升为上尉连长。1928年4月,第三师又投入"第二次北伐"之中,雍济时征战于山东各地。第二次北伐结束后,全国军队进行缩编,雍济时为陆军第二师上尉连长。1929年至1930年,雍济时参加了"蒋桂战争"、"蒋冯阎中原大战"。

华州史话

1930年,升任少校营长。其后,他参加了"围剿"鄂豫皖红军和中央红军的作战。期间,他转入三十三师,任中校营长。三十三师原是冯玉祥的部队,雍济时很快与部队打成一片,深受冯兴贤师长信任,不久升为一九四团上校团长。

1937年7月7日,卢沟桥事变发生,抗日战争全面爆发。三十三师当时正在河南信阳整编,雍济时率全团官兵请缨杀敌,效命抗日疆场,受到上级表彰。部队进入紧急状态,雍济时将行李搬入团部作战室枕戈待旦。1937年8月13日,淞沪抗战爆发后,第三十三师奉命从河南信阳开赴淞沪战场。9月23日,雍济时率部进入浒浦阵地,隶属第三战区第十一军团,担任上海外围防御任务。官兵们在构筑工事的同时,纷纷写家书、决心书,表示誓死为国抗日之决心。雍济时深入连队,鼓励官兵不畏强敌,誓死守住阵地,他激励部下说:"以战壕为棺材,以铁锹作利器。"一时军中传作警语。

淞沪会战的第二个月,日军攻击更加猛烈,自10月6日突破蕴藻浜防线后,连日南进,攻势凌厉,形势更为严峻。中国军队主力云集大场,准备与敌展开决战。10月12日,日军主力指向大场,大场战役打响。10月17日,敌军狂轰滥炸之后,向大场以南胡家宅、洛阳桥进犯。该处中国守军因战线过长,兵力薄弱,加之连日作战,伤亡较大。南大公路被敌军突破1公里,大场前线告急。

三十三师奉命增援大场,部署在老人街、凉泾桥一线,与湘军第十八师联结。三十三师进入阵地后,敌军即以飞机、大炮向三十三师狂轰滥炸,企图摧毁三十三师工事和有生力量。由于大场地势平坦、工事薄弱、官兵伤亡惨重。但雍济时和全团官兵毫不气馁,决心顽强战斗,与阵地共存亡。每日轰炸、炮击之后,敌军步兵便在装甲车、坦克车配合下,向三十三师雍团阵地频繁进攻,在雍济时的沉着指挥下,全团官兵顽强阻敌,虽有重大伤亡,仍死死守住阵地。

10月24日拂晓,敌军继续向老人桥三十三师阵地攻击,老人桥以西阵地一度被敌突破,雍济时立即组织部队逆袭,将突入之敌击退。

10月25日这一天,战况更加惨烈。天还没有亮,敌军装甲车20余辆,掩护敌军步兵数千向三十三师及十八师阵地发起疯狂进攻。两师部队奋力将敌军击退。天亮后,敌军集中100多架飞机和地面炮火对三十三师、十八师阵地及周边地区实施轮番轰炸和炮击,投弹100多吨,炮弹数千枚。三十三师和十八师阵地工事被毁坏殆尽。第三战区副司令长官顾祝同向军政部发出紧急报告:"第三十三师连日抗战,伤亡甚多,冯师长及雍、王两团长受伤,张旅及张团长失踪,官兵仅剩十分之一。"

炮火中,雍济时颈部受伤,虽经卫生兵包扎,但由于伤口无法缝结,仍流血不止。副官多次劝他下火线到医院治疗,鉴于战事到了最后关头,雍济时表示紧急时刻身不由己。再说,部队打到这个程度,早该换防了,说不定增援部队就要到了,

第七章 中华民国

没不想到这时候传来蒋介石、顾祝同联合签署的紧急命令："江湾、大场两据点守备官兵，无命令不得撤退，违者军法惩治。"雍济时看完电报担心：师长受伤，旅长失踪，他再离开部队，部队失去重心，军心会不稳，阵地可能守不住。于是，他决心留下来，他大声对官兵们说："不要被倭寇武力吓倒，要寸土必争，与敌血战到底，与阵地共存亡！"

当日，老人桥阵地多次被敌军破入，雍济时率团倾力反扑，堵住缺口。25日夜，三十三师等部队反攻、十四师夜袭仙霞庙均未成功。

10月26日，十八师阵地被敌军突破，为避免淞沪部队被截断，第三战区司令长官决定作战略转移。同日，三十三师奉命向安亭撤退。一路上，雍济时由卫生兵扶着或背着，艰难西行。当官兵200余人安全撤至安亭时，雍济时突然感到四肢瘫软，浑身无力，再也支持不住了，他强作精神，睁开双眼，用欣慰的目光环视尚好的官兵，接着闭上双眼，一头栽倒在卫生兵的身边，为了祖国，为了民族，他流尽了最后一滴血。

同年11月，雍济时的灵柩运回家乡华县安葬。华县县政府举行了隆重追悼会，咸林中学、少华女中师生及各界人士1000多人参加，国民政府主席林森为其题词："中流砥柱"，陕西省政府主席蒋鼎文书赠"为国成仁"烈士匾一面，国民党元老于右任也送了挽联。雍济时后被国民政府追赠为少将。中华人民共和国成立后，中央人民政府民政部批准雍济时为革命烈士。

为中华民族的独立、自由而英勇殉国的雍济时烈士，将永远活在人民的心中。

雍济时之墓

华州史话

国民党高级将领胡琏

胡琏

解放战争时期,国民党部队有5个军的实力最强,号称"五大主力",即新一军、新六军、新五军、整编七十四师(相当于军)和十八军。十八军的核心是十一师,而华县人胡琏曾长期担任十一师师长和十八军军长。十一师和十八军是国民党高级官员陈诚赖以发家的本钱,并以此培养了自己的亲信。当时的人们称陈诚派系为"土木系","土"是十一师的"十一"合成,"木"是十八军的"十八"合成。由此也可见胡琏在陈诚派系中的重要地位。在陈诚的提携下,加上胡琏自己的指挥才能,他成为国民党部队的高级将领。继任十八军军长后,又曾任十二兵团副司令。1949年去台湾后,担任过金门防卫军司令、陆军副总司令及"总统府"战略顾问。

胡琏1907年生于陕西省华县会同坊北会村(在今赤水镇)一个贫寒的农家,原名从禄,又名俊儒。父亲胡景彦主要务农,有时替人打短工,以维持生计。母亲王富女,是大明乡王堡子村一个贫农的女儿。胡琏兄妹三人,兄长胡进禄,他排行第二,妹妹叫胡东菊。胡琏幼年名从禄,在村里读私塾。13岁上华县县立高等小学。他资质聪慧,勤奋好学,成绩优异。1925年小学毕业时,大荔县举行会试,名列前茅。因此,同学们给他取外号叫"胡子奇"。老师刘淼对胡景彦说:"你家俊儒是个好苗子,好好培养,将来一定有前途!"

胡琏小学毕业后,由父母包办同近村吴秀娃结婚。由于家庭经济困难,他无法继续上学深造。母亲希望他到私塾当老师,糊口养家,但胡琏说:"家有五斗粮,不当猴儿王。"母亲想叫儿子去学做生意,他说自己"不是那个材料";母亲要胡到大户人家当管家,他又说:"那是替人当奴仆,不干!"他认为当军官带兵"威风",于是决定去河南投军。开始,他在国民二军冯子明旅当一名文书。不久接到

第七章 中华民国

在广州行医的亲戚高尚杰来信，说黄埔军官学校招生，希望他去报考。于是，他到开封黄埔学校秘密招生处报了名。并将胡俊儒改为胡琏，字伯玉。为了解决旅途的费用，他的妻子吴秀娃卖掉新婚的首饰和娘家即将成熟的青苗，凑足盘缠，让其上路。1925年中秋节前后，他到达广州。胡琏进黄埔军校后，先在入伍生团训练数月，再分配到第四期步兵科第七连学习。胡琏勤奋学习，各科成绩考核均为优良。他还加入了中国国民党和"孙文主义学会"。

1926年10月，胡琏从黄埔军校四期毕业后，随即投入北伐战争。1927年夏，胡所在部队遭遣散，他因此失业。1928年初，陈诚任南京警备司令。胡琏得知陕西同乡、黄埔一期学生关麟征此时任警卫第二团团长，乃赴蚌埠见关，请关替他在部队中找个差事。关亲自对胡进行口试，并作实兵指挥测验，认为胡具备一个军官的水平，即任命他为第一连连长。是年8月，陈诚调任第十一师副师长，大量罗致黄埔学生，用为中、下级军官。关麟征团并入陈诚师为第六十一团，胡琏仍任连长。

1929年初，胡琏随部参加了蒋介石讨伐李宗仁、白崇禧的混战，以及同年底的蒋、冯（冯玉祥），蒋、唐（唐生智）战争。因作战有功，擢升为营长。陈诚晋升为第十八军军长后，所部扩编，欲将胡琏调到第十四师任营长，他不肯去。陈问何故，他答道："我宁肯在十一师当兵，也不愿到其他部队当官，因为我爱十一师。"陈诚认为胡琏对第十一师有感情，从此甚为器重。这时，胡琏经人介绍与第十八军第十四团团长曾伯禧的妹妹曾广瑜相识，后来弃旧迎新，与曾女士结婚。

自1931年6月起，胡琏随陈诚参加对红军第三、四、五次"围剿"。因作战"有功"，于1933年8月升任第十一师第六十六团团长。红军长征后，他随罗卓英指挥的预备兵团进驻金华。

"七七"卢沟桥事变后，胡琏一直拼杀在抗日的战场上，至雪峰山会战止。

1937年8月13日，在淞沪会战中，胡琏的第六十六团奉命担负防守上海北面罗店地区的任务。在日本侵略军的飞机、大炮、坦克的进攻面前，顽强抵抗。虽然伤亡很大，但滞缓了日军进犯。淞沪会战后，胡琏升任六十七师一九九旅旅长，曾进军苏南，开展游击战，重创日军。1938年武汉保卫战中，胡琏率部在皖南长江南岸掩护海军特种部队在长江水道布雷，阻滞日军向武汉进攻。

1939年，胡琏率部开赴湖南，参加了第一次湖北会战及其他战役，并升任第十八军第十一师副师长。1940年5月21日，日军第十一军司令官园部和一郎占领襄阳后，转锋南下，经宜城、南漳，直逼宜昌。第十一师奉命从驻地长沙出发，驰援湖北当阳。这时，当阳已成江北孤立据点。有人主张放弃当阳，胡琏却反对，说："当阳是日寇从东北面进攻宜昌的屏障，若当阳失陷，则宜昌北面门户洞开……我们必须固守当阳，以争取时间，使我们在重庆万县间的兄弟部队可以先敌进入宜昌

与敌人进行决战。"

5月底,第十一师构筑工事完毕。师长方靖在临战动员会上说:"当阳长坂坡,是当年三国时代刘备大破曹操处,千百年来广为传颂。此次战斗倘若当阳失守,宜昌不保,日寇就会将我们窒息在西南一隅。国家生死关头到了,我师必须人人做张翼德、赵子龙,使日寇有来无回。"胡琏接着说:"我们就要像当年张翼德大战长坂坡那样,杀得日本鬼子片甲不留!"

6月9日,日寇向第十一师阵地发动疯狂的进攻。该师奋起抵抗,战斗十分激烈。尤其是当阳西北九子山高地,双方反复争夺,相持不下。胡琏率第三十一团增援;同时,派出一支精悍小部队,抄后路,迂回夹击敌军。敌人害怕陷于包围之中,慌忙撤退。方靖、胡琏在当阳同日寇激战一周,重创了敌军,完成了当阳阻击任务。

1941年,胡琏调任福建预备第九师师长。次年,方靖升任第十八军副军长,胡琏调回第十一师任师长。

1943年5月25日,在湘鄂边界的日寇占领要隘渔阳关后,渡过清河从南侧逼近石牌要塞;宜昌、当阳一带的日寇第三十九师团主力、第三师团及第三十四团一部,在敌酋高木义人率领下,从南面沿长江直接进攻石牌要塞。

石牌是湖北西部长江流域的一个江防要塞。若石牌有失,则日寇不仅可以威胁鄂西巴东、恩施一带,而且可以窥伺四川,震撼西南。国民党最高军事当局认为,"石牌要塞是中国的斯大林格勒",严令部队不惜一切代价坚守阵地。蒋介石决定把守卫石牌要塞的任务交给胡琏的第十一师。

胡琏接受任务后,表示:誓与要塞共存亡。随时准备以身殉国。他委托政训队长、陕西同乡刘竞天,他若牺牲,请刘妥善安排其妻儿生活。

胡琏认为,日军拥有大炮、坦克,武器精良,与日寇作战不能硬拼,只能智取。石牌要塞一带岗峦起伏,地势险峻,我方必须充分利用有利的地形及日军不擅长山地作战之短,抓住有利时机,聚歼顽敌。因此,胡将主力部队隐匿于要塞东南北斗冲一带,只留师部机关及一部分兵力防守要塞。27日,日军第二十九、第三十四师团一部向北斗冲发起进攻。当敌人进至一个群山环抱的石谷时,胡琏一声令下第十一师部队突然从四面八方一拥而上,将敌人团团围住。机枪、步枪、手榴弹响成一片,喊杀声震动云霄,被包围的敌人欲进不得,欲退不能,伤亡惨重。

翌日,日寇继续发动进攻时,胡琏组织强大机枪火力网阻滞敌人前进。敌人逼近阵地、山头时,他指挥部队与敌人短兵相接拼刺刀,山头一度被敌人占领,但他利用敌人休整和补充的间隙组织兵力反击,又夺回被敌人占领的山头……就这样,胡琏采用守攻结合的战法坚守了阵地。29日,正当战斗方酣之际,陈诚从第六战区

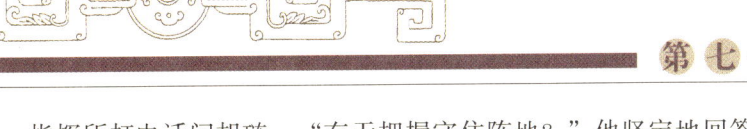
第七章 中华民国

指挥所打电话问胡琏:"有无把握守住阵地?"他坚定地回答说:"成功虽无把握,成仁确有决心。"

石牌要塞之战,第十一师歼灭日寇1000余人,该师伤亡也很大,但是敌军始终无法占领石牌要塞。第十一师的胜利,有力保证了鄂西大捷。

鄂西大捷后,第十一师调鄂西三斗坪休整。胡琏因作战有功,荣获青天白日勋章,并升任第十八军副军长。

1944年,胡琏带职奉调重庆蒋介石侍从室任参军之职,经常侍奉在蒋介石的左右。几个月后,胡琏出任第十八军军长,时年37岁。是年冬,第十八军全部改换美式装备。

1945年5月初,日军集中六个师团约20万人的兵力向湘西雪峰山地区进攻,目标指向湘西芷江空军基地,并企图打通湘黔通道,进窥贵州。国民党军队进行了保卫湘西的雪峰山会战。胡琏第十八军也参加了这次会战,归第四方面军王耀武指挥。胡军于6月9日到沅陵,辰溪一带集结,整补弹药,整装待发。6月12日,陆军总司令何应钦和王耀武等参加的前线指挥部会议决定:第十八军在此次作战中的任务是,从辰溪、溆浦插入敌之侧背,再向南进击,配合第四方面军第一线兵团截断湘黔公路,包围歼灭敌人。6月中旬,湘西气候炎热,烈日当空,加上湘西山地道路崎岖,将士行军艰难。根据当地昼热夜凉的特点,他命令部队中午休息,夜晚加速行军,终于提前到达了目的地。接着,他指挥各师团向日寇的据点展开攻击。第十八军美式武器初露锋芒,敌人闻风丧胆。17日黄昏,该军就将日寇进攻湘西山区唯一的交通线湘黔公路截断,并与第四方面军第一线兵团一起,直捣雪峰山地区。至此大部分日寇被中国军队所包围,已成为瓮中之鳖。然后第十八军和第四方面军将被围困的敌人分割,一小块、一小块歼灭之;同时,中美混合空军对被包围敌人投掷凝固汽油弹,进行"地毯式"的轰炸。正当彻底歼灭日军,胜利指日可待之时,何应钦却示意前线部队在洞口地区放开一个口子,让日酋上野武夫率部从这里溜走。雪峰山会战就这样草草收了场。

1945年8月,日本政府接受波茨坦公告,宣布无条件投降,于9月2日在湖南芷江正式签署投降书。胡琏第十八军归王耀武第四方面军指挥,接受长沙、岳阳地区日军投降。不久,第六战区改为武汉行辕,第十八军奉调开到武汉地区驻防。1946年夏,第十八军改编为整编第十一师,辖第十一、第十八、第一一八共3个整编旅,胡琏任师长。

1946年6月,蒋介石进攻中原解放区,挑起全面内战。胡琏部队奉命开赴内战前线进攻解放军。他当时对解放军非常轻视,曾狂妄地说:"我们美械装备的一个团可以打败共产党军队两个团。"是年9月,胡琏整编第十一师及邱清泉第五军进攻鲁

华州史话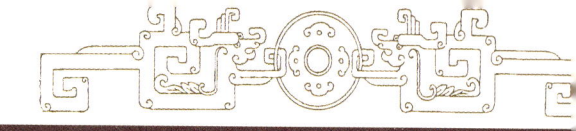

西菏泽、巨野一带的解放区，遭到晋冀鲁豫野战军有力反击，第五军被阻于龙堌集不能前进，整编第十一师在张凤集被解放军歼灭一个团。

11月5日，蒋介石派二十五个半旅四路同时进攻苏北、鲁南解放区。由胡琏统一指挥的整编第十一师和戴之奇整编第六十九师为进攻苏北的主力。12月13日，胡指挥这两个师共六个半旅由宿迁向新安镇、沭阳方向进攻。17日，整编第六十九师即被华东野战军包围在人和圩、嶂山镇地区，并断绝了与整编第十一师的联系。19日，整编第六十九师被全歼，师长戴之奇自杀。胡琏见势不妙，迅速收缩部队，退回曹家集、宿迁地区固守。

1947年春，胡琏率整编十一师参加进攻山东解放区。5月初，该师被华东野战军包围于新泰地区，由于国民党第三兵团迅速增援，胡师才逃脱被歼灭的命运。

5月中旬，孟良崮战役结束，整编第七十四师被歼，其师长张灵甫被击毙。这在胡琏的思想上引起很大的震动，不敢再轻视解放军的作战能力。

7月，整编第十一师和第八军又在鲁中的临朐南麻与华东野战军第二、三、七、九纵队进行了激烈的战斗，胡琏指挥所部取得一定胜利，因而获一等宝鼎勋章。

这年夏秋，胡琏奉命率部由华东转调华中，移驻平汉铁路南段漯河、驻马店、确山、信阳一带，及铁路两侧地区，且进攻鄂豫皖解放区。同年冬，蒋介石任命胡琏为整编第十八军军长。此后，胡经常指挥几个整编师作战，俨然成为一个独立兵团，被人们称为"胡琏兵团"。蒋介石对胡琏寄予厚望，先后写了近十封亲笔信给他，希望胡能在战场上创造奇迹，改观整个失败的战局。胡琏也认为，此时是自己大显身手的大好时机，决心干出一番惊天动地"业绩"，以报答蒋介石对他的知遇之恩。

1948年3月9日，晋冀鲁豫野战军陈锡联第三纵队及陈赓第四纵队包围洛阳，胡琏闻讯迅速前往增援，逼近洛阳时，洛阳已被解放军攻克。5月，中原野战军采取围城吸援、打援的战法，佯装进攻确山。胡琏兵团从临颍南下支援，张轸兵团从南阳往东支援。当胡琏发现中原野战军集中兵力歼灭张轸兵团意图时，即会同张轸兵团向南阳退缩，因而中原野战军仅歼灭张轸兵团一部，胡琏兵团得以逃脱。6月，华东野战军围歼区寿年兵团于河南睢县、杞县之间，胡琏兵团从驻马店地区增援，被中原野战军阻于西平地区不能北进。

这年9月初，国民党军队取消整编军番号，恢复原来的军师番号。此月，国防部授予胡琏陆军中将衔。胡琏的整编第十八军番号撤销后，所属的整编第十一师、整编第三师和整编第十师都并入新组建的第十二兵团建制。国民党最高军事当局发表由黄维任兵团司令、胡琏任副司令，胡对此大为不满。10月底，胡以父亲病重和医治牙病为由，请假离开部队到了武汉。

第七章 中华民国

11月，淮海战役爆发，黄维十二兵团被中原野战军包围在安徽宿县双堆集地区。蒋介石发现胡琏不在前线，立即电召胡琏到南京，令空军将其空运到双堆集。12月初，中原野战军攻势更加猛烈，十二兵团处于绝境。12月7日胡琏飞往南京，向蒋介石面告双堆集情况。9日，胡琏再次飞到双堆集，向黄维等传达了蒋介石准许在危急时可以突围的指示。

12日，中原、华东野战军对第十二兵团发起总攻。15日，黄维突围的命令下达后，所部争先恐后乱成一团，结果除少数逃脱外，悉数被歼。胡琏因害怕当俘虏，在突围前向医务人员要了大量安眠药，准备在不能脱身时，服药自杀。胡后来乘战车冲出了重围，得到第十八军未被包围的骑兵营救，始得到了南京。

1949年2月，胡琏被南京国防部任命为第二编练司令部司令。解放军渡江战役开始后的5月中旬，第二编练司令部改编为第十二兵团，胡琏任司令。9月初，胡琏兵团撤往广东潮汕地区，旋从海上撤至金门。10月25日，人民解放军先头部队三个团登陆金门，因缺乏海上登陆作战经验，在胡琏十二兵团和李良荣二十二兵团的严密防守下，在金门古宁头遭到重大挫折。胡琏却因此名声大振。这年冬，胡琏被委任为福建省主席兼第十二兵团司令。1950年初，第十二兵团改为金门防卫军，胡琏为金门防卫军司令兼福建省主席。

1952年10月，胡琏加授陆军上将衔。同时，被选为台湾国民党"第七届中央委员"；此后，他连任第八、九、十、十一届中央委员。1953年7月，胡琏率部进犯解放军坚守的东山岛，遭到失败。

1954年6月，胡琏奉调回台北任第一野战军团司令。1957年又奉调去金门，再次出任金门防卫司令，并升任二级陆军上将。1958年8月23日，福建前线人民解放军炮轰金门，整个金门岛都被炮火覆盖。解放军特别集中火力猛击胡琏的指挥所，当中午12时炮击开始时，胡琏与美国顾问刚走出地下指挥所，炮声一响，胡琏和美国顾问立即躲了回去，免掉一死。

1958年冬，金门防卫司令由刘安祺接任，胡琏擢升为陆军副总司令。1964年，胡琏出任"驻南越大使"。1972年胡琏回台北，任"总统府"战略顾问，并晋升为一级陆军上将。这时的他爱好文学和历史，喜读古书。1974年秋，还进台湾大学历史研究所专攻宋史，并著《古宁头作战经过》《泛述古宁头之战》《金门忆旧》和《越南见闻》等书。1977年6月22日，胡琏因患心脏病在台北病故。

胡琏晚年思念家乡，经常向儿孙们讲述家乡华县赤水的风土人情，幼年往事。他热心参加在台湾的华县同乡组织的敦谊活动，邀请华县同乡到家品尝故乡的饭菜。1992年后，胡琏的儿孙们多次回到陕西，回到华县，探访故乡，寻根溯远，完成了胡琏未了的乡思。

华州史话

匪患猖獗

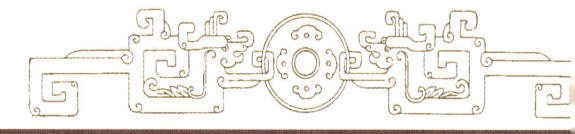

华县地形复杂，南部为秦岭山区，山高林密，沟幽谷深；西南为黄土台塬，峁梁隆起，沟壑纵横；北部渭河滩地，草木丛生，人烟稀少，历代都是山贼、强盗藏身的地方。元末明初施耐庵在《水浒传》一书中，曾描写了北宋末年梁山好汉九纹龙史进、神机军师朱武、跳涧虎陈达、白花蛇杨春在少华山聚众造反、占山为王的活动。清初褚人获在《隋唐演义》中，曾讲述了隋末绿林王伯当、齐国远在少华山啸聚山林、拦路劫掠的故事，虽为小说家言，但并不是毫无根据，至少可以证明元明时期，华州南山一带就有山寇盗贼在活动。清顺治、光绪年间，州南各山峪山贼猖獗，常出山劫掠，少华镇巨富刘氏曾多次遇匪，金银钱财被掠甚多。

民国以来，军阀连年混战，军队频繁过往华县，大量散兵游勇携枪械进山为匪，加之地方灾害频仍、经济崩溃、政治纷乱，许多无业游民走投无路，遂落草为寇。这些社会原因造成民国时期华县匪类滋多，匪患蔓延。时有民谣曰："抢了不要报，没抢不要笑，若到冬腊月，家家都要到。除过碓子和磨子，破铜烂铁一起要。"可见匪患之一斑。顾熠山《重修华县县志稿》载："民十（1921）后，土匪遍地，无一家得安居"、"（土匪）初以玛瑙坡（在今柳枝镇良堡村）为根据地，继则太平、石堤各峪，皆遭逃数。后沿渭河各村，明劫暗抢，岁无虚日"、"民七（1918），高九（指高塘）最猖獗，涧峪、箭峪、机支山、半截山等常为巢穴。民十七（1928）后，又与渭北团匪，阴相勾结，致高九各村，无日不饱警风鹤。"杨松轩先生1916年在致三弟杨叔吉及长子杨钟健函中讲："土匪聚众不下三四千人，拉骡马、搜枪支、抢银元，人人惊心，家家丧胆。"华县"沿山一带，无处不发现匪之巢穴，抢劫、拉票竟成常事，每日必有数起……九月一日傍晚，李家湾陡来土匪数十人，枪声乱施，村众逃避，共抢二十八家，未及逃避之人，又拉去七十三名，即时又毙一人，所拉之票，有索数百金者，稍为延迟，辄遭惨杀。"以上史料，把民国时期华县匪祸大概描述的清清楚楚。

华县匪类以股匪和散匪为多。股匪一般七八人、数十人不等，往往盘踞在沿山各峪内，活动区域较广，杀人放火、打家劫舍、拉票勒索。如高塘沿山一带的吴振彦、二华（华阴、华县）交界龙凤山的张志忠、岭南一带的关老六、董德茂以及县南沿山一带的刘邦炎等，都是恶贯满盈的匪首。散匪一般一二人、三五人不等，混

第七章 中华民国

迹于各城镇乡村中，结伙或单独行动，专事拦路抢劫、破门入户盗掠、恐吓欺诈勒索等勾当，活动范围较小，高塘通渭南的强余坡，通赤水的洪水沟，通县城的十里瓜坡以及安家桥、石堤桥等偏僻的交通要道，都是散匪猖獗作案的地方。华县数百人、上千人的团匪少见，几次团匪祸害华县，均系外地团匪与本地土匪相勾结，窜至华县，杀人越货、拉票烧房、抢掠钱物。如渭北巨匪王结子、田贵滨，商县巨匪周寿娃，华阴巨匪徐明山、郑开国等，都曾血洗过华县。

华县土匪横行，手段极其残忍，令人不寒而栗。一为殴杀：黑夜破门而入，抓人殴打吊拷，刀枪毙命。二为烘烤：纵油火烧，致人体无完肤，至毙命，或搜索不获，放火烧房以泄愤。三为架票：绑架男女老幼为人质是为肉票，少妇少女是为快票。被索票者除送礼物求情外，出洋钱数百元或一二千元，甚或钱财交足，人仍遇害。四为淫掠：抢劫财物犹不满足，并奸淫女子，残害妇女。五为掘墓：1933年，此风特盛，中人之家无幸免。有一家被掘三墓，或一墓被掘三次。全县被祸几十家，女墓尤多。

据20世纪30年代初的一次匪祸调查，当时华县的4个区中，一区被抢者105村，345家，251次；被拉票者126人，毙命44人，烧房共15家。二区被抢者43村，199家，135次；被拉票者83人，毙命36人，烧房21家。三区亦然。四区距县城较远，匪祸最重。

兹略举数例，以窥华县匪患大概：

1918年4月，匪首关老六率众百余人突入金堆地区的东西坪，大肆抢掠，不论贫富皆受其害。被抢财物无数，被烧房屋百余间，成为岭南民国以来首次灾难。

1925年，恶匪刘邦炎（绰号刘老么）率匪多人，借故向宋炳鑫借巨款不成，遂将宋百般毒打，致其腿部严重骨折，年余卧床不起，不能行走，几乎丧命。其原因是宋炳鑫初办县总团时，对匪类打击甚重，刘邦炎对其恨之入骨，遂加以报复伤害。

1938年3月，渭北巨匪王结子，勾结华阴杨俊杰诸匪，在高塘一带多次抢劫。初百余人，尚在夜间，后达千人以上，不分白昼黑夜，搜土抢财，拉票烧房，猖狂作案，气焰十分嚣张。高塘九里三四千人，在家难以安身，只好携带细软避难于县城、赤水、渭南。后省、县派队来剿，各匪哗散，分窜至石堤、太平、小敷诸峪内匿藏。王结子系乾县著名土匪，麾下匪众曾达千余，常跨州越县作案，踪迹西至永寿，东达二华，政府奈何不得。后在永寿坡龙头被擒，押至省城西安正法。

同年冬，商县巨匪周寿娃攻打蓝田地方势力穆自贤，在返回途中路过华县石堤峪，洗劫了丁增华公司，烧、杀、抢、淫无所不作，抢走骡子20余匹，沿途拉票20余人，勒索了大量银元和钞票，在陕东震动很大，华县民众数十人赴省控告，省上

华州史话

决定由蓝田、渭南、华县、洛南四县联合出兵围剿周寿娃。但由于周之族兄、省保安第十五团团长周维华四处周旋，四区专员温良儒、陕保九团团长龙凤山等出面和解，围剿之事不了了之。周寿娃不仅无任何伤害，还被收编为第十五团营长，成为披着军服的土匪。1948年7月，华县金堆地区的东坪陈景华付巨款托周寿娃为其购买枪支，结果周仅给其一支坏枪了事。陈景华不满，遂将周运往渭南的大烟土截留。周怒不可遏，当即派苏世恒、周兴武等恶匪将陈家满门七口连同一名伙计全部杀害。1949年10月新中国成立后，周寿娃与关中东部国民党残余武装合流，在华县岭南一带大肆抢掠粮食、衣物和钱财。抢去岭南区人民政府公粮360多斤，向群众勒索麻鞋800余双，火烧拷打蜈蚣沟王老五、东沟赵四、西川鲁记娃等6人。抢劫马道张朝元等十余家银洋200余元，棉花、土布、粮食被劫一空。后周寿娃在人民解放军围剿时，潜逃于河南郑州。1950年6月被当地公安部门逮捕归案，12月23日在其家乡商县南门外丹江河滩伏法。

抗战时期，高塘地区江村一李姓人家，夜遭匪抢。土匪将主人捆绑，酷刑相加，逼索银元金条。主人坚不吐实，匪众挖墙掘地、翻箱倒柜，终未得手，遂将主人活活烧死。高塘地区强余坡又一李姓人家，深夜土匪来抢，李老汉准备登墩楼

华县南部山区——当年常有土匪出没

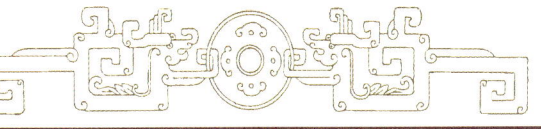

第七章 中华民国

（用于防匪的高层建筑物）抵抗，被匪徒抓住，酷刑拷打，索要烟土。李老汉闭口不语，匪徒遂将其两个儿子抓住，严加追问，儿子本不知烟土所藏底细，无从招供。土匪一无所获，竟将两个儿子杀害。北侯村一侯姓人家，强盗夜间闯门而入，对主人施用香烤、油烧酷刑，抢获金银饰物。匪徒在离去的路上遇见一熟人，恐匪行败露，遂将熟人杀死封口，抛尸荒野。

当然，在匪患不断蔓延的同时，民众防匪的意识也在不断增强。民国时期，华县大部村堡的城墙都保存完好，每到夜晚，都要关闭城门，以防匪入。城乡富有之家及较大商号都建有高墙墩楼，雇人护院，备有快枪，夜间打更巡逻，若遇土匪来犯，即以武力相抗。对于金银钱财烟土等贵重物品，一般都深埋地下或藏匿于夹墙之内，难为人发现，以防被盗被抢。据传，在保师庙东南的西赵村（在今瓜坡镇东赵行政村），有一富户为了防匪，将平时所积银块藏于椽眼内，并用泥巴封严。某夜房忽起火，烈焰冲天，邻人纷纷前来救火，主人却阻拦不允，邻人不解。天亮火灭，主人用木棍在灰烬中拨动，捡得银块一大盆，邻人才悟。道高一尺，魔高一丈。尽管人们机关算尽，但土匪依然横行无阻，屡屡得手，令人不能不感叹世道之纷乱。

对于愈演愈烈的匪患，政府及民众武装也进行了一些有限的清除。大革命时期，共产党领导的农民运动在华县各地开展，各区、里、村纷纷成立农民协会和农民自卫武装，反贪官、斗土豪、剿土匪。1927年秋某晚，下庙安家桥村农协会员安维新等人正在田野看护庄稼，发现本村土匪李喜作案归来，会员乘其不备，一拥而上将其猛打。厮打中李匪脱逃，安维新急用土枪射击未中，会员尾追至其家，在炕洞内将李抓住，意欲处死于本村北郊，本村官人李登盈为息事宁人，替李匪说情，方得保释。但李匪性不改，依然作恶不断，危害乡里，并口出恶言："看你农会还能咬球……"终被村农会武装将其抓住枪决。时有一同姓土匪常在安家桥附近拦路抢劫行人，搅得附近民众不得安宁，民愤极大。一天白昼，同匪来安家桥村与一女人鬼混，被村农会会员开枪击成重伤，同匪挣扎至西周村丧命。

瓜坡田村土匪王书娃，在瓜坡一带拦路行抢，奸淫妇女，恶贯满盈，甚至丧尽天良，将其亲姑母的幼子稳娃拉票作质，勒索赎金，民愤极大。车徒里农协组织红枪会力量分路围捕，在一个坐月子女人的柜中将其抓获，后处死。除此之外，华县一区六分区、故郑堡、白家堡、兴仁里、兴新里、良侯里等农协组织，都抓捕处决了一批散匪。

华县政府组织县民团、县保安大队和警察局进行剿匪，史料散有记载。1917年，侯旬知事亲率民团赴小敷峪内剿匪，擒捉匪首姚六娃，斩首示众于府君庙，平息了匪患。1938年，吕向晨任县长时，亲自带队，赴高塘参加华县、华阴、渭南、

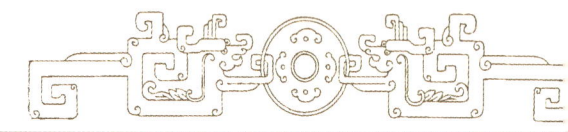

华州史话

蓝田等县联合剿匪。经过3次大的围剿作战、4个月的围追堵截，毙匪数十名，缴械若干，匪众大部溃散，高塘匪患得到暂时解除。

1941年春，专署警备总队直属独立大队副队长邓振明（华阴人）率一连之众，在二华交界地区剿匪。首先在港子（在今柳枝镇南的深山中）十亩地将华阴匪首郑开国击毙，后尾追一股土匪到华县柳枝，与华县自卫团团长姜保山带领的两个中队联合，将盘踞在上安村南龙凤山的华县匪首张志忠击毙，端掉华县的一个匪巢。

民国以来华县匪患严重，一个重要原因是兵匪合流、警匪一家。华县的一些驻军和过往的军队，如刘镇华的镇嵩军、陕军中的麻振武部、緱章保部、严纪鹏部等都是由土匪改编而成，匪性难改，毫无军纪可言。他们在华县烧杀抢掠，为非作恶，滋长了土匪的气焰。一些土匪今天被收编为兵，明天又反叛为匪，始终在兵匪之间游弋，实际上就是一群匪兵。在官场，一些官僚政客为了升官发财、排除异己，不惜借用土匪力量进行暗杀破坏。吕向晨主政华县时，保安大队长刘梦九、警察局长侯裕民吃空名、克扣兵警薪饷，曾被县长训斥，而心怀不满，遂联合地方恶势力向省政府诬告吕向晨，并勾结土匪吴振彦企图暗杀之。由于阴谋败露，暗杀才未得手。后诉诸省法院，最后省政府颠倒黑白，将县长吕向晨撤职查办，刘梦九、侯裕民反被宣告无罪，匪首吴振彦通过大量行贿也被释放。民国时期的官场大致如此，官匪勾结，沆瀣一气。这样的政府，岂能除暴安良、消除匪患呢？

第七章 中华民国

烟毒之害

　　祸国殃民的烟毒，是在近现代中国持续了一百余年的社会公害。它毒化社会，破坏经济，摧残人民，流毒甚广，祸害无穷。华县虽为西北小县，同样深受其害，尤以民国前期为重。

　　烟毒来华初期主要为鸦片。鸦片原名阿芙蓉，俗称大烟，是从罂粟果中提取熬制而成的一种有毒物质。制作鸦片的罂粟原产于希腊，后辗转传至阿拉伯半岛、印度。唐德宗贞元年间（785~804），罂粟作为贡品由阿拉伯传入中国，作观赏花卉栽培之用。宋代，人们将其果壳、种子作为中药服用。15世纪末，鸦片的熬制及吞食方法由东南亚一带传入中国，此后生吞、吸食鸦片逐渐流行。自1800年起，以英国为首的西方殖民主义者向中国大量输入鸦片，掠夺中国白银，烟毒泛滥成灾，严重危及中国的政治、经济和社会，清政府虽然多次下令禁烟，但效果甚微，终于酿成1840年中英第一次鸦片战争。战争并没有阻止帝国主义的鸦片侵略，烟毒在中国各地由城市向农村持续蔓延，烟田面积日益扩大，烟民人数急剧增加，清政府无奈采取变"断禁"为"寓禁于征"的政策。

　　鸦片进入陕西大约在19世纪20年代末，到30年代初，在陕西的一些地区已出现了种植、贩卖和吸食鸦片的现象。1860年，清廷饬令陕西、甘肃等省公开征收鸦片税，种植罂粟完全合法，"关中西部的兴平、武功、周至、户县，东部的渭南、华县、大荔，陕北的延川、宜君和陕南的南郑等县，遂成为著名的鸦片产地。"（李庆东《烟毒祸陕述评》）

　　华县属暖温带半湿润气候，土地肥沃，是罂粟的适生区，春、夏、冬均可播种。《重修华县县志稿》中讲：民国初，华县产烟土"岁可二百余万两，第四区特多，色香味俱佳，号'高塘土'"。民国时期，由于"寓禁于征"政策的有名无实、地方财政状况的不断恶化、贪官豪绅的营私舞弊和军阀部队的推波助澜，华县鸦片的种、运、售、吸屡禁不止，愈演愈烈。特别在陆建章、陈树藩、刘镇华统治陕西时期，军阀政府为了筹款养兵、扩充地盘、维护统治，无不大开烟禁，向各县硬性摊派烟田面积，劝民种烟，借此征收"烟亩罚款"，致使陕西全省烟苗遍野，吸食大烟成风。

　　华县大烟种植面积，史无详细记载。据顾熠山编撰的《华县地理备考》：1926

华州史话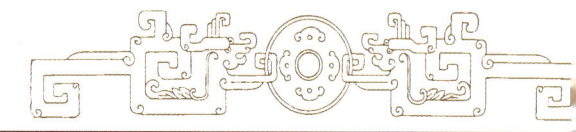

年，华县种鸦片117顷50余亩；1927年，为140顷18亩余。又据《秦中公报》记载：1913年春，关中东路的渭南、华县等县境内，烟苗蔓延，到处皆是。据老一辈人回忆，当年每到收烟季节，华县农村不分男女老幼，均在烟田割烟收烟，其繁忙景象如同夏收秋种，可见鸦片种植规模之大。南京国民政府统治初期，陕西虽一再宣称禁种，但事实上明禁暗弛，华县鸦片种植规模较前无明显减少。20世纪30年代中期，陕西实施三期禁种计划，华县被列为第一期禁绝区，种植面积才逐年下降，但偷种现象严重，至民国统治结束时，偏远地区仍在种植。

民国前期，华县是著名的鸦片产区，鸦片产量较大，除满足本县烟民吸食外，还有大量外销。外销以烟商贩运为主。《重修华县县志稿》在论述民国时期华县的商业贸易时讲："昔年烟土居大宗，忙后（指小麦收获后）各号（指商号）代客收买，或自运出境，数额多至百余万包。禁烟后，远由兴武（兴平、武功）贩来，号'西土'，复转售晋豫各省。"30年代后，农民私运烟土出境的现象依然存在，李庆东《烟毒祸陕述评》中有"华县、绥德、宁强等县的农民则千方百计将鸦片贩运到外省"之语，也可反映华县当年鸦片贩运的状况。

鸦片的销售在华县一直比较猖獗。1915年7月，陕西督军陆建章被迫取消鸦片官销后，私售便取而代之，华县私设售卖烟棒行店百余家。后全县统设鸦片总售处，官熬熟膏，制成烟棒，由各分售处代销。县城、西关、赤水、高塘等城镇共设分售处22家，向各吸户售烟。30年代中期禁烟后，鸦片销售有所收敛，但仍有利欲熏心者，勾结军警违法私售。40年代，白面等毒品在华县盛行，住西关的外地人法喜惯操此业，公开私售白面及鸦片，被县府捕押，后行贿于监所押官李某远逃。当时仅城关一带吸贩毒品者不下十余家，各乡镇运售者亦未肃清。

民国时期，华县吸食毒品已成为一种普遍的社会现象，官员、军人、士绅、商人、农民、乞丐、妓女等各阶层各行人士争相吸食，烟民数量不在少数。嗜烟成瘾的烟民宁肯一日无食，不可一日无烟。社会上求人办事、请客送礼、迎来送往、应酬接待无不以吸食鸦片为时尚。有人形容20世纪20—30年代的华县，城镇是烟枪林立，农村是烟气刺鼻。直到30年代政府施禁后，公开吸食鸦片才销声匿迹，但偷吸现象依然未绝。特别是富裕烟民，家庭自备烟具，吸食仍然十分方便。

烟祸肆虐华县近百年，危害十分严重。首先是加重了农民的税赋负担。清光绪十六年（1890），华州平地烟亩税每亩银1钱，坡地6分。1918年，改烟亩税为烟亩罚款，亩价银6两6钱，后增至13两。冯玉祥、宋哲元统治陕西时，亩价大洋13元。1930年，烟亩罚款又美其名曰善后专款，不分冬春，每亩价10元，加之浮支滥派，各地亩价二三十元或四五十元不等。1933年，每亩烟税猛增至七八十元，超过正赋十余倍。农民负担沉重，怨声载道，不断反抗。1927年，县政府催款委员姬捷三一

第七章 中华民国

行,从高塘向县府解送烟土和3000元大洋烟款,当行至大明寺西坡时,姬捷三被当地群众当场打死,大烟及烟款被夺回。

其次是滋生了贪污腐败。民国时期政治腐败,无官不贪,皆藉征收烟款肥己。政府官员下乡或劝种,或禁种,或检查,各乡无不烟、酒、茶、饭招待,昼夜吸食大烟,自不能免,且与科员、里绅、乡保长等上下其手,捏报私吞,节节分肥。1931年秋,县长王其晟贪污烟款数万元败露,华县民众赴省控告,轰动全省,但官场官官相护,最后不了了之。1942年,县府查获高塘毋宗林私藏烟土六七百两,全部被县府官员、警员、乡长等私分。其主要贪污者系县府民政科长韩天信,被民众告发后,区、省曾予提审,县府不敢袒护,交由国民兵团看管,但该韩乘夜越墙,携款潜逃。此案与王其晟一案同为陕西烟土贪污巨案。

再次是造成了社会动荡不安。大烟土时为特殊商品,转手之间,便可暴富。因此,政府官员、军阀、土匪、地痞、流氓,无不趋之若鹜,或互动干戈,或抢劫勒索,或包销包运,大发横财。1924年,刘镇华的镇嵩军部队乘战乱之机,在华县城乡四处搜索,从商民中抢去大烟土18000余两,引起华县商界一片恐慌。1925年,县知事魏祖旭与当地驻军相勾结,派士兵下乡强令农民种烟、摊派烟款。他曾面告士绅:"奉师长命令,你们去向民众摊派烟款,就是不种一亩,也得出够那些亩数的烟款。"民众对其恨之入骨。1932年8月,催款委员率法警多名、下乡催令截款,西南区曾逼死民命一人。为了吸食鸦片,一些烟民偷盗、抢劫,沦为罪犯,致使社会秩序混乱,地方不宁。一些烟民穷途末路之时,卖房产田地,卖子女老婆,最后倾家荡产,家破人亡。一些烟民游手好闲、不务正业,挥霍无度,使社会道德沦丧,人心不古。

第四是摧残民众健康。从人类社会发展看,此为烟毒首害。鸦片是一种毒品,它可使人体内白细胞减少,抵抗力下降,由此引起神经麻痹、性格变异、出汗不止、肠胃发炎、排泄增多、呼吸失常、心脏虚弱、皮肤干燥、脸色黄白、瞳孔缩小、牙齿松动、声音颤抖、体貌枯瘦等症状,因而人称"烟鬼"。人们一旦沾染成瘾,便不易戒除,久之即成病夫,丧失劳动能力,严重者丧失生命。1915年3月,县知事王垓在"简明告示"中,便将"有妨嗣继"列为烟毒祸国殃民的八大罪状之一。1935年夏,有记者曾描述关中东部烟民的状况:"自潼关而西,沿途所见之民众与街头所遇之访问者,殆半为蹒跚街头优游好闲之瘾君子,与夫乞食路旁愁眉菜色之穷烟鬼耳。驼背耸肩,神志模糊,行动迟缓之懒散,精神槁木之颓衰,身无修短,率多病状畸形。"(1935年《陕西卫生月刊》1卷3期)吸食鸦片毁己损人,贻害子孙,危及国家民族。

烟毒有百害而无一利。华县进步力量与有识之士与之进行了坚持不懈的斗争。

华州史话

"1922年10月,华县学生决定组织学生禁烟监视团,实行调查、劝禁"(《共进》半月刊),并走上街头向民众宣传烟毒的危害。1923年10月,华县籍名人潘自力曾发表《养兵与种烟》一文,揭露军阀、官僚为敛财养兵而强令农民种植鸦片的罪行。华县龙潭人杨叔吉(鹤庆)1918年在日本千叶医学专门学校学成归国后,在陕西从事戒烟戒毒工作20余年,是继郭希仁、李仪祉之后的陕西第三个热心禁烟的代表人物。1934年9月,华县老农杨先声挺身而出,先后呈请县、省两级政府,要求委任自己为义务禁烟委员,在乡区及军中稽查烟灯,劝人戒烟,成为佳话。

政府在禁烟方面多为明禁暗弛,表面应付,直到20世纪30年代初,在社会情势的压力下,才进行有计划的禁烟工作。1933年,邵力子先生任陕西省政府主席后,奉命推行"两年禁毒、六年禁烟"计划,在陕西实施三期禁种,法令严峻。华县被列入一期禁绝区,禁种、禁吸、禁售、禁私藏全面开始。6月3日禁烟纪念日,各乡召开禁烟运动大会,各机关派专人分乡宣传,查罚偷种者,后严令联保主任亲具不种切结。据《陕西省政府公报》披露:1935年初,渭南、华县和蓝田农民吉学礼等9人,即因偷种烟苗或不铲雨生烟苗之故,被省政府下令拘押数月。在禁吸方面办理灯罚、登记吸户、分年戒绝。商户每灯月5角,民户3角,外收手续费1角。吸户需领灯照,普通5元,贫民6角,赤民2角。确定烟民戒绝期:20岁以内,1935年戒绝;30岁以内,1936年戒绝;40岁以内,1937年戒绝;50岁以内,1938年戒绝;50岁以上,一律在1940年戒绝。为实施戒烟,华县初设戒烟所,对千余烟民强行戒绝。1934年,改设戒烟院,先后收戒烟民1000余名。1936年,奉令设禁烟协会华县分会,张健安为理事长兼戒烟所所长,至1949年3月,先后来所烟民约五六百人。曾有二人拒绝施戒,被枪决。禁售方面,政府予以统管,售烟户逐年递减,初为百余家,后准设22家,最后全部关闭。在禁私藏方面,存土必须登记,并予上缴,按官价收购,但由于官价与私价差距过大,应者寥寥。1936年缉私队搜查西关各商号,查获烟土7万余两,赤水阎、李两家尤多。后省上又派70余人来华县分乡搜查,凡私藏烟土、烟壳、烟籽、烟具者均分别处罚。至1945年10月,查获烟案47起,1946年5月至8月,查获26起,均送军法讯办。同年华县组建烟毒检查队,县长兼总队长,民政科长副之,下辖分队长2人,队员4人,队兵8名,均由警局派充。后奉令颁布实施"禁烟纵横连带处罚办法",桓公乡王官保、少华乡王刘氏、赤水乡李步纲等吸食鸦片毒品,均将各乡、保、甲长及联结各户处罚,共罚麦五石六斗。八区烟毒检查队缉获烟犯武丙兆等案13起,省府曾发奖金23.5万元。

平心而论,华县政府1933年后的禁烟行动,不能不谓切实有效,烟毒祸县得到一定遏制,但由于各种复杂的社会原因,偷种、偷售、偷吸的现象始终存在。彻底根除烟毒之祸,是在1949年新中国成立以后才实现的。

第七章 中华民国

兵祸连结

民国时期，军阀混战，兵连祸接，社会动荡，民不聊生，是一个兵荒马乱的年代。华县处在西安与潼关之间，南北有山河之阻，东西有陕豫大道贯通，东可直下潼关，西可威逼西安，久为兵家必争之地。北洋军阀的直、皖两系，陕西的靖国军，刘镇华的镇嵩军，冯玉祥的国民军，张学良的东北军及蒋介石的中央军等，在华县或开启战端，或派兵驻守，或频繁过往，多有抢掠财物，勒索军费，残杀无辜，滋扰地方情事。华县几十年兵差浩繁，兵祸连接，人民饱受其害。战火频仍，枪炮无情，殃及百姓，是兵祸不断的主要原因。军队的军费给养向地方任意摊派勒索，是兵祸不断的重要原因。军队视百姓为草芥，任意侵扰，军纪败坏，是兵祸不断的另一个主因。

辛亥西安起义后，军政府革命军与清军在潼关激战数月，致潼关两次易手。1912年1月，清廷命河南毅军赵倜率军西攻潼关，革命军一时吃紧，西安军政府兵马副都督吴世昌率援兵东开，以华州为后方大本营。时冰天雪地，军队驻州立小学，将门窗桌凳拆除燃烧无余，学校深受兵燹之灾。不日潼关第三次失守，东路征讨大都督张钫及幕佐杨西堂率部退至华州，欲进石堤峪出商洛一带，再复潼关。时军队驻扎的各村，士兵抢取百姓衣被无数，致数百男女老幼百姓逃至村外石滩野壑避难，夜宿于冰雪之中。

1914年，河南起义军白朗以"中原扶汉大都督"名号在豫西揭旗反袁。3月，义军入陕，连克户县、周至、眉县、兴平等十余城。袁世凯为控制陕西，假围剿白朗之名，派其亲信——北京军政执法处处长、第七师师长兼"剿匪"司令陆建章率军入陕。6月，陆师路过华县，强令派粮派款，兵车支应，骚扰不堪。陆建章残暴成性，素有"屠户"之称。县知事张兆麟不敢违抗，将其粮款差务转嫁百姓。百姓负担难以承受，叫苦连天。

1918年，镇嵩军赵某率兵过华，声言要驻崖坡堡，态度蛮横，县知事侯旬劝阻也无效果。时民众畏兵如虎，为了免遭兵灾，不得已以犒军为名送银300两，才使赵某作罢。

1920年~1924年，直系陆军二十师杨嘉宾团驻华县，滋扰地方不断。1924年1月，在杨团离华之前，声言借款，令县知事5日之内，筹洋7万，解往军前，以济军

华州史话

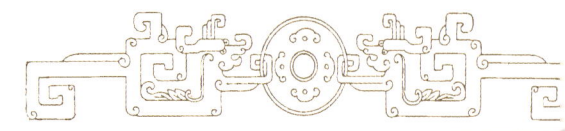

需。县知事魏祖旭,将7万现洋借款,分摊各里承担,激起高塘民众变乱。县署怕民变蔓延,又把3万借款向全县300余家商号摊派,商民激愤,遂起罢市风潮,全县各商号停止营业。后经商董与知事会商,最后以3000元了事。

1924年秋,第二次直奉战起,陕督刘镇华的镇嵩军张治公师随吴佩孚开赴前线,憨玉琨师东开洛阳巩固后方,留陕者多系收编豫西之土匪。陕军利用关中镇嵩军兵力空虚之机,发起了第一次驱刘战役。11月11日,有六七十名陕军由仓头渡河驻华县小涨(在今辛庄乡西)。12日,镇嵩军派出4个营围攻小涨,陕军不支北撤。镇嵩军进入小涨后,匪性大发,见人便开枪,并疯狂抢掠。10日之内,7名无辜百姓死于镇嵩军枪口之下,300多头牲口、3万多斤棉花、2万多现洋、1万多两烟土被抢。

1925年2月,豫西胡(景翼)憨(玉琨)战起,镇嵩军登封战败,刘镇华为巩固老巢,离陕赴豫西增援,镇嵩军在陕兵力再次空虚。时已被编为国民二军的田玉洁、冯子明及国民三军的杨虎城又互相联络,发动第二次驱刘战役。3月16日下午,冯子明部赵汉章营由华县朱村渡渭河,在小涨、侯坊、姚家寨一带与镇嵩军邓全发部发生激战,当地乡民被拉去送给养、挖战壕,死者甚多。

二次驱刘战役结束后,华县被国民军分解,梁子章部占据县城,韩子祥团占据赤水。韩子祥在其势力范围内,东以石堤河为界,西至渭南县城东若干里,自设"华渭县"。一县之内而成割据局面,各自征收田赋烟款,为民国时期一大奇观。

1926年春,国民军中原战事失利,镇嵩军卷土西来。时驻守大荔的麻振武(外号麻老九)又依附于刘镇华,为"讨贼联军陕甘军"第一师师长,率部渡渭河占领华阴、华县,留一个营驻扎华县,营长解某欲索巨款,佯令城南六社照例放水入城,社众迫于兵威照办。城壕水满,但索款阴谋不遂,即押捕社绅宋复礼,经社众恳求,以16000元结局。解营北开后,镇嵩军韦崧山团驻华,屡屡借故滋事,曾声言龙潭堡私藏快枪数十枝,派兵将该堡王某捕去严刑拷打,又至该堡搜查,结果枪未搜出,掠财却不少。时刘镇华围攻西安,华县土匪横行,七里寺学校校长史笔直,寄书请刘镇华派兵剿匪,言辞过激,引发驻军韦崧山团不满,即将史笔直捕押严刑拷讯,后以"煽惑军心"罪予以杀害。

1928年5月,陕军段懋功部渡渭河来华,驻崖坡、朱村、车家堡一带,欲攻县城。适逢冯玉祥部的马鸿宾师过境华县,与段部发生激战,崖坡等堡村民中弹毙命者甚多,一些房屋被炮火轰塌。战后,马部借口搜匪,任由士兵抢掠,民众财物被劫难以数计。

1929—1933年,兵祸与旱、蝗、冻、疫病等天灾结伴而行。天灾致华县饿死者、病死者众多。军阀部队无视华县民众的凄惨,抢劫、勒索、摊派有增无减。

第七章 中华民国

1930年,蒋、冯、阎大战爆发,华县军费支应大增,粮草钱物源源不断输向冯玉祥部队。后冯军失败退驻华县,不时下乡骚扰地方,除搜掠米面柴草外,拉去骡马无数。同年11月,陕军某部在豫战败,蜂拥入关,溃退华县,乱兵沿陕豫大道大肆抢

北洋军阀的士兵

劫,乡民损失衣物银钱无数,百余头骡马被劫。当地驻军也趁火打劫,下乡搜米、搜麦及面料柴草,强入民宅,上登楼,下掘地,翻箱倒柜,乡民惶惶,四处逃匿。县粮秣代办局曾向县长报告"(军队)勒索洋钱,奸虐妇女,逼少妇投井,逼值年(负责摊派差务钱粮的士绅)吞烟……"该军连长为索款,竟缚去西关团丁五六名,诬其私买枪械,各机关瞠目不敢言,经疏通给大洋800元乃罢。1932年9月,驻军开拔,派副官来县大索骡马,县府向各区勒派,先后拉去骡马200余匹。大明寺强拉民骡,骡主与骡同堕崖毙命。1933年,驻军调防,又索开拔费,县府不好向下再派,借故婉拒,驻军复向财局勒借,局内职员躲避一空。开拔时,驻军将高塘西河村周某带至潼关,刑讯殴打,后经多方关说,钱财耗尽才予释放。

1936年12月,"西安事变"爆发,中央陆军第第二十八师与驻守华县的东北军一零五师等部发生战事。战前东北军将华县商民即将起运的500包棉花从火车站拉回,构筑防御工事,并拉民夫挖战壕、修工事、运送弹药。驻渭南的东北军沿赤水河设防,常来赤水镇抢劫,劫去商品无数,致市面一片萧条。二十八师攻入县城后,善后委员会为免遭屠城而购置水果、糕点、烟酒、猪牛等物品犒军,并为阵亡的百余名二十八师官兵购置棺木。华县攻守战及之后的赤水对垒战期间,炮火连天,咸林中学、少华女校、文庙多处房屋被毁,流弹造成十余无辜百姓伤亡。坦克、车辆、马匹横冲直撞,田野稼禾毁于一旦。

西安事变后,蒋介石的嫡系部队进入陕西,军队的军费给养由政府财政专供。但驻军军纪败坏、恶习难改,无偿索要,滋扰地方的现象仍然存在。抗战爆发后,国民党军方设第七后方医院于华县,收治前线伤兵。这些伤兵自恃抗日有功,无视法纪,在华县戏辱妇女,设赌聚闹,购物不付款,恶迹累累。1938年1月,伤兵聚

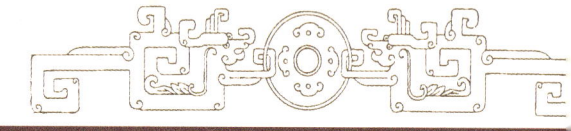

华州史话

集拥入县府，蛮横凶悍，侮辱县长及职员，要求借款过年。县长蒋复初无奈，乃挪给正税800余元，才将其支走。6月某天，伤兵在县府门前，买农民黄瓜不付钱，县长勤务兵说了公道话，激起伤兵不满，遂纠集多人，蜂拥狂呼追赶勤务兵，闯入县府，恃凶乱打。

1941年元旦，咸林中学师生为庆祝元旦，组织社火高跷游行。当游至西关时，观众拥挤，二六兵站医院伤兵混杂人群中，拒不让路，并殴打维持秩序的咸中职员，引起现场秩序大乱，学生遂到兵站医院向主官讨要公道。兵站副官王志超，凶神恶煞，向赤手空拳的学生开枪，时万杰等4名学生当场毙命，张计文等3人受重伤，酿成华县历史上著名的"卅元"惨案，震惊全省。

抗日战争爆发后，胡宗南的第一军进驻华县。该军为蒋介石嫡系部队，在华县砍伐森林，强占民房，欺凌百姓，地方多次上告毫无结果，后经宁山寺慈云法师联络宗教界人士上告，才得到胡宗南一张布告，潜龙寺的松林才保存下来，但少华山以西的秦岭后山森林已被砍伐殆尽。1942年，第一军驻赤水瑞凝庄的某连连长，久欲诱奸房东苗子农次女，始终未成，一日酒后，即怀恨枪杀苗子农夫妇及长女3人。

抗日战争胜利后，国民党发动内战，但连战连败，兵源枯竭，遂大量征兵。虽有兵役法规，可国民党政府腐败，各级官员视兵役法规为一纸空文，借征兵之机敲诈勒索，贪污受贿，致使行贿免征、雇人当兵、买卖壮丁的丑恶现象层出不穷。百姓不愿做内战炮灰，征兵困难，国民党政府即不择手段派武装人员四处拉贫户、拉客户、拉难民、拉单丁抵充，绳捆解送，宛如囚徒，"征兵"变成了"拉兵"。广大壮丁不愿当兵，遂千方百计设法逃避。"拉兵"成为1946—1949年的社会灾难，许多当年的壮丁，事后回顾"拉兵"往事，无不切齿。

民国时期，军阀连年混战，华县驻军多，过兵多，战事多，自然兵灾也多。兵祸与匪祸、烟祸交织在一起，合流泛滥，搅得社会混乱、百业凋敝、民不安生。这就是民国华县社会状况的一个侧面。

第七章 中华民国

华县新旧政权的交替与国民党统治的终结

　　1948年8月至11月间，中国人民解放军西北野战军在陕东的渭北地区，相继发动了澄合战役、荔北战役和永丰战役，国民党西安绥靖公署主任胡宗南所属各部遭到重创，伤亡及被俘人员达5万人左右，澄城、合阳等地获得解放，为西北野战军全面战略反攻创造了有利条件。为了保存实力，重点防御西安、宝鸡，胡宗南将陕东地区的主要兵力，收缩至蒲城、富平、铜川以西地区。渭河以北、洛河以东地区国民党的正规部队所剩无几，仅余少量杂牌军和地方武装。随着战场形势的变化，为了迎接陕东渭河以南各县的最后解放，1948年秋，成立了以刘邦显为书记的中共陕西东路工作委员会，负责领导华县、华阴、渭南、潼关等县的工作。同时成立了以王平凡为书记，王岗、袁健、史德、刘永祥为委员的中共华县工作委员会，开始恢复组织，壮大力量，从组织上、思想上为迎接解放做好各项准备工作。

　　1949年2—3月，西北野战军改称第一野战军后，在关中发动了强大的春季攻势，先后攻克耀县、富平、淳化、大荔、朝邑、平民等县。胡宗南部队再次向西安周围收缩，中国人民解放军渭南军分区的部队已陈兵渭河北岸，渭南及二华等县解放的曙光已经出现。在这关键的时期，国共两党在这一地区围绕政权的攻防战更加激烈。在华县，国民党陕西省第二行政专署（专署驻地在华县）专员张雅轩和县长李佐唐，不断强化防共反共措施，在交通要道修筑碉堡六百余座，建立盘查、通讯、情报组织系统，封锁控制渭河渡口，扩大县自卫团武装，增设警察中队，购买大量武器弹药，企图以渭河为防线，阻止解放军南下，巩固国民党政权。

　　中共华县工委为了迎接华县解放，加快工作步伐，建立了9个区总支，18个党支部，恢复和发展党员290余名。先后四次选派四十余人到陕北老区学习，为华县新政权建立做干部准备。与顾熠山、史伯康、杜寿山、白伯旅、徐振化、齐逸农等华县民主进步人士建立统战关系，使华县的中间政治力量向中共倾斜。一部分共产党人打入华县国民党政权和地方武装内：共产党员申定远担任了县自卫团副团长，并在自卫团内秘密建立了中共支部。共产党员李崇义担任了赤水乡副乡长，甚至李佐唐的警卫班长、王仲谋的警卫排长都是共产党员。侯坊、辛庄、城关、莱公、胡村、赤水、高塘、大明等地的部分武装也被中共的骨干成员魏辛涛、史笔直、任忠砥、

华州史话

甘成哲、任宏儒、王辛齐、袁健、白雪亭、张生辉等人直接或间接控制。1949年3月初，华县工委在袁健家召开会议，研究了华县新中国成立后的华县党政领导班子配备的有关问题。华县解放的脚步越来越快了。

1949年5月，解放军华北十八兵团西渡黄河进入陕西，一野部队步步进逼西安，西安市内混乱不堪。5月17日拂晓，胡宗南在六谷庄绥靖公署招待所召开完西安的最后一次军事会议后，立即向汉中仓皇撤退。5月19日晚，陕西省主席董钊乘飞机飞往汉中，省府部分人员乘汽车沿川陕公路也向汉中溃退。5月20日清晨，一野部队进入西安古城，西安宣告解放。

陕西省会西安的解放，给尚未解放的华县带来了震动。华县的国共双方都知道最后的决战已经来临。当时双方的力量对比是：国民党华县当局虽然在权威性和公信力上已今不如昔，但仍掌有大量行政资源。国民党县党部虽无实权，但仍有党员1400余人。在军事力量上，驻军胡宗南的八十四师欧阳明团已撤至渭南，但张雅轩第二行政专署独立大队尚有约300余人，华县自卫团2100人，各乡、保国民兵约800人，警察系统约300人，加之军统、中统少量人员，总计约3500余人。中共方面，华县工委还处在秘密状态，一切活动都在"地下"进行，有党员290多人，武装力量有限，除骨干党员有少量武器外，主要是直接或间接掌握的地方部分武装。当然，决定当时局势发展的不是上述简单的力量对比，而是不可逆转的时势。时势如此，非人力可以逆转。中共渭南军分区二十二团三个营已分别对华县、渭南、华阴、潼关形成高压态势，国民党政权已陷入穷途末路。

中共华县工委在华县历史发展的紧要关头，作出了立足武力解放和力争和平解放华县的战略决策。一方面安排掌握的武装力量集中待命，一方面主动与国民党华县当局进行和平谈判。5月16日，桓公乡乡长王兆祥派兵在华县西关街以搜查军用品为名，抢劫某商号贵重物品。5月17日，县警察局巡官王志敏持枪到西关街"老凤祥"银号索要黄金，被当局就地枪决，使本已动荡的局势更加恶化。

5月19日，华县工委王岗、刘永祥委托民主人士、少华医院院长杜寿山利用同村乡党关系，与华县县长李佐唐接触，试探其动向。杜寿山到县府试探着问李佐唐："目前局势很乱，你有什么主意？"李答："我有什么主意？我是董钊的人，他都跑了，我还给谁干哩！共产党如果来了，不要我们这些人的命，我们愿意交枪，不然我们就钻南山对着干。"杜听李愿意缴枪，就进一步说："只要你愿意缴枪，我给你想办法。"杜李初次接触，点到为止。

5月20日，杜寿山把接触李佐唐的情况向刘永祥作了汇报。刘略作考虑，说："愿意缴枪那好么，但要有个条件，叫李佐唐把张雅轩扣住，还有姜启民（反共组织"华县爱乡同志救国会"骨干）、刘子羊（独立大队大队长）。他能办到的话，

第七章 中华民国

保证他的生命安全。"杜寿山又到县府向李佐唐作了传话。李说："扣姜启民、刘子羊能办到。为什么要我扣张雅轩？他是我的上司，与我无冤无仇，我不能卖主求荣，做对不起人的事。"在杜寿山的一再劝说下，李最后说："这事不好办，我回去再想想。"

大约在杜李接触之前，中共渭南地委（前身是陕西东路工委）在渭南交斜、固市召开会议，部署二华（华阴、华县）、渭南、潼关各县政权接管工作，确定各县领导，宣布有关政策。5月20日，华县工委书记王平凡一行开完会后返回华县。在少华医院，王平凡又让杜寿山去约李佐唐晚上在医院会谈。李态度暧昧，借故推托，会谈未能进行。

5月21日在刘永祥家，王平凡依杜寿山的建议，取消了扣押张雅轩一项条件，重新确定了和谈五条款。即：县政府所有文件档案不准损毁，立即缴械；立即解散国民兵，张贴标语，欢迎解放军入城，立即开放渭河渡口。杜寿山带着5个新条件第四次面见李佐唐，说："你不扣张雅轩，他若跑了是个大损失，对你是不好的。现在有5个条件，我转达给你，你能答应的话，就在下午2时前实现。"李听后答："这5个条件恐不成问题，我回去商量一下。"但到下午2时，李并无动静，杜又去李处察看虚实。李提出要与王平凡直接面谈，并说："如能谈好，我们交枪；如谈不成，我走我的，决不给你丢烂子。"杜回答："面谈更好，你和我一块去，不准带人。"

国民党华县当局和中共华县工委两个首脑人物的谈判时间并不长，且多是王平凡居高临下，向李宣传形势、交代政策，最后说："你愿交枪这很好，赶快回去办理，今天下午先送10支短枪到少华医院。"

李佐唐回县府后，情绪颓丧，坐卧不安。傍晚，李的警卫班长王德义用马接杜寿山到县政府。李长吁短叹，说："搞不动了，下边意见不统一，一些年轻实力派人物不愿交枪，我也要跑。"就这样，已经持续了3天的和谈就此中断。

在和谈几乎陷入绝境时，华县参议长王仲谋从个人身家性命考虑，走向前台，愿代表华县当局重启和谈。王仲谋，县城北王什字村人，曾任过高塘、沈阳、莱公等乡乡长、县财委会主任、"戡乱委员会"主任，与李佐唐一起组织了反共的"华县爱乡同志救国会"，任副会长，属华县当局核心人物之一。新一轮谈判仍然在少华医院进行。王平凡向王仲谋重申了谈判的5个先决条款，王仲谋表示接受，并说："我生长在华县，祖祖辈辈都在华县，我跑了，总不能把我祖坟搬走！"谈判开始不久，桓公乡乡长王兆祥闻信带领十几个武装士兵冲进少华医院，威逼王平凡，企图破坏和谈。王仲谋见状，一脸愠色，指着王兆祥的鼻子厉声呵斥："你想翻天！不许胡闹。"王兆祥图谋未遂，愤愤离去。王仲谋鉴于谈判环境不安全，提出明晚在他的家里继续谈判，并将自己的短枪送王平凡自卫，以示诚意。

华州史话

5月22日晚,和谈如约在县城北约3里的王什字村王仲谋家继续进行。参加谈判的中共华县工委代表是王平凡、王岗,武装随护人员有王有吉、顾洲、种广德3人,古崇礼、魏辛涛2人在外围负责警戒联络。华县当局代表为王仲谋,担任谈判警卫任务的是王仲谋的警卫排约60余人。谈判在戒备森严的气氛中开始。王仲谋占地理之利,武装之优,首先提出谈判的前提是要保证以后自己生命财产的安全。王平凡镇定自若,明确表示:"生命安全我们负责,财产不能保证",并进一步指出:"华县的解放指日可待,现在你们唯一的选择是起义投诚,舍此别无生路。"接着提出8条谈判内容:①扣押第二专署专员张雅轩;②县政府和机关文件档案必须保证完整无损;③自卫团除留5连改编为县大队外,其余遣送回家;④乡镇人员武装造册待收、不得外流遗漏;⑤各地不能发生抢劫、枪杀人命案件;⑥保护粮仓;⑦立即开放渡口;⑧在县城张贴标语,欢迎解放。谈判在你来我往的激烈争论中进行,谈判之外的一些顽固反共分子也焦急万分,不时有干扰电话打进来。桓公乡乡长王兆祥破坏和谈之心不死,电话告诉王仲谋,要派第六中队开进王什字,王仲谋制止不住。王平凡命令警卫排的值星官:"第六中队不准进王什字,如果他硬要进,就开枪!"少时,县自卫团第一大队少校大队长、少壮派军官王秉宏来电话对王仲谋说:"我进山了,咱们一块走,不要谈判了。"王平凡为了稳定和谈趋势,防范王仲谋态度变化,故意对王仲谋说:"打电话要渭南武纬(原国民党渭潼警备司令,此时已起义投诚),要他派一个营来华县!"王仲谋神情紧张地问:"是不是武司令?"王平凡猛地一拍桌子:"狗屁司令,你就叫他武纬……"王仲谋惊恐地恳求:"千万不能叫派人来,万一发生误会,我怎么能承担得起呢?"并拍着胸口说:"你的安全我完全负责……"这戏剧性的一幕,让王仲谋老实了许多,终于在深夜时分,王仲谋全部接受了华县工委提出的谈判8项条款,和谈终于成功。王平凡命王仲谋打电话告诉李佐唐,谈判成功,让李准备欢迎解放军进城。王仲谋惊魂未定,电话中怯声怯气,引起李佐唐怀疑,以为王仲谋已被王平凡关押,立即命令警卫班集合,摘掉电话线,出县城东门向南逃去。路过县自卫团时,李佐唐向自卫团团长何永安说:"我走了,你在城里守着。王仲谋已失去自由,你天明打听消息,如果不好时,你也跑吧……"王仲谋给李佐唐打完电话后,又电话通知县政府各科长、各乡乡长、自卫团各大队长等人员,23日中午到县自卫团开会。驻华县的陕西省第二行政专署专员张雅轩此时已与刘子羊一起带着独立大队,急匆匆的向南山逃去。

1949年5月23日清晨,王平凡、王岗、种广德一行,在王仲谋等人的陪同下,由王什字村走向县城,中午12时许,在县自卫团团部,华县国民党县政府各科长、各乡乡长、自卫团各大队长(王秉宏未参加)等30余人,在王仲谋的主持下开会。王仲谋首先代表华县国民党政府宣布,接受中共华县工作委员会关于和平解放华县的

第七章 中华民国

8项条款,放下武器,封存档案物资,准备向新政权移交。之后,王平凡发表政治演讲,号召旧政府人员弃暗投明,为建设新华县做出贡献。简单的仪式,庄严的宣告,标志着统治华县的国民党县政府从此退出历史舞台。此时,县城、西关及一些乡镇已出现了"拥护共产党"、"欢呼华县和平解放"的标语。县自卫团部的会议结束后,王建华代表华县工委接管了县自卫团第二、第三大队的武装。同一天,中共华县工委委员袁健陪同渭南地委派任的中共华县县委书记刘耀明、陕北老区的刘成海、魏玉璋、朱怀玉、苗秀生、吴俊华、李正义、姚学武、彭玉生以及华县工委派出学习返回的史卓生、宋向钊、谢仲毅、史琦等20余人由渭南信义渡渭河赶赴华县。当晚宿于赤水郭村。

5月24日晨,刘耀明一行由杨万清、张志强率领的30多武装人员护送进入县城,开始了华县新政权的建设工作。中国共产党领导的华县党政领导机构经中共渭南地委、渭南分区行政督察专员公署分别批准成立。中共华县县委由刘耀明任书记,王平凡任副书记;下设秘书室、组织部、宣传部。华县人民政府由李连璧任县长,白雪亭任副县长;下设秘书室、民政、财政、教育、建设、武装5个科及公安局、人民法院等机构。在新旧政权交替后,原国民党乡保基层政权随之瓦解,取而代之的是华县县委、县人民政府管辖下的通仁、桓公、莱公、沈阳、赤水、瓜坡、大明、清光、集太、岭南、丰镇、令公、石孟13个区。各区委书记、区长等一套人马全部配齐。从此,共产党领导的华县人民政权带领全县14万人民迈进了历史新时代。10月1日,中华人民共和国中央人民政府在北京宣告成立。此时,华县和平解放已有四个多月了,肃匪反霸、巩固政权、支援前线等工作正在如火如荼地进行中。

1949年10月2日,华县各界庆祝中华人民共和国成立

华州史话

拾孟、令公武装暴乱事件

标题中的"拾孟"指拾孟区,"令公"指令公区,是1949年5月24日华县人民政府成立后所辖13个区中的两个。这次武装暴乱发生于1949年6月29日,由国民党残余势力向共产党领导的新生政权发动的一次反扑。

1949年5月22日晚,驻华县的国民党陕西省第二行政专署专员张雅轩、专署独立大队大队长刘子羊、华县县长李佐唐、县自卫团第一大队少校大队长王秉宏分别带专署独立大队、县自卫团第一大队、县警察第二中队等地方武装逃至南山一带。5月23日下午,华县少华医院院长杜寿山、县自卫团中校团附史恒勋及王秉宏之父王自强3人,奉中共华县工委的要求,到瓜坡留村张建斌(国民党瓜坡乡长)家,劝说正在这里的李佐唐、王秉宏放下武器,缴械投诚。王秉宏被说服,5月24日,率自卫团第一大队全体官兵在城东的西寨村集中,接受中共华县工委书记王平凡的训话,后列队至县政府大院正式缴械投诚。5月25日,被张雅轩胁迫逃进石堤峪的警察第二中队,也被尾随追赶至石堤峪的该队中队长、中共统战对象何德春带回华县,被县大队大队长申定远接管。在华县人民政府成立后的数天内,国民党地方武装县自卫团、第二警察中队、西关派驻所、县参议长王仲谋的警卫排、乡保自卫队共2100余人,均按起义投诚人员被华县人民政府接收,仅余张雅轩、刘子羊带领的专署独立大队300余人潜藏于秦岭深山内。投诚后的王秉宏仍然依恋旧政权,不久又潜逃投奔了张雅轩。

张雅轩,甘肃庆阳人,曾任国民党陕西省政府民警第六纵队队长、甘泉县县长,1948年8月任华县县长,1949年1月升任陕西省第二行政专署(驻地在华县)专员。张雅轩与专署独立大队刘子羊等300余人南逃后,与商县腰市、大荆一带著名土匪周寿娃相勾结,在华县岭南地区抢劫财物,杀害无辜。又与王秉宏合谋,活埋了中共华县工委打入独立大队内部的地下党员郭梦龄。还与伪装投诚、潜伏在新生政权内部的残余分子县大队中队长张宏钧、港子乡(今柳枝镇的西沟、石沟行政村)乡长刘志明以及赵瑞亭等人,内外勾结,暗通声息,企图颠覆华县新生政权,东山再起。

1949年6月29日,是华县人民政府成立后的第35天,华县还处在新旧交替、百废待举时期,建立政权、遣散旧政府人员、恢复秩序、支援前线、剿匪反霸工作使新

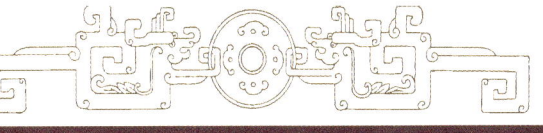

第七章　中华民国

生政权应接不暇，头绪忙乱。以张雅轩为首的华县国民党残余武装180余人，由刘志明指挥，在拾孟、令公两区发动了武装暴乱，并试图攻打县城，摧毁新生政权。

29日中午，潜伏在港子的暴乱武装开始行动，出山后秘密集结于今柳枝镇的构峪、李家堡、下安、咎家河一带，隐蔽待命。下午，暴乱骨干分子李天成秘密进入县城，与在县大队的潜伏的张宏钧、何兴美取得联系，并于晚上埋伏在县城北门附近，企图暗杀县大队大队长申定远，接应攻城的暴乱分子，但因故未遂。

晚9时许，暴乱武装分两路袭击拾孟和令公区政府。拾孟区位于华县东北一隅，即今毕家乡一带，与大荔、华阴相邻，比较偏远。区政府和区游击队分驻在王宿街道的两座院落内，中间仅有一路相隔。暴乱武装在其内线赵瑞亭的带领下，很快进入游击队院子，突然夺取一挺机枪，对着还未反应过来的游击队副队长张功成开枪射击，张当即中弹身亡。一路之隔的区政府人员听到枪声，立即关闭大门，区委书记宋向钊带一班武装人员迅速进入战斗状态。很快，暴乱武装向区政府发起进攻，防守人员顽强还击，游击队员党刚娃、王保全、王石全爬上屋顶，利用制高点，集中火力打退暴徒的三次进攻。暴乱武装连攻不下，不敢恋战，自动撤出战斗，向南撤退至柳枝黄河村外路口，等待与袭击令公区的暴乱武装会合。

在拾孟暴乱的同时，令公区的暴乱也同时开始。令公区约为罗纹河以东、拾孟区以南地区，区政府驻柳枝街。暴乱武装先是派两名便衣混进柳枝街打探情况，但引起正在组织支前的区委副书记潘秉璋的怀疑，遂将其带至区政府审问。审问人员从他们身上搜出一支短枪和两盒子弹，就将其关押在区政府东边一间房子内，准备第二天押送县公安局。此时，区政府门内门外一片忙乱，几十辆装满支前物资的车辆排成几行整装待发，正在接受区干部的检查和登记。暴乱武装趁机窜至区政府门前，突然冲进大院开枪射击，一时枪声大作，正在忙于支前工作的区干部6人被当场打死。暴乱武装在令公区政府肆虐二三小时后撤出，与黄河村口的暴乱人员会合后向西攻打县城。

拾孟、令公暴乱的消息传到县城后，县委、县政府立即电话请求渭南军分区派部队增援，封锁县城四门。警卫队在县政府周围加派岗哨，大街实行战时戒严，干部登上房顶墙头，瞭望观察敌情，严阵以待。暴乱武装经过20多里的长途奔袭，深夜时分到达县城北门外，与内应联络后，得知城内已有防守准备，只好放弃攻城行动，又转至县城东门，这时天已破晓。暴乱武装见戒备森然，无机可乘，就对着城门城墙打了一通乱枪，匆匆结束了一夜的暴乱行动，向小敷峪八里店一带退去。县大队部分武装随后跟踪追击。

6月30日早，县委副书记王平凡、县长李连璧带武装人员登临东城门楼察看暴乱现场，发现城外有两人手臂缠有白布条，向城门方向摇手，行踪可疑，即派人潜出

华州史话

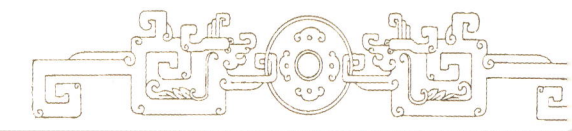

城外将其拿获。经审讯得悉,两人系张雅轩"剿匪司令部"密探,来此是与其内应张宏钧、王正公、杜步元等人联络。这时,张宏钧等已随县大队去追剿暴徒。王平凡恐生意外,即派杨炳彦等人将剿匪部队追回。下午,政府以布置剿匪为名,召开县大队连排以上干部会,会间下了张宏钧、杜步元、王正公的随身枪支,并将其押送看守所。为了肃清队伍,防止残余分子漏网,县大队还收缴了张宏钧领导的连队全部武器,以便甄别处理。

隐蔽在小敷峪八里店一带的刘志明暴乱武装,常在夜间派人下山刺探军情,并以"剿匪司令部"的名义张贴恐怖黑帖,扬言要活捉令公区干部潘秉璋、王仲农、拓振河,还要再次攻打县城。

7月16日,县长李连璧、民政科长刘永祥、警卫队长杨万清带领一排武装到柳枝,派游击队员党刚娃携带武器进小敷峪侦察敌情。当党刚娃行至八里店下边河道时,被埋伏在山头上的暴乱分子开枪打死。

8月间,渭南军分区二十二团的一个营奉命进山围剿暴乱武装,华县派王辛齐、赵安邦等人随行。部队急行军百余里到达太平峪仰天池,居高远望,观察到敌人龟缩在小敷峪燕子碥,即决定拂晓围歼。当晚风雨交加,夜色漆黑,部队带着轻重武器在陡峭的山路上摸爬前行,拂晓前到达预定位置,把燕子碥上下围定。黎明时分,部队发起攻击,轻重武器同时开火,两发迫击炮弹落在燕子崖下,声震空谷,暴乱分子乱作一团,失去抵抗能力,遂钻山越涧各自奔命。刘志明等少数人仗着路熟逃回家乡港子街。

港子街位于令公区秦岭深处的大敷峪中,街道沿河而建,长不足半里,仅有几家山货、杂货店铺,由于人口稀少,平时街上比较冷清。街南有山路直通华阴县的华阳川,街西北半坡上的一座单家独院,就是刘志明的家。刘志明在华县和平解放前曾在港子任保长,华县人民政府成立后在这里设立港子乡,刘志明被留任该乡乡长,但他对国民党旧政权旧情不减,当张雅轩密谋发动暴乱时,他欺骗胁迫当地一些不明真相的群众参加,自己亲自上阵指挥,失败后逃回港子,就藏在自家楼上多日不敢露面。9月初,分区二十二团某营与华县拾孟区、令公区两个民兵营,开进港子合力剿匪。在武装工作队的教育下,参加暴乱的受骗群众有了觉悟,揭发了张雅轩、刘志明之流的暴乱罪行,协助挖出了刘志明埋藏在山坡上的枪支弹药,一些暴乱骨干成员被收押。但刘志明又一次伪装脱逃,到西安改名换姓,入赘一私人木器厂老板,当上会计,直到1951年镇反时才被发现擒获。张雅轩一伙在港子自知难以立足,又窜逃到商洛投靠恶霸土匪周寿娃。分区二十二团尾追不舍,与商洛地方部队合剿,百余名残余暴乱分子被一举歼灭并缴获各类枪支百余枝,子弹2000余发,电台多部。张雅轩化装成农民潜逃至西安,改名牛金山,但不久被公安机关捕获。

第七章 中华民国

暴乱骨干王秉宏及李天长等,在秦岭山中东躲西藏,后不甘于深山奔命,就化装成当地山民,头戴草帽,身穿破棉袄,偷偷出山,另谋活路,但行至水峪口村,被该村张海水夫妇等人发现,当即被擒。

发生在拾孟、令公两区的武装暴乱,是以张雅轩为首的华县国民党残余势力向共产党新生政权最后的反扑,但在强大的新生力量面前,终究逃脱不了失败的命运。

20世纪后半叶的华县人民政府

华州史话

华县大事记
（民国元年至1949年）

中华民国	
元年（1912）	1月 潼关再次被清军占领，张钫等退至华州，陕西军政府援军亦至。华州民众沿南山与渭河岸插旗擂鼓，以为疑兵，使清军未敢冒进。
	8月24日 同盟会华州支分部正式成立。
二年（1913）	2月 改华州为华县
三年（1914）	牛疫流行，死亡甚多。
五年（1916）	5月 在反对袁世凯称帝，驱逐袁世凯爪牙---陕西督军陆建章的斗争中，陕西护国军派严纪鹏部由渭南孝义直取华县，断陆建章的东逃之路。
六年（1917）	蝗虫为害禾苗六七日。
八年（1919）	4月8日 华县私立咸林中学成立。
九年（1920）	12月16日晚 宁夏海原大地震波及华县，震约20分钟，老屋败垣倒塌，林木播摇，余震7次。
十年（1921）	夏 西北共产主义启蒙运动的先驱魏野畴任咸林中学教务长，传播马克思主义，进行革命活动。
	9月 县政府颁令禁止女缠脚、男留辫（清制，男子留长发辫），学校师生于各镇要道设哨检查，剪缴的缠脚布和发辫堆满县府后院。一时，放足、剪辫成为社会潮流。
十一年（1922）	西安-潼关公路华县段始建。
十二年（1923）	春 共产党员、咸林中学教师王复生与赤水职业学校创办人、社会主义青年团员王尚德联系，共同组织成立了青年团的外围组织"青年励志社"。
	春夏之交 圣山坪一带的进步青年，在赵和民、郝正

	隆等领导下,成立"公益协进会",组织农民与土豪劣绅展开斗争。
	11月30日 华县"交农"群众,包围县城,迫使县署豁免粮款。交农群众游行示威,并召开庆祝大会。
十三年(1924)	1月 城关内外商界不堪军阀部队强借兵款,掀起罢市风潮。
	秋 社会主义青年团高塘支部建立,发动高塘地区的学生运动和农民运动。
	11月 属反北洋军阀国民二军系统的冯子明与康子定(振邦)部队从渭北渡河占领侯坊渡口,与陕西督军刘镇华所部作战。冯子明部进攻华阴、潼关,被刘镇华的镇嵩军包围。康子定部进攻华县,不克退走。刘镇华令镇嵩军在华县杀死冯子明派来的和谈代表彭仲翔。冯子明部失败后,经华县退回渭北。镇嵩军在小涨村杀死无辜百姓7人,抢掠财物无数。
十四年(1925)	2月 共产主义青年团华县支部成立。
	3月 编入国民二军的冯子明、康子定等部进攻华县,击溃驻华县的镇嵩军,镇嵩军随后退出陕西。
	4月 陕东各团体在华县举行孙中山、胡景翼(国民二军军长)追悼大会。
	春 中国国民党华县临时县党部成立。
	11月28日 高塘地区农民、教师、学生召开国民会议,声讨高塘民团团总、恶绅孙景福催逼烟款时,打死11岁小学生雷易经的暴行。
	本年 天足振学会改为妇女放足委员会,进一步开展放足运动。此后,缠脚之习渐绝。
十五年(1926)	1月 华县、渭南、临潼等地60多个团体的代表在赤水召开会议,成立了陕东国民会议促进会,号召农民组织起来,开展反土豪劣绅、贪官污吏,反对北洋军阀的斗争,并通电全国,拥护召开国民会议。
	2月 由共产党员、共青团员主持,成立高塘九里公民

华州史话

	会，实际掌握了高塘行政管理权。
	4月 刘镇华卷土重来，率镇嵩军8师之众由潼关入陕，占领华县等陕东各县，包围西安。
	5月初 高塘九里公民会组织当地群众，在王崖和镇嵩军一个营开战，大败敌军。5月中旬，高塘民众抗击镇嵩军，缴枪千余支。
	10月 共产党员杜松寿等从广州农民运动讲习所回县后，即着手恢复有共产党人参加的国民党县党部，开展农民运动。
	11月30日 西安之围得解后，驻华县镇嵩军于是日退逃。国民军梁冠英部随后进驻华县。
	12月中旬 华县农民运动动员大会召开。会后成立了华县农民代表大会筹备处，并举办华县农民运动讲习所40日。
	12月 中共大王、谷堆小学、保师庙、郑村、咸林中学支部相继建立。
	本年 炽烈的农民斗争促进了学生运动，高塘、谷堆、七里寺、程高小学和县立高小学生，紧密联合，先后驱逐了高塘、谷堆和县立小学校等阻碍革命的校长与教员，由共产党员担任。
十六年（1927）	1月13日 西北区农民协会于辛庄召开成立大会。
	1月21日 二区农民协会于高塘召开成立大会，提出6项决议案，要求县长答复。会后游行。
	1月22至23日 郑村（在今瓜坡镇）等7处农协会撤销恶绅杨宝和粮秣代办所所长之职，并组织清算委员会，清理杨氏账项。
	1月某日 民众千余人于县立高小召开国民大会，当场议决各件，要求县长执行。
	3月至4月 中共高塘与华县特别支部分别建立
	3月上旬 华县召开第一次全县农民代表大会，讨论制定了农民协会章程。3月18日，召开县农民协会成立

附 录

	大会，选举杜松寿为委员长。
	5月 国民联军出师河南参加北伐，县农协组织运输队，运输军需用品，并于27日成立县农民自卫军委员会，维持社会治安。
	5月28日 华县民众召开驱逐反动县长叶振本大会，迫使破坏农协、勾结劣绅、贪赃枉法的叶振本去职。
	5月29日晚 高塘恶绅薛良臣收缴了英山首社村农协枪支，区农协集武装农民数十人擒获薛良臣送交县署管押。
	同月 咸林中学、高塘小学、谷墩小学召开追悼我国共产主义先驱者李大钊大会。
	6月 华县已建立区农协8个，村农协324个，发展会员5114人。为大革命时期陕西省农民运动最发达的县份之一。
	7月 中共华县县委成立。
	9月 共青团华县县委成立。
	10月 为抗议蒋介石、冯玉祥合流反共，中共华县县委组织各学校师生散发反蒋、反冯传单，并张贴标语宣传"八一"南昌起义。
十七年（1928）	3月 国民党华县驻军进行大逮捕，杀害了共产党员李维俊、温济厚等人。
	5月 中共陕西省委直接领导的渭华起义在华县高塘塬、渭南崇凝塬一带爆发，农民暴动与军事武装相结合，很快形成了一个以高塘、塔山为中心，方圆数百里的渭华起义区域，出现了武装割据的局面。6月，国民党重兵围攻，起义失败。
	5月 陕西地方军阀发动反冯玉祥的战争。陕军一部渡过渭河，进驻崖坡（在今城关镇）、朱村（在今侯坊乡）、车家堡（在今下庙乡）一带，谋攻冯军占据的县城。冯军马鸿宾部攻下崖坡各堡。
十八年（1929）	旱灾、蝗灾、冻灾接踵而来，造成罕见的大灾荒，

华州史话

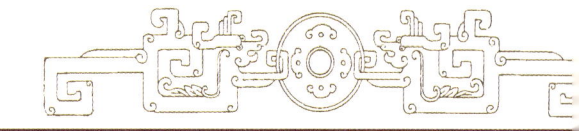

	饿死数百人。
	省建设厅发新式水车数具。
十九年（1930）	在西关设民众图书馆，后并入民众教育馆。
二十年（1931）	9月30日 咸林学校反日救国会就"九一八"事变发表宣言，要求团结抗日。
	本年 模范女校改为少华女子小学，民国二十六年（1937）又改为少华女子中学（即今少华中学）。
二十一年（1932）	6至8月 霍乱大流行，华县死亡6422人。
	9月 西关商人因反对强行摊派营业税借款而罢市，县长廉明伦率警察、团丁弹压，以武力清缴并罚款若干。
二十二年（1933）	春 旱灾严重，领护照的逃荒者达五六千人，而苛捐杂税，仍复严逼。
	夏 红二十六军主力二团在刘志丹、王世泰、汪锋率领下，活动于涧峪、乔峪、石堤峪一带。
	11月 整修西潼公路的工人要求及时发放工资，于罗纹、赤水段发生罢工，城关段工人也为之而起，捣毁公司。当局逮捕数名为首者，罢工失败。
	本年 县府设电话，可直接与邻县及西安通话。
二十三年（1934）	2月 秦昌火柴公司在县城创建，自备发电，使用机械生产，抗日战争爆发后迁至宝鸡。
	3月 中共咸林中学党支部恢复。
	6月 陇海铁路通车过境。
	9月 华县卫生院成立。
二十四年（1935）	8月 以县府为中心，可达12个乡的电话网形成，华县环境电话所旋即成立。
	10月 三民主义青年团（简称三青团）陕西支团华县分团筹备处成立。
二十五年（1936）	12月12日 西安事变发生后，驻华县东北军一〇五师孟广辰营严加戒备。16日，进抵华县的国民党中央军二十八师等部向县城进击，19日发动总攻。20日晨，

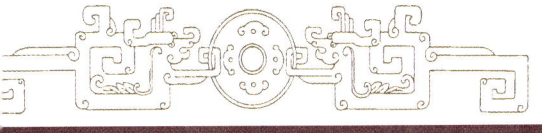

附 录

	东北军孟营被消灭，中央军进至赤水，与东北军相持。
	本年 省立农业职业学校在华县创办，民国二十八年（1939）迁至眉县。
二十六年（1937）	3月 中共渭华工委成立，刘玉堂任书记。翌年6月，撤销渭华工委，恢复华县县委。
	8月 华县抗敌后援分会成立，为抗日救亡而进行宣传、募捐活动。
	9月 我国战斗机与日军飞机在县境上空遭遇，我机被击落于赵村（今华州乡境内）附近。
	本年秋至次年春 咸林中学、少华女子中学等校及部分农村建立了中华民族解放先锋队（简称民先队），积极开展抗日救亡活动。
二十七年（1938）	5月 《新华县报》创刊，倾向进步。
	6月 勘测太平、罗纹、构峪各河，并征夫疏浚。
二十八年（1939）	1月26日 华县顽固势力发动"一·二六"之变，企图杀害抗日县长吕向晨（中共地下党员），但阴谋暴露，未能得逞。
	10月12日 日机轰炸县城，炸死50人 炸伤40余人。
二十九年（1940）	12月27日 三青团骨干分子宋光祖等带警察进入咸林中学，逮捕民先队员及进步学生6人。
三十年（1941）	1月1日 国民党二六兵站医院伤兵殴打咸林中学师生，副官王志超等竟开枪打死学生4人，重伤3人，引起公愤。县人称"卅元惨案"。各界群众坚持斗争，迫使国民党当局处决了王志超。
	7月 国民党对共产党员和进步人士进行大逮捕。中共华县党组织为"积蓄力量，以待时机"而暂停活动。
三十三年（1944）	3月 华县临时参议会成立。
三十四年（1945）	7月2日 蒋介石、胡宗南在赤水郭村检阅驻华县国民党部队。

华州史话

	9月5日 华县各界举行庆祝抗日战争胜利大会。
	11月 国民党华县县党部召开第一次党员代表大会。
	12月 华县参议会成立。
	本年 省立华州师范学校成立。
三十五年（1946）	秋至冬 新四军五师中原突围到商洛后，其二十二支队和二分区部队到高塘、金堆一带活动，频频打击国民党地方武装。
三十六年（1947）	12月底 物价飞涨，小麦由抗战前一老斗（约40斤）1.5元，上升到每市斗（约30斤）12万元，棉花由抗战前每斤3角，上升到每斤3.5万元。
三十七年（1948）	8月 国民党陕西第二行政督察专员公署暨保安司令部在华县成立。11月，建立行政警察勤务区和盘查哨，专门对付共产党的地下活动。
	10月 中共华县工委成立，王平凡任书记。
三十八年（1949）	3月 顾熠山主编的《重修华县县志稿》印行。
	4月 货币贬值惊人，金圆券30元换硬币（银元）1元。
	5月17日 西关警察派出所巡官王志敏，趁华县国民党政局不稳之机在西关抢劫商品，敲诈黄金，当局恼火，将王志敏就地枪决。
	5月22日 中共华县工委书记王平凡、委员王岗和国民党华县参议长王仲谋谈判华县和平解放事宜，王仲谋接受了王平凡提出的和平解放华县的8项条件。当晚，张雅轩率独立大队逃入南山。
	5月23日 华县和平解放。次日，中共华县县委和华县人民政府成立。
	5月24日 中国新民主主义青年团华县工作委员会成立，7月，易名中国新民主主义青年团华县委员会，1957年改称"中国共产主义青年团华县委员会"。
	5月24至30日 中共华县县委、县人民政府废除保甲制，全县建成13个区委和区政府。

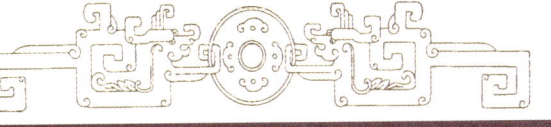

附 录

	6月5日 中国人民银行华县支行建立。
	6月17日至11月20日 华县先后组织民夫1130人次，担架175付，大车254辆，牲口775头，支援解放西北、西南战争前线。
	6月29日晚 张雅轩残部窜至拾孟（今毕家乡）、令公（今柳枝镇）两区，进行武装暴乱，妄图颠覆新生人民政权，在遭到反击后，又企图袭击县城，发觉城内已有准备，即窜入南山。此称"拾孟令公暴乱"。后开展剿匪反霸运动。
	8月 中国人民解放军渭南军分区二十二团进南山围剿张雅轩残部，至9月肃清。
	8月31日至9月3日 中共华县党员代表大会召开，会议提出了进行民主改革与社会改革的工作任务。并选举刘耀明为县委书记、王平凡为副书记。
	10月2日 华县举行庆祝中华人民共和国成立大会，各界群众欢呼游行。

（本大事记原载《华县志》（陕西人民出版社1992年版），本书收录时，由原编撰者根据新搜集到的资料和新的研究成果，进行了修改补充。）

华州史话

华县县名的来历

阎广勤

华县县名的来历是什么？为什么会命名为"华县"？社会上有一种说法是，因县境内有少华山而得名。这其实是错误的，如果此说成立，应命名为"少华县"，就像因太白山而得名的"太白县"一样。

"华"是华山的简称（"少华山"不能简称"华"），华县的县名之源就来自华山。有人置疑，华山在华阴市（县）境内，为何会命名华县？寻根溯源，"华县"一名脱胎于华州，而华州的命名，就因为州境内有华山。

今华县在春秋时设郑县，南北朝时的西魏于公元554年在郑县设华州，辖今华县、华阴等关中东部数县，华阴县及境内的华山在华州辖境，并因华山为天下名山而作为华州之名。隋唐宋金各朝，华州所辖县变化较多，但华州州治始终在郑县，华阴也一直属于华州管辖，自然华山也在其辖境内。二十四史中的《旧唐书》，在其《地理志》中记，唐肃宗上元元年（760），一度将华州改名为太州，华山改名为太山。从这里可以看出"华州"与"华山"的关系。元朝时，郑县省并，由华州直辖，史称"省县入州"，但华阴县及华山，仍在华州辖境内。明依元制。明代所修的《华州志》云："华州以华山为名。"明确说明了华州之名的来历。清朝时，华州不再管县，只治理原郑县地区，降为县一级的散州，华山已在其辖境之外，但州名因循未改。辛亥革命后的1913年，民国政府命华州改为华县，此名延续至今。这就是华县因华阴（市）境内的华山而得名的来龙去脉。

我们现在介绍华县县名的来历时，可以简要说明为：华县古称华州，华县之名脱胎于华州，而华州的命名是因当时的州境内有华山。

（此文原载于《少华声屏》2008年8月25日出版的014期。）

附 录

主要参考文献

- ※ 《二华变乱纪实》（陕西督军公署参谋处1924年印行）
- ※ 刘安国《陕西交通挈要》（中华书局1928年出版）
- ※ 顾熠山《华县地理备考》（1933年版）
- ※ 《重修华县县志稿》（1949年3月西安大中文化社印行）
- ※ 陶菊隐《北洋军阀统治时期史话》第七册（三联书店1959年版）
- ※ 王禹廷《允文允武的胡琏将军》（原载1977年台湾《奋斗》杂志8月号）
- ※ 罗瑞卿、吕正操、王炳南《西安事变和周恩来同志》（人民出版社1978年版）
- ※ 《新民主主义革命时期陕西大事记述》（陕西人民出版社1980年版）
- ※ 李振民、张守宪《刘志丹》（载《中共党史人物传》第三卷，陕西人民出版社1981年版）
- ※ 叶雨田《陕军冯毓东部两次参加驱刘战役回忆》（载《陕西文史资料》第十一辑，陕西人民出版社1982年版）
- ※ 《中国近代史》（中华书局，1982年版）
- ※ 《陕西华县革命烈士英名录》（华县人民政府1982年编印）
- ※ 杨钟健《杨钟健回忆录》（地质出版社1983年版）
- ※ 申道哲《教育家杨松轩先生纪念文集》（1984年油印本）
- ※ 李茂荣《我亲眼看到的民国十八年大旱惨状》（载《宝鸡文史资料》第二辑，宝鸡市政协1985年编印）
- ※ 《新民主主义革命时期华县大事记述》（中共华县县委党史办公室1985年编印）
- ※ 张守宪、董建中、王少民《吉国桢》（载《中共党史人物传》第二十三卷，陕西人民出版社1985年版）
- ※ 《渭华起义》（中共陕西省委党史资料征集研究委员会1985年印行）
- ※ 《大革命时期的渭南地区农民运动》（中共渭南地委党史办公室1986年编印）
- ※ 《华县文史资料》第一辑（华县政协1986年编印）第二辑（1987年编印）第三辑（1989年编印）第五辑（1997年编印）第六辑（2000年编印）
- ※ 王世泰《耿耿丹心照千秋——纪念刘志丹同志逝世五十周年》（载1986年4月24日《陕西日报》）

华州史话

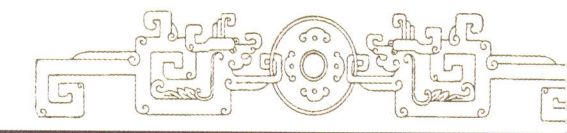

- ※ 《陕西省志·人口志》（三秦出版社1986年版）
- ※ 米暂沉《杨虎城将军与陕西医药卫生事业》（载陕西省政协文史资料委员会《回忆杨虎城将军》，陕西人民出版社1986年版）
- ※ 《西安事变档案史料选编》（档案出版社1986年版）
- ※ 杨叔吉《辛亥革命回忆片断》（原载《辛亥革命在陕西》，陕西人民出版社1986年版）
- ※ 《渭华起义》（陕西人民出版社1988年版）
- ※ 韩维墉《从废科举、立学校到解放前的陕西教育》（《陕西文史资料》第二十一辑，陕西人民出版社1988年版）
- ※ 郭志文、杜国兴《匪霸周寿娃》（《陕西文史资料》第二十一辑，陕西人民出版社1988年版）
- ※ 黄中岩《刘镇华传》（1988年解放军出版社《民国高级将领列传》第二集）
- ※ 黄中岩《胡琏传》（1988年解放军出版社《民国高级将领列传》第二集）
- ※ 郭琦主编《陕西五千年》（陕西师范大学出版社1989年版）
- ※ 叶飞《炮击金门》（转载于《新华文摘》1989年第12期）
- ※ 《杨松轩教育文选》（陕西人民出版社1990年版）
- ※ 李庆东《烟毒祸陕评述》（陕西旅游出版社1992年2月版）
- ※ 《杨松轩诞辰120周年纪念文集》（陕西人民教育出版社1992年版）
- ※ 《中国共产党陕西省华县组织史资料1926.12—1987.10》（陕西人民出版社，1993年版）
- ※ 《西安铁路分局志》（西安铁路分局史志编纂委员会1997年编印）
- ※ 侯丹《陕西海外人》（陕西人民出版社1998年版）
- ※ 尚玉兰《缠足记》（载《旧中国的社会民情》，安徽人民出版社2000年版）
- ※ 郑自毅《忆杨叔吉先生》（载《桥梓双秀映华岳》，2003年编印）
- ※ 《华县教育志》（陕西人民出版社2005年版）
- ※ 《陕西近现代名人录（第5集）》中的杨叔吉一文（西北大学出版社2006年版）
- ※ 屈文平《生命不息战斗不止的吉国桢》（2006年6月28日《渭南日报》）
- ※ 《百年咸林》（华县政协、华县咸林中学2007年编印）
- ※ 张剑光、王晓洁《中国古代的疫病防治》（《文史知识》2009年第4期）
- ※ 顾熠山孙顾育训提供的手写家谱
- ※ 雍济时子女提供的资料

附 录

2008年华县行政区划示意图

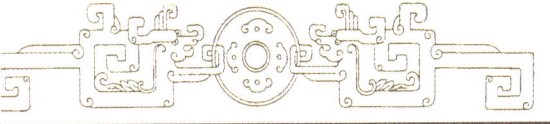

华州史话 后记

　　本书作为华县政协《华县文史资料》第九辑，经过长期准备，从2008年5月正式开始编著，2010年1月写成初稿，并送有关专家学者审阅。2010年5月29日，陕西师范大学历史文化学院杨育坤教授、中共陕西省委党史研究室副主任姚文琦研究员、西北大学文博学院副院长徐卫民教授、《陕西日报》科教新闻部主任党朝晖、西北大学经济管理学院副院长王正斌教授、陕西警官职业学院副院长段战平等一行专家学者齐聚华县，对初稿进行了评审，提出了许多宝贵的修改意见。此后，在吸取专家学者意见的基础上，我们对本书作了两次全面修改。终于在2011年11月完成定稿，并送交西北大学出版社出版。

　　在本书三易其稿的编著过程中，我们始终坚持的信念，就是要将散落在史籍文献及村野民间的华州史料，集中起来，综合提炼，形成一部有一定学术水平的历史普及读物，从而为青少年的爱国主义教育提供乡土教材，为华县的旅游事业提供历史素材，为华县的文化产业提供创作题材。更重要的是，使生活在这片古老土地上的人们，了解自己家乡古往今来之大势，以史为镜，知古鉴今，迈向更加辉煌的未来。

　　编写历史普及读物，既要注重可读性，又要注重可信性。可读性，就是要通俗易懂，文笔清新，娓娓道来，注意细节，使中等文化程度的读者基本没有阅读困难。可信性，就是要始终怀着对历史的敬畏之心，坚持科学严谨、实事求是、说实道有的理念。在编著中绝不牵强附会，绝不演义戏说。对资料严加考证，认真鉴别，严肃谨慎，宁缺毋滥。文风上避免人云亦云，辗转传抄的恶习。坚持写出一部真实的历史，而不是在商业利益、功利意识侵蚀下的伪历史。

　　慎终追远，昭示来者，是本书的宗旨；不哗众取宠，杜绝商业功利的浮躁之风，是我们的追求。但力有不逮，错误与不足在所难免，还望读者不吝赐教。

编著者
2011年12月31日

图书在版编目（CIP）数据

华州史话 / 吴新亚总编. — 西安：西北大学出版社，2012.4
ISBN 978-7-5604-3039-3

Ⅰ.①华… Ⅱ.①吴… Ⅲ.①陕西省—地方史 Ⅳ.①K294.14

中国版本图书馆CIP数据核字（2012）第068762号

《华州史话》下编

总　　编：吴新亚
主　　编：阎广勤　袁埔良

出版发行：西北大学出版社
销售电话：029-88302590
地　　址：西安市太白北路229号（邮编：710069）
网　　址：http://press.nwu.edu.cn
经　　销：新华书店经销
印　　刷：西安新华印刷厂
开　　本：810毫米×1065毫米　1/16
印　　张：11.5
字　　数：520千字
版　　次：2012年5月第1版　2012年5月第1次印刷
书　　号：ISBN 978-7-5604-3039-3
定　　价：168.00元（共贰册）

版权所有　侵权必究